DELIUS KLASING

JÜRG BUSCHOR

# DIE SCHÖNSTEN TRAILS DER SCHWEIZ

## 44 AKTUELLE TOUREN ZUM BUDGETPREIS

DELIUS KLASING VERLAG

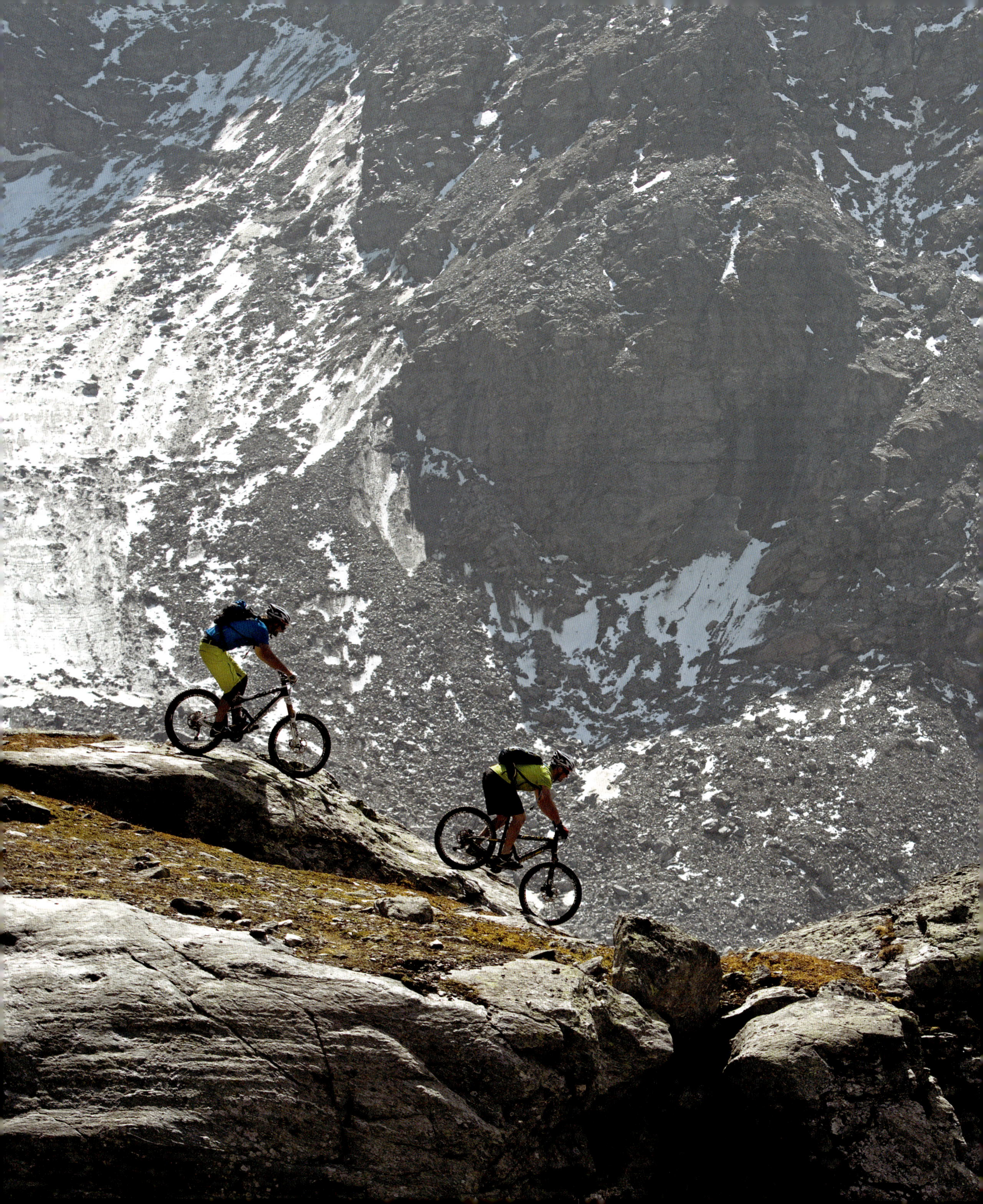

# INHALT

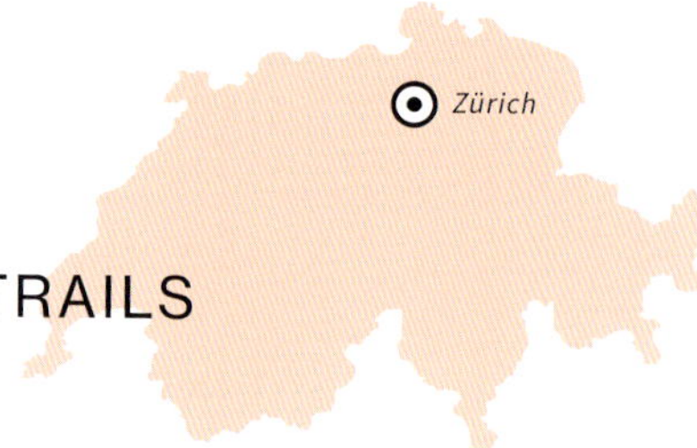


# VORWORT

## KLEINES LAND, GROSSARTIGE SINGLETRAILS

JÜRG BUSCHOR

Die Schweiz genießt einen denkbar schlechten Ruf – zumindest was das Preis-Niveau angeht. Schade eigentlich, dass deshalb viele Mountainbiker einen großen Bogen um das kleine Alpenland machen. Sie verpassen einige der schönsten Singletrails des gesamten Alpenbogens – und eine Bevölkerung, die dem Mountainbiking mehrheitlich sehr offen gegenübersteht. Die touristisch bedeutsamen Kantone Graubünden, Tessin und Wallis kennen kaum Restriktionen. Die Schweiz ist ein Glücksfall für Mountainbiker – hier treffen einmalige Gebirgslandschaften, ein einzigartig dichtes und gut unterhaltenes Wegenetz mit einer unvergleichlichen touristischen Infrastruktur und einem dichten Netz öffentlicher Verkehrsmittel und Bergbahnen zusammen. Zahlreiche Schweizer Feriendestinationen bewerben die Zielgruppe der Mountainbiker mittlerweile aktiv und bauen das ausgeschilderte Wegenetz kontinuierlich aus. Das vorliegende Buch orientiert sich weniger an gekennzeichneten Routen, sondern an den schönsten Singletrails in außergewöhnlichen Landschaften. Bei der Auswahl der 44 Tourenvorschläge wurde die Messlatte entsprechend hoch angesetzt – die besten Singletrail-Touren der Schweiz sollten es sein. Nicht mehr, nicht weniger. Zahlreiche unter ihnen fordern auch fahrtechnisch versierten Bikern einiges ab, Anfänger kommen nur selten auf ihre Kosten. Aber wer die 44 schönsten Singletrails der Schweiz kennenlernen möchte, dem fehlt es sicher nicht an der Motivation, sich die nötige Fahrtechnik anzueignen. Damit das Singletrail-Abenteuer Schweiz auch finanzierbar bleibt, liefert dieses Buch auch die entsprechenden Tipps dafür, wo man an den Startpunkten kostengünstig übernachtet. Damit steht dem uneingeschränkten Trail-Spaß nichts mehr im Wege. In diesem Sinne: *Viel Spaß auf den Schweizer Supertrails*

1 **FIMBERPASS**
2 **PIZ CLÜNAS**
3 **PASS DA COSTAINAS**
4 **LAI DA RIMS**
5 **CORVIGLIA**
6 **TRAIS FLUORS**
7 **WELSCHTOBEL**
8 **PISCHAGRAT**
9 **CHÖRBSCHHORN**
10 **THE ALPS TRAIL**
11 **VIAMALA**
12 **RHEINSCHLUCHT**
13 **ALP MORA**
14 **SENDA SURSILVAN**
15 **SCHWANDEN**
16 **MONTE ARBÒSTORA**
17 **VAL COLLA**
18 **MONTE GENEROSO**
19 **MONTE LEMA**
20 **LA TRAVERSATA INFINITA**
21 **CIMETTA**
22 **MONTI DI MOTTI**
23 **MOTTO D'ARBINO**
24 **BALMEREGGHORN**
25 **GRIMSELPASS**
26 **BETTMERHORN**
27 **SAFLISCHPASS**
28 **BISTINEPASS**
29 **VISPERTERMINEN**
30 **GORNERGRAT**
31 **TRIFT**
32 **LAUCHERNALP**
33 **SÜDPORTAL**
34 **MOOSALP**
35 **TORRENTALP**
36 **SOUSSILLON**
37 **TOUR DU VAL D'ANNIVIERS**
38 **THE BRASILIAN**
39 **LA REINE**
40 **PIERRE AVOI**
41 **SANKT BERNHARD**
42 **GRAND COL FERRET**
43 **PORTAIL DE FULLY**
44 **LEYSIN**

GRAUBÜNDEN · OSTSCHWEIZ · TESSIN · ZENTRALSCHWEIZ · WALLIS · WESTSCHWEIZ

## HINWEISE ZUR NUTZUNG DIESES BUCHES

### MOUNTAINBIKERINNEN & MOUNTAINBIKER

In allen Texten ist von Mountainbikern und Tourenfahrern die Rede. Damit sind sowohl Frauen als auch Männer gemeint. Der besseren Lesbarkeit halber verzichtet der Autor darauf, jeweils die weibliche und männliche Form zu verwenden. Wir bitten die geschätzten Leserinnen um Verständnis.

### ERKLÄRUNGEN ZU DEN TOURENBOXEN

Um sicher zu stellen, dass Sie zu jeder der in diesem Buch vorgestellten Bike-Touren umfassende Informationen erhalten, bietet eine Tourenbox jeweils detaillierte Angaben zur Route sowie den gestellten Anforderungen. Das erleichtert Ihnen die Planung, und zudem wissen Sie genau, welche topografischen Karten den gewünschten Ausschnitt enthalten.

### SCHWIERIGKEIT FAHRTECHNIK

Was routinierte Bike-Enthusiasten ein müdes Lächeln kostet, kann für Einsteiger ein unüberwindbares Hindernis darstellen. Wenn dann auch noch eine physische Ermüdung hinzukommt, ist eine Tour schnell nicht mehr lustig. Darum geben zwei Wertungen für die Ansprüche in puncto Fahrtechnik und Ausdauer Aufschluss darüber, was Sie auf einer Tour erwartet. Die Bewertung folgt in Anlehnung an die fünfstufige Schwierigkeitsbewertung der internationalen Supertrail Maps (www.supertrail-map.com). Die Bewertung ist als Gesamtbewertung für die Tour zu verstehen. Die Fragestellung lautet: Welche Schwierigkeiten sollte ein Tourenfahrer ohne größere Probleme meistern können, wenn er auf dieser Tour Spaß haben möchte? Wenn die Tour insgesamt leicht ist und nur ein kurzer Streckenabschnitt technisch sehr schwierig (beispielsweise eine 500 Meter lange Passage), dann wird die Gesamtbewertung für Technik trotzdem mit leicht, respektive mit 1 bis 2 angegeben. Ob für Sie eine 1 wirklich leicht ist oder Sie selbst bei einer Tour der Schwierigkeit 4 noch unterfordert sind, finden Sie am besten auf einer »Testtour« heraus. Spätestens nach einer bis zwei Touren werden Sie mit dem Maßstab dieses Buches vertraut sein. Die Autoren haben versucht, diesen Maßstab für die Beurteilung immer gleich anzusetzen, jedes Urteil bleibt jedoch in gewissem Maße immer auch subjektiv. Selbst die Tagesform (nicht nur der Autoren) kann dabei sehr entscheidend sein. Planen Sie immer auch Unwägbarkeiten mit ein: Die meisten Touren führen durch die Schweizer Alpen, das Wetter kann sich dort sehr schnell ändern und aus einer mittelschweren Tour eine Tort(o)ur werden lassen. Wer nicht schon bei der Planung vom Optimalfall ausgeht, hat genügend Reserven und wird entsprechend auch mehr Spaß haben.
Die Schwierigkeitsbewertungen werden von Supertrail Map wie folgt verbal umschrieben:

### BERGFAHRT-SKALA IN FÜNF STUFEN

❶ **Sehr einfacher Trail,** der keine besonderen Anforderungen an das fahrtechnische Können und die Physis stellt. Der Untergrund ist gut verfestigt, der Trail ist flach bis leicht ansteigend.

❷ **Einfacher Trail,** der mehrheitlich mühelos zu befahren ist. Der Untergrund ist meist gut befestigt, mit losen Steinen, flachen Stufen und kleineren Wurzeln ist jedoch zu rechnen. Die Steilheit ist mäßig, der Trail kann mit einzelnen steileren Passagen aufwarten.

❸ **Mittlere Anforderungen** an das fahrtechnische Können. Der Untergrund ist häufig nicht befestigt. Mit größeren losen Steinen, Wurzeln und Wasserrinnen muss gerechnet werden. Ebenso sind kleine Stufen und Absätze zu erwarten, welche das Anlupfen des Vorderrades erfordern. Die Steilheit erfordert gelegentlich die Gewichtsverlagerung, damit weder das Vorderrad abhebt, noch das Hinterrad durchdreht. Der Anstieg kann mit einzelnen steileren Passagen aufwarten.

❹ **Hohe Anforderungen** an das fahrtechnische Können. Der Trail ist mit Steinen und Wurzeln durchsetzt, der Untergrund ist lose. Die Hindernisse können mit guter Fahrtechnik umfahren oder mit Kraftaufwand überfahren werden. Die Steilheit erfordert eine optimale Gewichtsverlagerung, damit weder das Vorderrad abhebt, noch das Hinterrad durchdreht. Gelegentliche enge Kehren verlangen nach einer guten Kurventechnik. Die Steilheit und die fahrtechnischen Schwierigkeiten erfordern eine gute körperliche Fitness. Der idealen Linienwahl kommt große Bedeutung zu.

❺ **Sehr hohe Anforderungen** an das fahrtechnische Können. Diese Trails sind größtenteils nur für absolute Könner fahrbar. Der Weg ist mit Felsplatten und -blöcken und/oder anspruchsvollen Wurzelpassagen durchsetzt, bei denen das große Kettenblatt teilweise auch aufsetzen kann. Zur Überwindung der Hindernisse muss das Vorder- und Hinterrad regelmäßig angehoben werden. Der Untergrund ist lose und besteht oftmals aus losem Geröll. Die grosse Steilheit erfordert eine optimale Gewichtsverlagerung, damit weder das Vorderrad abhebt, noch das Hinterrad durchdreht. Möglicherweise enge Spitzkehren, die das Anheben und Versetzen des Vorderrads erfordern. Die Steilheit und die zahlreichen fahrtechnischen Schwierigkeiten erfordern eine sehr gute körperliche Fitness. Der idealen Linienwahl kommt überragende Bedeutung zu.

## ABFAHRTS-SKALA IN FÜNF STUFEN

❶ **Sehr einfacher Trail,** der keine besonderen Anforderungen an das fahrtechnische Können stellt. Der Untergrund ist gut befestigt, der Trail ist nur leicht abfallend.

❷ **Einfacher Trail,** der mehrheitlich mühelos zu befahren ist. Der Untergrund ist meist gut befestigt, mit losen Steinen, flachen Stufen und kleineren Wurzeln ist jedoch zu rechnen. Die Steilheit ist mäßig, der Trail kann mit einzelnen steileren Passagen aufwarten. Die Steilheit erfordert gelegentlich die Gewichtsverlagerung hinter den Sattel.

❸ **Mittlere Anforderungen** an das Können. Der Untergrund ist häufig nicht befestigt. Mit größeren losen Steinen, Wurzeln und Wasserrinnen muss gerechnet werden. Es sind bereits Stufen und Absätze, sowie steilere Passagen zu erwarten. Die Steilheit erfordert sehr regelmäßig die Gewichtsverlagerung hinter den Sattel.

❹ **Hohe Anforderungen** an das fahrtechnische Können. Der Trail kann mit Steinen und Wurzeln durchsetzt sein, der Untergrund ist lose. Höhere Absätze sind häufig, der Sturzraum ist teilweise ungünstig. Die Steilheit erfordert ständig eine optimale Gewichtsverlagerung. Gelegentliche enge Kehren verlangen nach einer guten Kurventechnik. Gelegentlich ist auch einmal das Vorder- oder Hinterrad zu versetzen. Der idealen Linienwahl kommt große Bedeutung zu.

❺ **Sehr hohe Anforderungen** an das fahrtechnische Können. Diese Trails sind größtenteils nur für absolute Könner fahrbar. Der Weg ist mit Felsplatten und -blöcken und/oder anspruchsvollen Wurzelpassagen durchsetzt, bei denen das große Kettenblatt teilweise auch aufsetzen kann. Zur Überwindung der Hindernisse muss das Vorder- und Hinterrad regelmäßig versetzt werden. Hohe Absätze sind keine Ausnahme. Der Untergrund ist lose und besteht oftmals aus losem Geröll. Die große Steilheit erfordert jederzeit eine optimale Gewichtsverlagerung. Möglicherweise enge Spitzkehren, die das Versetzen des Vorder- oder Hinterrads erfordern. Trial-Fertigkeiten sind sehr hilfreich. Der Fahrfluss ist schwer aufrecht zu erhalten. Sturzraum ist teilweise ungünstig. Der idealen Linienwahl kommt hier überragende Bedeutung zu.

## SCHWIERIGKEIT AUSDAUER

In Ergänzung zu den bereits unter dem Punkt »Schwierigkeit Fahrtechnik« angebrachten Anmerkungen gilt folgendes: Die Bewertung der Anforderungen an die Ausdauer wird in einer Skala von 1 bis 5 dargestellt. 1 steht für eine wenig anstrengende Tour von bis zu eineinhalb Stunden. Am anderen Ende der Skala steht mit der Bewertung 5 die Tour mit mehr als fünf Stunden reiner Fahrzeit. Die Bewertung bezieht sich nicht nur auf die zurückgelegten Höhenmeter und die Distanz, sondern auch auf die Bodenbeschaffenheit und die fahrtechnischen Anforderungen, die beide einen erheblichen Einfluss auf die Ermüdung haben.

## FAHRZEIT

Es gibt kaum etwas frustrierenderes, als sich in der Fahrzeit für eine Tour massiv zu verschätzen: Für Panoramen oder Sehenswürdigkeiten am Wegrand bleibt kaum noch Zeit, Proviant und Getränke reichen auch nicht aus, und am Schluss schleppt man sich in der Dämmerung mit einem Hungerast in Richtung Ziel. Um Ihnen Überraschungen dieser Art zu ersparen, gibt die Infobox auch Aufschluss über die zu erwartende Fahrzeit für einen gut trainierten Biker. Auch hier gilt: Lernen Sie die Beurteilungs-Skala dieses Buches auf ein bis zwei Testtouren kennen und planen Sie genügend Reserve ein.

### DISTANZ

Wer über die Länge des Tagespensums genau Bescheid weiß, kann sich eine Tour sinnvoll einteilen. Daher fehlt die genaue Distanzangabe in Kilometern zu keiner der vorgestellten Touren. Die angegebene Distanz bezieht sich auf die Hauptroute, Varianten werden nicht gesondert ausgewiesen.

### HÖHENDIFFERENZ

Wer alpine Touren unter die Räder nimmt, kommt ohne eine gute Grundlagenausdauer nicht weit: Denn tausend und mehr Höhenmeter am Stück sind keine Seltenheit. Für Mittelgebirgs-Biker ist dies nicht unbedingt alltäglich. Bei Rundtouren werden nur die im Anstieg zu bewältigenden Höhenmeter angegeben (weil die Höhenmeter der Bergfahrt und Abfahrt identisch sind). Bei Routen von einem Ort zum anderen oder mit Unterstützung einer Bergbahn werden sowohl die Höhenmeter in der Bergfahrt wie in der Abfahrt getrennt angegeben.

### AUSGANGSPUNKT

Von wo aus Sie am besten zur vorgestellten Tour starten, wird in diesem Abschnitt ersichtlich. Selbstverständlich stehen Ihnen bei Rundtouren verschiedene Startpunkte zur Auswahl.

### ÜBERNACHTUNGSTIPP

Die Übernachtungskosten sind meist die größte Budgetposition, wenn man auf Reisen ist. In der Schweiz ist das nicht anders. Im Gegenteil – gerade die Hotelkosten sind hier überdurchschnittlich hoch. Der Autor liefert deshalb einen Übernachtungstipp für jeweils eine Unterkunft, die zwar nicht immer billig ist, wo aber die Relation von Preis zu Leistung stimmt. Außerdem sind zahlreiche der vorgeschlagenen Unterkünfte auch ausgewiesene Mountainbike-Hotels. Mit dem Vorteil, dass die Gastgeber sehr oft auch wertvolle Tipps geben können. Wer günstig übernachten möchte, findet unter nachfolgenden Links weitere interessante Angebote:

***www.airbnb.ch***
***www.pension-zimmer.ch***
***www.youthhostel.ch***
***www.hometogo.ch***

### STRECKE

Damit Sie sich optimal auf Ihre Tour vorbereiten können, gibt der detaillierte Streckenverlauf Aufschluss über die wichtigsten Abzweigungen. Dabei hat sich der Autor an die Angaben auf Wegweisern und offiziellen Landeskarten gehalten. So können Sie die Route zu Hause auf der Karte einzeichnen – oder einen Notizzettel mit den wichtigsten Zwischenstopps anfertigen. Teilweise stehen auch detaillierte Distanz- und Höhenangaben zu den Abzweigungen zur Verfügung.

### GPS-DATEN

Die GPS-Daten für die Routen dieses Buches erhalten Sie über den QR-Code links.

Der Download ist kostenlos.

### KARTEN

Zu jeder Tour wird ein Kartenausschnitt im Maßstab 1:200 000 der offiziellen Landeskarten des Bundesamtes für Landestopografie swisstopo gezeigt, um sich eine Übersicht zu verschaffen. Für die Detailplanung (insbesondere auch, wenn optional Alternativrouten oder Ergänzungsstrecken gesucht werden) werden die für die entsprechende Region relevanten Karten genannt. In der Regel sind das die »Supertrail Maps« – spezielle Mountainbike-Karten aus reiß- und wasserfestem Material, auf denen sämtliche Singletrails der Region nach fahrtechnischer Schwierigkeit (unterschieden nach Abfahrt und Bergfahrt) bewertet und farblich codiert dargestellt sind.

Die »Supertrail Maps« sind auch erhältlich für die Nutzung mit dem Smartphone. Für Informationen: *www.supertrail-map.com*

### DIVERSES

Unter dieser Rubrik erhalten Sie auf einen Blick Wissenswertes zur Tour. So wird zum Beispiel auf eventuelle Routenvarianten verwiesen, ob es sich nun um Abkürzungen oder um Zugaben handelt. Zudem werden Sehenswürdigkeiten und Highlights entlang der Route ebenso erwähnt wie regionale Besonderheiten.

## REGELN FÜR BIKER, RECHTLICHE ASPEKTE

### VERHALTENSKODEX FÜR MOUNTAINBIKER

In Anlehnung an die Empfehlungen der Deutschen Initiative Mountainbike DIMB, *www.dimb.de*

**❶ Fahre nur auf befestigten Wegen**

Fahre nicht querfeldein und bleib auf Wegen und Trails, um die Natur nicht zu schädigen. Respektiere lokale Wegsperrungen, sie haben meist einen sinnvollen Grund.

**❷ Sei rücksichtsvoll und gewähre Vortritt**

Kündige deine Vorbeifahrt frühzeitig an, um andere Wegbenutzer nicht zu erschrecken. Nimm deine Stimme zur Hilfe, wenn deine Klingel nicht gehört wird. Reduziere die Geschwindigkeit beim Überholen oder Kreuzen anderer Wegbenutzer auf doppelte Gehgeschwindigkeit und halte nötigenfalls an. Mit einem netten Gruß erfreust du auch die kritischen Weggenossen! Abwärtsfahrende Biker gewähren den Aufsteigenden den Vortritt.

**❸ Nimm Rücksicht auf Tiere**

Wildtiere bedürfen besonderer Rücksichtnahme. Siehst du ein Tier, halte an und warte, bis es sich in Sicherheit bringen konnte. Fahr möglichst nicht in der Dämmerung oder Dunkelheit, da Tiere auch ihre Ruhephasen brauchen. Schließe Weidezäune immer, nachdem du sie passiert hast, und fahre bei Bauernhöfen langsam. Pferde können dich und die Reiter gefährden, wenn du dich ohne Anmeldung näherst oder nicht auf die Anweisungen des Reiters hörst.

**❹ Hinterlasse keine Spuren**

Bremse möglichst nicht mit blockierten Rädern, da dies das Auftreten von Erosion begünstigt. Meide schlammige Trails nach Regenfällen; sie sind besonders anfällig für Erosion. Nimm unterwegs alle deine Abfälle mit und entsorge sie umweltgerecht.

**❺ Fahre sicher**

Fahre immer konzentriert und kontrolliert. Passe deine Geschwindigkeit der jeweiligen Situation und deinem Können an. Du musst jederzeit in Sichtweite anhalten können – vor allem vor nicht einsehbaren Passagen.

**❻ Plane deine Tour**

Prüfe und pflege deine Ausrüstung. Nimm genügend Flüssigkeit, Nahrung und angemessene Kleidung mit. Schätze deine Fähigkeiten richtig ein. Informiere dich über die Gegend, in der du deine Tour planst. Fahre in abgelegenen Gebieten nie allein. Sei für unvorhersehbare Situationen gerüstet: Nimm Werkzeug, eine Notfallapotheke und wenn möglich ein Mobiltelefon mit. Trage zu deiner Sicherheit immer einen Helm und Handschuhe.

Und vergiss nie: Dein Fahrverhalten beeinflusst die Meinung und Toleranz der Öffentlichkeit und das Handeln von Behörden und Verwaltungen gegenüber unserer Sportart.

### RECHTLICHE ASPEKTE

Wer mit dem Mountainbike Touren fährt, setzt sich verschiedenen Risiken aus. Jeder Mountainbiker ist dazu angehalten, die eigenen Grenzen und die der Natur zu respektieren. Das Befahren der in diesem Buch beschriebenen Touren erfolgt auf eigenes Risiko. Der Verlag lehnt jegliche Haftung ab.

Was das Befahren von Trails durch Mountainbiker betrifft, ist die Gesetzeslage in jedem Schweizer Kanton unterschiedlich. Auch kann sich diese ändern. Selbst wenn die allgemeine Akzeptanz von Mountainbikern in der Schweiz sehr groß ist, sollte man vorab die aktuelle Gesetzeslage der entsprechenden Region prüfen.
Der Wegzustand ist Änderungen unterworfen, weshalb die Schwierigkeit immer vor Ort zu überprüfen ist. Jede

Mountainbiketour ist entsprechend der eigenen Fitness, dem fahrtechnischen Vermögen und den herrschenden Wetterbedingungen zu planen. Bei der Tourenplanung sind auch die aktuell gültigen gesetzlichen Bestimmungen zu berücksichtigen. Wer einen Singletrail befährt, tut dies immer auf eigenes Risiko – der Verlag lehnt jegliche Haftung ab.

## TOURENVORBEREITUNG

### KONDITION & FAHRTECHNIK

Wer nicht an seine Grenzen kommt, kann besser genießen. Versuchen Sie daher, auf Feierabend-Touren eine Basis für anspruchsvolle Tagestouren zu legen, und muten Sie sich nicht gleich im Frühling die längste und härteste Tour zu. Für neues Material ist ein Test in vertrautem Gelände ebenso angebracht, ehe man sich in Abenteuer stürzt. Die meisten der in diesem Buch vorgestellten Touren richten sich an routinierte Mountainbiker, nur selten an Anfänger.

### MATERIAL

Kontrollieren Sie einige Tage vor der geplanten Tour die Räder auf Rundlauf sowie Bremsen und Schaltung auf ihre Funktion: So bleibt noch genügend Zeit, um eventuelle Mängel von einem Profi in der Werkstatt beheben zu lassen. Besonders verschlissene Bremsbeläge und Schaltkabel sind schnell ersetzt, können im Gelände aber für großen Ärger sorgen. Auf Tagestouren ist ein Rucksack schon fast unumgänglich: Spezielle Bike-Modelle verschiedener Produzenten bieten nicht nur hohen Tragekomfort, sondern auch nützliche Extras wie integrierte Trinksysteme, die weit mehr Wasser fassen als herkömmliche Trinkflaschen und das Trinken erleichtern – ein Segen auf langen Touren. Zudem bieten solche Rucksäcke Platz für das nötige Werkzeug und die Ersatzteile. Pflicht sind auf jeden Fall eine Pumpe, mindestens zwei Reifenheber, ein Schlauch, ein Schlauchreparaturset sowie eine Auswahl der wichtigsten Werkzeuge, meist in einem handlichen Faltwerkzeug kombiniert. Ein Kettennieter braucht wenig Platz und kann im Notfall lange Fußmärsche ersparen.
Im Sommer reicht zum Schutz vor dem Wind eine Weste, bei unsicherem Wetterbericht ist eine Regenjacke mit geringem Packmaß aber sicher die bessere Wahl. Die meisten Tourenvorschläge des Buches führen durch die Schweizer Alpen. Bitte bedenken Sie, dass sich dort das Wetter sehr schnell ändern kann und in großen Höhen selbst im Sommer Schnee fallen kann. Nehmen Sie auf alpine Touren immer genug Bekleidung mit. Armlinge und Kniewärmer brauchen nicht viel Platz, sind im Notfall aber Gold wert.

### SICHERHEIT UND ERSTE HILFE

Neben dem selbstverständlichen Helm sind Langfinger-Handschuhe empfehlenswert: Denn man fällt selbst beim harmlosesten Sturz reflexartig auf die Hände. Für den Fall, dass doch einmal etwas schiefgeht, gibt es im Fachhandel kleine Apotheken für unterwegs mit Pflastern, Kompressen und Desinfektionsmittel. Zur Erstversorgung reicht dies in den meisten Fällen. Wer sich mit dem Bike allein ins Gelände begibt, sollte auf jeden Fall ein Mobiltelefon mitnehmen und Bekannte über die geplante Tour informieren. Die Netzabdeckung für Mobiltelefone ist mittlerweile auch in alpinen Regionen gut. Wer auf Nummer sicher gehen will und oft in den Alpen unterwegs ist, kann auch die Anschaffung eines Notfunkgerätes prüfen.

### ANREISE MIT ÖFFENTLICHEN VERKEHRSMITTELN

Grundsätzlich braucht das Fahrrad in den öffentlichen Verkehrsmitteln der Schweiz eine eigene Fahrkarte. Detaillierte Informationen zum Fahrradtransport in den Bahnen finden Sie im Internet unter www.sbb.ch

Auf dem Weg zum Fimberpass
heißt's: buckeln!

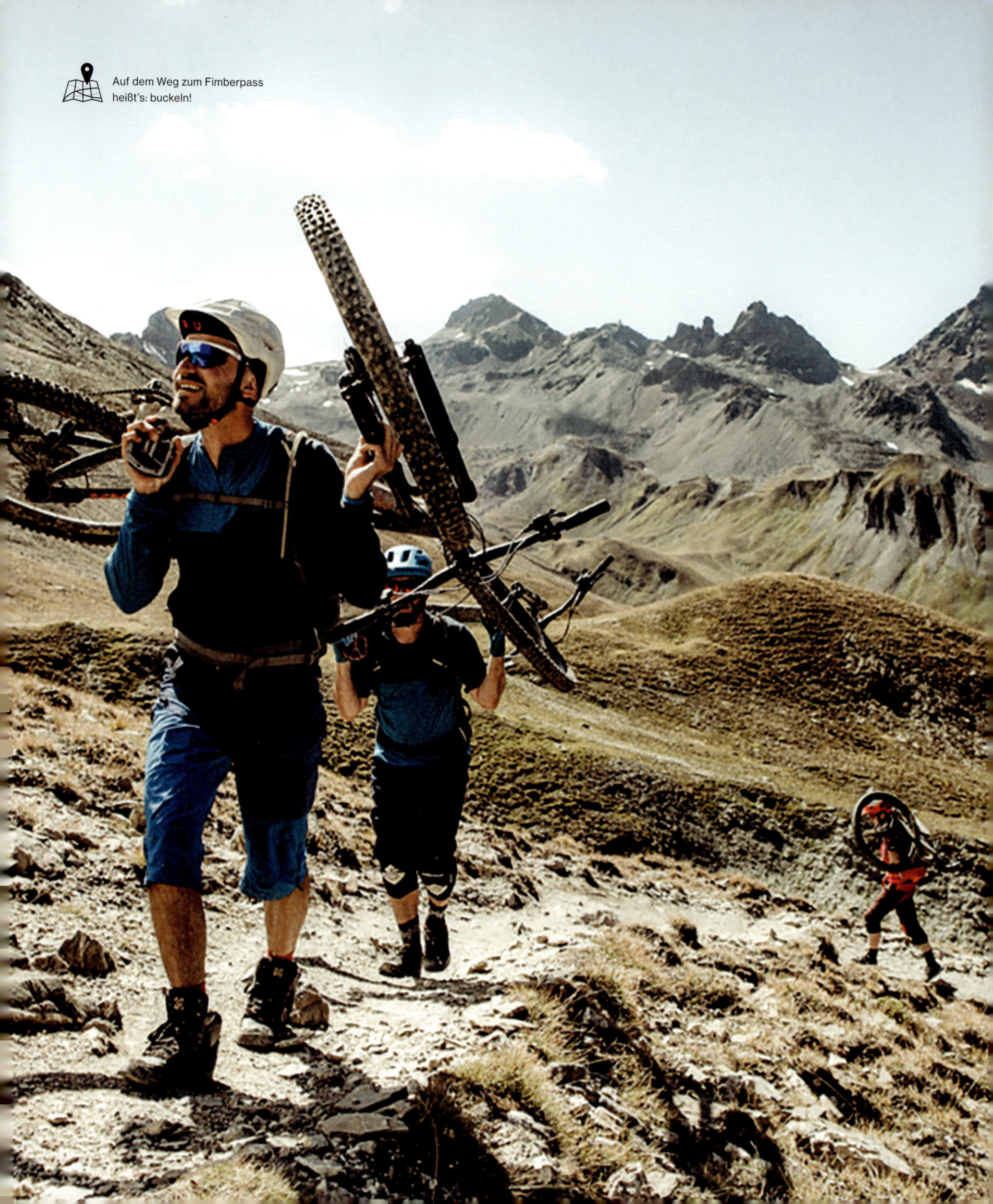

# FIMBERPASS

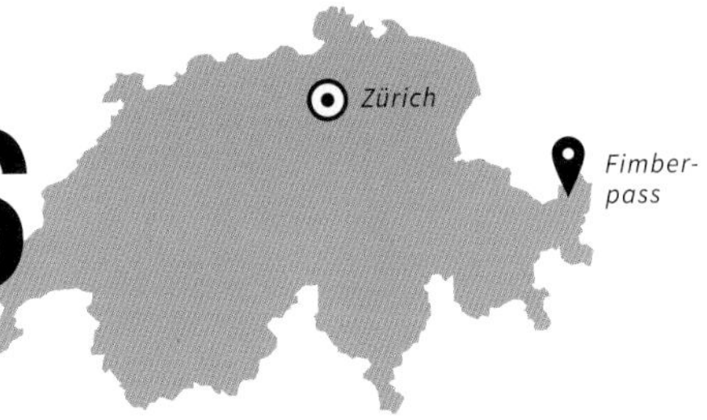


## EINMAL IM LEBEN

GRAUBÜNDEN

TOUR NR. 1

Einmal eine Alpenüberquerung fahren – Mountainbiker setzen sich dieses Ziel oft ganz weit oben auf die Liste der 100 Dinge, die man im Leben gemacht haben muss. Der Fimberpass ist einer der Pässe, der unter Transalpfahrern mittlerweile Kultstatus genießt. Kein Wunder allerdings, dass sich die Mountainbiker bisweilen auf die Füße treten, wenn sie ihre Räder von der Heidelberger Hütte zum Pass hoch schieben. Die Ankunft am Gardasee ist für die meisten unter ihnen das Ziel, nicht der Weg dorthin. Wären die Transalpfahrer auch auf der Suche nach den besten Trails, dann würden sie sich nicht die Schotterstraße zur Heidelberger Hütte hochquälen, sondern mit der Bahn zum Viderjoch schweben. Immer dem Grat folgend Richtung Greitspitz, Salaaser Kopf und Zeblasjoch erwarten einen über sechs Kilometer erstklassige Singletrails mit einer Aussicht, die ihresgleichen sucht. Und das ist nur der furiose Auftakt. Nach einer halben Stunde Schieben oder Tragen erreicht man die Fuorcla Val Gronda von der aus eine tolle Singletrailabfahrt zur Alp Sura führt. Nur noch 300 Höhenmeter sind es von hier aus zum Fimberpass. Wer fahrtechnisch versiert und konditionell stark ist, wird es mit nur ganz wenigen Schiebepassagen bis zum Pass schaffen. Was danach kommt, ist das pure Vergnügen – eine schier endlose Abfahrt (mit ganz kurzem Gegenanstieg) durch das Val Sinistra bis nach Ramosch. Mehrheitlich auf Singletrails und gelegentlich über Schotterstraßen. Ohne Zweifel – die Tour gehört auf die Liste der 100 Dinge, die man im Leben gemacht haben muss.

**AUSGANGSPUNKT:** Samnaun, Samnaun-Tourismus, Telefon +41 (0)81 861 88 30, *www.samnaun.ch*

**ÜBERNACHTUNGSTIPP:** Hangl Smart Hotel, Telefon +41 (0)81 860 25 25, *www.offers.smart-hotel.ch*

**STRECKE:** Mit der Seilbahn von Samnaun-Ravaisch bis zum Alptrider Sattel (2494 m) • Wegweiser »Alp Trida« • mit dem Sessellift bis zum Viderjoch (2732 m) dem Grat folgend auf Schotterstraßen zum Greitspitz radeln • auf Singletrails zum Salaaser Kopf • km 5,25, links Trail abfahren, Wanderwegweiser »Samnaun« • km 7,3, Bikewegweiser »Fimberpass«, rechts auf Schotterstraße hoch fahren • km 7,7, Wanderwegweiser »Fuorcla Val Gronda« • km 10,15 Fuorcla Val Gronda (2748 m) • Wanderwegweiser »Fimberpass« • km 13,2 (2396 m), oberhalb Heidelberger Hütte, links Singletrail hoch, Richtung Fimberpass • km 15,1 Fimberpass (2608 m) • Wanderwegweiser »Zuort« • km 21,55 Griosch • Wanderwegweiser »Zuort« • km 25,8, bei der Brücke am Hotel Sinistra Singletrail geradeaus Wanderwegweiser »Ramosch« – am Trailende die Asphaltstraße 300 Meter hoch fahren und rechts in den Trail einbiegen • km 30,5 Ramosch (1238 m) • abfahren bis zur Postauto-Haltestelle an der Hauptstraße.

**KARTEN:** Supertrail Map, Kartenblatt Unterengadin/Samnaun, 1:50 000, *www.supertrail-map.com*

**DIVERSES:** Informationen zu geführten Bike-Touren, Shuttlefahrten oder Übernachtungen in der Bike-Villa am Endpunkt Scuol: *www.supertrail-rides.com*.

Einkehrmöglichkeiten: Heidelberger Hütte, Hof Zuort, Kurhaus Val Sinistra. Die Tour ist am einfachsten in Kombination mit öffentlichen Verkehrsmitteln zu fahren. Ab Scuol fährt in regelmäßigen Abständen ein Postauto bis nach Samnaun. Der Mountainbike-Transport ist mit diesem problemlos möglich. Voranmeldung wird empfohlen.

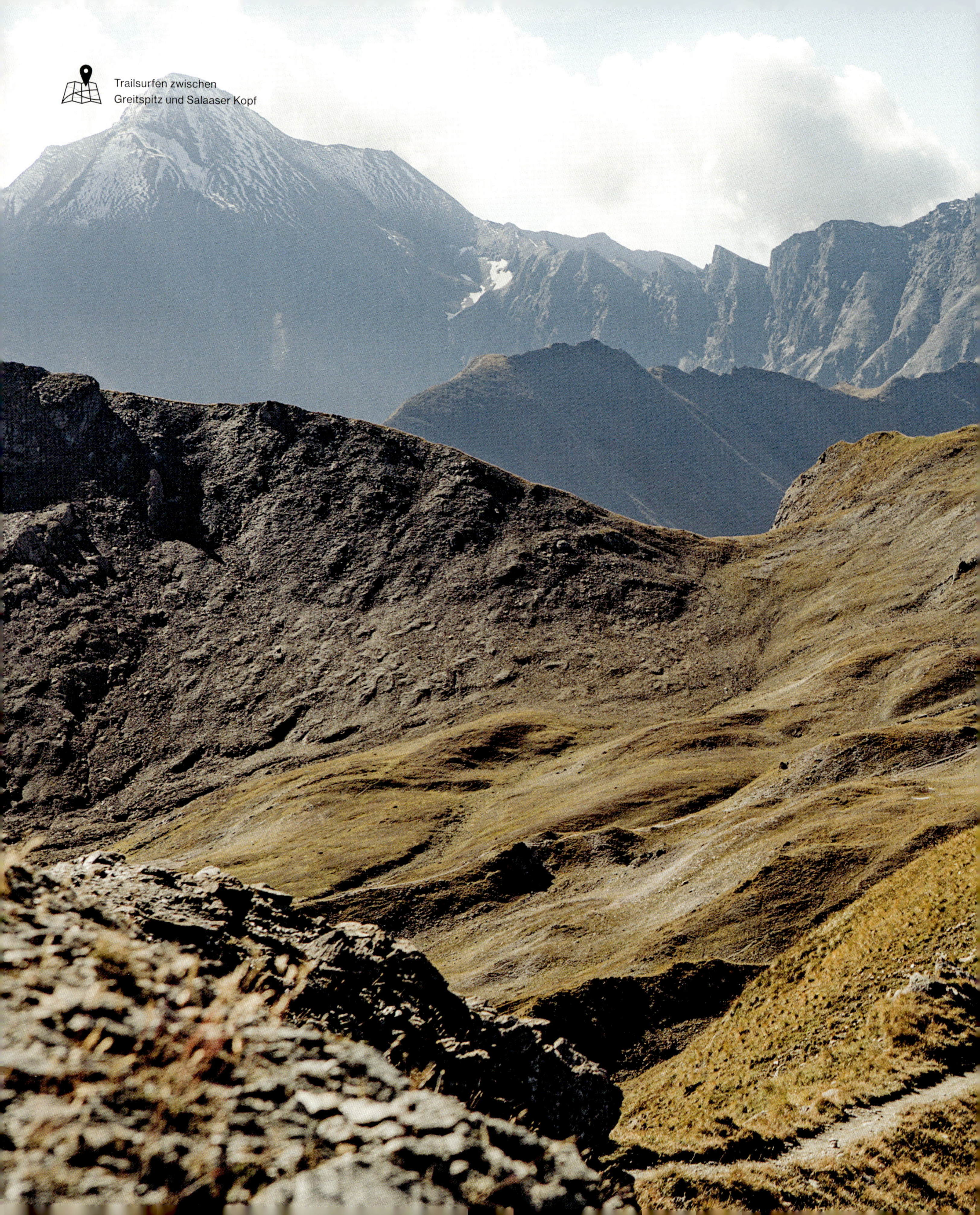

Trailsurfen zwischen
Greitspitz und Salaaser Kopf

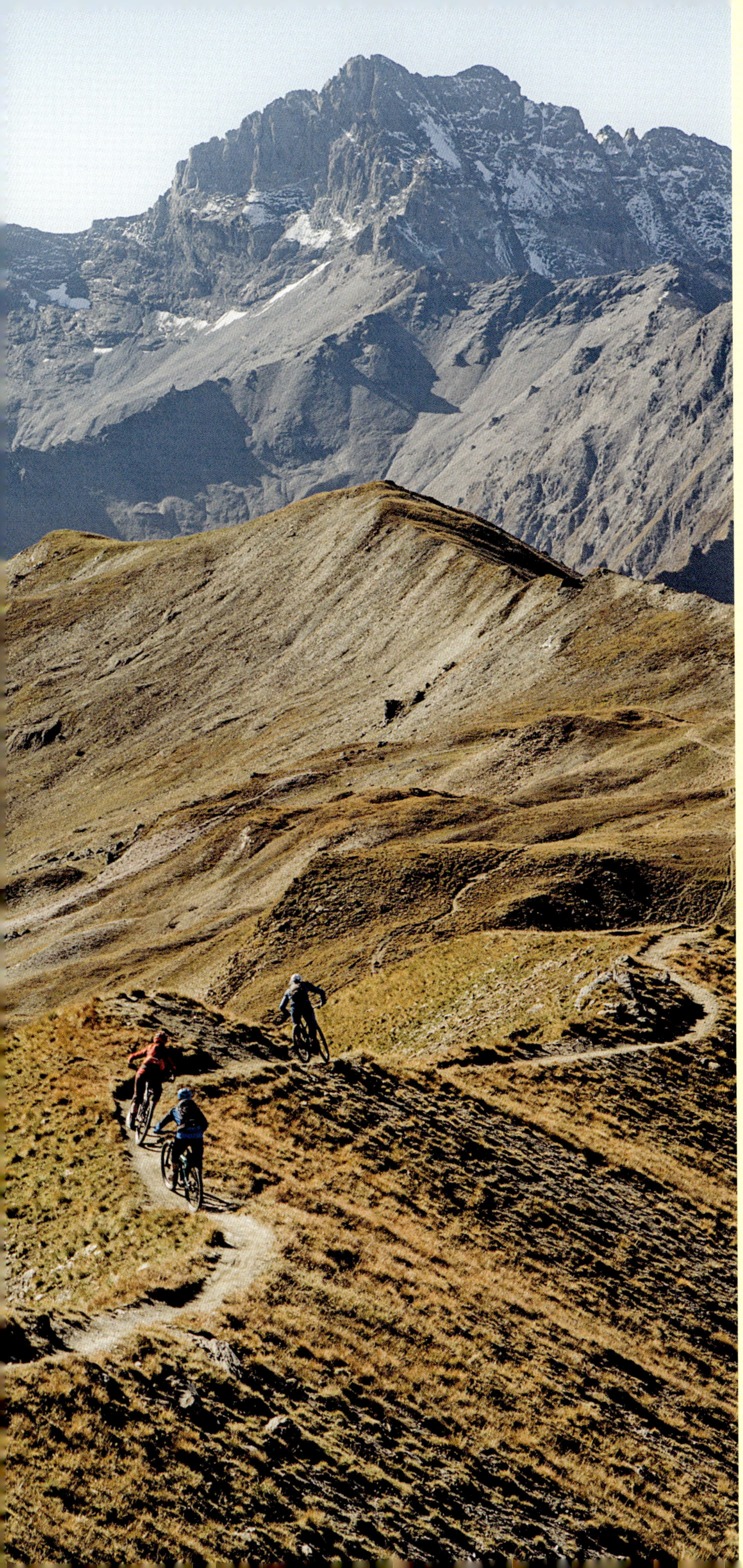

# FAKTEN

## FIMBERPASS

TOUR NR. 1

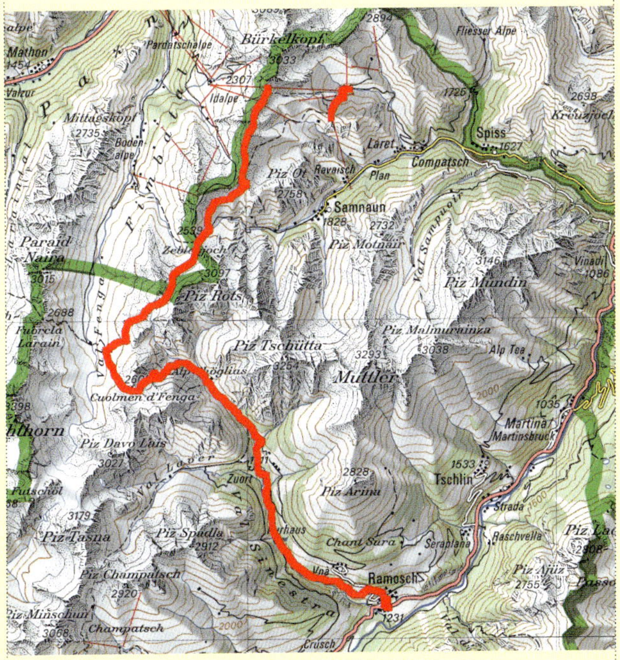


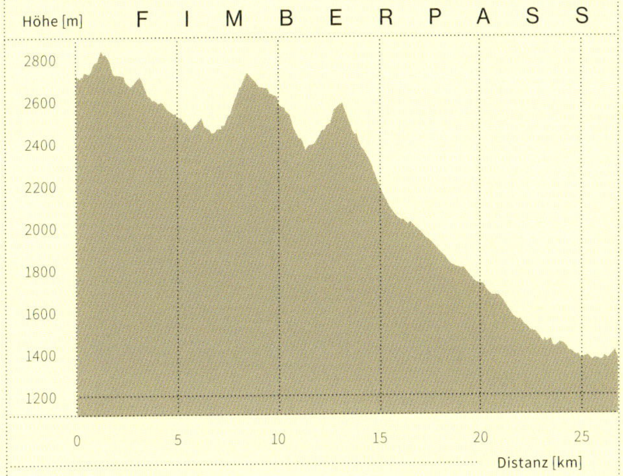


| SCHWIERIGKEIT | DISTANZ |
|---|---|
| Fahrtechnik 4 | 31,1 km |
| Ausdauer 3 | **HÖHENDIFFERENZ** |
| **FAHRZEIT** | Bergfahrt 1000 m |
| 5 h | Abfahrt 2620 m |

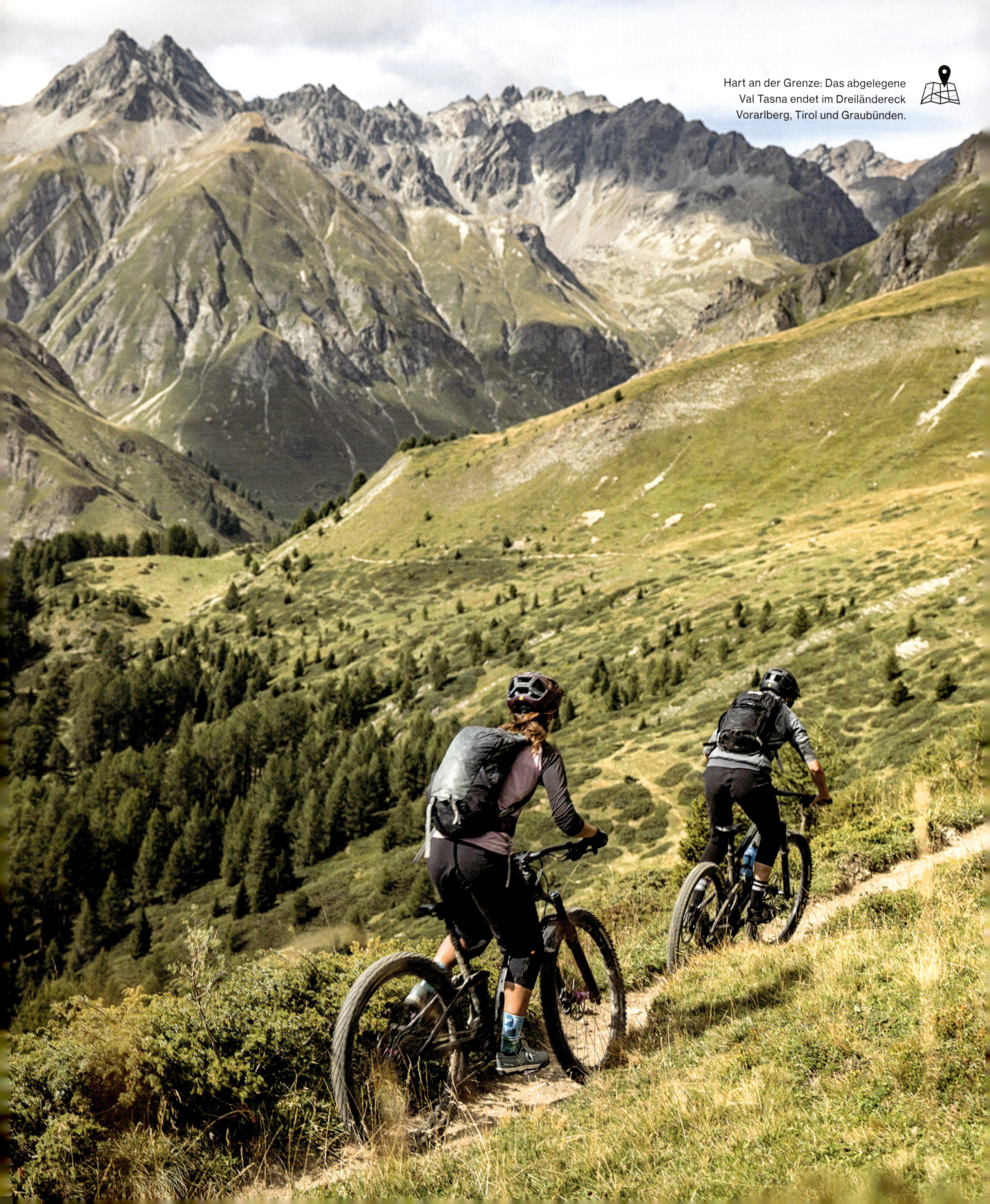

Hart an der Grenze: Das abgelegene Val Tasna endet im Dreiländereck Vorarlberg, Tirol und Graubünden.

# PIZ CLÜNAS

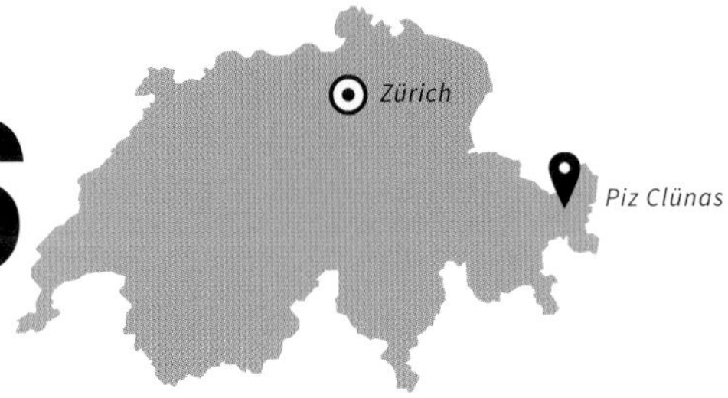


## EDELTRAILS

GRAUBÜNDEN

TOUR NR. 2

Der Piz Clünas ist ziemlich unscheinbar und mit 2791 Metern auch nicht besonders hoch. Trotzdem hat sich der Unterengadiner Gipfel schon längst zu einem alpinen Mountainbike-Monument gemausert, der hinsichtlich Abwechslungsreichtum kaum zu toppen ist. Wer ab Scuol mit der Seilbahn bis Motta Naluns schwebt, spart sich 851 Höhenmeter, nimmt dafür einen Kaltstart in Kauf. Der Puls schießt sofort nach oben, denn die breite Schotterpiste zum Speichersee Chamonna Schlivera weist eine durchschnittliche Neigung von über 12 Prozent auf. Umso genussreicher ist dafür der schmale Trail, der in westlicher Richtung zur Alp Clünas führt. Ab hier kann sich glücklich schätzen, wessen Gefährt auf Leichtigkeit getrimmt ist. Immerhin knapp 400 Höhenmeter steigt man über den Munt dal Piz hoch zum Piz Clünas. Die einen senken den Kopf und stapfen los. Zwischendurch innezuhalten lohnt sich allerdings nicht nur wegen der fantastischen Aussicht, die man von hier aus genießt. Wer besonders aufmerksam ist, sieht im Aufstieg die berühmteste aller Alpenblumen – das Edelweiß.
Spätestens auf dem Gipfel ist es nicht mehr die körperliche Anstrengung, die einem den Atem raubt, sondern der Panorama-Rundblick über das Unterengadin. Weit unten im Tal fließt der Inn, vis-à-vis ragen die Dreitausender in den Himmel: Piz Lischana, Piz Pisoc, Piz Nuna um nur einige zu nennen. Von hier aus führt ein fahrtechnisch anforderungsreicher Singletrail zum hübschen Bergsee Lai da Minschun und vorbei am Muot da l'Hom. Hier angekommen geht's auf einem flowigen Trail weiter zur Alp Laret. Diese bietet sich als aussichtsreicher Zwischenstopp mit Verpflegungsoption an. Wer hier den Trailhunger bereits gestillt hat, kann via Ftan nach Scuol abfahren. Aber wer will das schon – wohlwissend, dass durch das Val Tasna zur Alp Valmala nochmals ein perfekt angelegter alpiner Trail führt, der jede Menge Fahrspaß verspricht? Apropos Fahrspaß – den bietet auch ein kurzer Abstecher zum neuen Trailcenter »Palüds« in Ftan. Welche Option man auch immer wählt, für Mountainbiker gibt es am Piz Clünas nur »richtige« Entscheidungen.

**AUSGANGSPUNKT:** Scuol, Engadin Scuol Tourismus, Telefon +41 (0)81, 861 88 00, *www.engadin.com*

**ÜBERNACHTUNGSTIPP:** Jugendherberge Scuol, Telefon +41 (0)81 862 31 31, *www.youthhostel.ch*

**STRECKE:** Bergstation Motta Naluns (2151 m) • dem Wanderwegweiser »Alp Clünas« • km 3,52 Wanderwegweiser folgen • »Piz Clünas« • km 4,94 Piz Clünas (2791 m) • Abfahrt via lai da Minschun zur Alp Laret (2205 m) • Wanderwegweiser »Alp Valmala« • km 11,96 Alp Valmala (1979 m) • Wanderwegweiser »Ftan« • km 16,25 Wanderwegweiser »Ftan« • via Hochalpines Institut bis km 19,83 Ftan (1634 m) • Abfahrt via Baraigla zum Inn • Nairs • Bahnhof Scuol-Tarasp (1286 m)

**KARTEN:** Supertrail Map, Kartenblatt Unterengadin/Samnaun, 1:50 000, *www.supertrail-map.com*

**DIVERSES:** Eine Einkehr wird empfohlen in der Alpwirtschaft Laret oder im Café e Butea Scuntrada in Ftan.

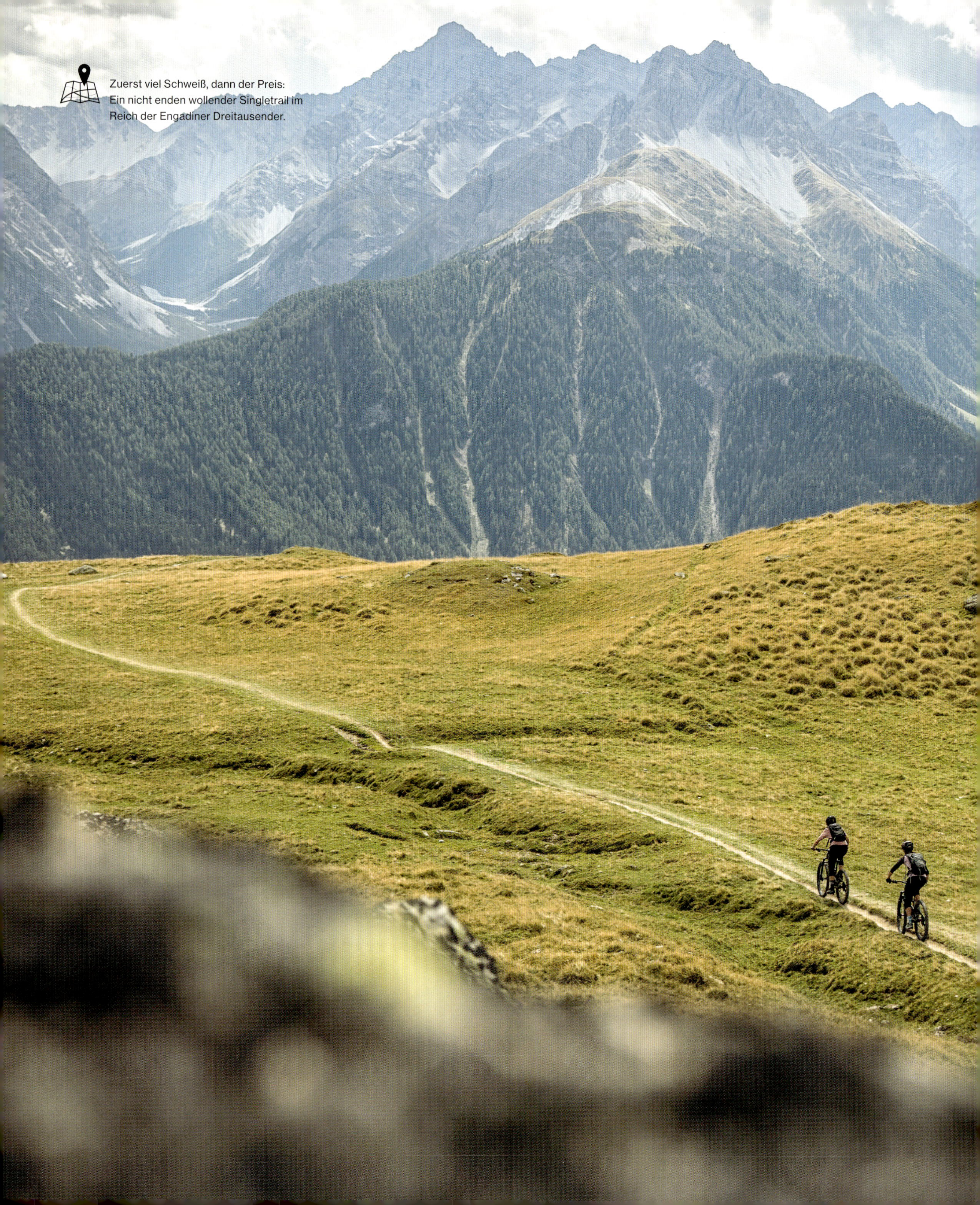

Zuerst viel Schweiß, dann der Preis: Ein nicht enden wollender Singletrail im Reich der Engadiner Dreitausender.

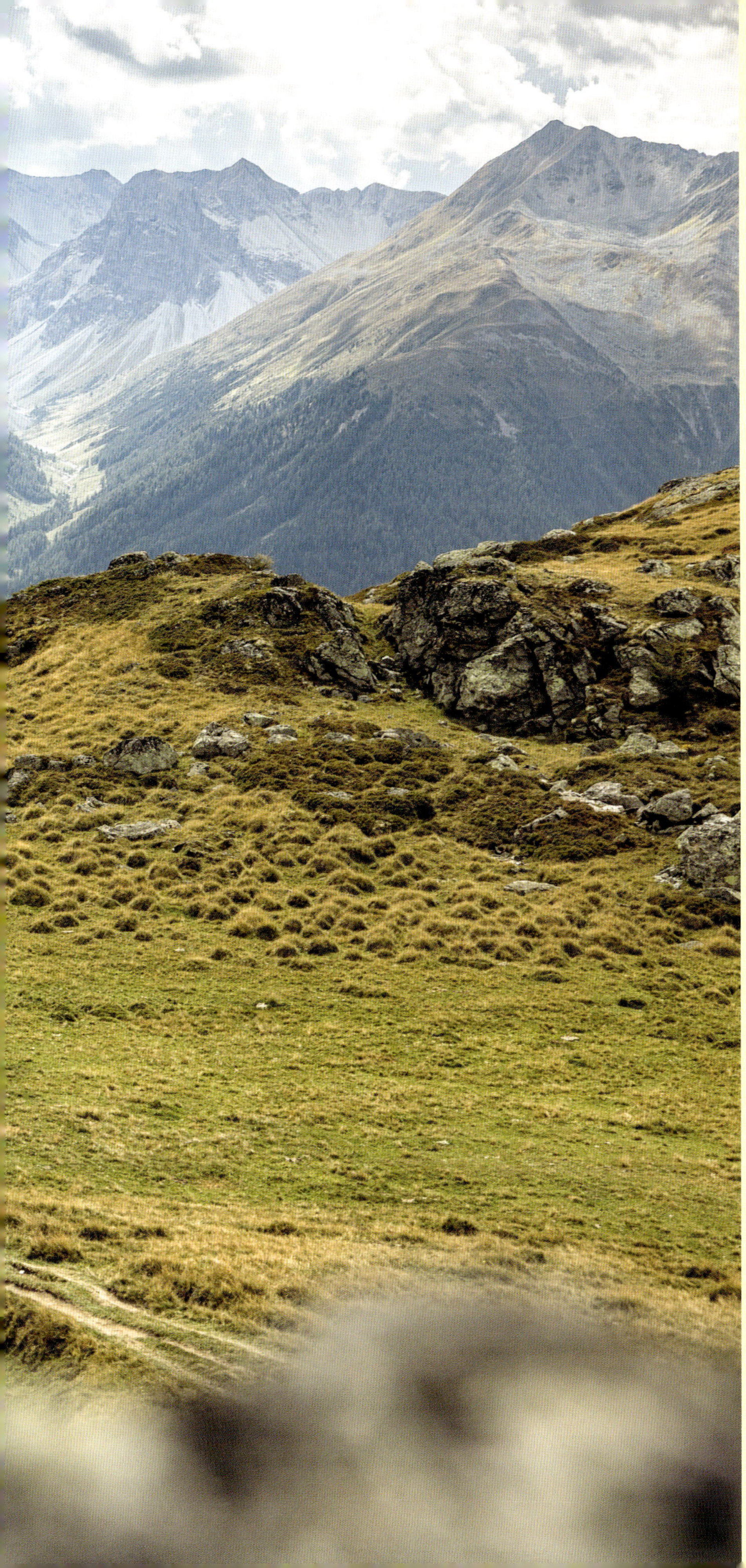

# FAKTEN

PIZ CLÜNAS

TOUR NR. 2

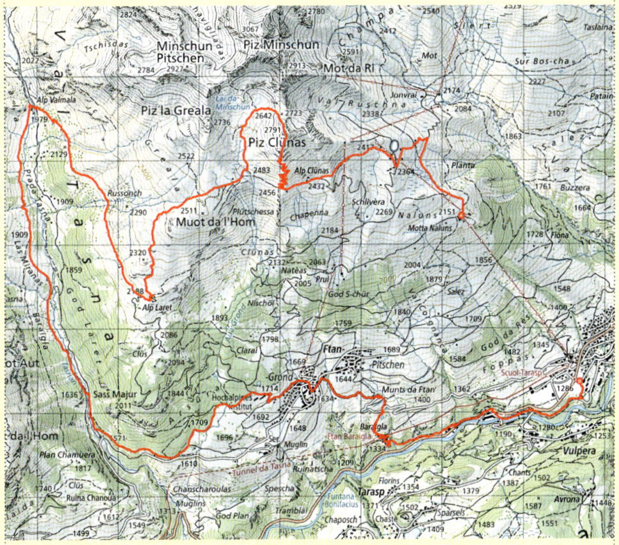


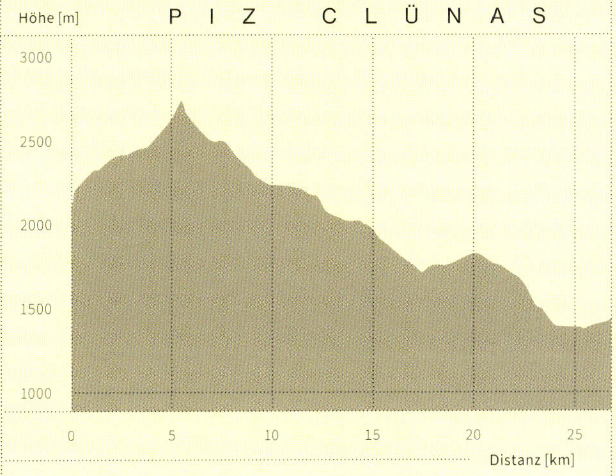


| **SCHWIERIGKEIT** | **DISTANZ** |
|---|---|
| Fahrtechnik 3 | 25,9 km |
| Ausdauer 3 | **HÖHENDIFFERENZ** |
| **FAHRZEIT** | Bergfahrt 870 m |
| 3,5 h | Abfahrt 1760 m |

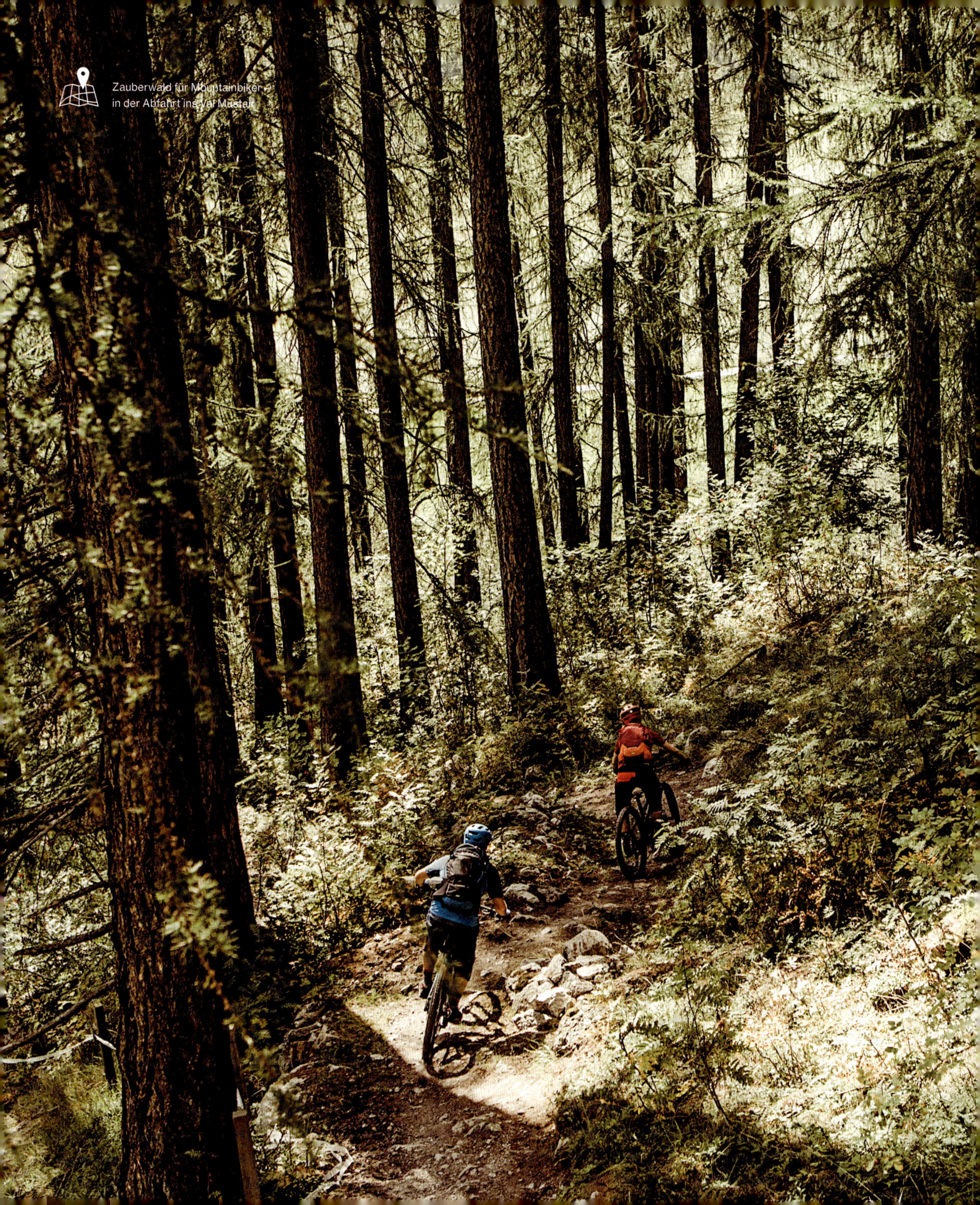

Zauberwald für Mountainbiker in der Abfahrt ins Val Müstair

# PASS DA COSTAINAS

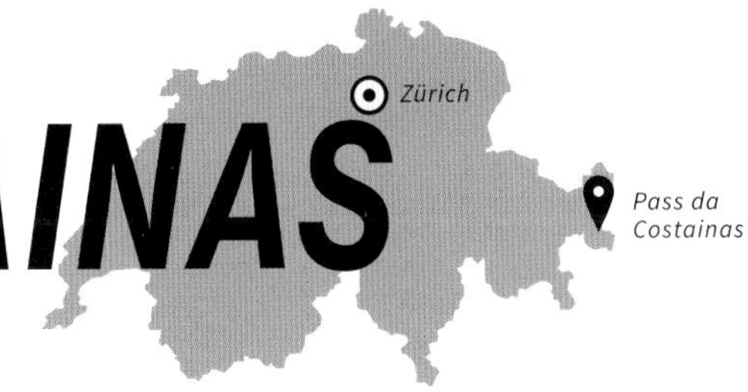


## IM REICH DER ARVEN

GRAUBÜNDEN

TOUR NR. 3

Die gute Nachricht vorweg: Wer nach der Tour müde Beine hat, der kann sich sich im Thermalbad von Scuol vorzüglich erholen. Aber der Reihe nach. Eine Asphaltstraße führt in steilen Kehren zur Pian da Fantanas hoch, danach steigt die Straße auf den nächsten zehn Kilometern nur noch moderat an bis zum schmucken Engadiner Weiler S-charl, dem beliebten Ausflugsziel, nicht nur für Mountainbiker. Bis zur Alp Astras führt eine breite angenehm steigende Schotterstraße weiter ins Val S-charl. Kurz vor der Alp sieht man links am Fuße des Monte San Lorenzo den höchstgelegenen Arvenwald Europas (Arve = Zirbe). Wohl kaum ein Wald ist so tief verankert in der Seele der Rätoromanen, so sagenumwoben und mystifiziert, wie der Arvenwald von Tamangur, der auch in Domenic Feuersteins Prosa Eingang gefunden hat : »Tamangur! Das pocht so weich und schmeichelnd, etwas fremd und zauberhaft an unsere Seele. Plötzlich singt und schwingt etwas in unserem Innern, eine wundersame Sehnsucht nach Wald und Berg und Einsamkeit und Frieden.«
Mit verträumter Friedfertigkeit ist es spätestens auf dem Pass da Costainas vorbei. Dann nämlich fordern die steilen engen Schotterkehren die volle Aufmerksamkeit der Mountainbiker. Die Alp Champatsch liegt bereits im Münstertal, auf dessen Höhenweg man Richtung Ofenpass weiterradelt. Gleich hinter der Alp sind die kleinsten Ritzel gefragt – Schiebepassagen sind nicht ausgeschlossen. Allerdings nicht für lange Zeit, denn schon bald wieder zeigt sich der Höhenweg von seiner angenehmen Seite, inklusive Weitsicht über das Münstertal und auf die Felsriesen zwischen Piz Murtaröl und Piz Umbrail. Kurz vor der Alp da Munt schließlich wartet der letzte knackige Anstieg bis Funt da S-charl. Von hier aus kann man mit Ausnahme von zwei ganz kurzen Gegenanstiegen talwärts donnern. Zuerst auf engen alpinen Singletrails bis zur Alp Astras, danach auf der Aufstiegsstrecke zurück – ohne Umwege ins Thermalbad.

**AUSGANGSPUNKT:** Scuol, Engadin Scuol Tourismus, Telefon +41 (0)81 861 88 00, *www.scuol.ch*

**ÜBERNACHTUNGSTIPP:** Gasthaus Mayor, S-charl, Telefon +41 (0)81 864 14 12, *www.gasthaus-mayor.ch*

**STRECKE:** Dorfplatz Scuol-Sot (1810 m) • dem Wanderwegweiser »S-charl« folgen • km 13,3 S-charl – Wanderwegweiser »Pass da Costainas« • km 20,3 Alp d'Arlas (2678 m) • ab hier auf dem Singletrail zum Pass da Costainas hochfahren • km 22,9 Pass da Costainas (2251 m) • Wanderwegweiser »Lü« • km 24,4 (2643 m) Wanderwegweiser »Alp Champatsch« • an der Alp Champatsch vorbei und auf der Senda Müstair bis Alp da Munt • unmittelbar vor der Alp da Munt auf der Schotterstraße rechts hinauffahren bis Fuorcla Funt da S-charl • den Singletrail zurück bis zur Alp Astras abfahren • ab hier auf der Bergstrecke zurück bis Scuol (vor Punkt 1486 links auf den Trails durch den Wald abfahren, anstatt der asphaltierten Straße zu folgen).

**KARTEN:** Supertrail Map, Kartenblatt Unterengadin/Val Müstair, 1:50 000, *www.supertrail-map.com*

**DIVERSES:** Einkehrmöglichkeit im Weiler S-charl. Informationen zu geführten Bike-Touren, Shuttlefahrten oder Übernachtungen in der Bike-Villa am Endpunkt Scuol: *www.supertrail-rides.com*

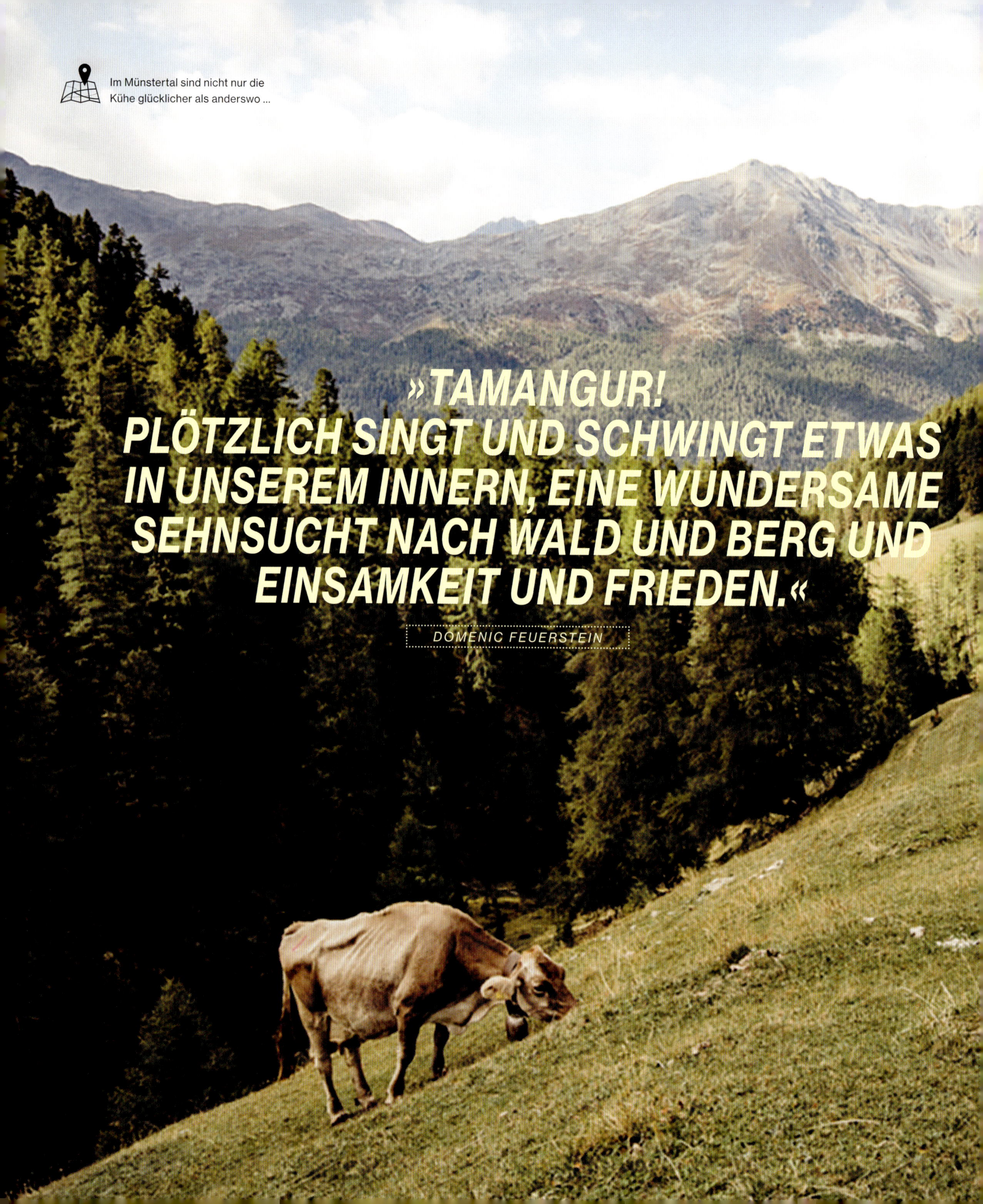

Im Münstertal sind nicht nur die
Kühe glücklicher als anderswo ...

**»TAMANGUR!
PLÖTZLICH SINGT UND SCHWINGT ETWAS
IN UNSEREM INNERN, EINE WUNDERSAME
SEHNSUCHT NACH WALD UND BERG UND
EINSAMKEIT UND FRIEDEN.«**

*DOMENIC FEUERSTEIN*

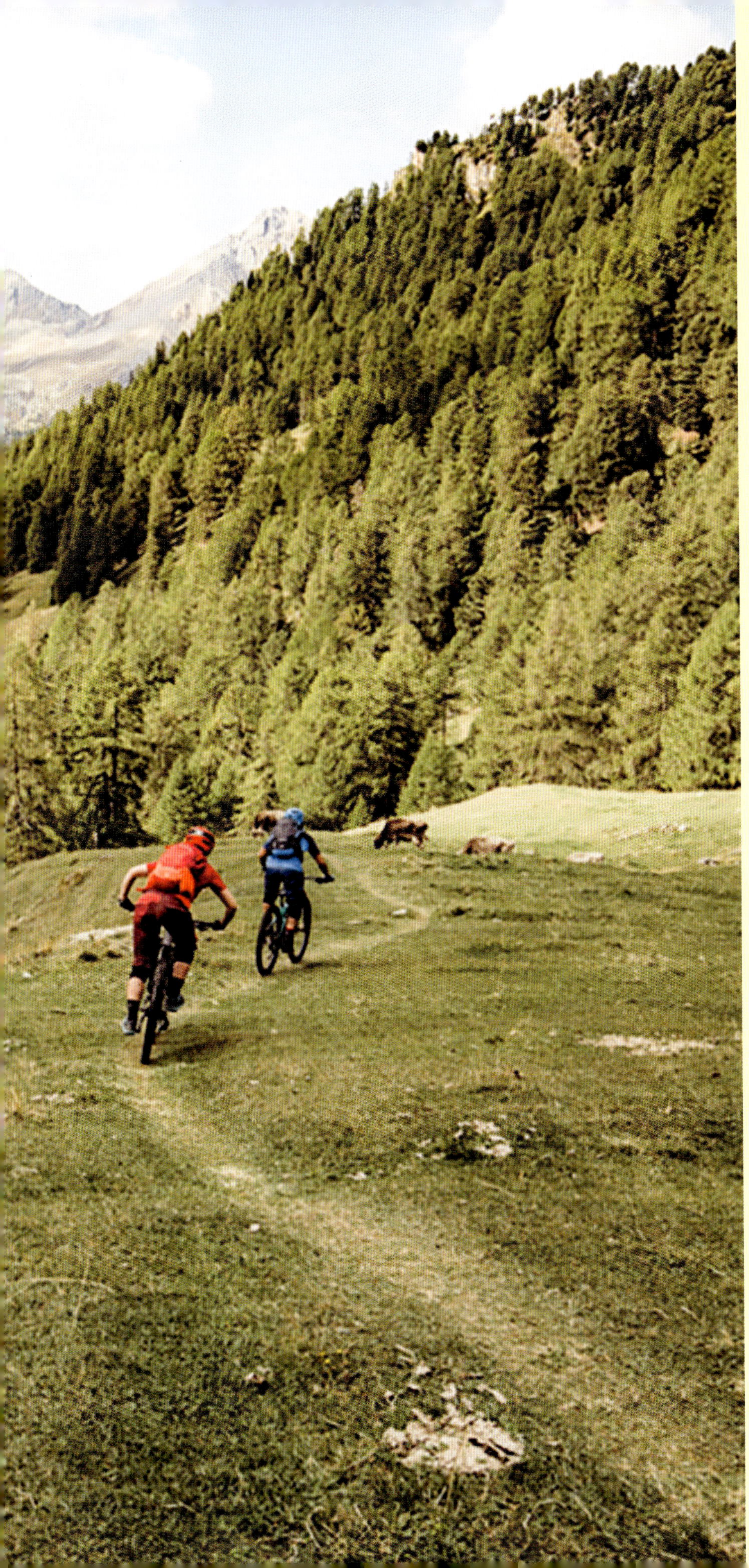

# FAKTEN

## PASS DA COSTAINAS

TOUR NR. 3

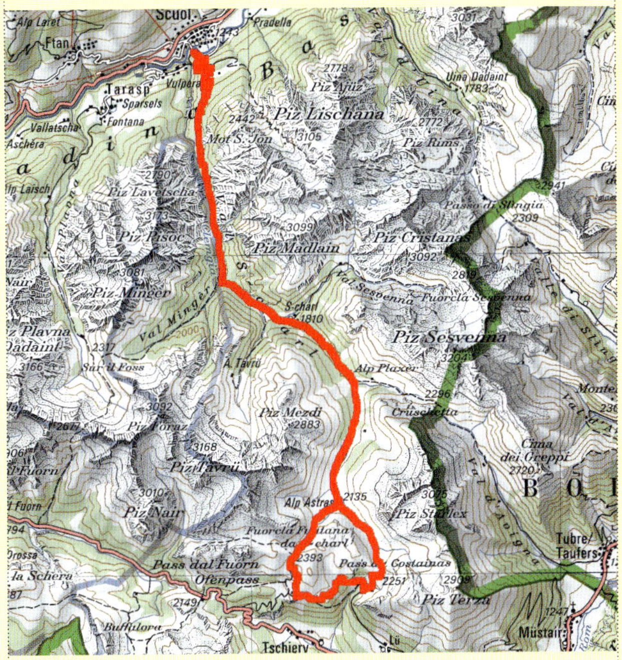


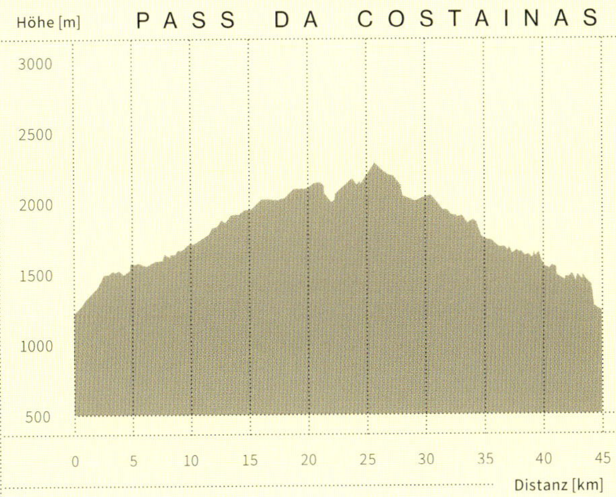


| SCHWIERIGKEIT | DISTANZ |
|---|---|
| Fahrtechnik 3 | 48,8 km |
| Ausdauer 4 | **HÖHENDIFFERENZ** |
| **FAHRZEIT** | 1870 m |
| 6 h | |

Zuerst die Arbeit ... (Schiebepassage auf halbem Weg zum Piz Umbrail)

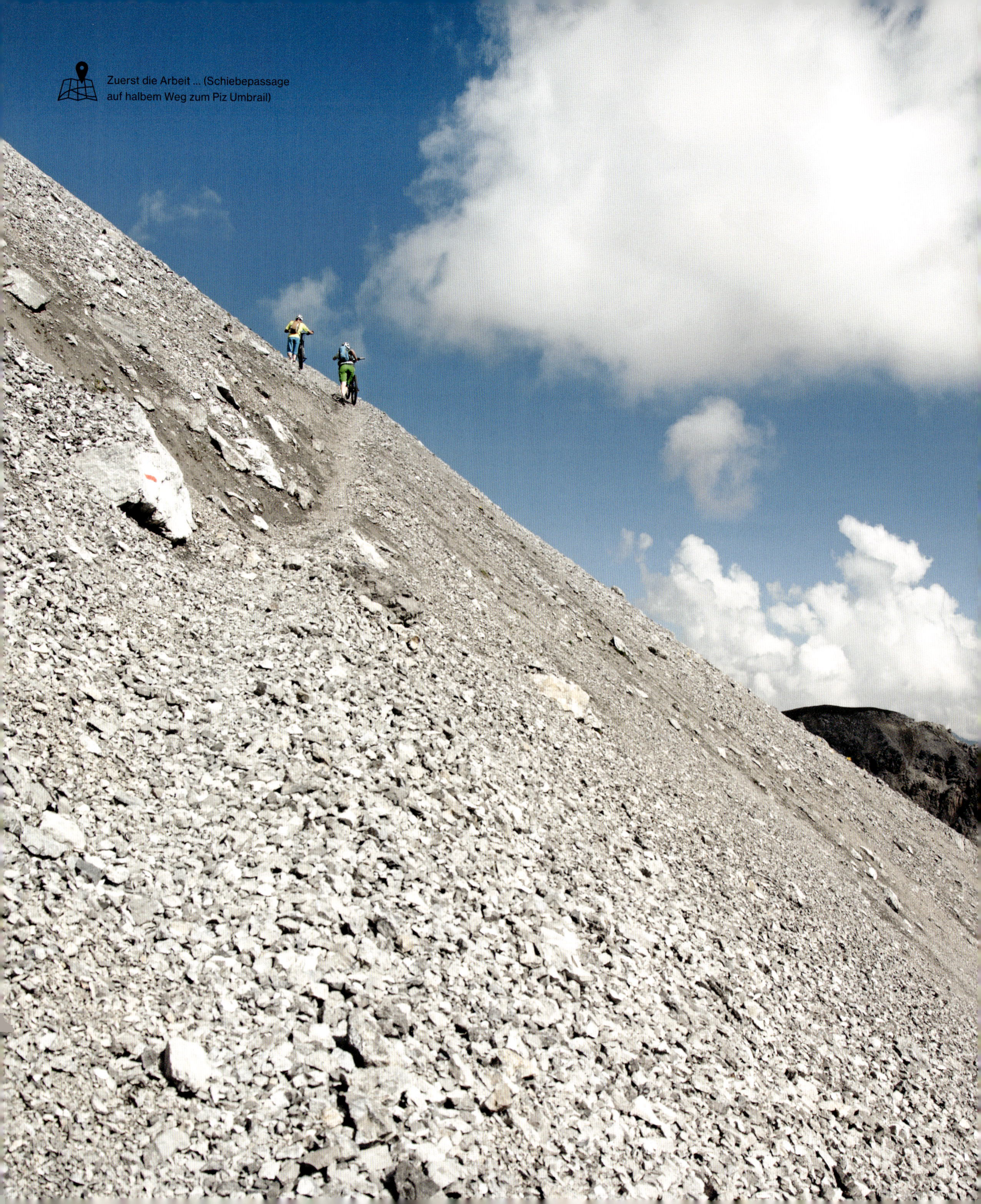

# LAI DA RIMS

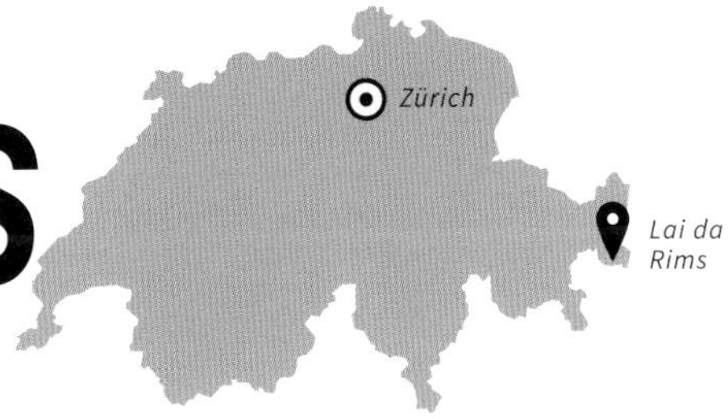


## VAUS BLAUES AUGE

GRAUBÜNDEN

TOUR NR. 4

Zugegeben – 500 Höhenmeter sind nicht gerade Respekt einflössend. Wenn sie allerdings innerhalb von nur 2,6 Kilometern Wegstrecke zurückzulegen sind, dann kommt das trotzdem einer K(r)ampfansage gleich. Wer auf dem Pass Umbrail aus dem Postauto aussteigt und zum Piz Umbrail hochblickt wird sich jedenfalls verwundert fragen, wo denn hier ein Trail hochführen soll. Sind die ersten Meter mit erheblichem Kraftaufwand vielleicht noch zu fahren, so findet die Fahrt spätestens beim ersten Schotterfeld vorerst ein Ende. Es hat so gewaltige Dimensionen, dass man sich zwangsläufig nichtig und klein fühlt. Es scheint so, als ob die Steine immer größer werden, je näher man dem Gipfel des Piz Umbrail kommt. Das Mountainbike ist schon längst geschultert, während man zwischen zyklopischen Felsblöcken hochklettert. So kommt man nicht nur schnell außer Atem, man erreicht auch schnell den Gipfel. Zuerst den 3031 Meter hohen Vorgipfel und, bereits wieder im Fahrradsattel sitzend, den zwei Meter höheren Hauptgipfel. Bis spät im Jahr liegt auf der Nordseite ein Schneefeld, das nach dem Abschmelzen ein Schotterfeld freigibt. Von weitem ist der See Lai da Rims schon zu sehen. Sein Blau wirkt geradezu unwirklich und setzt sich vom satten Grün kontrastreich ab. Der Singletrail ist immer flüssiger zu fahren, je mehr man sich dem See nähert. Spätestens in den zahlreichen Schleifen hinunter zur Alp Las Clastras im Val Vau stellt man sich die Frage, ob der Trail vielleicht eigens für Mountainbiker geschaufelt wurde. Abgesehen von einigen herausforderungsreichen Spitzkehren vermittelt er auch weniger versierten Mountainbikern schier unbegrenzten Fahrspaß. Spätestens in den Abschlusspassagen kurz vor Sta Maria ist am Bremshebel wieder etwas mehr Fingerspitzengefühl gefordert. Wer auf Wolke 7 schwebt, wird sich dadurch jedoch nicht mehr beunruhigen lassen.

**AUSGANGSPUNKT:** Sta Maria, Tourismus Engadin Scuol Smnaun Val Müstair AG, Telefon +41 (0)81 861 88 00, *www.engadin.com*

**ÜBERNACHTUNGSTIPP:** Hotel Münsterhof***, Müstair, Telefon +41 (0)81 858 55 41, *www.muensterhof.ch*

**STRECKE:** Mit dem Postauto oder Shuttle bis zur Postautohaltestelle Umbrail-Pass (2498 m) • Singletrail beim Restaurant hoch, Wanderwegweiser »Piz Umbrail« • km 2,63 Piz Umbrail (3031 m) • Wanderwegweiser »Lai da Rims« • nach dem See dem Wanderwegweiser »Sta Maria« folgen – km 10,2, Bikewegweiser »1 Alpine Bike« • km 11,8, rechts in Trail einbiegen »Sta Maria« • km 13,0, rechts hoch, Wanderwegweiser »Döss da las Levras« • bei Döss da las Levras nach Sta Maria abfahren.

**KARTEN:** Supertrail Map Unterengadin/Val Müstair, 1:50 000, *www.supertrail-map.com*

**DIVERSES:** Das Transportunternehmen Romex bietet Shuttle-Fahrten an: Telefon +41 (0)79 285 45 45, *www.romex-transport.ch*
Das Postauto transportiert ebenfalls Mountainbikes (max. 5 pro Fahrt, eine Reservierung wird dringend empfohlen).
Alternative Bergfahrt: Die etwas weniger anstrengende Alternativroute führt vom Umbrailpass auf einem herrlichen Singletrail zur Bocchetta di Forcola. Von dort aus kann man das Mountainbike auf den Sattel westlich der Punta di Rims schieben und auf der Rückseite über das Schotterfeld ins Val dal Lai abfahren. So verteilen sich die rund 400 Höhenmeter auf eine größere Distanz. Der Streckenabschnitt von der Alp Las Clastras zum Lai da Rims ist auch bei Wanderern sehr beliebt – bitte die neu erlassenen Nutzungszeiten beachten.

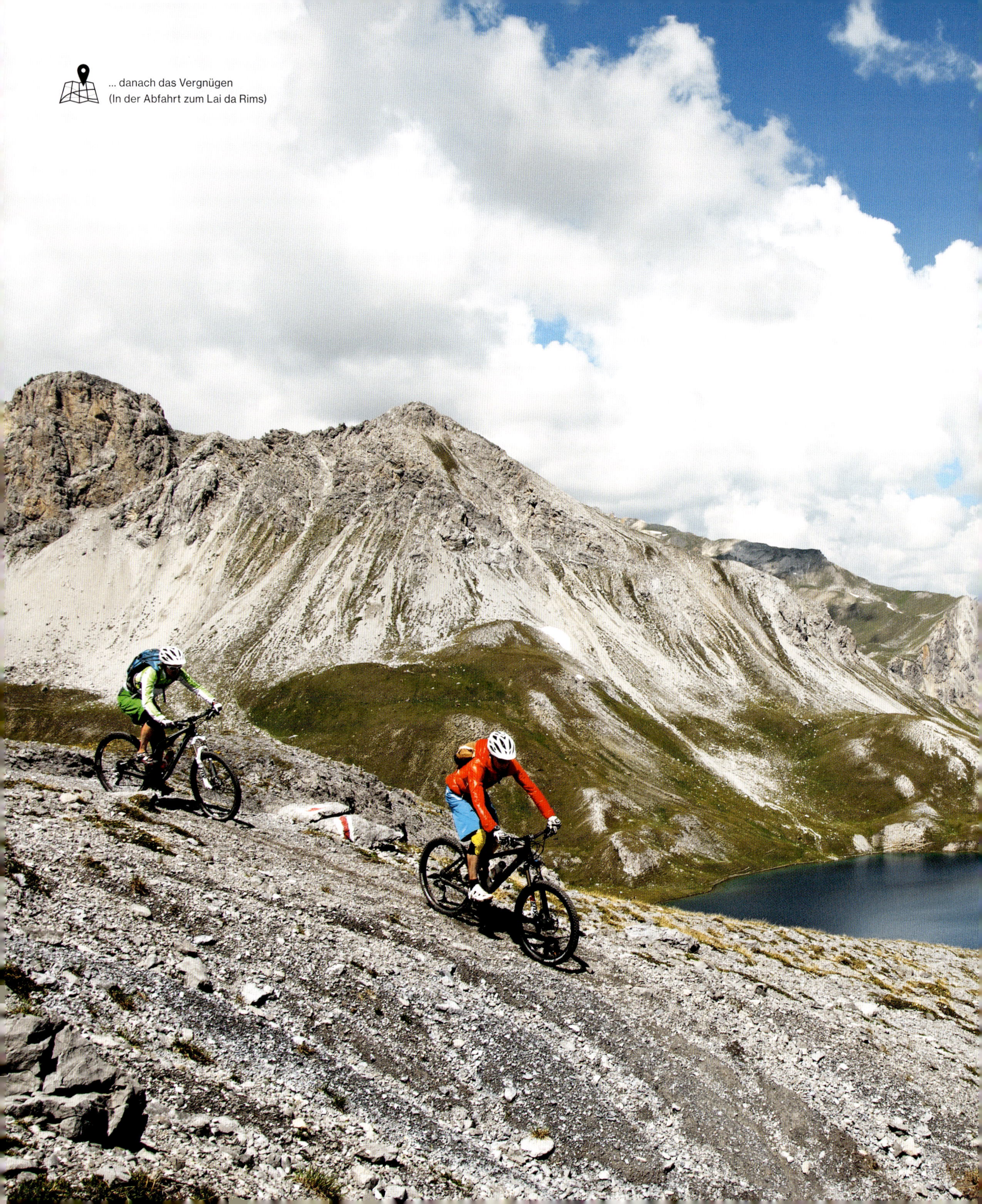

... danach das Vergnügen
(In der Abfahrt zum Lai da Rims)

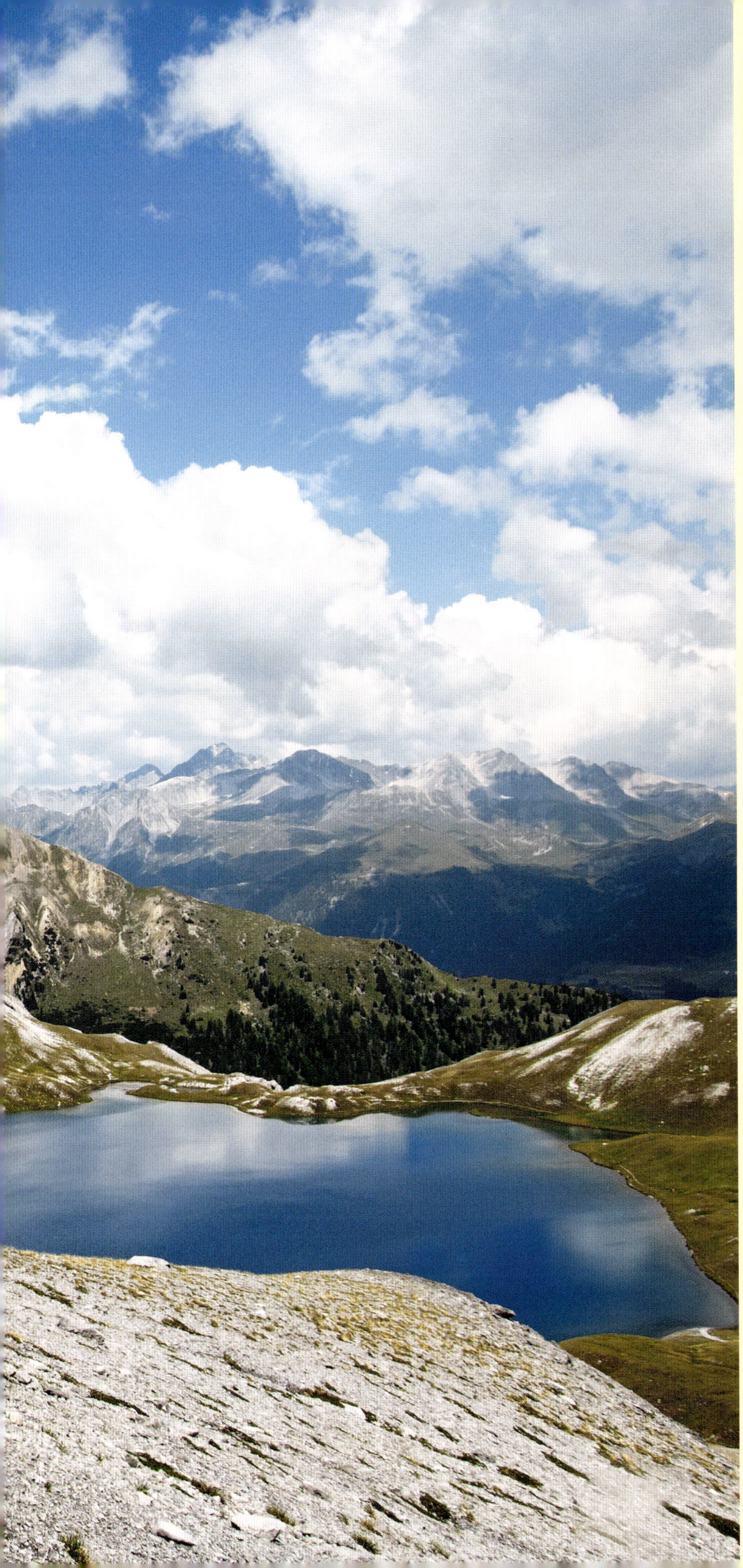

# FAKTEN

## LAI DA RIMS

TOUR NR. 4

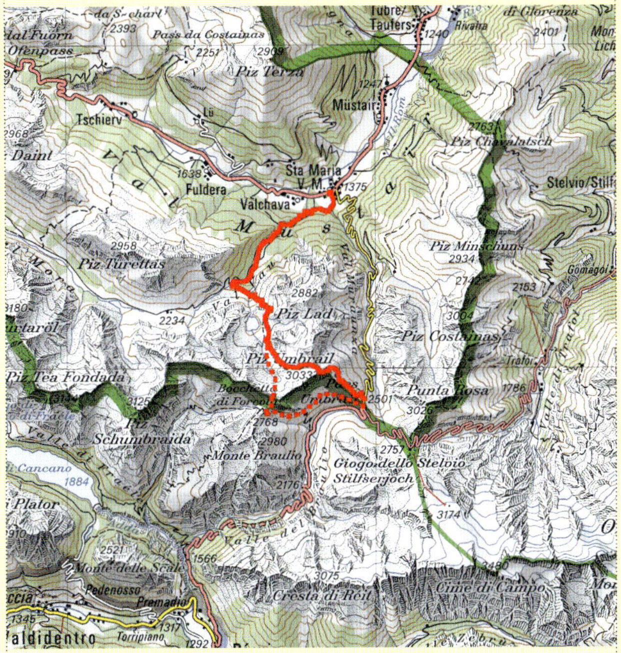


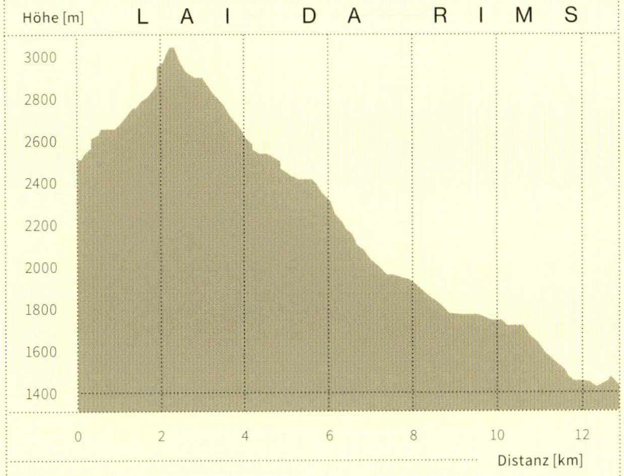


| SCHWIERIGKEIT | DISTANZ |
|---|---|
| Fahrtechnik 3 | 14,8 km |
| Ausdauer 3 | **HÖHENDIFFERENZ** |
| **FAHRZEIT** | Bergfahrt 1000 m |
| 4 h | Abfahrt 2620 m |

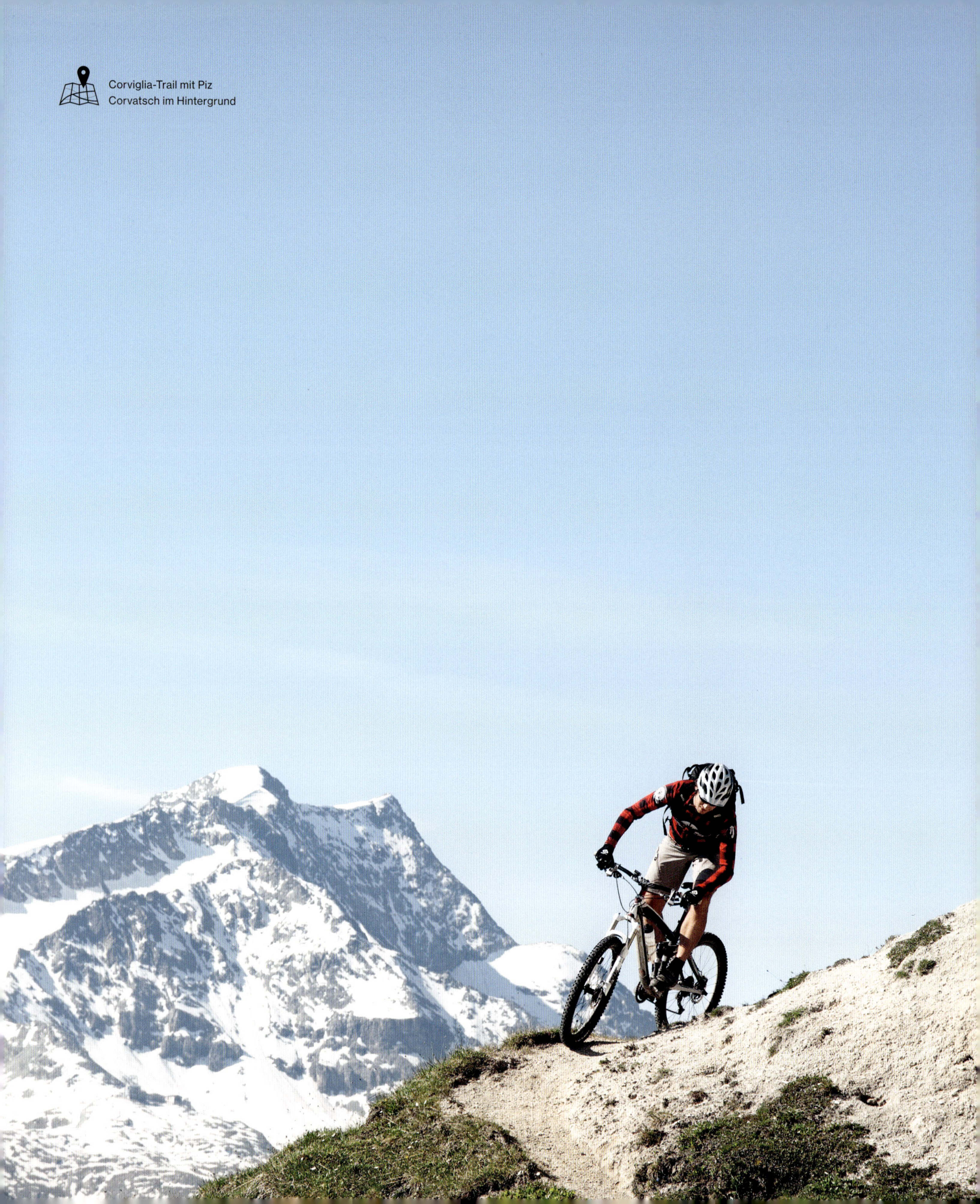

Corviglia-Trail mit Piz
Corvatsch im Hintergrund

# CORVIGLIA

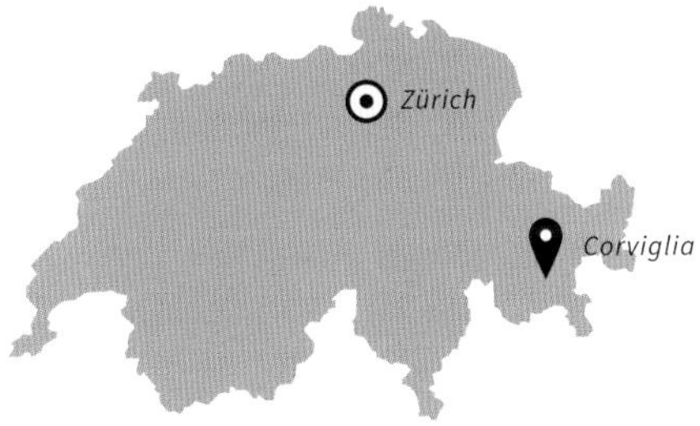


## MTB IM CHAMPAGNER-KLIMA

GRAUBÜNDEN

TOUR NR. 5

Müsste man das Mountainbiking noch erfinden, dann bestünde eine reelle Chance, dass St. Moritz Geburtsort dieser neuen Sportart wäre. Das kosmopolitische Alpendorf erlebte die Geburtsstunde von allerlei skurrilen aber auch etablierten Sportarten wie Skeleton (1884/1885), Bobfahren (1889), White Turf, Cricket on Ice und Polo im Schnee. Das erste Golfturnier in den Alpen wurde 1889 hier ausgerichtet. 1928 wurden die zweiten Olympischen Winterspiele durchgeführt, 1948 die fünften. Auch in anderen Bereichen hatten die St. Moritzer die Nase oft vorn: So zum Beispiel erhellte hier an Weihnachten 1878 schweizweit zum ersten Mal elektrisches Licht die Nacht, der erste Motorflug in der Schweiz wurde 1910 hier durchgeführt und bereits 1930 hat St. Moritz als erster Ort ein Symbol (»Die Sonne von St. Moritz«) gesetzlich schützen lassen. 1935 schliesslich wurde hier einer der ersten modernen Skilifte überhaupt gebaut.
Etwas länger haben die sonst so progressiven St. Moritzer gebraucht, um sich mit dem Mountainbike anzufreunden. »Persona non grata« war noch vor nicht allzu langer Zeit, wer sich mit seinem Bike auf die St. Moritzer Trails wagte. Diese Episode gehört jedoch mittlerweile auf die Müllhalde der Geschichte. Die Oberengadiner haben eine wahre Charm-Offensive für Mountainbiker gestartet. Es wurden zahlreiche Singletrails ausgeschildert, Trails hergerichtet oder neu gebaut, Bike-Karten aufgelegt und Tageskarten für die Bergbahnen lanciert. Auf der Corviglia steht man mittlerweile komplett schweißfrei in weniger als zehn Minuten. Etwas länger dauert die Abfahrt über die Alp Laret. Aber schnell soll es ja gar nicht gehen, denn auf diesem herrlichen Singletrail möchte man jeden Höhenmeter voll auskosten. Obschon – dank der Biketageskarte hindert einen nichts und niemand daran, die Abfahrt zehn Mal unter die Räder zu nehmen. Außer die eigene Kondition vielleicht!

**AUSGANGSPUNKT:** St. Moritz, Engadin St. Moritz Tourismus, Telefon +41 (0)81 837 33 33, *www.engadin.ch*

**ÜBERNACHTUNGSTIPP:** All in One Hotel Inn Lodge***, Celerina, Telefon +41 (0)81 834 47 95, *www.innlodge.ch*

**STRECKE:** Mit der Standseilbahn von St. Moritz bis Corviglia (2486 m) hochfahren • auf dem ausgeschilderten Flowtrail bis nach St. Moritz abfahren. Von demselben Startpunkt aus gibt es zwei attraktive Alternativen: Die Bikestrecke via Suvrettapass ins Val Bever oder vom Suvretta-Pass das Suvretta-Tal durchfahren (technisch sehr anspruchsvoll).

**KARTEN:** kostenlose MTB-Karte von Engadin St. Moritz Tourismus, 1:50 000

**DIVERSES:** Einkehrmöglichkeit auf der Corviglia. Wer möchte kann die Bergfahrt auch aus eigener Kraft bewältigen und auf der Schotterstraße von Celerina via Alp Marguns nach Corviglia hochfahren (zusätzliche 10,2 km, 840 m Bergfahrt und 193 m Abfahrt). Beim Engadin St. Moritz Tourismus sowie bei den Talstationen der Bergbahnen kann kostenlos eine Bike-Karte mit weiteren Tourenvorschlägen bezogen werden.

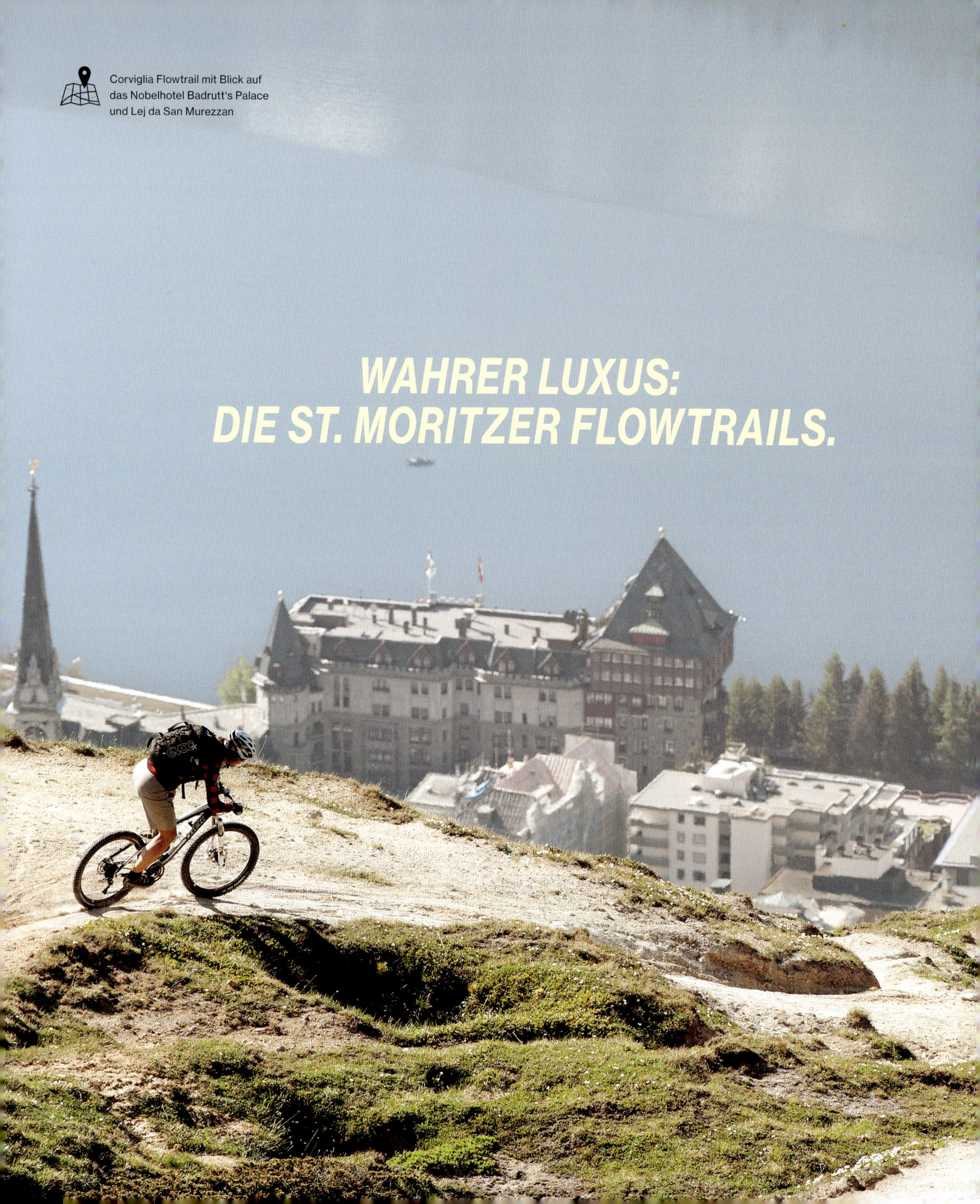


Corviglia Flowtrail mit Blick auf das Nobelhotel Badrutt's Palace und Lej da San Murezzan

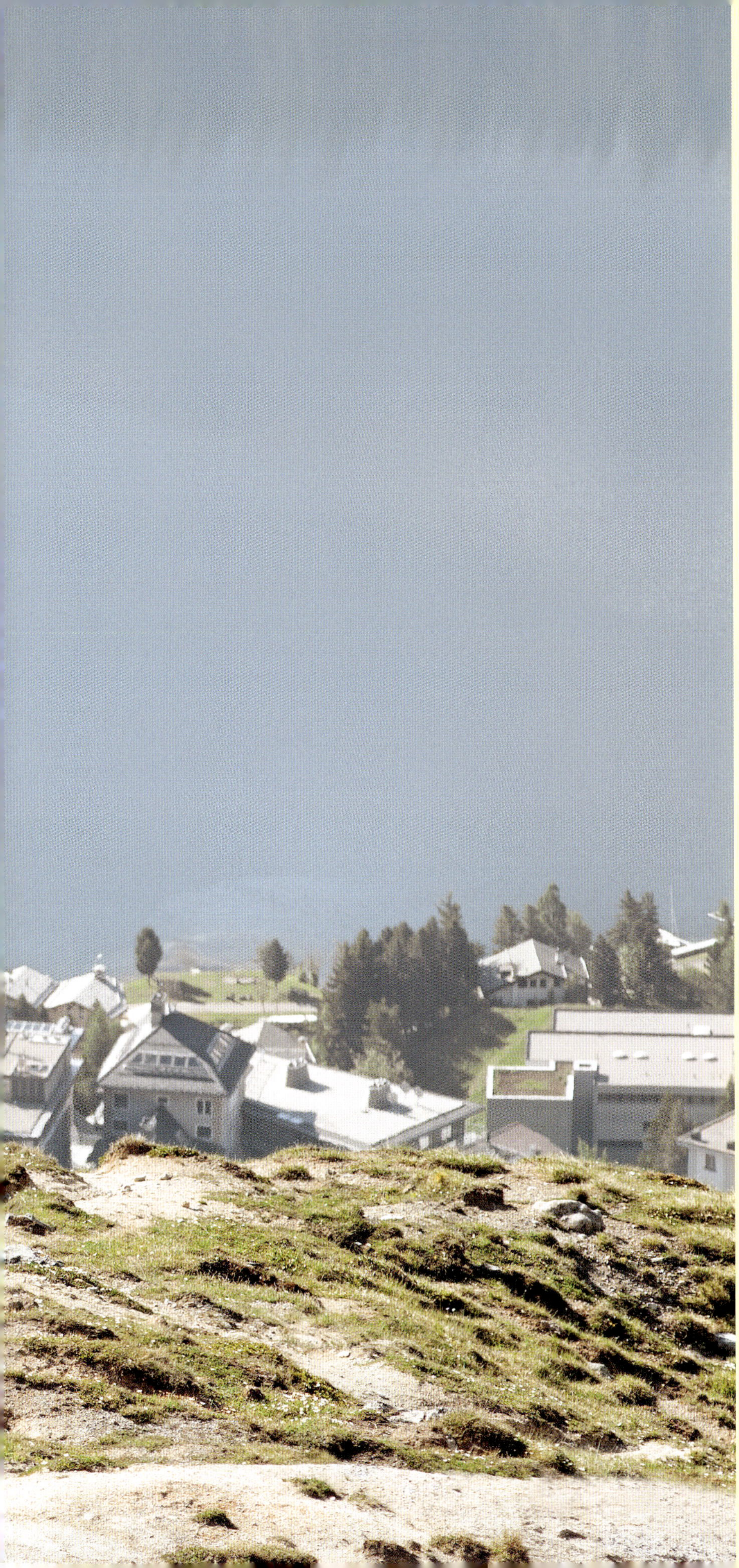

# FAKTEN

CORVIGLIA

TOUR NR. 5

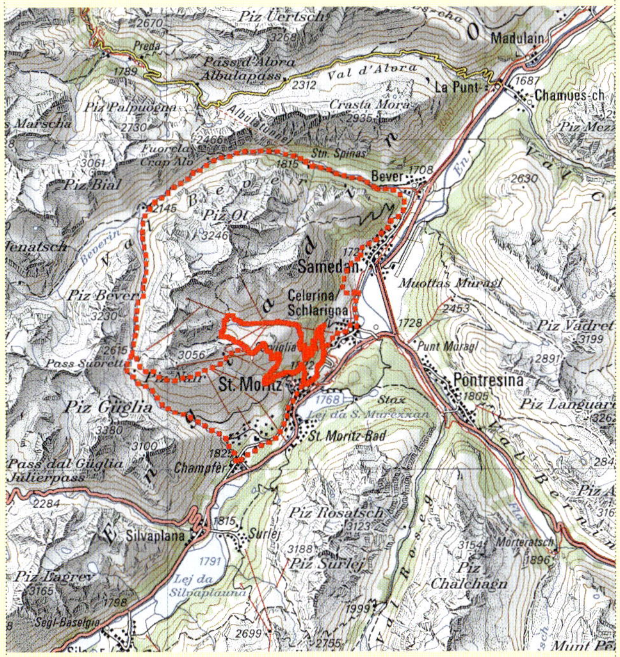


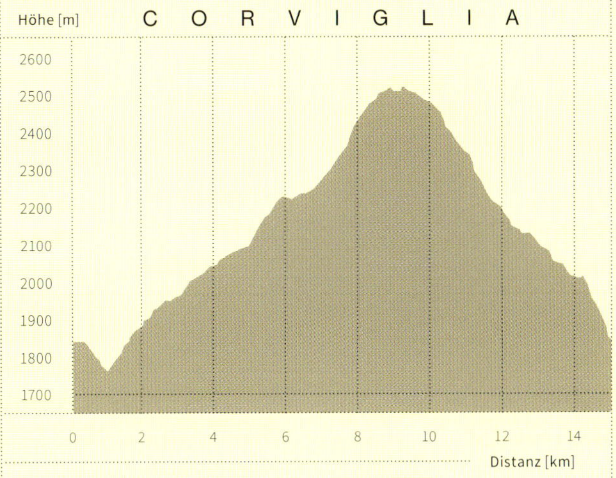


| SCHWIERIGKEIT | DISTANZ |
|---|---|
| Fahrtechnik 3 | 5,1 km |
| Ausdauer 1 | **HÖHENDIFFERENZ** |
| **FAHRZEIT** | Bergfahrt 40 m |
| 1 h | Abfahrt 680 m |

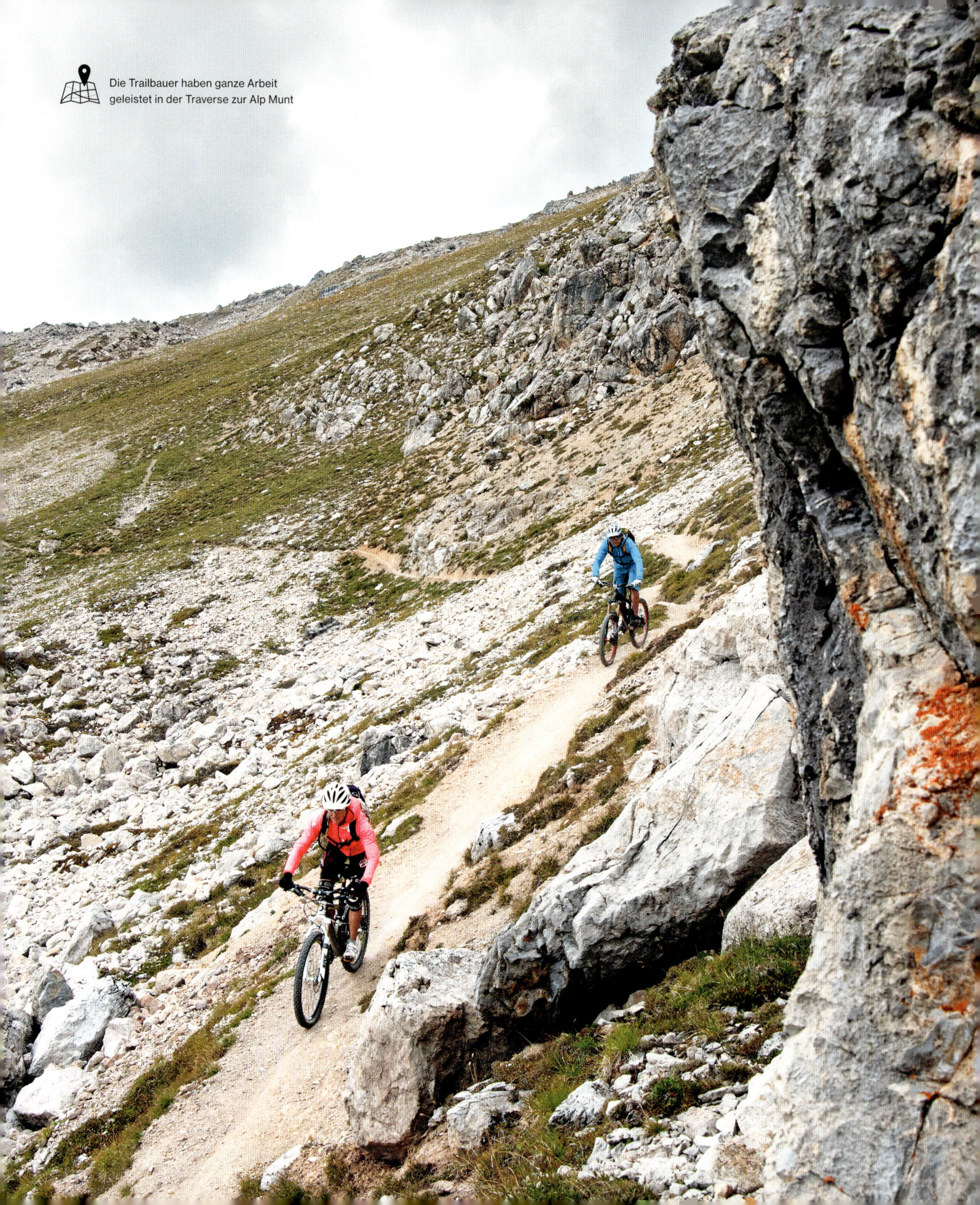

Die Trailbauer haben ganze Arbeit geleistet in der Traverse zur Alp Munt

# TRAIS FLUORS

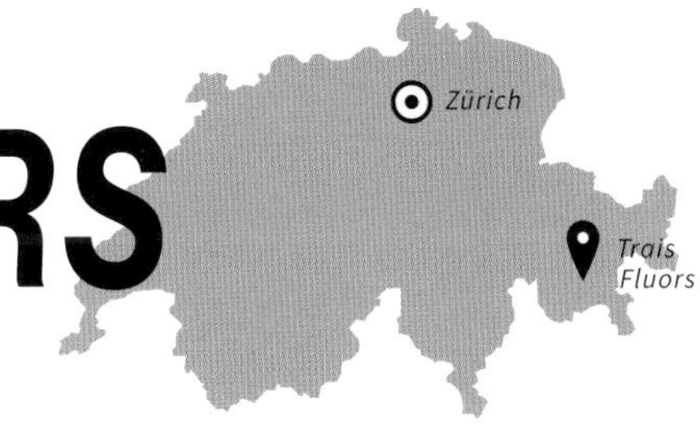


## HALLELUJAH FÜR 3 BLUMEN

GRAUBÜNDEN

TOUR NR. 6

Der Malojapass bildet eine natürliche Sprachgrenze zwischen dem rätoromanischen Oberengadin und dem italienischsprachigen Bergell. Im touristischen Zentrum der Region, dem Nobelkurort St. Moritz, verlaufen die Sprachgrenzen hingegen eher einer imaginären Linie entlang, die den (Geld-)Adel von den Normalsterblichen trennt. Dabei hört man Italienisch, Russisch, Englisch oder Hochdeutsch im Winter mittlerweile öfter denn das einheimische Rätoromanisch. Im Sommer sieht das freilich wieder etwas anders aus, denn Wandern und Mountainbiking gehören nicht zu den bevorzugten Freizeitbeschäftigungen der High Society. Unter den Felszacken der Trais Fluors herrscht ohnehin Ruhe, weil in der Regel außer Atem ist, wer hier oben ankommt. So lieblich Trais Fluors (die drei Blumen) auch klingen mag, zuerst geht es hier oben ganz schön zur Sache. Der Trail führt durch ein breites Band riesiger Felsblöcke, das – wenn überhaupt – nur mit fahrtechnisch überragenden Fähigkeiten und einer vorzüglichen Kondition fahrend zu bewältigen ist. Die Schieberei ist allerdings von kurzer Dauer und was danach folgt, kann dem sonoren Trail-Namen Trais Fluors durchaus Paroli bieten: Ein perfekt angelegter Singletrail führt zuerst in weiten Kehren durch einen Abhang mit feinem Schotter, bevor er nach Punkt 2489 leicht abfallend bis zur Alp Munt führt. Fahrtechnisch relativ einfach zu fahren aber bei entsprechender Geschwindigkeit (zu der man förmlich verführt wird) doch anspruchsvoll genug – unterfordert ist hier niemand. Die einheimischen Trail-Bauer haben ganze Arbeit geleistet. Nach der Alp Munt zieht der Singletrail schließlich in zahlreichen engen Kehren über die Falllinie zu Tal, bis die Scheibenbremsen zu überhitzen drohen. Wenn der Kreis sich in Celerina wieder schließt, wird sich an den Scheibenbremsen jedoch niemand mehr die Finger verbrennen – die letzten Kilometer der Wegstrecke verläuft der einfach zu fahrende Trail mehrheitlich genussreich der Höhenlinie entlang.

**AUSGANGSPUNKT:** Celerina (1740 m) oder St. Moritz, Engadin St. Moritz Tourismus, Telefon +41 (0)81 837 33 33, *www.engadin.ch*

**ÜBERNACHTUNGSTIPP:** All in One Hotel Inn Lodge***, Celerina, Telefon +41 (0)81 834 47 95, *www.innlodge.ch*

**STRECKE:** Talstation Bergbahn Celerina (1740 m) • Bike-Wegweiser Richtung St. Moritz entlang den Gleisen • km 0,96, rechts über die Brücke • km 2,32, links auf der Schotterstraße bergwärts • km 2,39, geradeaus Bike-Wegweiser/Wanderwegweiser »Alp Marguns« • km 7,22 Marguns (2276 m) • am Bergrestaurant Marguns vorbei und auf der Schotterstraße bis km 9,39 zur Camona Saluver (2632 m) hochfahren • rechts in den Trail einbiegen und bis zur Bergstation des Sessellifts Las Trais Fluors hinauffahren • dem Bike-Wegweiser/Wanderwegweiser via die Alp Clavadatsch bis zur Alp Munt (2234 m) folgen • nach der Alp, dem Bike-Wegweiser folgend am Waldrand entlang bis P. 1956 abfahren • auf der Schotterstraße rechts und bei P. 1890 via Cristolais auf einem sehr schönen Singletrail zur Hauptstraße abfahren, die Samedan und Celerina verbindet.

**KARTEN:** kostenlose MTB-Karte von Engadin St. Moritz Tourismus, 1:50 000

**DIVERSES:** Die Bergbahn Celerina transportiert Bikes bis Marguns, während der Saison und in Begleitung der lokalen Bikeguides auch bis zur Bergstation des Sessellifts, der von Marguns direkt unter die Las Trais Fluors führt. So spart man sich 530, respektive 1000 Meter Bergfahrt. Oder aber man wählt die Standseilbahn von St. Moritz bis Corviglia und fährt via Lej Alv und Glüna Richtung Las Trais Fluors. Bei Engadin St. Moritz Tourismus sowie bei den Talstationen der Bergbahnen kann kostenlos eine Bike-Karte mit weiteren Tourenvorschlägen bezogen werden.

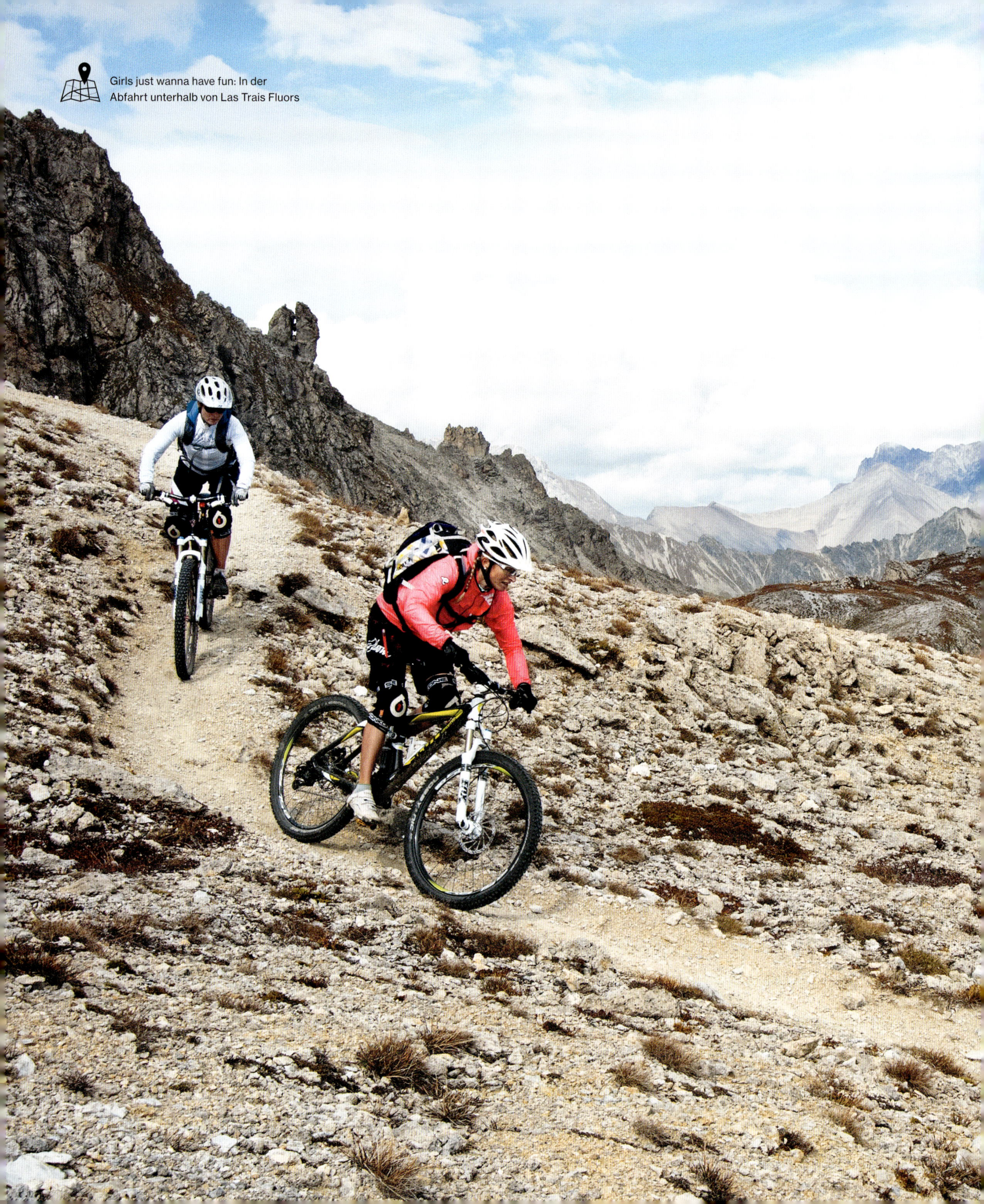

Girls just wanna have fun: In der Abfahrt unterhalb von Las Trais Fluors

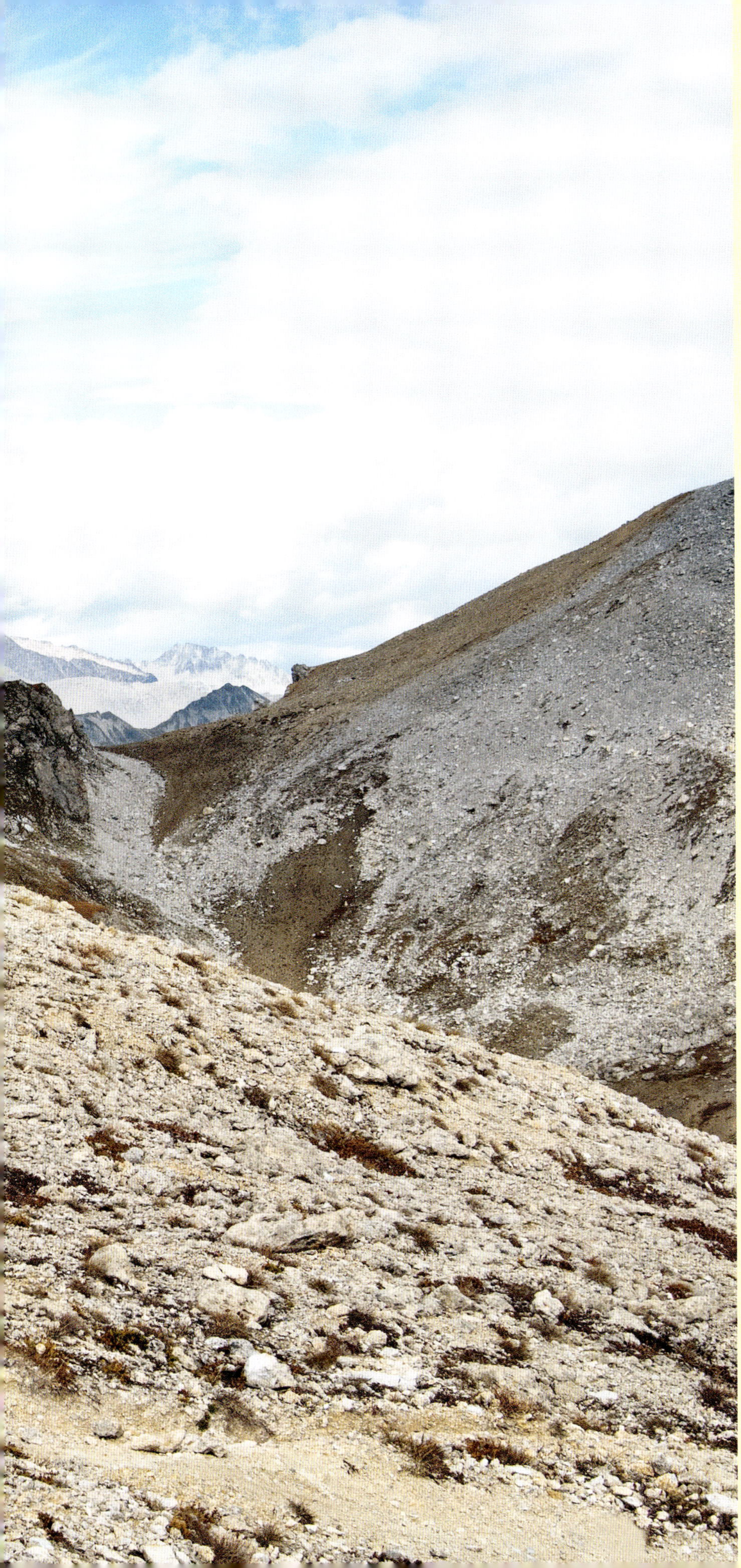

# FAKTEN

## TRAIS FLUORS

TOUR NR. 6

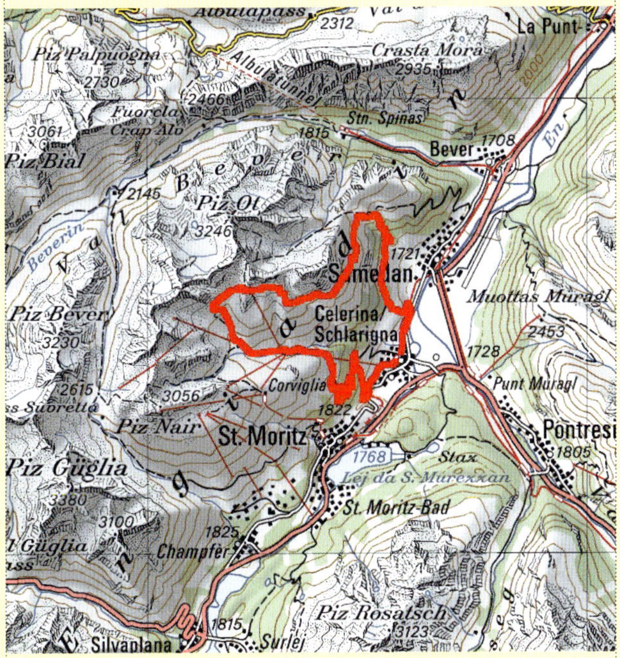


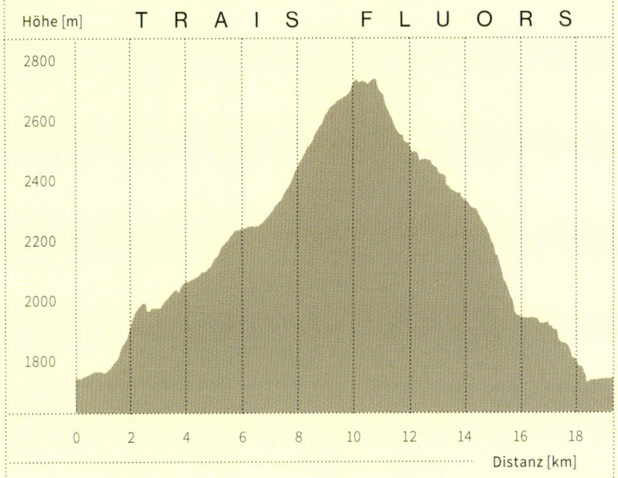


| SCHWIERIGKEIT | DISTANZ |
|---|---|
| Fahrtechnik 3 | 35,80 km |
| Ausdauer 3 | **HÖHENDIFFERENZ** |
| **FAHRZEIT** | 1200 m |
| 4 h | |

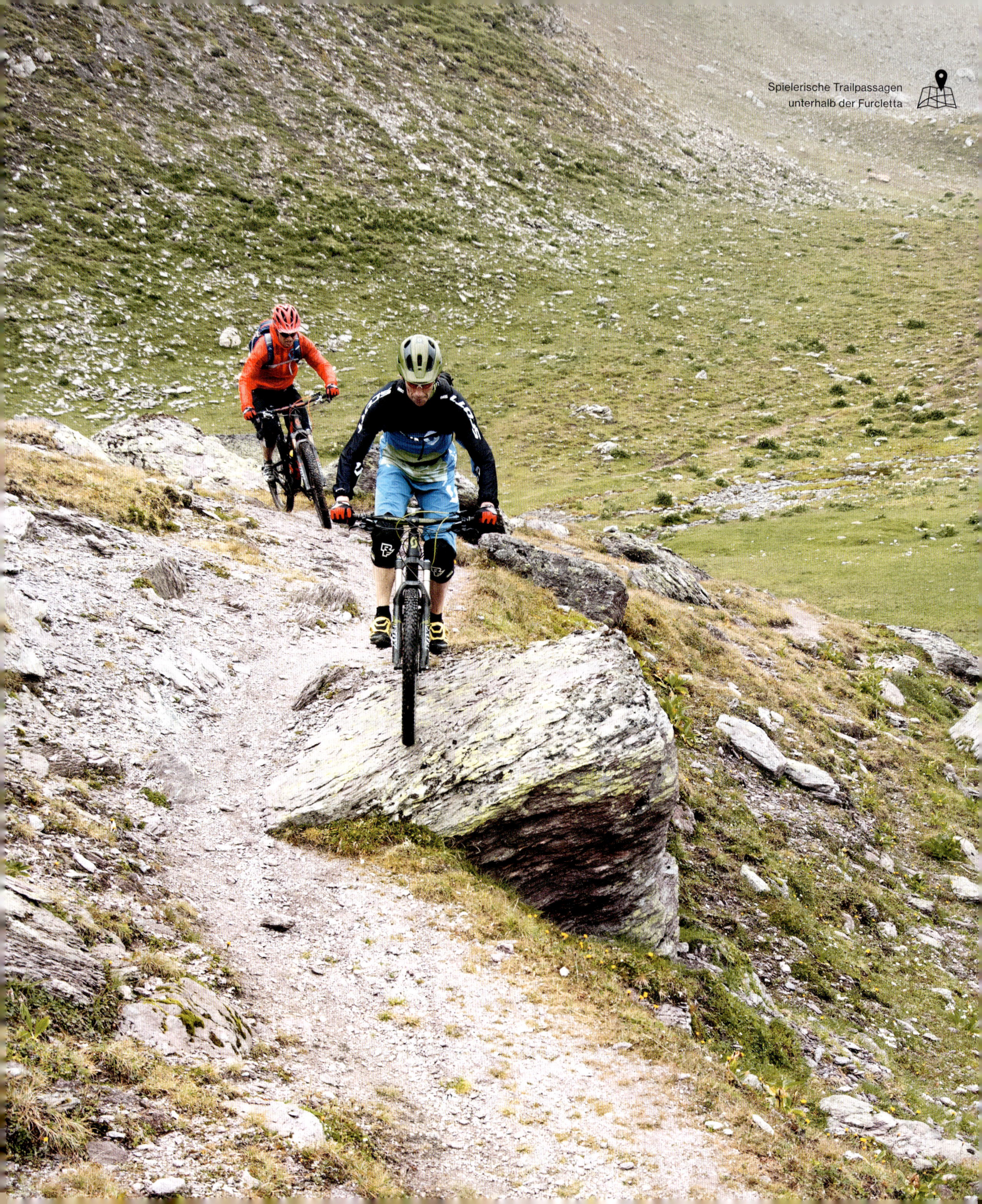

Spielerische Trailpassagen
unterhalb der Furcletta

# WELSCHTOBEL

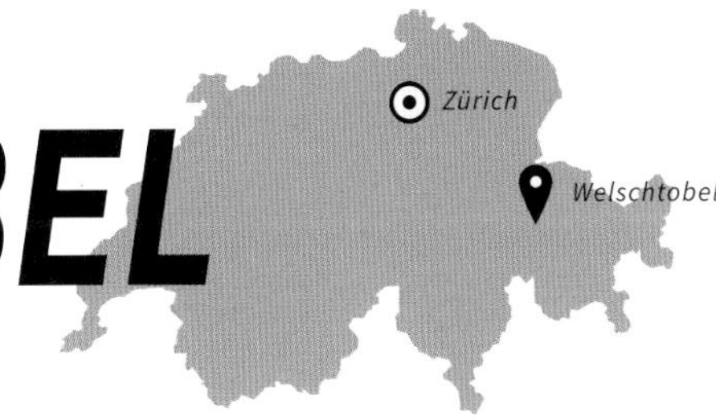


## TEUFLISCH GUT

GRAUBÜNDEN

TOUR NR. 7

Karg ist es. Das Welschtobel. Wegen seiner spärlichen Vegetation wurde es von den in Arosa siedelnden Walsern auch Tüüfelschtälli (Teufelstälchen) oder »ds bös Tälli« genannt. Seinen heutigen Namen trägt es jedoch aus einem anderen Grund: 1481 verkauften die mausarmen Aroser Bergbauern das Tüüfelschtälli für 25 Pfund an die Alvaneuern Bauern aus dem benachbarten Albulatal. Da diese rätoromanisch – also »welsch« – sprachen, nannten es die Walser fortan nur noch das Welschtobel. Seit 1889 existiert ein gut ausgebauter Wanderweg von Arosa bis zur Furcletta, den Übergang ins Albulatal. Der erfordert allerdings viel Instandhaltungsarbeit. Ausnahmweise werden für die Erosion nicht Mountainbiker verantwortlich gemacht – Schuttrunsen aus den Flanken von Schafrügg, Schaftällihorn und Leidflue ziehen bis zum Talboden. Erst 2013 haben Freiwillige eine 30 Meter lange Hängebrücke erbaut, um die Durchgängigkeit des Wegs zu sichern. Angesichts der Wildheit des Tals kann man nur staunen, dass der 7,5 Kilometer lange Singletrail von der Furcletta bis Isel mit Ausnahme von wenigen fahrtechnisch anspruchsvolleren Passagen sehr flüssig zu fahren ist und unglaublich viel Fahrspaß bietet. Der Welschtobel-Trail ist das Filetstück einer großen Mountainbike-Runde, die mit der Abfahrt vom Parpaner Rothorn zur Alp Sanaspans, respektive vom Urdenfürggli nach Valbella, zwei weitere Abfahrts-Highlights bietet. Auch wenn der alpine Enduro-Loop mit zwei Bahnfahrten hinsichtlich der physischen Anforderungen problemlos entschärft werden kann – gefordert wird man trotzdem, zumindest in der längeren Schiebepassage zwischen Alp Sanaspans und Culmet, oder dann im kurzen aber knackigen Anstieg zum Urdenfürggli. Aber wir kennen das ja: Ohne Schweiß … – und der Preis ist eine der schönsten Mountainbike-Rundtouren Graubündens.

**AUSGANGSPUNKT:** Lenzerheide, Informationsbüro Lenzerheide, Telefon +41 (0)81 385 57 00, *www.bikekingdom.ch*

**ÜBERNACHTUNGSTIPP:** Hotel Kurhaus, Telefon +41 (0)81 384 11 34, *www.kurhaus.com*

**STRECKE:** Bahnfahrt bis Bergstation Parpaner Rothorn (2861 m) • dem Wanderwegweiser »Alp Sanaspans« folgen • km 3,9, P. 2150 den farbigen Wanderwegmarkierungen links den Berg hoch folgen, bis Culmet • von hier abfahren bis Tealf und rund 80 Höhenmeter hochschieben • km 7,7 Furcletta (2573 m) • ab hier dem Wanderwegweiser »Arosa« folgen • km 19,4 Arosa (1775 m) • auf der Asphaltstraße bis Innerarosa zur Talstation der Hörnli Express Bergbahn fahren • mit der Bahn bis zur Hörnlihütte • Hörnlihütte (2511 m) • dem Wanderwegweiser »Urdenfürggli« folgen • km 21,4 Urdenfürggli (2546 m) • ab hier dem Bike-Wegweiser bis zur Station Alp Scharmoin (1904 m) folgen • ab hier auf einer der verschiedenen Abfahrtsstrecken nach Valbella abfahren.

**KARTEN:** Supertrail Map, Kartenblatt Davos/Arosa/Lenzerheide, 1:50 000, *www.supertrail-map.com*

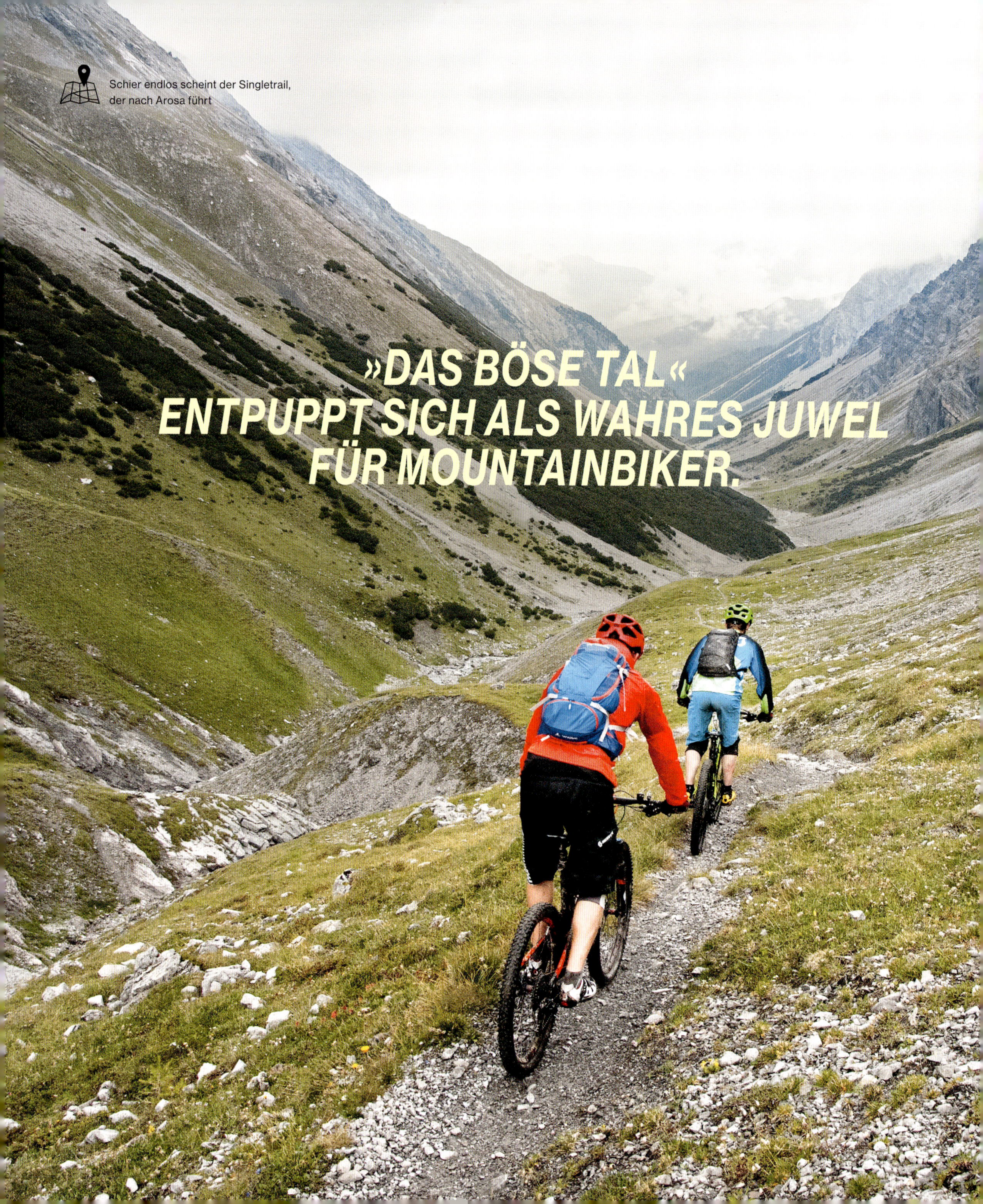

Schier endlos scheint der Singletrail, der nach Arosa führt

**»DAS BÖSE TAL« ENTPUPPT SICH ALS WAHRES JUWEL FÜR MOUNTAINBIKER.**

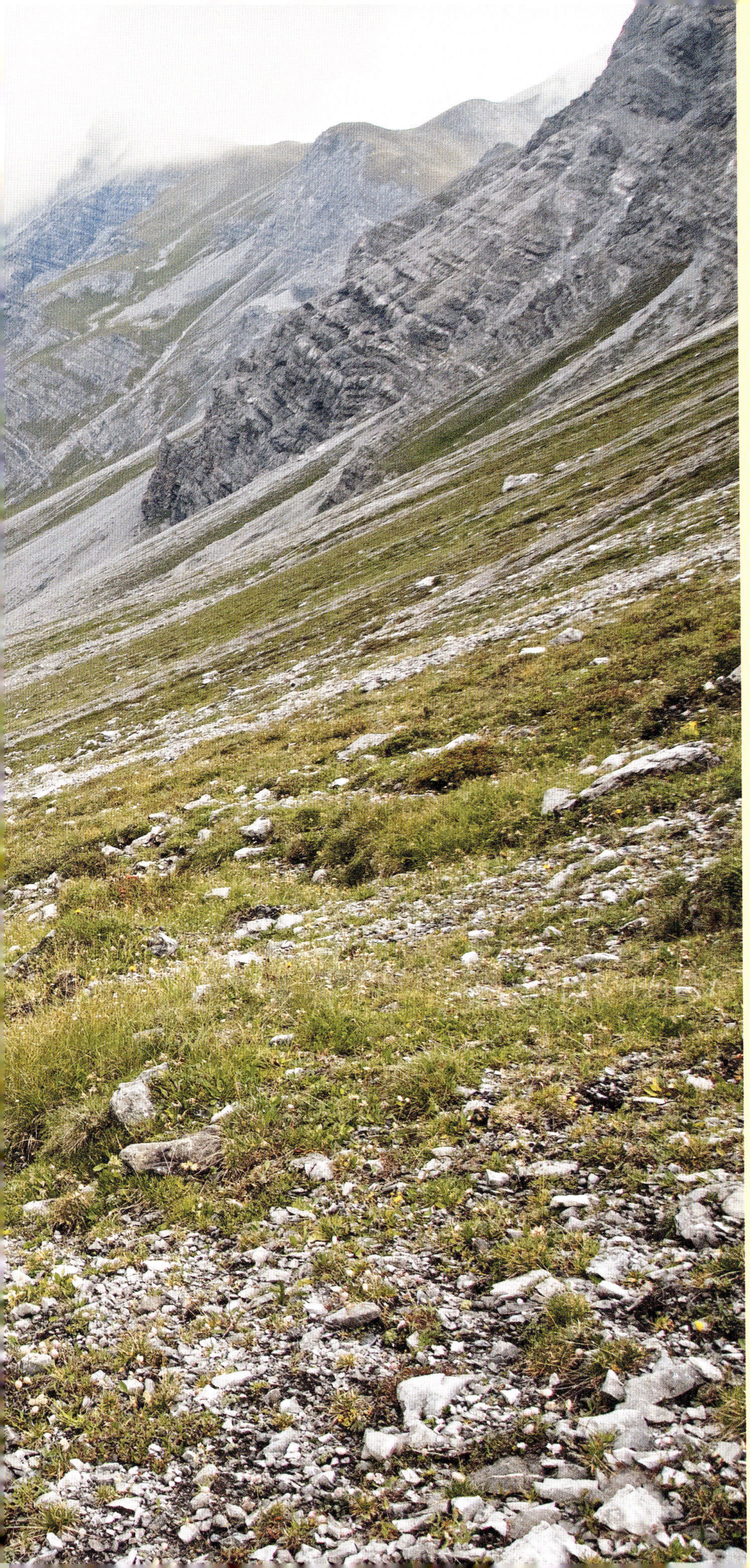

# FAKTEN

## WELSCHTOBEL

TOUR NR. 7

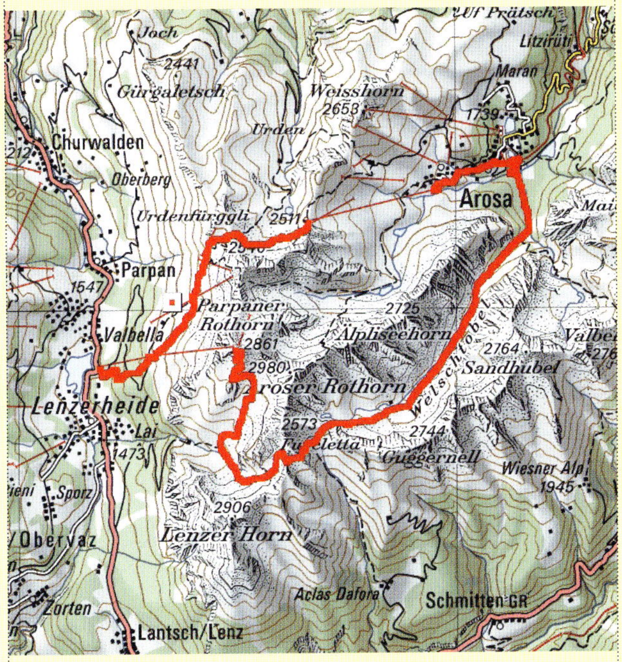


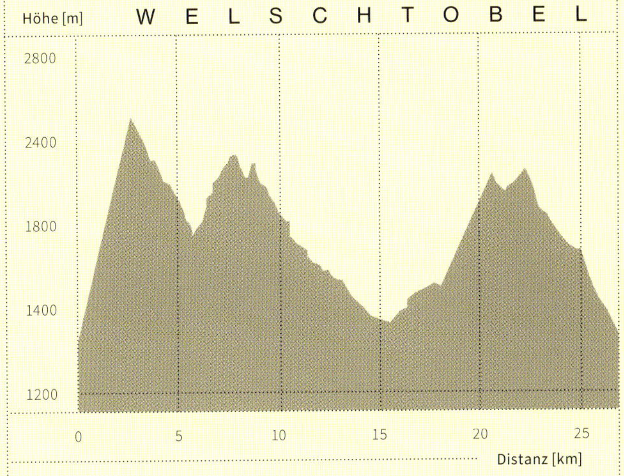


| SCHWIERIGKEIT | DISTANZ |
| --- | --- |
| Fahrtechnik 4 | 27,5 km |
| Ausdauer 4 | **HÖHENDIFFERENZ** |
| **FAHRZEIT** | Bergfahrt 900 m |
| 5 h | Abfahrt 2960 m |

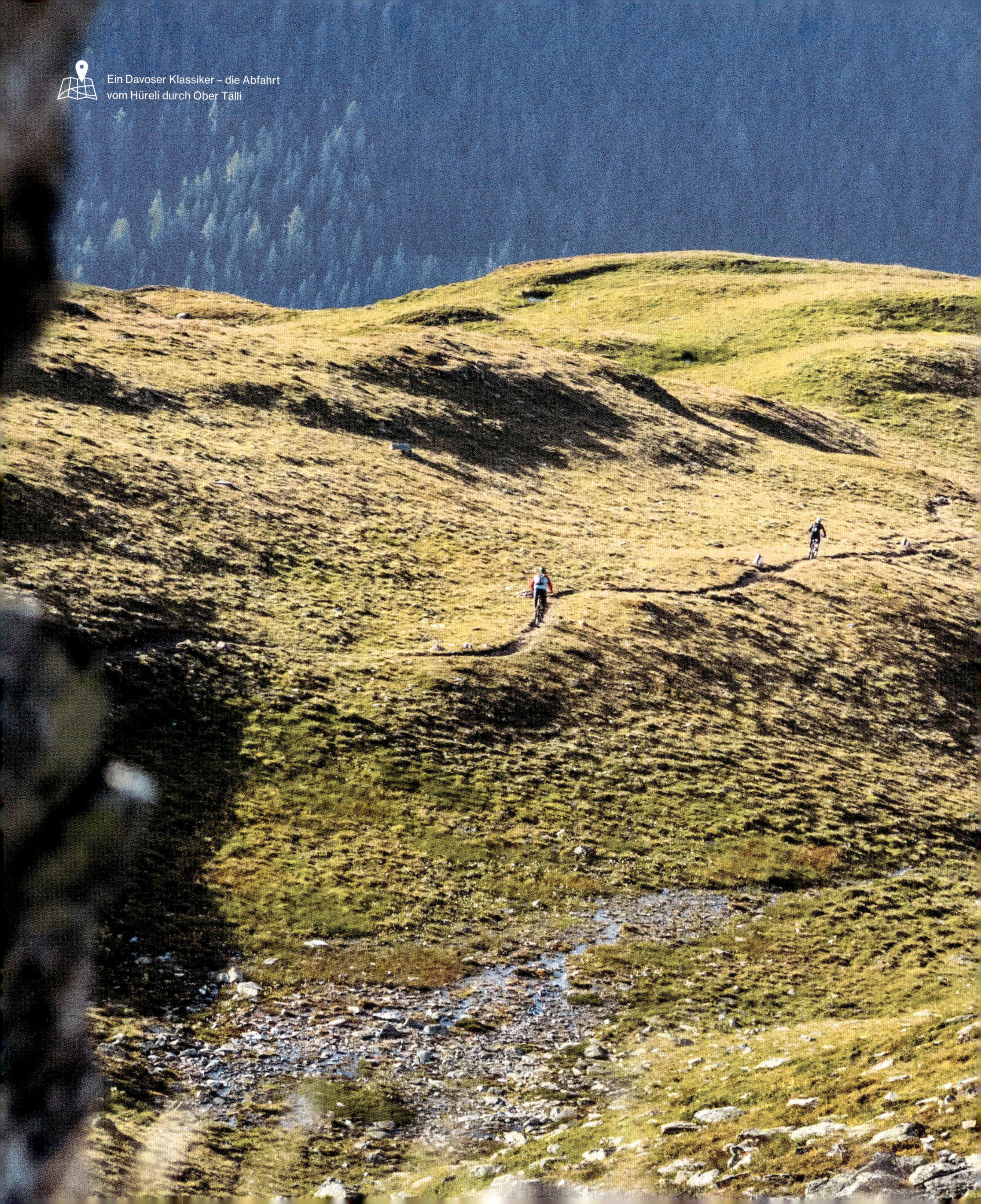

Ein Davoser Klassiker – die Abfahrt vom Hüreli durch Ober Tälli

# PISCHAGRAT

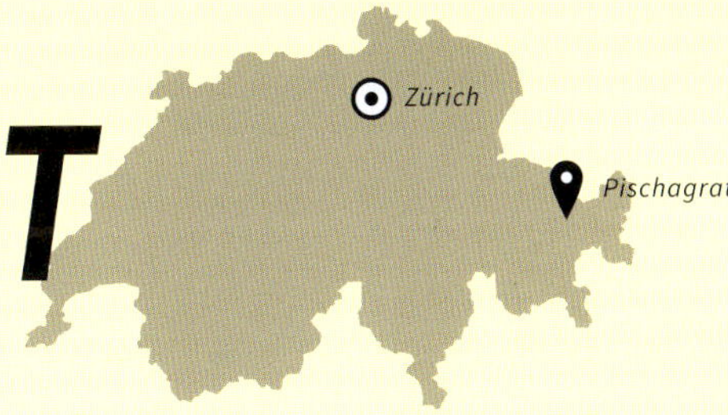


## GRANDIOSER GRAT

GRAUBÜNDEN

TOUR NR. 8

Pischa rühmt sich, im Winter einer der Hotspots der Ski-Freerider zu sein. Im Gebiet werden nur noch wenige Pisten präpariert, was den Bahnbetreibern Personal- und Maschinen-Kosten spart und der neuen Zielgruppe gleichzeitig die gesuchten Tiefschneehänge beschert. Ein kleines Problem gibt es allerdings – das Gebiet ist in Richtung Süd/Südwest exponiert und deshalb der prallen Sonneneinstrahlung ausgesetzt. Das garantiert zwar einen perfekten Freerider-Teint, doch bei wärmeren Temperaturen und starker Sonneneinstrahlung wird der Pulverschnee sehr schnell umgewandelt. Des einen Leid, des anderen Freud – je schneller der Schnee unter der Frühlingssonne schmilzt, desto schneller sind auch die Singletrails freigelegt. Und davon gibt es im Gebiet einige. Die Tour über den Pischagrat ist zweifelsohne eines der Highlights der Region. Ab Tschuggen führt ein fahrtechnisch recht anspruchsvoller Singletrail bis zur Station Mitteltälli hoch. Wer die 550 Höhenmeter einmal zurückgelegt hat, kann sich auf einen fantastischen Trail entlang des Grats zum Hüreli freuen. Vom Ober Tälli und Arbeliboden schweift der Blick über das Prättigau und das Landwassertal. Auf dem Weg nach Drusatscha gibt es nochmals die eine oder andere fahrtechnisch anspruchsvolle Passage zu meistern, bevor es in flottem Tempo über die Wiesen-Trails zum Davosersee hinab geht.

**AUSGANGSPUNKT:** Davos, Davos Klosters Tourismus, Telefon +41 (0)81 415 21 21, *www.davos.ch*

**ÜBERNACHTUNGSTIPP:** Hotel Bellevue***, Wiesen, Telefon +41 (0)81 404 11 50, *www.bellevuewiesen.com*

**STRECKE:** Parkplatz Davos Stilli/P. 1571 dem Bike-Wegweiser rechts des Flüelabachs bis km 6,4, Tschuggen (1938 m) folgen • links abbiegen und dem Bike-Wegweiser «Pischa 645» folgen • km 11,95 Pischa (2483 m) • dem Bike-Wegweiser zurück bis zum Startpunkt folgen.

**KARTEN:** Supertrail Map, Kartenblatt Davos/Arosa/Lenzerheide, 1:50 000 *www.supertrail-map.com*

**DIVERSES:** Einkehrmöglichkeit bei der Station Mitteltälli auf der Pischa. Wer in der Region Davos-Klosters übernachtet, profitiert von der kostenlosen Bahnkarte für Gäste.

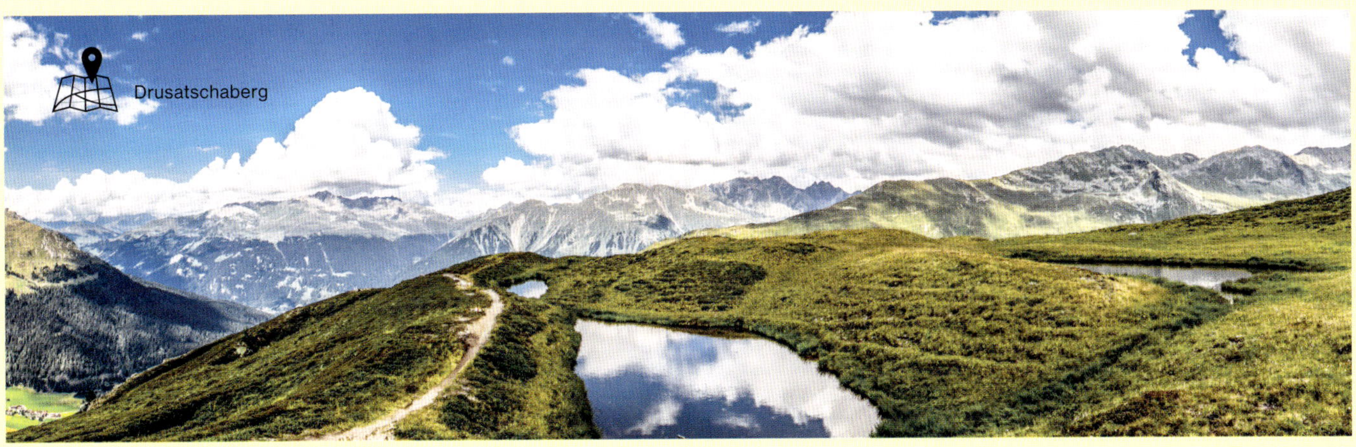

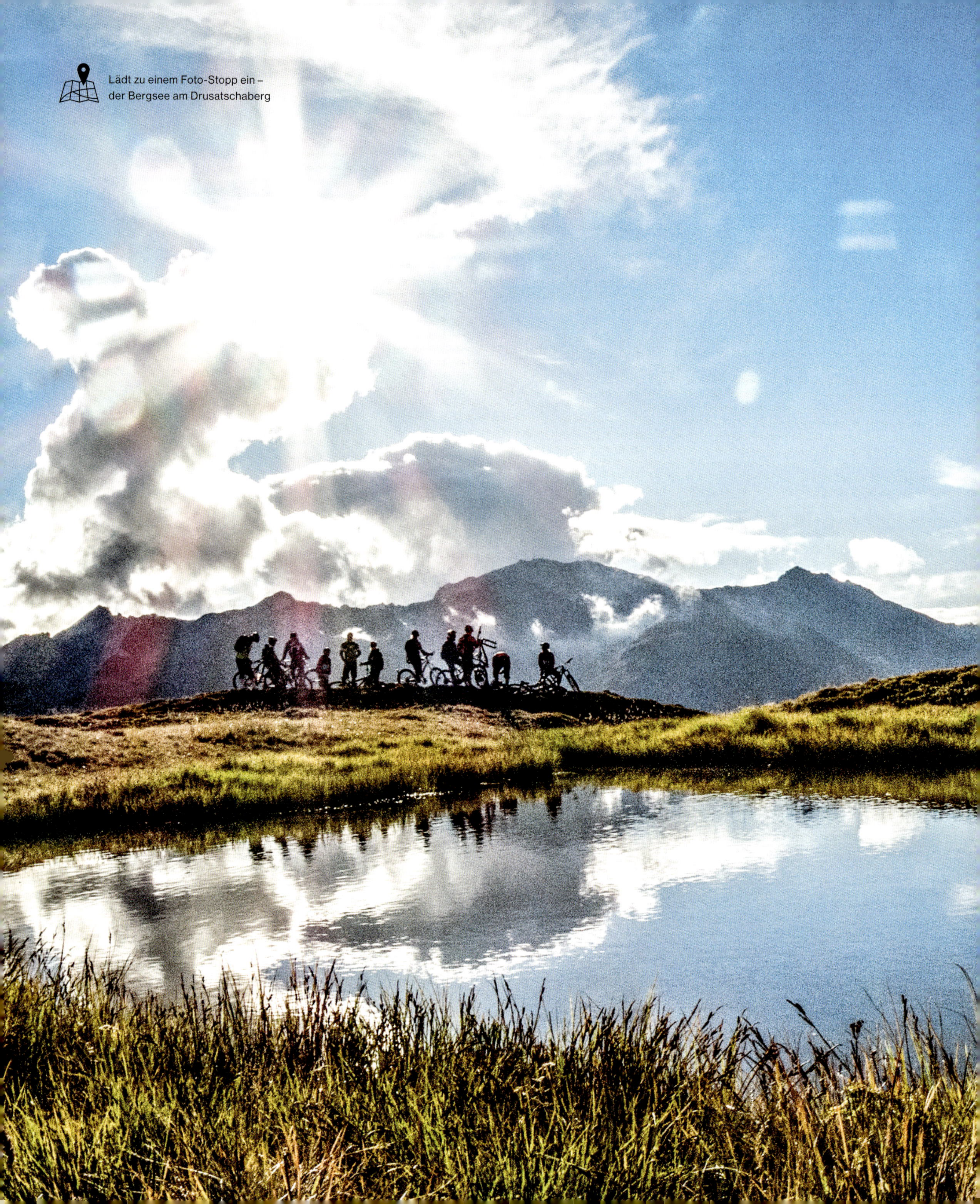

Lädt zu einem Foto-Stopp ein –
der Bergsee am Drusatschaberg

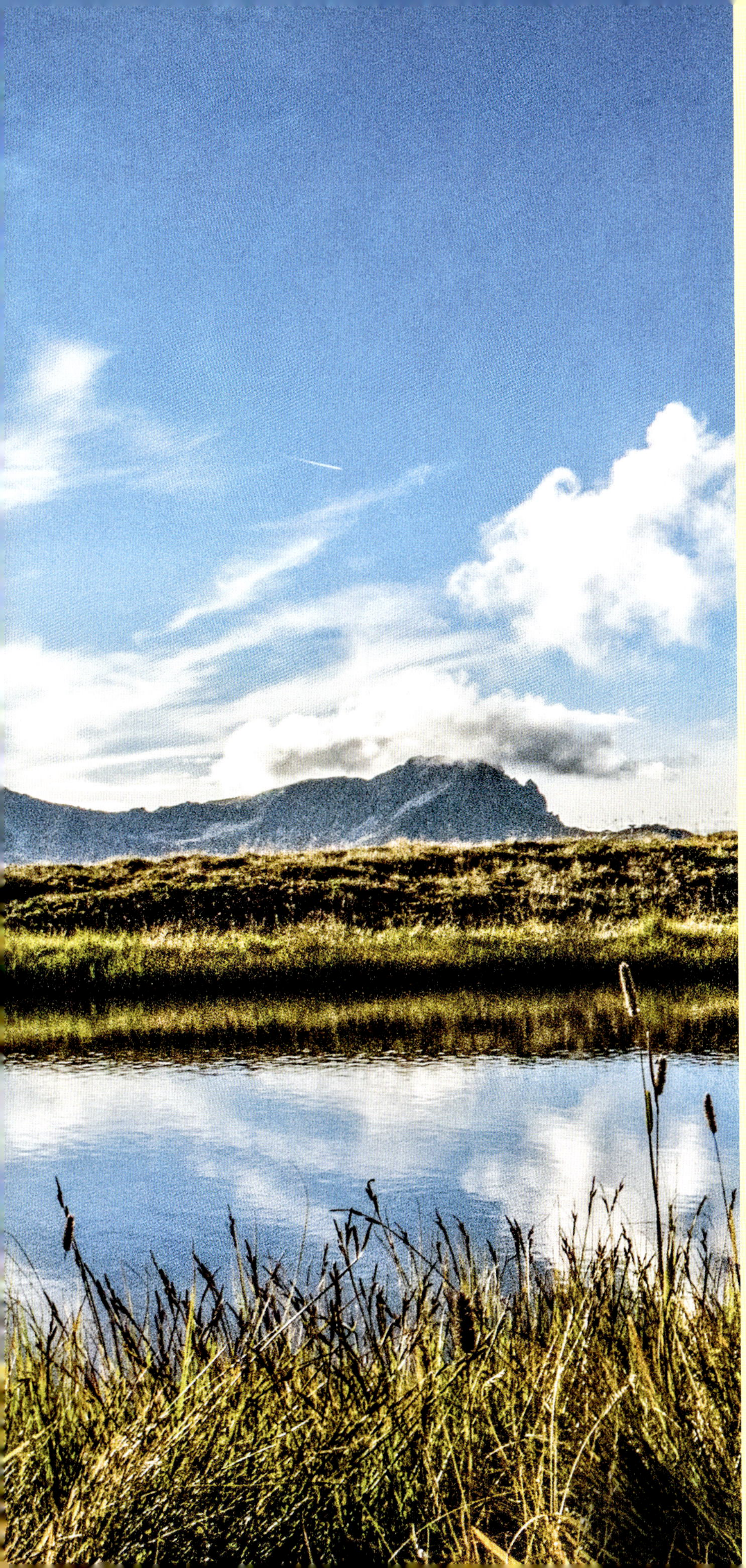

# FAKTEN

## PISCHAGRAT

TOUR NR. 8

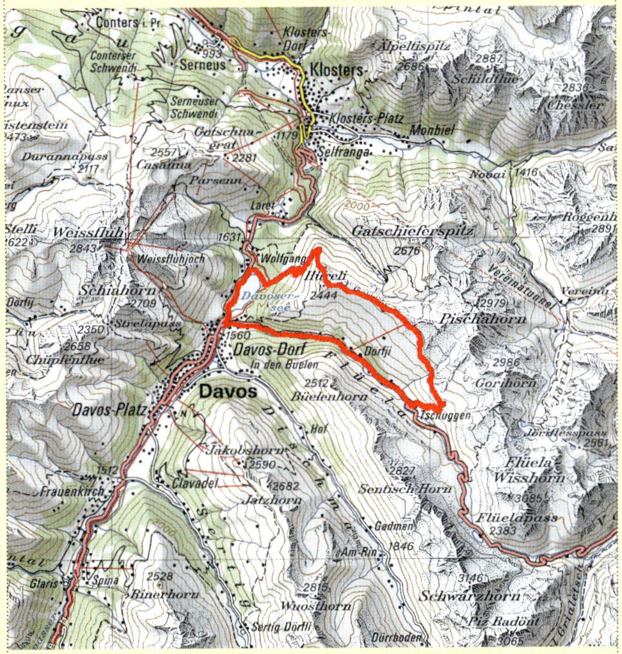


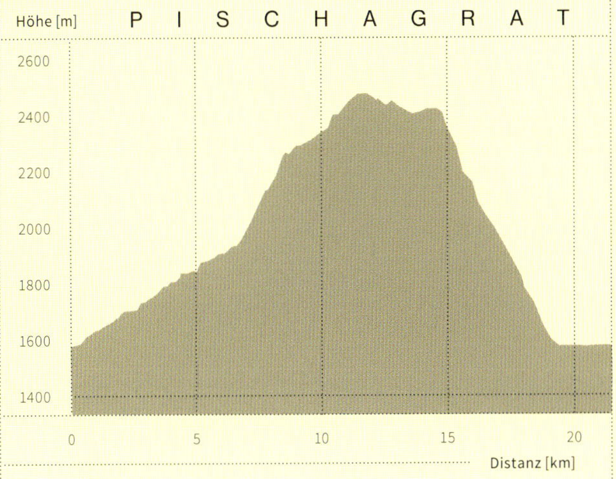


| **SCHWIERIGKEIT** | **DISTANZ** |
|---|---|
| Fahrtechnik 4 | 23,6 km |
| Ausdauer 4 | **HÖHENDIFFERENZ** |
| **FAHRZEIT** | 1100 m |
| 4 h | |

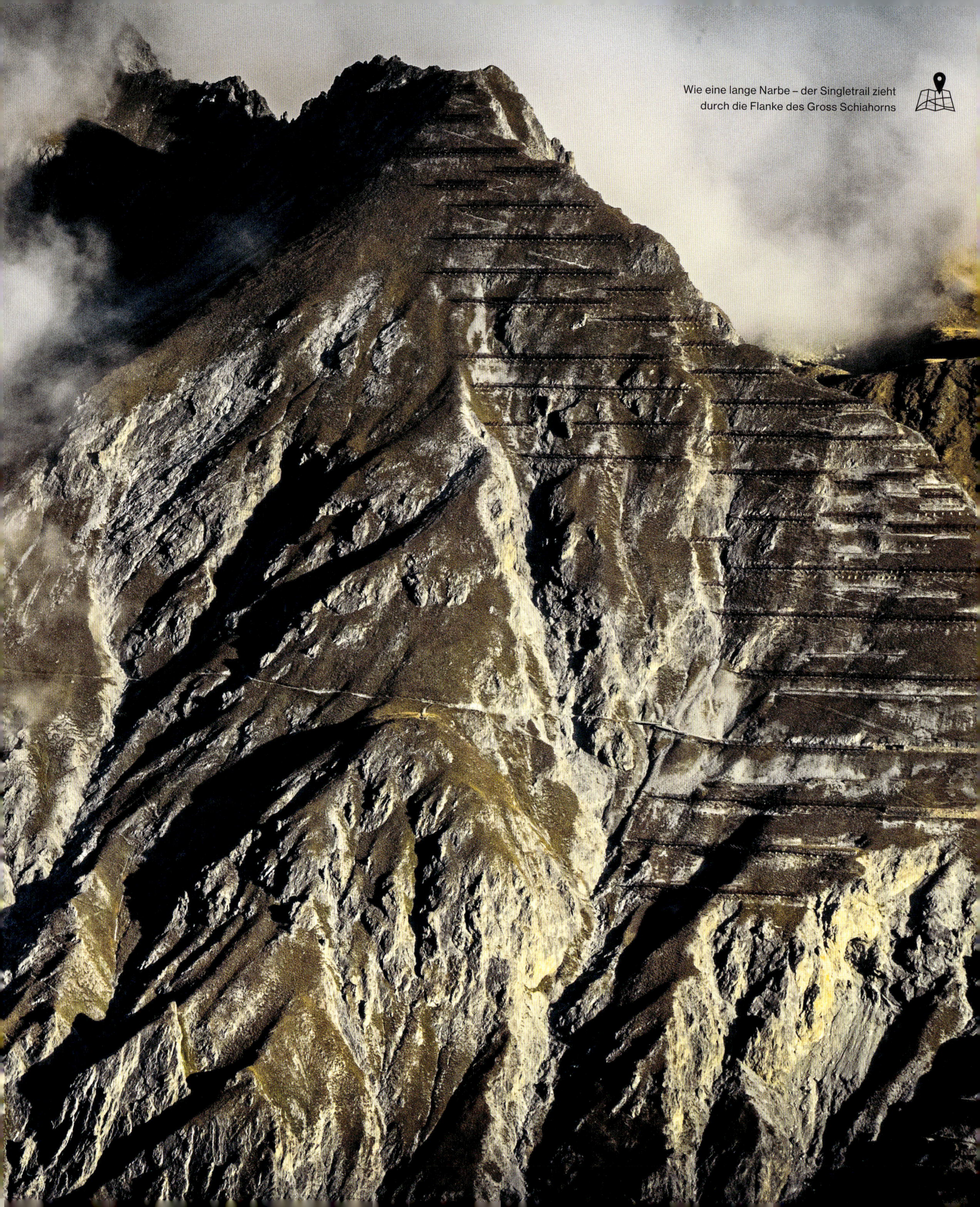

Wie eine lange Narbe – der Singletrail zieht durch die Flanke des Gross Schiahorns

# CHÖRBSCHHORN

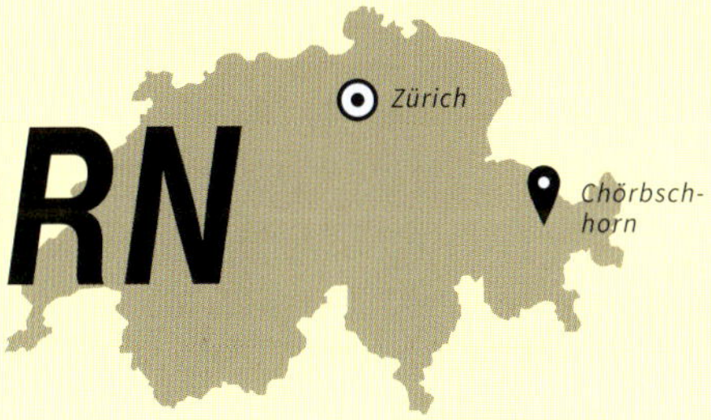


## GRAT DES GLÜCKS

GRAUBÜNDEN

TOUR NR. 9

Zugegeben, das Chörbschhorn ist mit 2650 Metern weder ausgesprochen hoch, noch ausserordentlich berühmt und hat nicht einmal einen klingenden Namen. Trotzdem ist es eine feste Größe unter Mountainbikern. Selbst dann, wenn die wenigsten es effektiv bis zum Gipfel hoch schaffen und stattdessen meist nur die 75 Meter unterhalb des Gipfelkreuzes gelegene Chörbschhornhütte passieren. Es sind die 11,8 Kilometer Singletrail, die den besonderen Reiz dieses unscheinbaren Bergs ausmachen. Nach etwas mehr als 300 Höhenmetern – zurückgelegt auf perfekt unterhaltenen Singletrails – erwarten einen 1000 Abfahrtshöhenmeter bis nach Frauenkirch. Die Abwechslungsreiche Strecke entlang des Bergrückens ist bisweilen recht fordernd, wenn auch nur auf ganz kurzen Streckenabschnitten. Trotz rasanter Fahrt sollte man auf jeden Fall auf der Stafelalp eine Rast einlegen. So unverdorben schöne Almen sieht man nicht jeden Tag – Flachländer sowieso nicht.

**AUSGANGSPUNKT:** Davos, Davos Klosters Tourismus, Telefon +41 (0)81 415 21 21, *www.davos.ch*

**ÜBERNACHTUNGSTIPP:** Hotel Bellevue***, Wiesen, Telefon +41 (0)81 404 11 50, *www.bellevuewiesen.com*

**STRECKE:** Bergstation Weissfluhjoch (2663 m) • bis Wasserscheidi abfahren • links Singletrail in das Haupter Tälli abfahren bis P. 2441 • danach Felsenweg bis km 3,11 Strelapass (2350 m) • Bike-Wegweiser »646« • km 7,41 Chörbschhornhütte (2575 m) • Bike-Wegweiser »646« km 10,3 Stafelalp (1894 m) • km 10,9, in der Kurve links in Singletrail abbiegen • auf dem Singletrail abfahren bis Gadenstatt, danach entlang der Landwasser zurück zum Startpunkt.

**KARTEN:** Supertrail Map, Kartenblatt Davos/Arosa/Lenzerheide, 1:50 000 *www.supertrail-map.com*

**DIVERSES:** Wer in der Region Davos-Klosters übernachtet, profitiert von der kostenlosen Bahnkarte für Gäste.

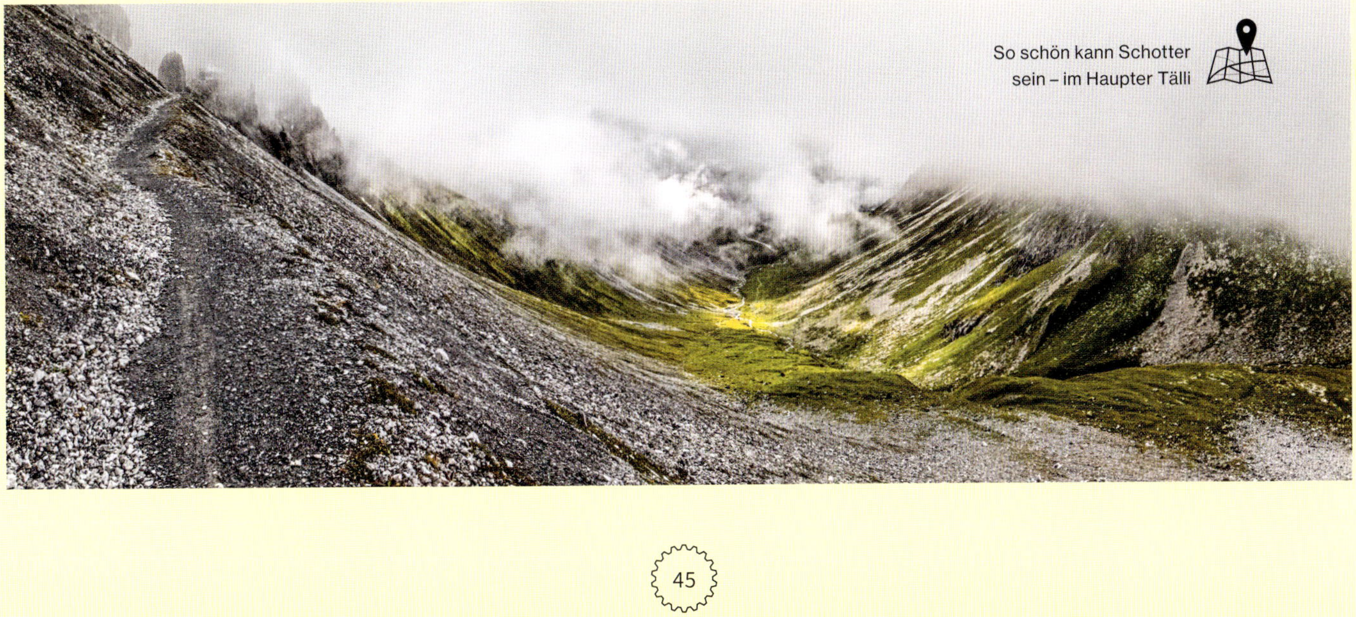

So schön kann Schotter sein – im Haupter Tälli

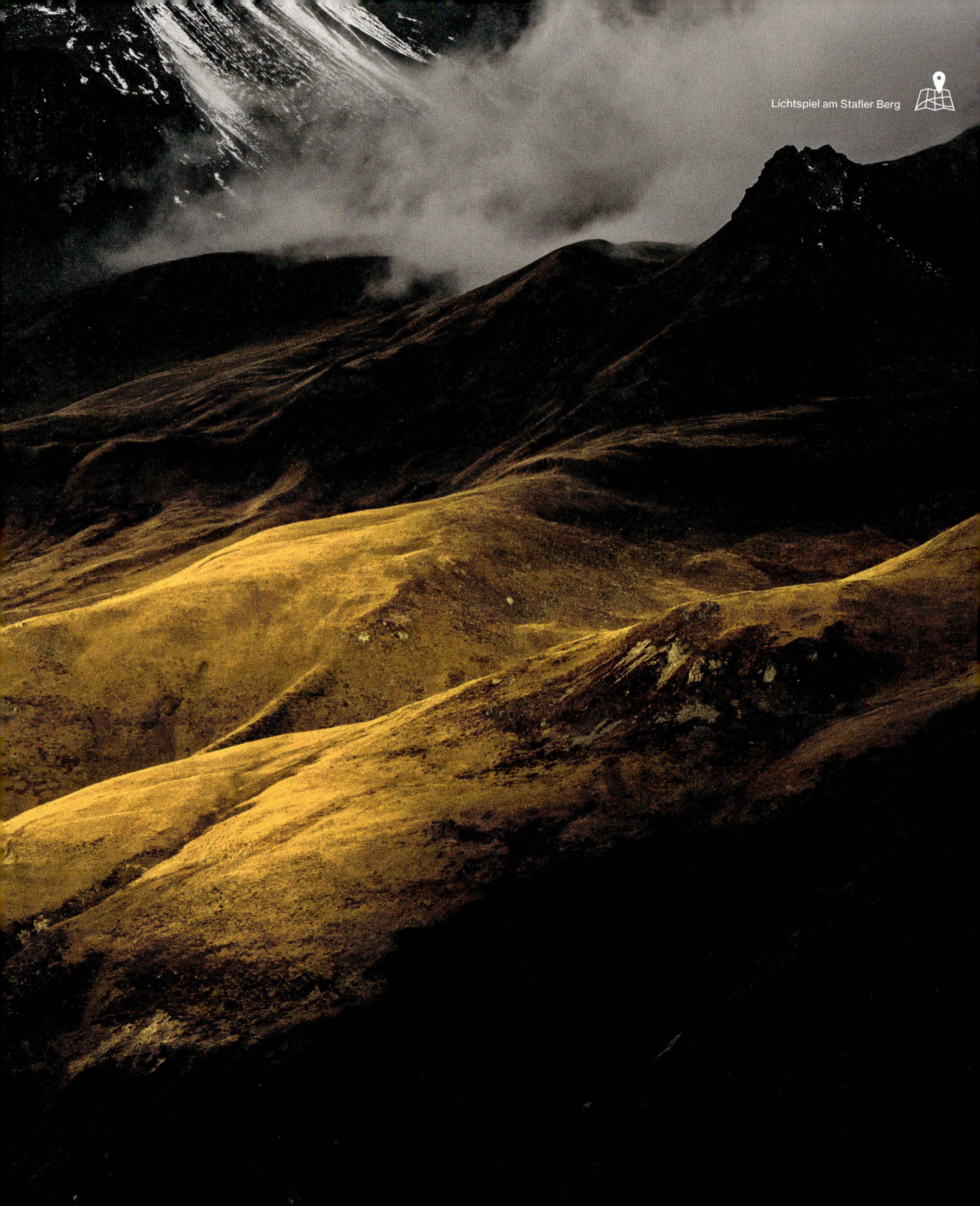

Lichtspiel am Stafler Berg

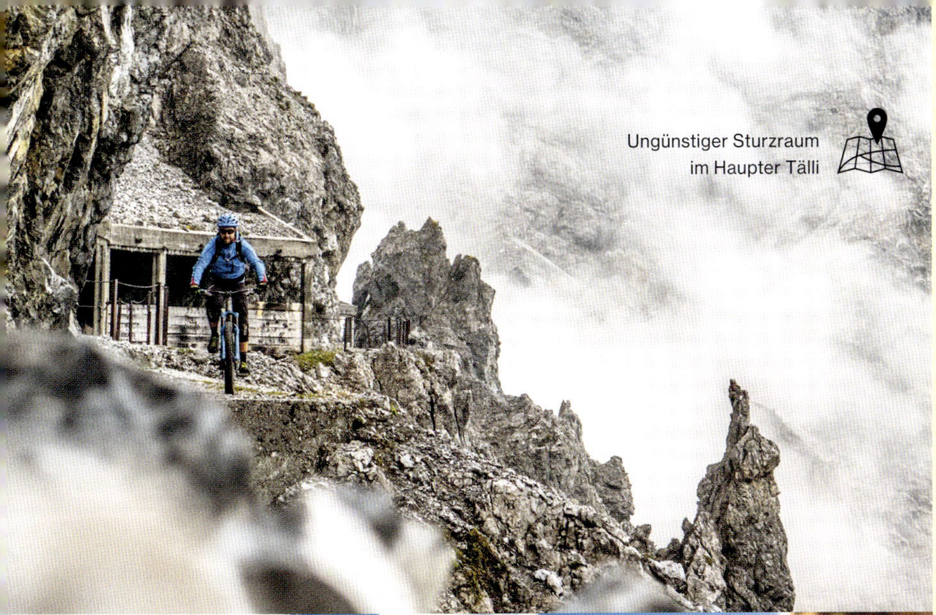

Ungünstiger Sturzraum im Haupter Tälli

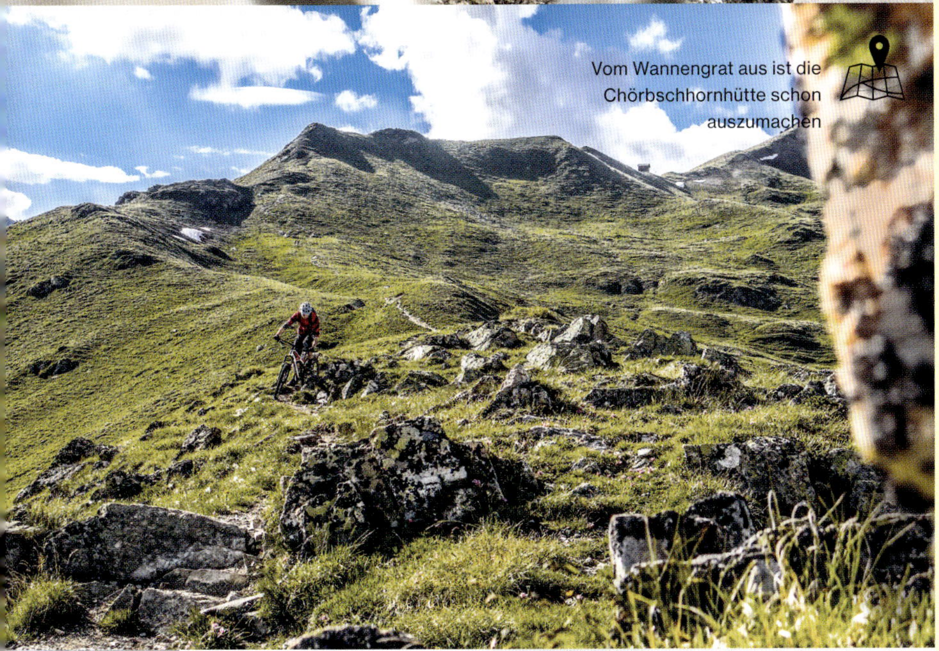

Vom Wannengrat aus ist die Chörbschhornhütte schon auszumachen

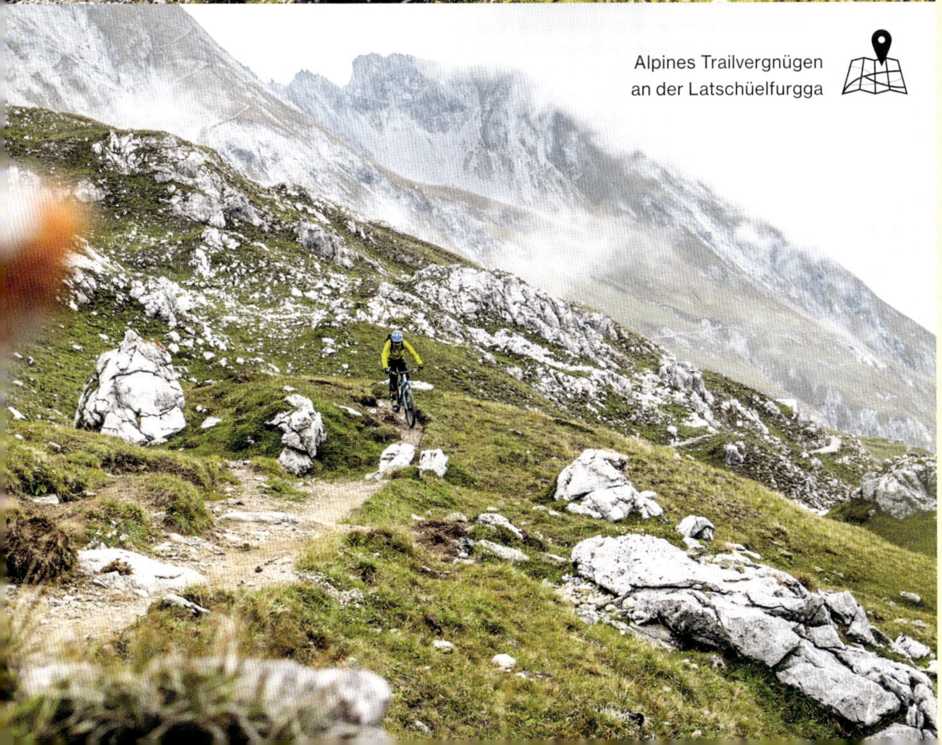

Alpines Trailvergnügen an der Latschüelfurgga

# FAKTEN

## CHÖRBSCHHORN

TOUR NR. 9

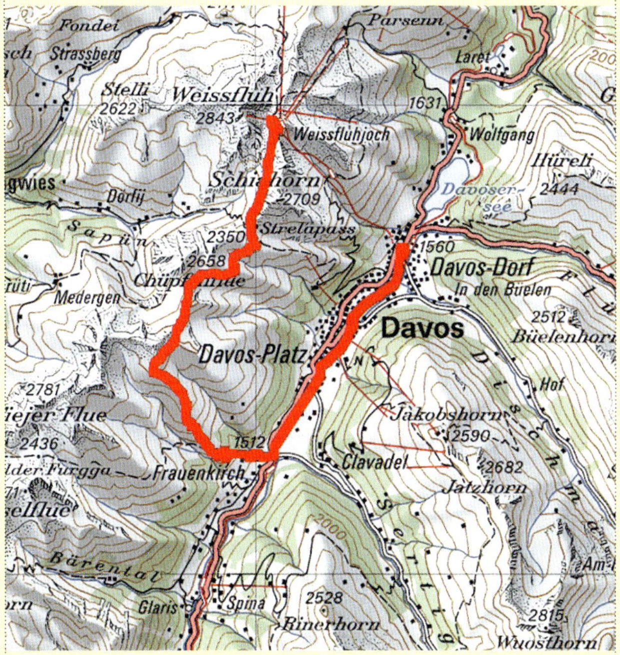


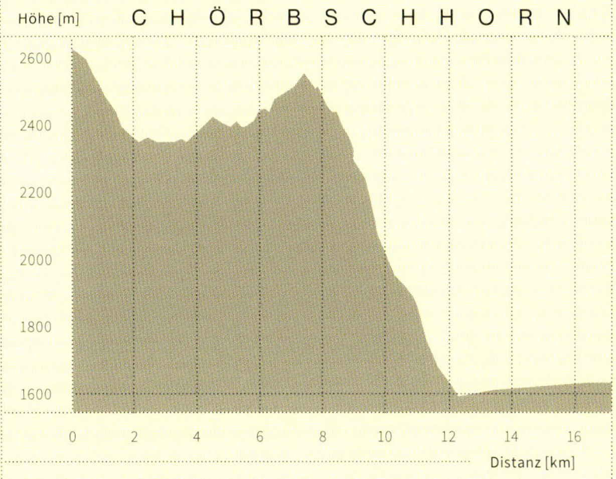


| SCHWIERIGKEIT | DISTANZ |
|---|---|
| Fahrtechnik 3 | 17,8 km |
| Ausdauer 2 | **HÖHENDIFFERENZ** |
| **FAHRZEIT** | Bergfahrt 350 m |
| 2,5 h | Abfahrt 1250 m |

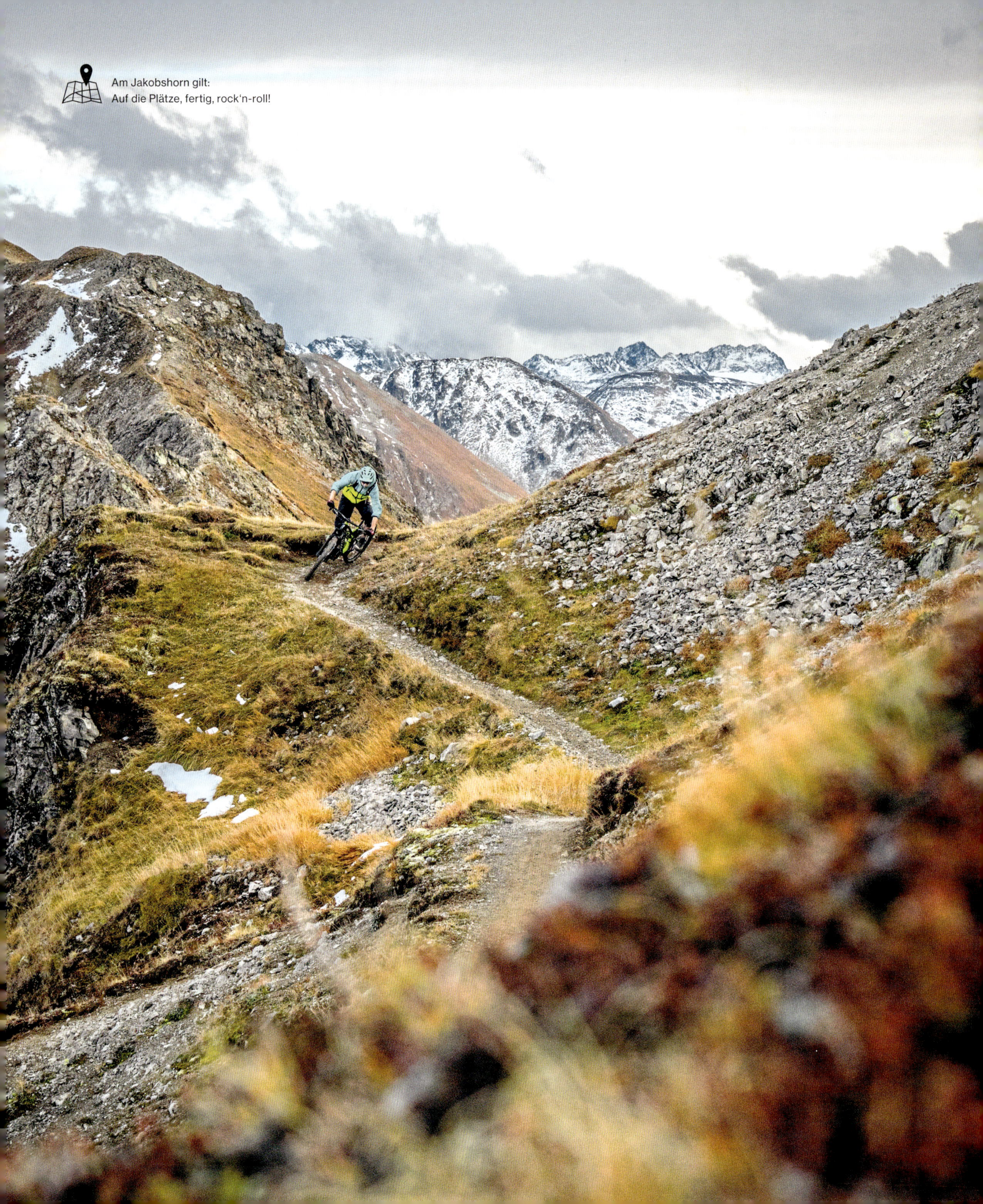

Am Jakobshorn gilt:
Auf die Plätze, fertig, rock'n-roll!

# THE ALPS TRAIL

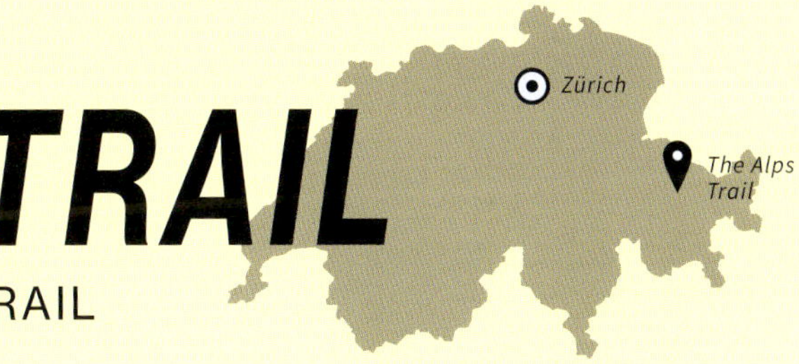


## GEADELTER EPIC TRAIL

GRAUBÜNDEN

TOUR NR. 10

Ab Rhinerhorn-Jatzmeder tauchen Mountainbiker in einen kollektiven Tagtraum ein. Ohne viel Höhe zu verlieren führt der schmale Singletrail über Almwiesen, zwischen Alpenrosen und durch lichte Lärchenwälder oberhalb von Monstein und Jenisberg nach Filisur. Kaum einer, der nicht in einen eigentlichen Singletrail-Rausch verfällt. Manch einer kürt die Tour gar auf der Stelle zur neuen Lieblingsstrecke und ist damit in bester Gesellschaft: Der »The Alps Trail Davos« ist von der International Mountainbike Association IMBA als Epic Trail ausgezeichnet worden. Er befindet sich damit in bester Gesellschaft mit einigen der besten Trails der Welt. Als IMBA Epic Trails werden Mountainbike-Routen ausgezeichnet, welche sich durch Wildheit, technischen und physischen Anspruch, mehr als 80 Prozent Singletails und einer Länge von mindestens 20 Meilen auszeichnen. Überwältigend sind nicht nur die Trails, sondern auch die Landschaften, für welche es sich lohnt, zwischendurch einmal anzuhalten und tief durchzuatmen. Sei es die fantastische Fernsicht mit dem eindrücklichen Bergpanorama, die eindrückliche Erosionslandschaft bei der Station Wiesen, die Schluchten der Landwasser oder das spektakuläre Wiesner-Viadukt der Rhätischen Bahn.

**AUSGANGSPUNKT:** Davos, Davos Klosters Tourismus, Telefon +41 (0)81 415 21 21, *www.davos.ch*

**ÜBERNACHTUNGSTIPP:** Hotel Bellevue***, Wiesen, Telefon +41 (0)81 404 11 50, *www.bellevuewiesen.com*

**STRECKE:** Bergstation Jakobshorn (2570 m) – ab hier immer den entsprechenden Bike-Wegweisern folgen via – Sertig Dörfli – Äbirügg – Bergstation Rinerhorn – Hauderalp – Oberalp – Monstein – Säge – Erzgruben – Jenisberg – Zügenschlucht – Bärentritt – Bahnhof Wiesen – Leidboden – Landwasserviadukt – Filisur.

**KARTEN:** Supertrail Map, Kartenblatt Davos/Arosa/Lenzerheide, 1:50 000 *www.supertrail-map.com*

**DIVERSES:** Einkehrmöglichkeit in Sertig Dörfli, im Bergrestaurant Jatzmeder, Monstein oder Station Wiesen. Ab Station Wiesen kann man auch auf dem sehr schönen Zügenweg zurück nach Davos fahren. Wer in der Region Davos-Klosters übernachtet, profitiert von der kostenlosen Bahnkarte für Gäste. Bei km 29,54 besteht auch die Möglichkeit, geradeaus Richtung Jenisberg, später Station Wiesen zu fahren – ebenfalls ein sehr schöner Singletrail.

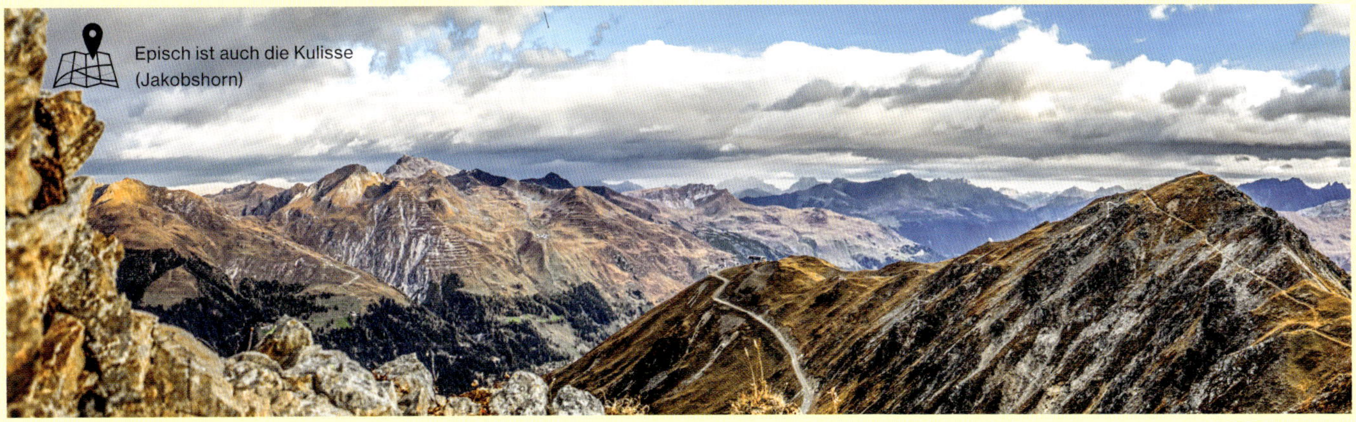

Episch ist auch die Kulisse (Jakobshorn)

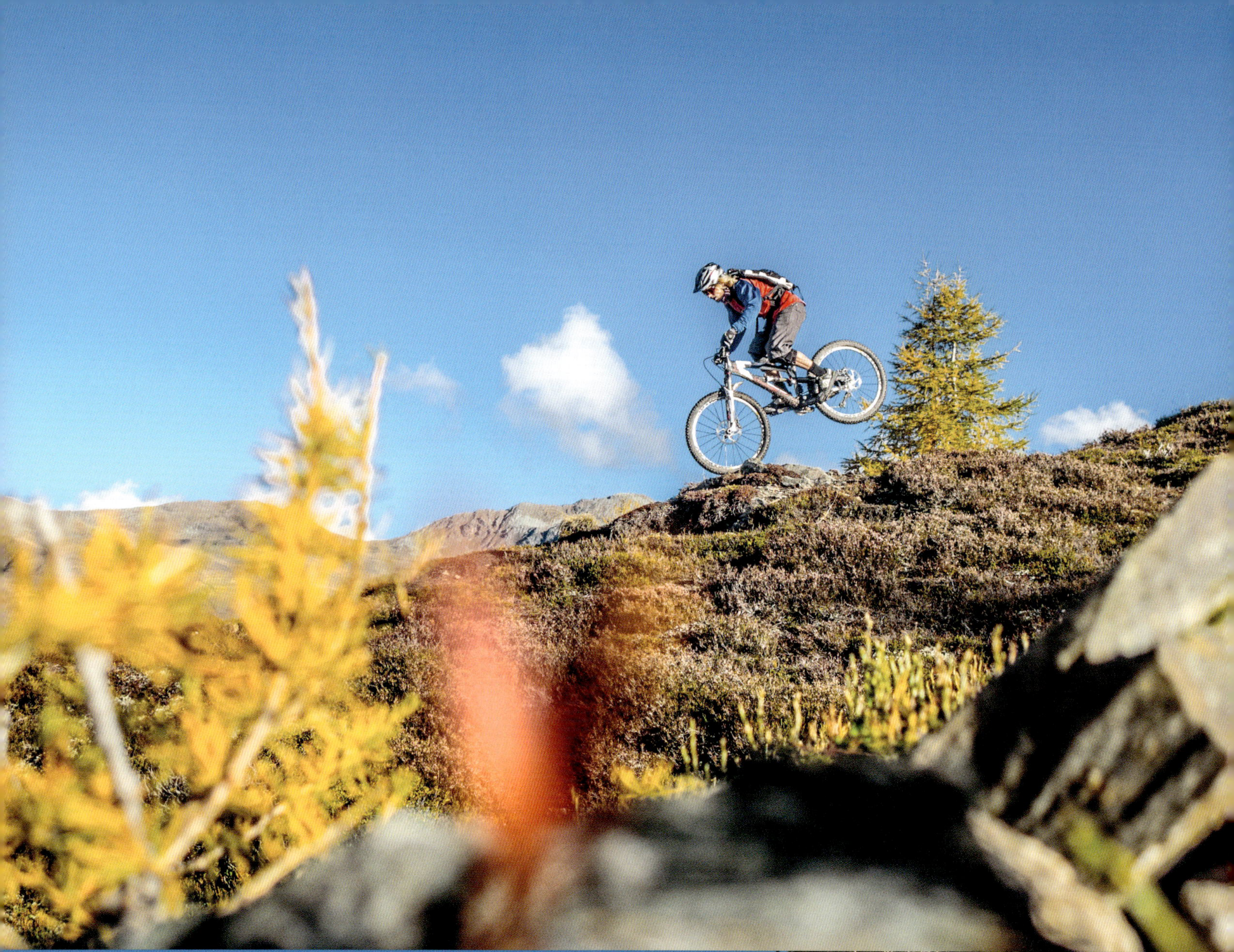

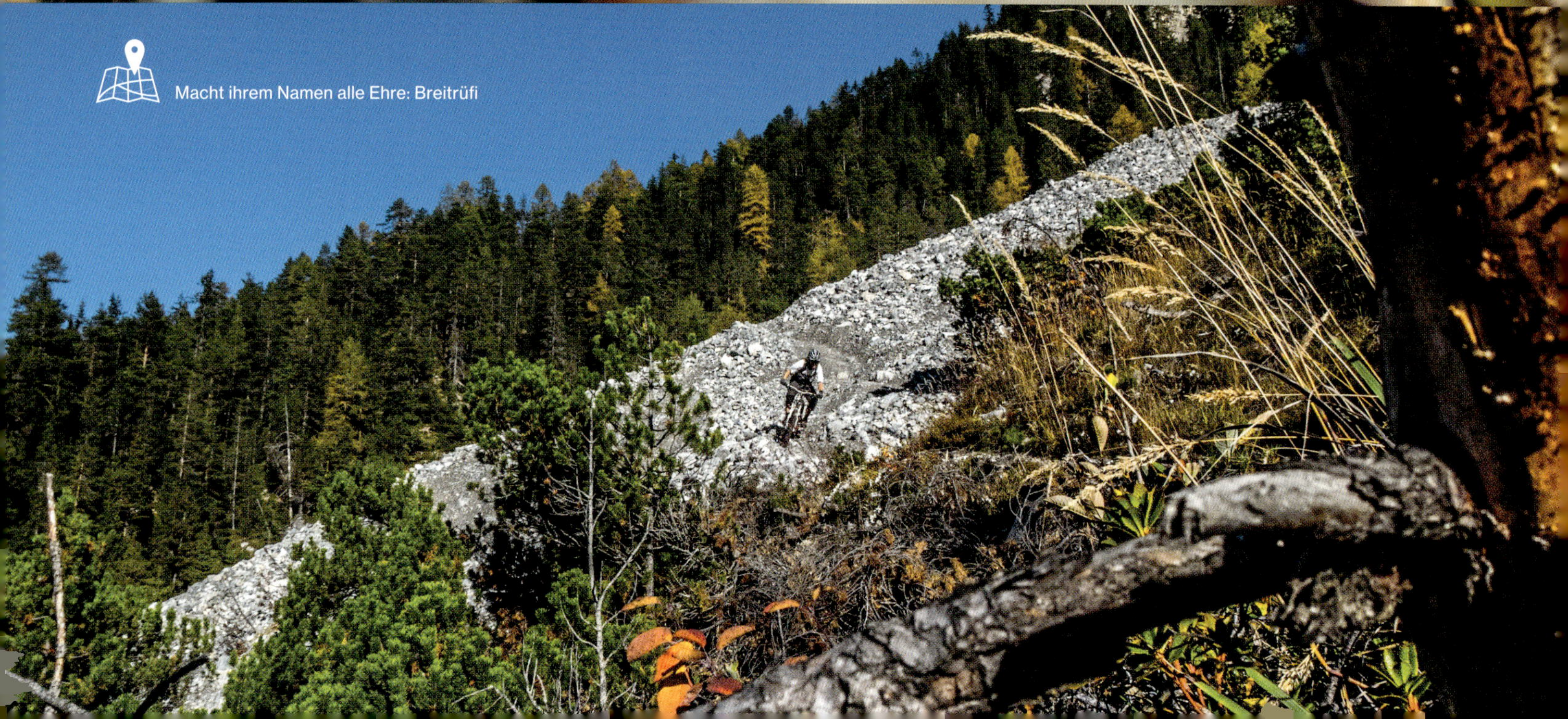

Macht ihrem Namen alle Ehre: Breitrüfi

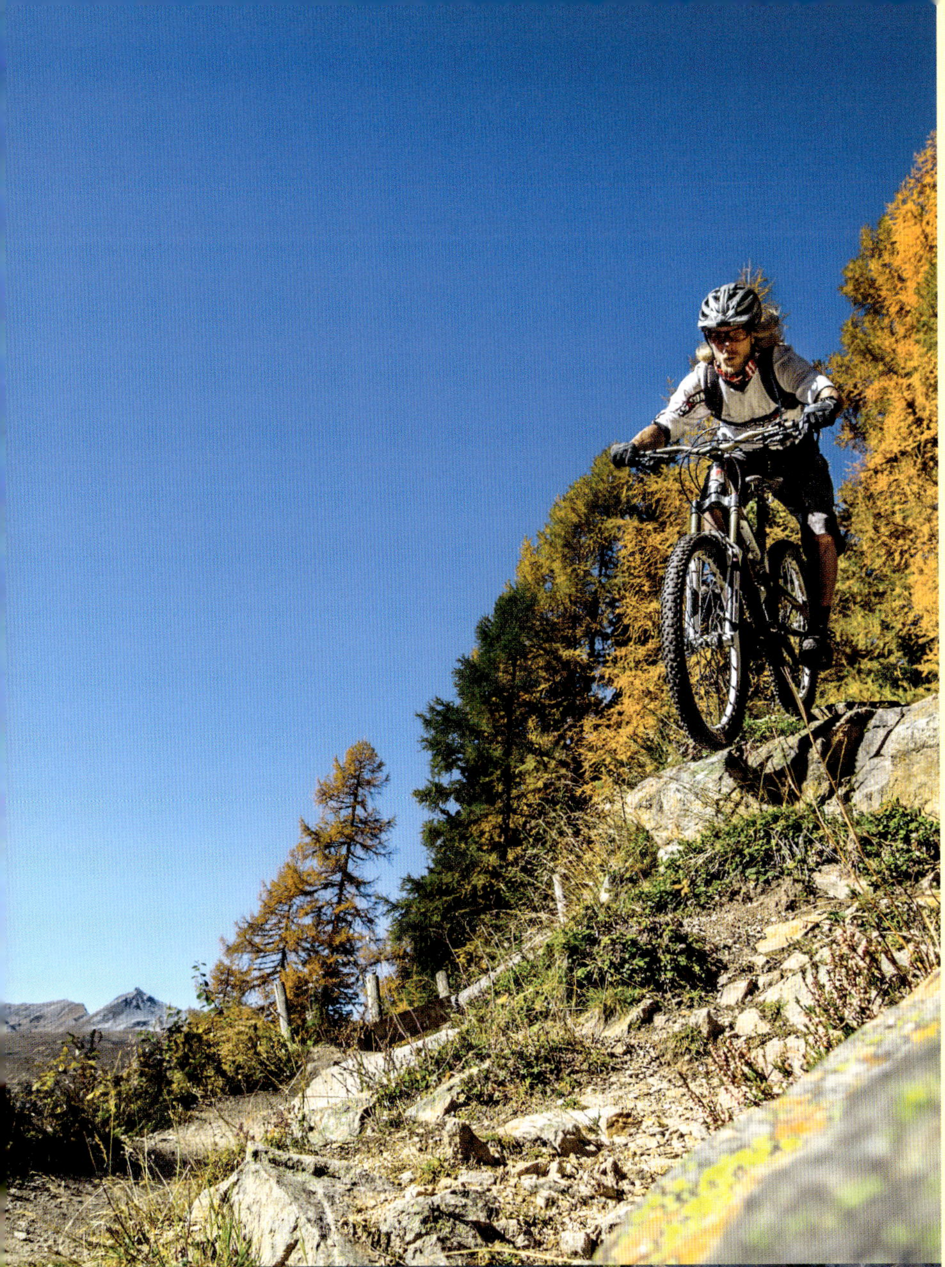

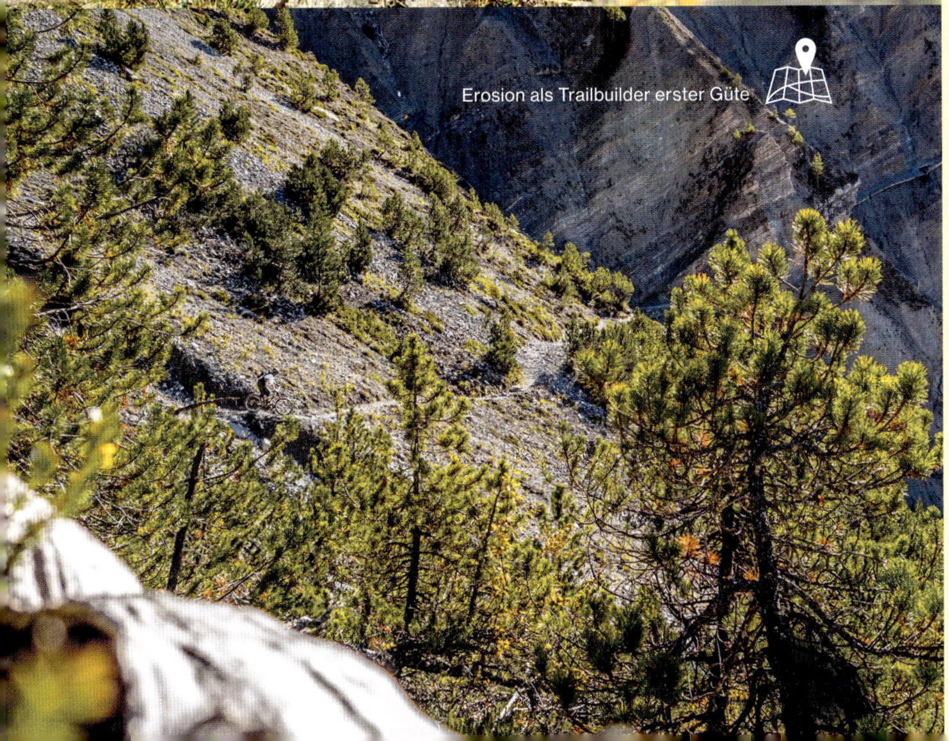

Erosion als Trailbuilder erster Güte

# FAKTEN

## THE ALPS TRAIL

TOUR NR. 10

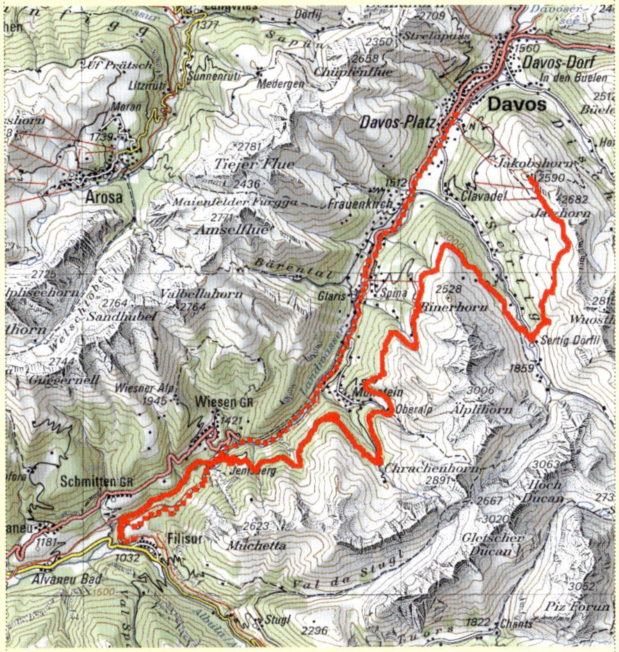


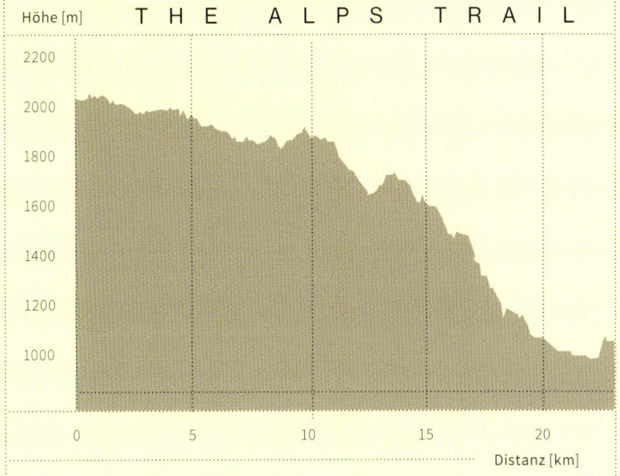


| SCHWIERIGKEIT | DISTANZ |
|---|---|
| Fahrtechnik 3 | 38 km |
| Ausdauer 3 | **HÖHENDIFFERENZ** |
| **FAHRZEIT** | 615 m Bergfahrt |
| 4 h | 2070 m Abfahrt |

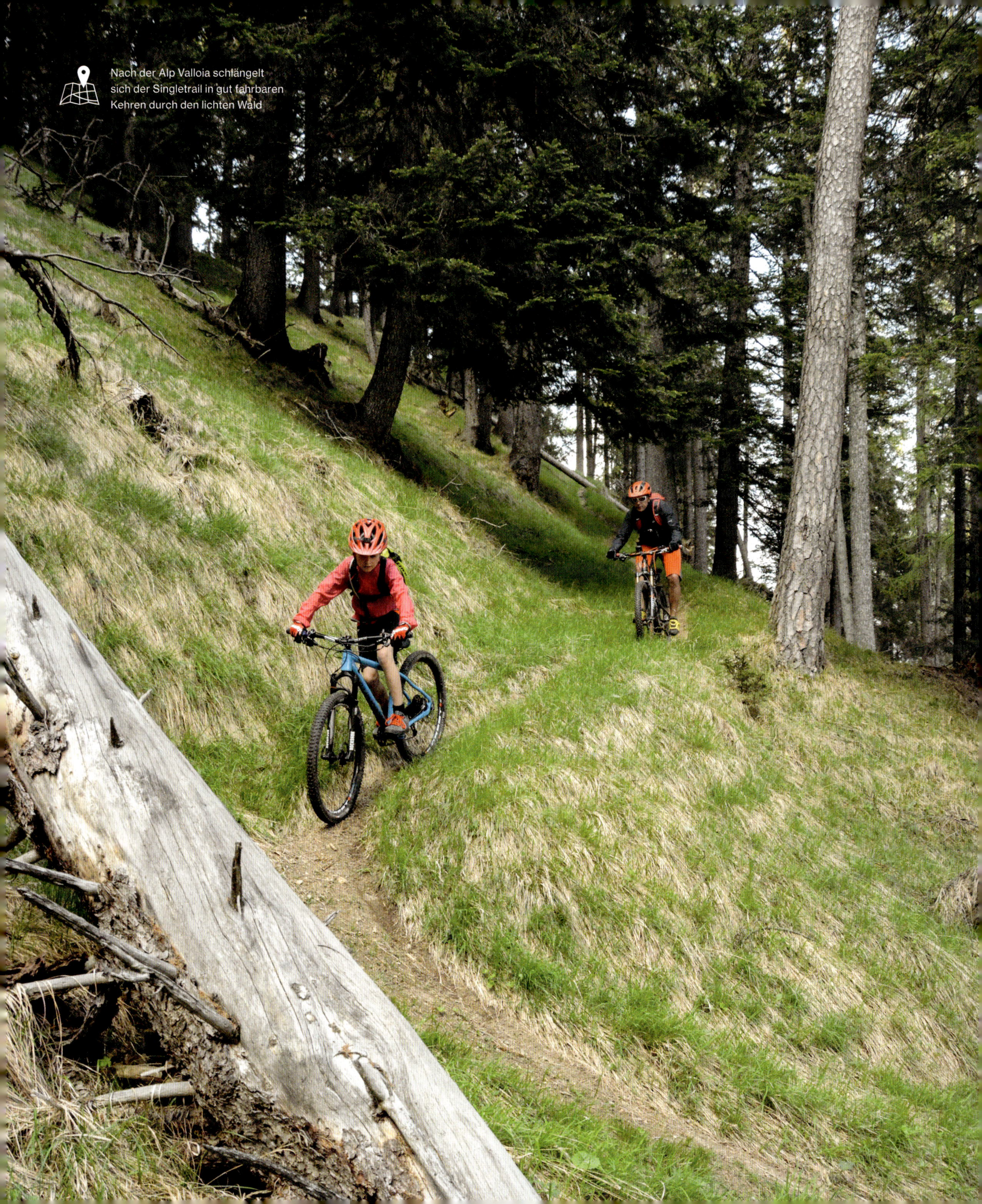

Nach der Alp Valloia schlängelt sich der Singletrail in gut fahrbaren Kehren durch den lichten Wald

# VIAMALA

## SCHLUCHTENBIKEN

GRAUBÜNDEN

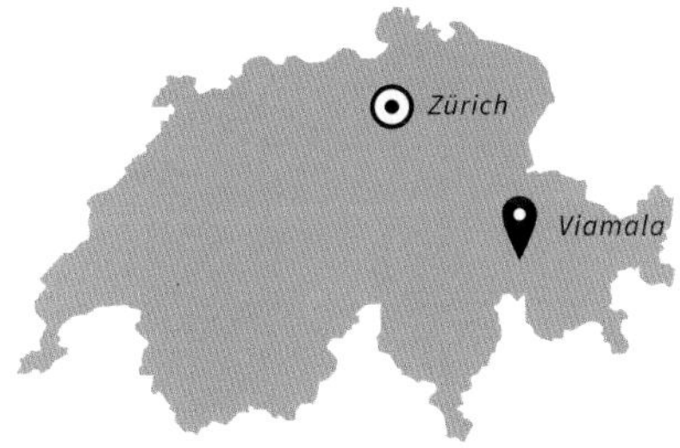


TOUR NR. 11

Die »veia mala« – der schlechte Weg – hat seinen Schrecken schon längst verloren. Der rund acht Kilometer lange Wegabschnitt zwischen Thusis und Zillis-Reischen ist für den motorisierten Verkehr durch eine Reihe bestens ausgebauter Tunnel erschlossen. Wer allerdings auf der alten Straße durch die Schlucht fährt, kann sich ohne viel Fantasie ausdenken, welch gefährliches Hindernis die tiefe Schlucht für Reisende einst war. Geradezu lieblich nimmt sich dagegen die Montagna da Schons – der Schamserberg – aus, auf den man auf einer Asphaltstraße mit moderater Steilheit hochfährt. Mit gemütlich ist allerdings spätestens nach Mathon vorbei, wenn man die letzten knapp 400 Höhenmeter zur Alp Summapunt hochfährt. Hier bleibt der Schnee im Frühling leeseitig noch relativ lange liegen – unbeeindruckt von der Tatsache, dass die südseitig ausgerichteten Alpwiesen rundherum schon längst saftig grün sind. Die ersten 200 Abfahrtsmeter legt man noch auf der gut ausgebauten Schotterstraße zurück. Dass sich der Aufstieg trotzdem gelohnt hat, weiss man spätestens ab der Alp Valloia: In schier endlosen Spitzkehren – mit entsprechender Technik allesamt fahrbar auch ohne Hinterrad umsetzen – zieht ab hier ein wunderschöner Singletrail bis in die Schlucht hinab. Kaum zu glauben, dass der Weg in diesem steilen und ausgesetzten Gelände fahrtechnisch derart einfach sein kann. Nur einige wenige Stellen zwingen weniger Geübte zum Absteigen. Erhöhte Aufmerksamkeit ist trotzdem jederzeit erforderlich, weil einige Stellen ziemlich exponiert sind.

**AUSGANGSPUNKT:** Zillis (945 m), *www.viamala.ch*

**ÜBERNACHTUNGSTIPP:** Jugendherberge Sils i.D., Telefon +41 (0)81 651 15 18, *www.youthhostel.ch*

**STRECKE:** Dorfzentrum Zillis (945 m) • auf Asphaltstraße via Donat bis Mathon (1547 m) • Eingangs des Dorfes beim Restaurant Muntsuley rechts Asphaltstraße hoch dem Wanderwegweiser »Summapunt« folgen • in der ersten Haarnadelkurve geradeaus und auf Schotterstraße bis zur Alp Summapunt (1918 m) • auf Schotterstraße bis zur Alp Valloia abfahren • ab hier auf Singletrails via Acla Sut in die Viamala-Schlucht abfahren • auf der Asphaltstraße zurück zum Ausgangspunkt

**KARTEN:** Landeskarte swisstopo 1:25 000, 1235 Andeer

**DIVERSES:** Wer sich 600 Höhenmeter sparen möchte, kann auch mit dem Postauto bis Mathon hochfahren. Eine vorherige Reservierung für das Mountainbike wird empfohlen.

Schwindelfreiheit ist keine Voraussetzung, hilft aber …

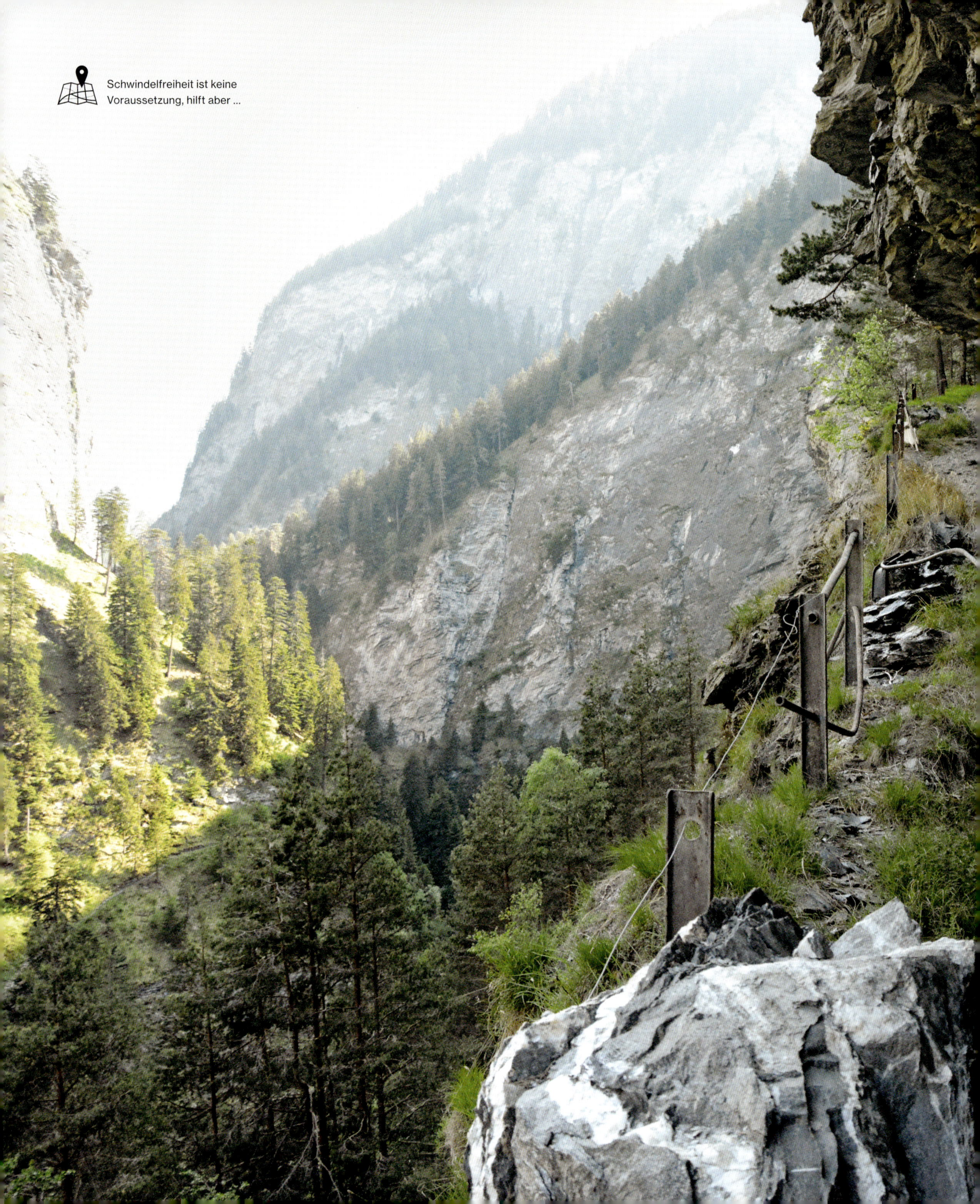

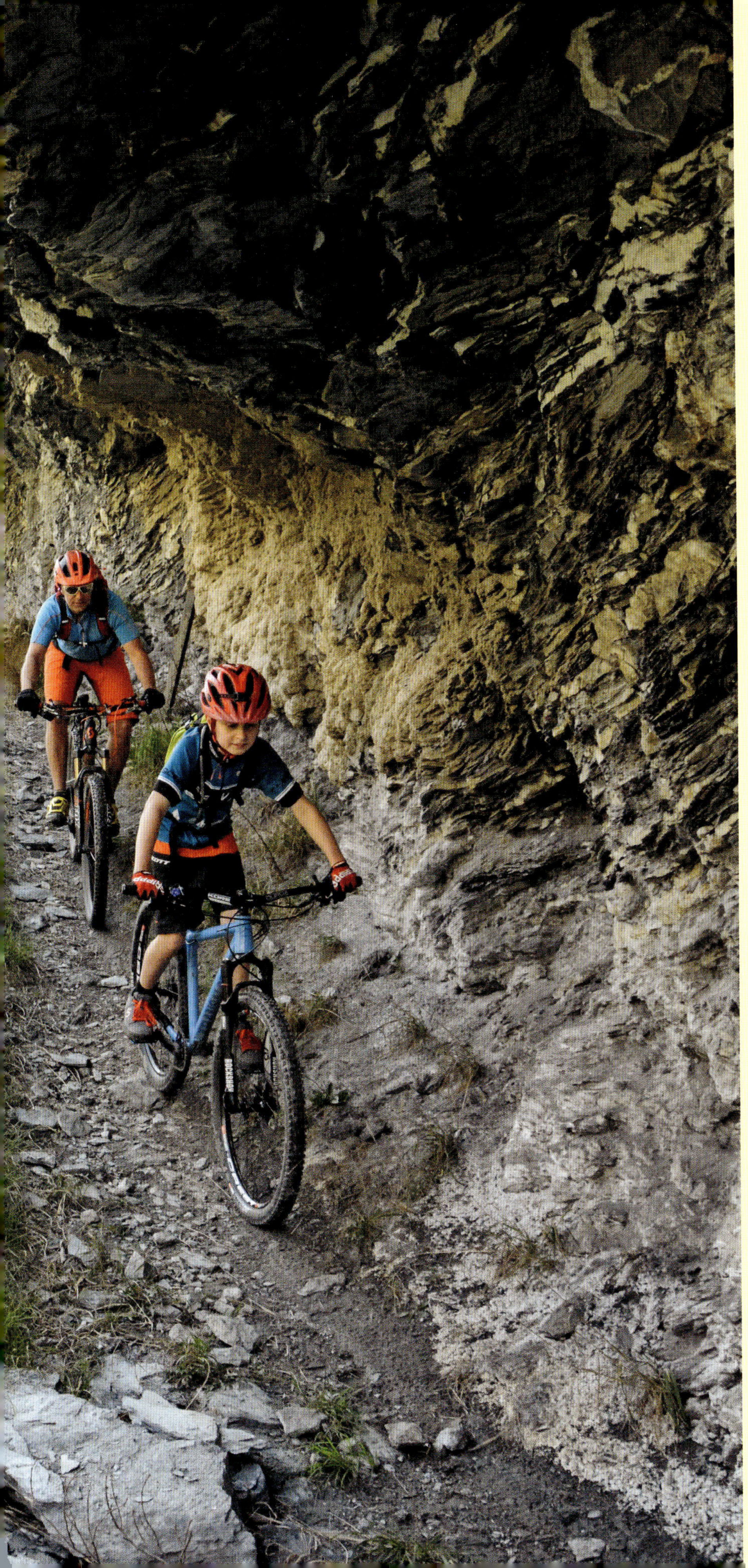

# FAKTEN

VIAMALA

TOUR NR. 11

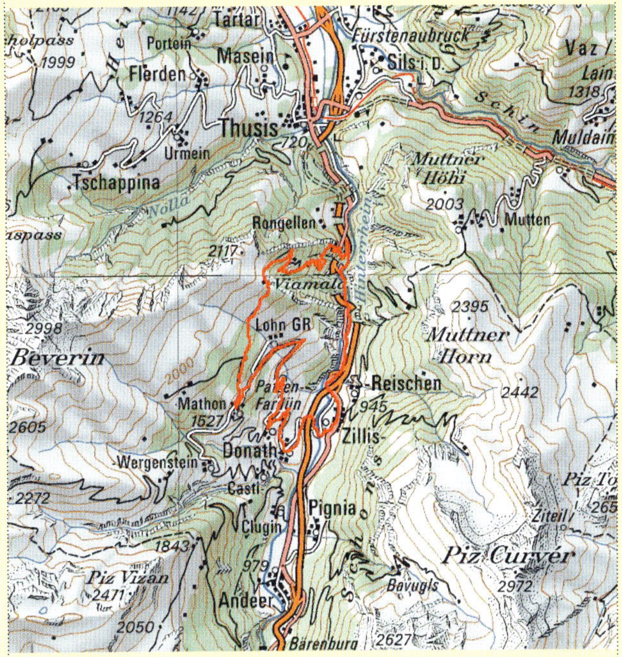


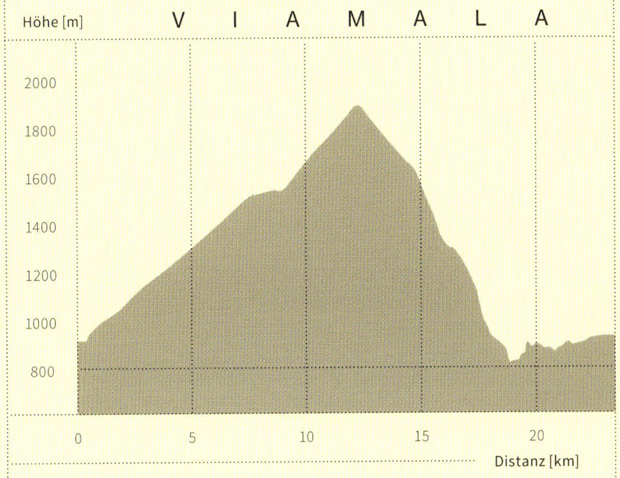


| SCHWIERIGKEIT | DISTANZ |
|---|---|
| Fahrtechnik 3 | 23,4 km |
| Ausdauer 3 | **HÖHENDIFFERENZ** |
| **FAHRZEIT** | 1100 m |
| 4 h | |

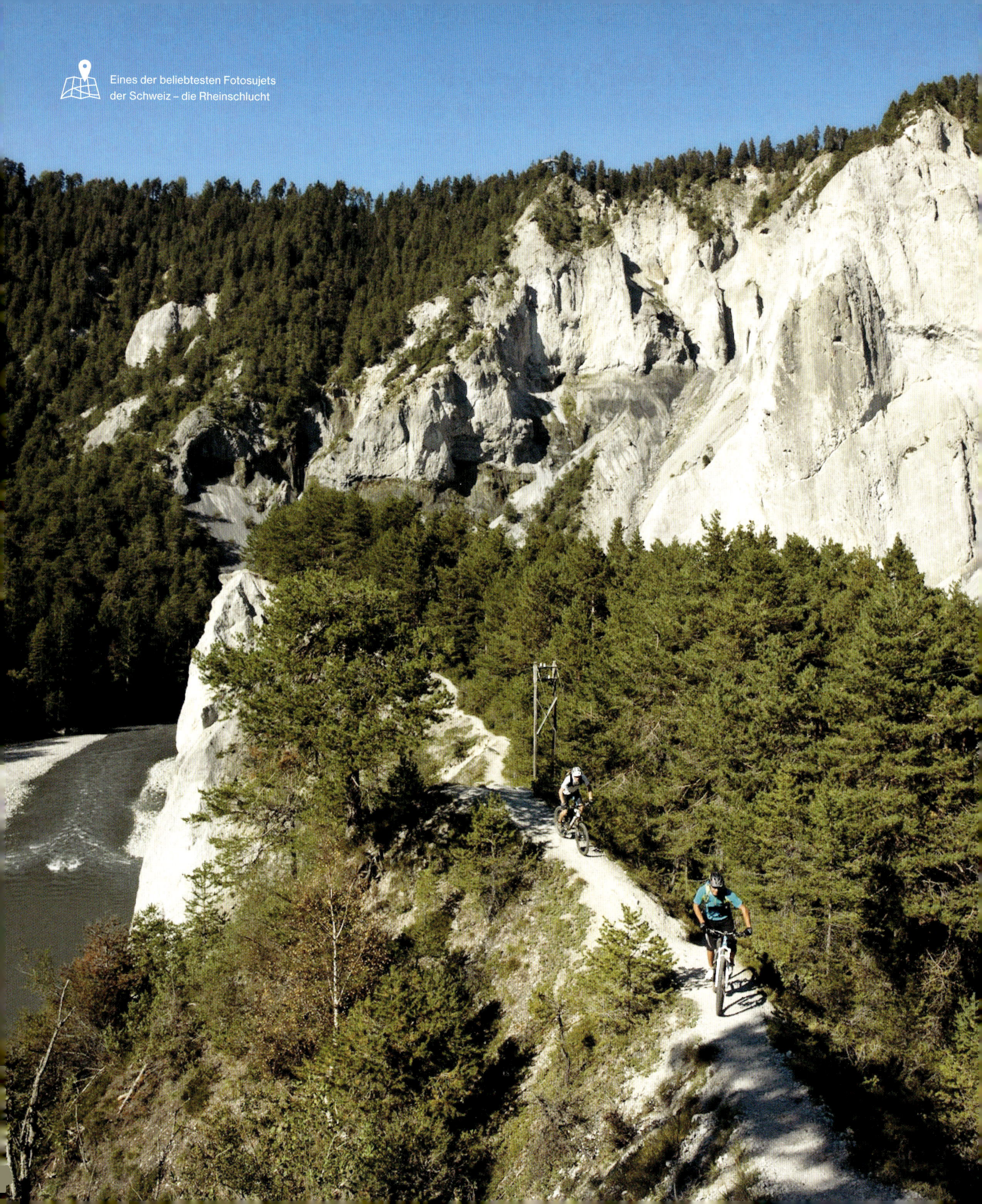

Eines der beliebtesten Fotosujets der Schweiz – die Rheinschlucht

# RHEINSCHLUCHT

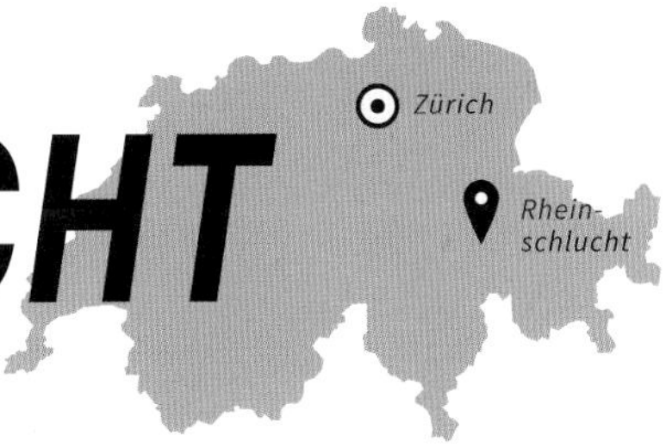


## GRAND CANYON DER SCHWEIZ

GRAUBÜNDEN

TOUR NR. 12

Der Vergleich hinkt. Während der Grand Canyon bis zu 1800 Meter tief ist, hat sich der Alpenrhein zwischen Ilanz und Bonaduz gerade mal 250 Meter in die Tiefe gegraben. Trotzdem ist der »Grand Canyon der Schweiz« ein spektakulärer und landschaftlich besonders eindrücklicher Flecken, der bei Kanuten und Raftern einen hervorragenden Ruf weit über die Schweizer Landesgrenze hinaus genießt. Weit weniger bekannt ist, dass durch die Rheinschlucht ein perfekter Singletrail führt. Während des Sommers ist die Tour am besten am frühen Morgen oder späten Nachmittag zu fahren. Denn einerseits ist es dann im Talkessel nicht mehr so brütend heiß, andererseits sind die zahlreichen Wanderer und Spaziergänger entweder noch am schlafen oder haben nachmittags schon den Rückzug angetreten. Ohne Absteigen wird man die Schlucht allerdings auch ohne Wanderer nicht schaffen. Zu steil sind einige der sehr kurzen Anstiege, zu lose manchmal der Untergrund. Überhaupt ist die Fahrt durch die spektakuläre Schlucht ein perfektes Intervalltraining, weil immer wieder kürzeste Anstiege eingestreut sind. Und wer in Ilanz dann immer noch nicht müde ist, der kann die Fahrt zurück nach Laax oder Flims auch noch mit dem Mountainbike bewältigen.

**AUSGANGSPUNKT:** Flims, Flims Laax Falera Management AG, Telefon +41 (0)81 920 92 00, *www.flimslaax.com*

**ÜBERNACHTUNGSTIPP:** Flem Mountain Lodge, Telefon +41 (0)81 531 00 11, *www.flemlodge.ch*

**STRECKE:** Talstation Bergbahnen Flims • Hauptstraße Richtung Laax – km 2,92 (1108 m) beim großen Parkplatz dem Wanderwegweiser »Conn« folgen • km 3,53 rechts Wegweiser »Vitaparcours« • km 3,86 geradeaus • km 5,45 Mutta Sura (1199 m) • Wanderwegweiser »Conn« • km 7,38 rechts Wanderwegweiser »Ruinaulta 656« • Aussichtsplattform • zurück bis Wanderwegweiser »Ruinaulta 656« und diesem folgen • km 7,97 rechts • km 8,50 Wanderwegweiser »Versam Stn.« • km 9,89 Ranson (805 m) Wanderwegweiser »Versam Stn.« • km 12,25 Station Versam über Gleise • Wanderwegweiser »Valendas« • km 15,73 rechts «Valendas» • 17,4 Station Valendas • Wanderwegweiser »Castresch«, später »Ilanz« • km 24,41 Bahnhof Ilanz.

**KARTEN:** Swiss Singletrail Map Blatt 20 Bündner Oberland, 1:50 000, Bike Explorer Karte Flims-Laax, 1:40 000

**DIVERSES:** Bei km 3,53 kann man alternativ auch auf der Schotterstraße geradeaus fahren bis Mutta Sura. Man erspart sich einen steilen Singletrail-Aufstieg, verpasst dafür die anschließende technische Trailabfahrt. Für die Rückfahrt nach Flims nimmt man entweder das Postauto oder fährt auf der verkehrsfreien Straße von Station Valendas via Salums und Murschetg zurück an den Startpunkt.

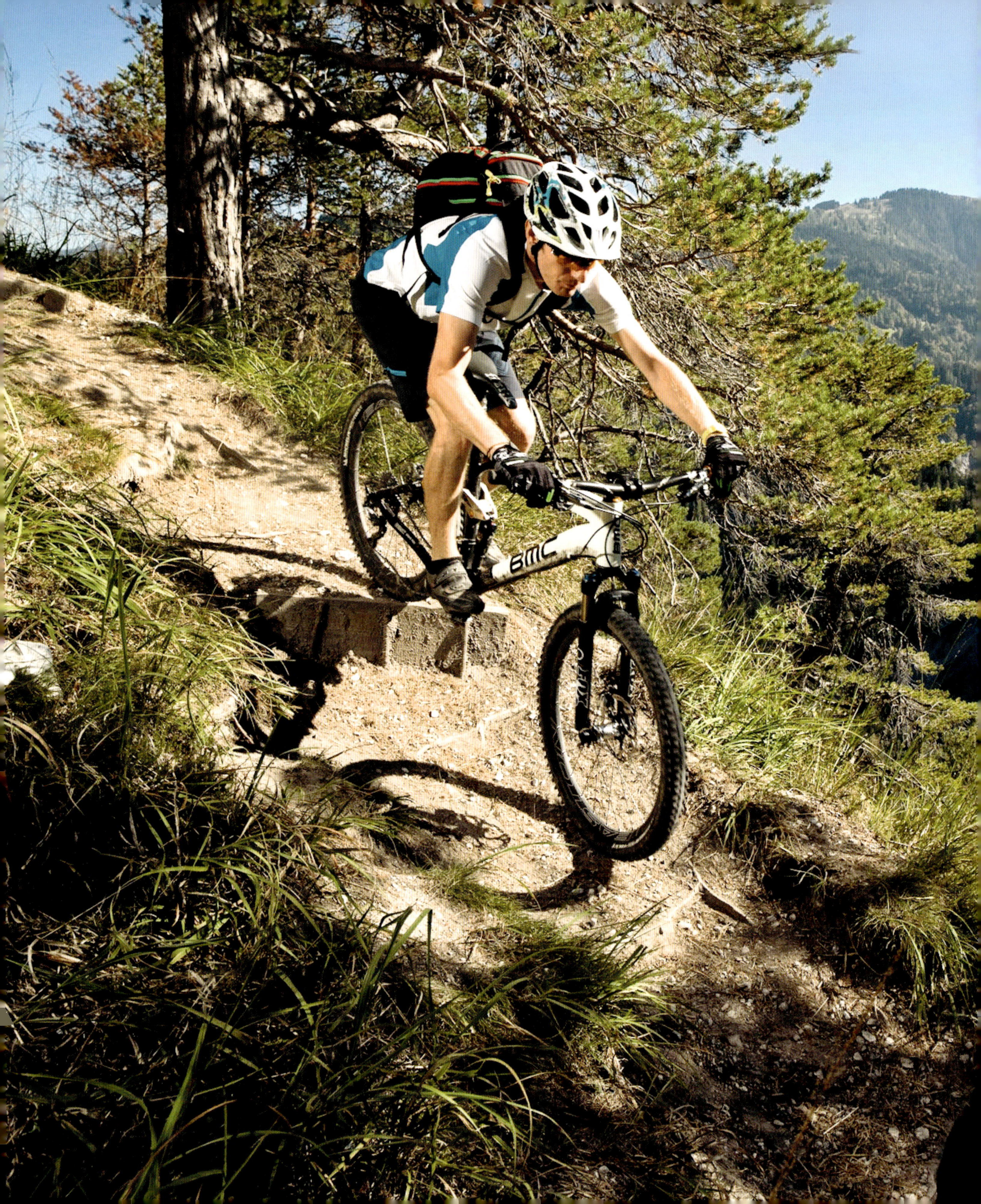

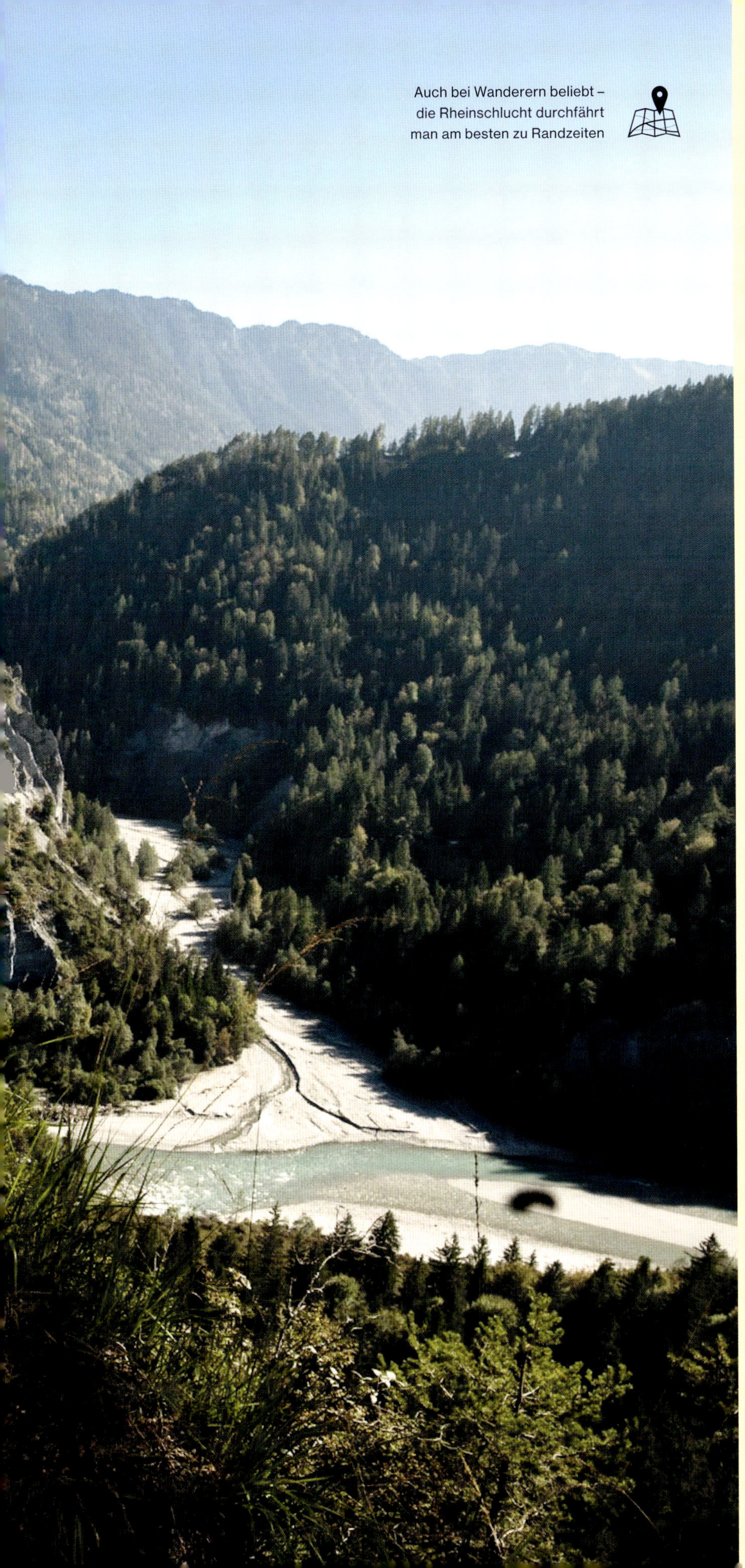

Auch bei Wanderern beliebt – die Rheinschlucht durchfährt man am besten zu Randzeiten

# FAKTEN

## RHEINSCHLUCHT

TOUR NR. 12

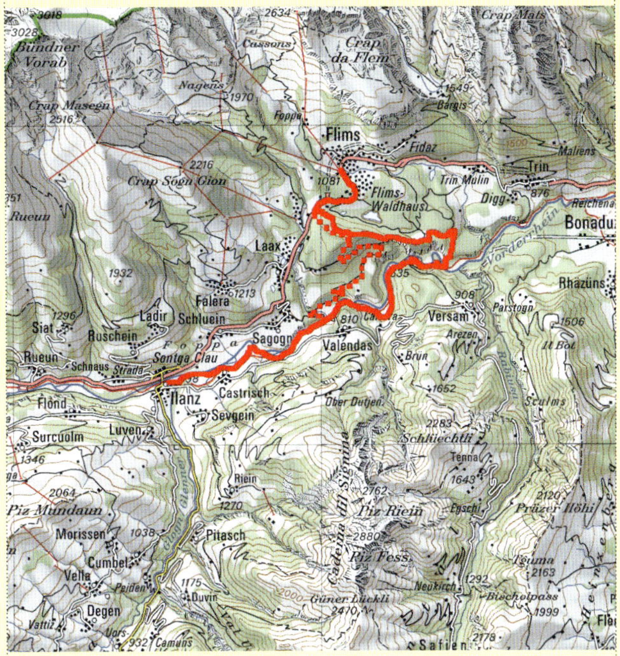


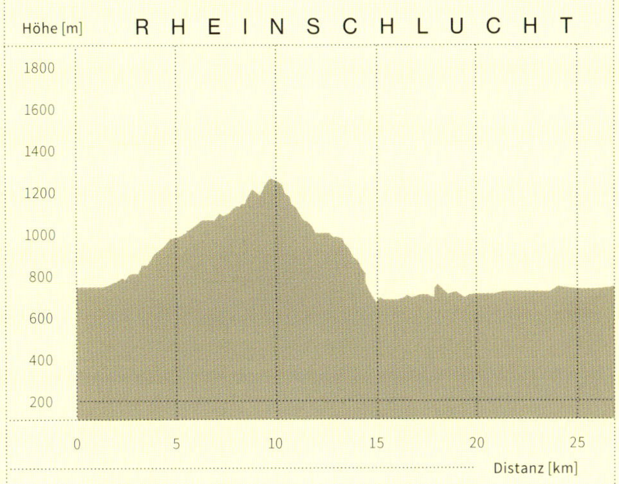


| SCHWIERIGKEIT | DISTANZ |
|---|---|
| Fahrtechnik 3 | 24,5 km |
| Ausdauer 2 | **HÖHENDIFFERENZ** |
| **FAHRZEIT** | Bergfahrt 390 m |
| 3 h | Abfahrt 750 m |

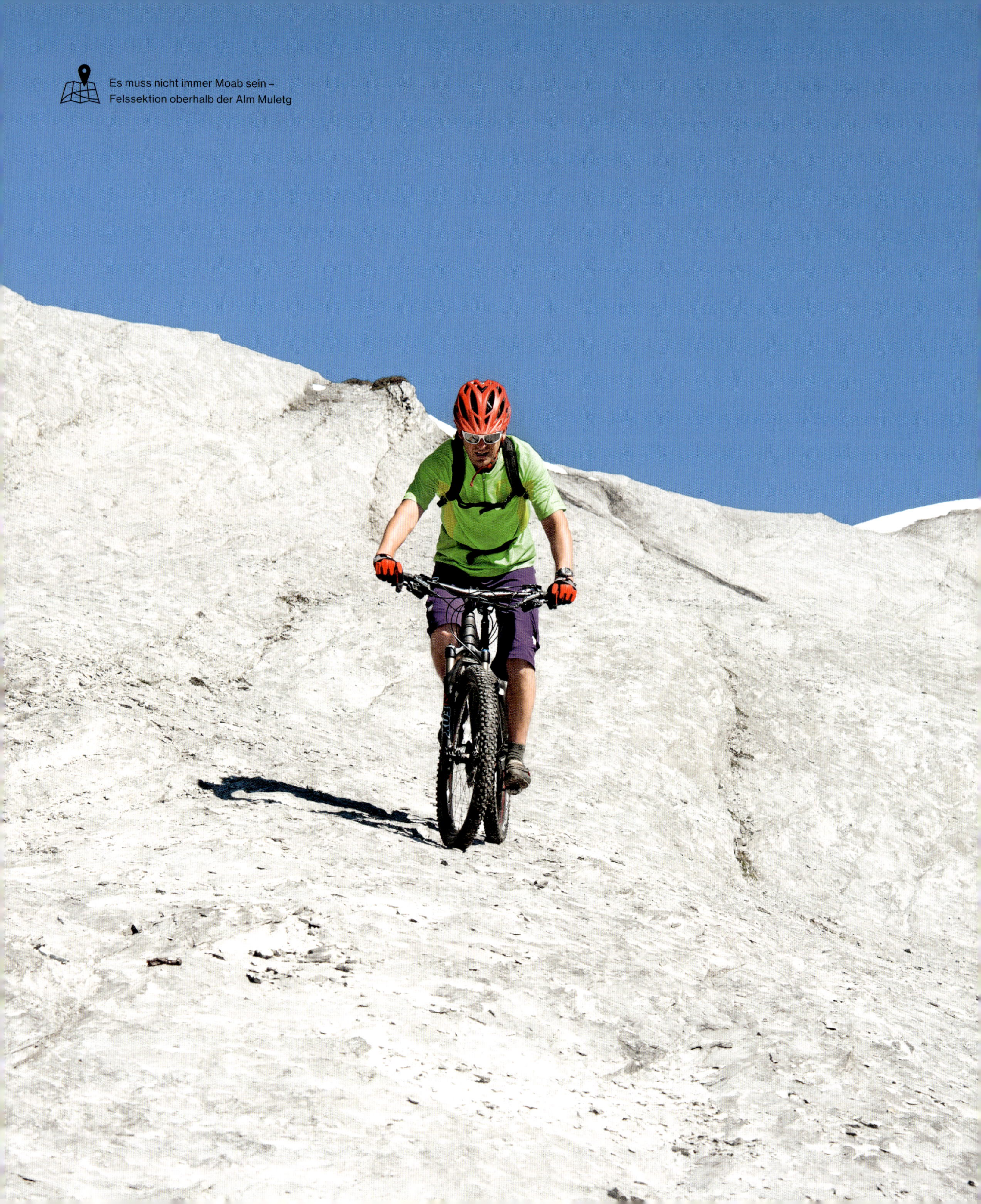

Es muss nicht immer Moab sein –
Felssektion oberhalb der Alm Muletg

# ALP MORA

## ALPINER SLICKROCK

GRAUBÜNDEN

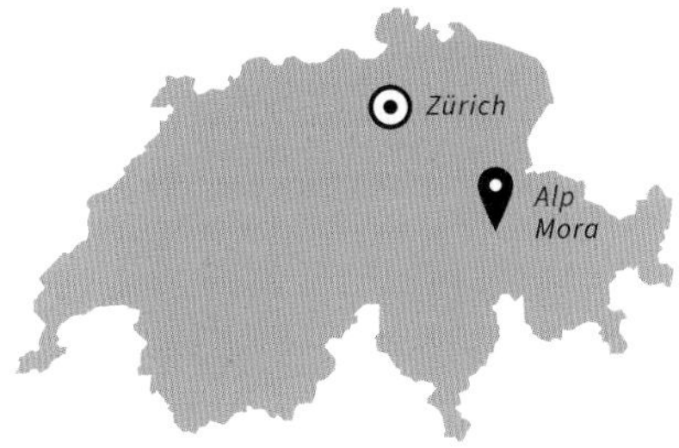


TOUR NR. 13

»Ob es das wert ist?« – das wird sich manch einer fragen, wenn er die über 1300 Höhenmeter auf scheinbar endlosen Kehren zur Alp Mora hochfährt. Wenigstens ist die Neigung konstant und die Straße mehrheitlich asphaltiert, sodass jeder seinen ganz persönlichen Rhythmus anschlagen kann und deshalb relativ kraftsparend am Zwischenziel ankommt. Dass es sich gelohnt hat, darüber sind sich spätestens hier oben alle einig. Da ist einerseits diese unglaubliche Aussicht auf Safiental, Domleschg und die untere Surselva. Nicht weniger spektakulär sind die slickrockartigen Felsplatten, auf denen Mountainbiker den ultimativen Traktionstest durchführen kön- nen. Sie sind der solidere Teil dessen, was die UNESCO als Tektonikarena Sardona in ihrer Welterbe-Liste führt. In dieser Region ist besonders gut ersichtlich, wie durch den Zusammenstoß der afrikanischen und europäischen Kontinentalplatten die Alpen über Jahrmillionen aufgetürmt, gefaltet und wieder zerbrochen sind. Besonders kleinteilig ist das Geröll unterhalb des Tschep Sut, unter dem der kühn angelegte und bisweilen stark exponierte Singletrail ins Val Lavadignas quert. Das Kontrastprogramm folgt spätestens nach Scheia, wenn ver- spielte Singletrails über tannennadelübersäte Waldböden zurück ins Tal und zum Postkartenidyll Cresta-See führen. Ob es das wert war? Da sind sich zum Schluss alle einig: »Jeden Schweißtropfen!«

**AUSGANGSPUNKT:** Tamins (662 m), Flims Laax Falera Management AG, Telefon +41 (0)81 920 92 00, *www.flims.com*

**ÜBERNACHTUNGSTIPP:** B & B Springinkerl, Telefon +41 (0)77 463 11 00, Tamins, *www.bnb.ch*

**STRECKE:** Dorfzentrum Tamins (662 m) • auf der Nebenstraße Richtung Flims/Laax • nach 700 m die Hauptstraße queren, dem Wanderwegweiser »Trin« folgen • km 3,0, (nach kurzer Abfahrt) rechts die Schotterstraße hoch • km 4,0, Eingangs Trin (876 m), rechts auf die Asphaltstraße Richtung Maliens/Muletg hochfahren • km 11,8, Alp Muletg (2027 m) • ab hier dem Wanderwegweiser »Bargis« folgen • km 18,5, Restaurant Bargis (1549 m) • dem Wanderwegweiser »Flims« folgen • km 21,7, im Zentrum des Weilers Scheia auf Schotterstraße rechts und nach rund 400 Metern links in Singletrail – abfahren bis zur Asphaltstraße, die Flims und Fidaz verbindet • die Asphaltstraße hochfahren bis zum Restaurant Fidazer Hof • das Mountainbike über die Sonnenterrasse des Restaurants schieben (kein Witz), von hier aus führt ein weiterer Singletrail zur Hauptstraße Tamins – Flims • rund 150 Meter Richtung Flims hochfahren, dann gleich links einbiegen • km 24,7, links abbiegen und auf dem Singletrail zum Lag da Cresta (Crestasee) abfahren • ab hier auf der Schotterstraße nach Digg • km 31,3, unterhalb von Digg links in den Single- trail einbiegen und immer dem Wanderwegweiser »Tamins« folgend zurück zum Startpunkt (im Wald von Ruvreu gibt es eine exponierte Stelle, die entsprechend mit einem Fahrverbot für Mountainbiker gekennzeichnet ist).

**KARTEN:** Swiss Singletrail Map Blatt 20 Bündner Oberland, 1:50 000, Bike Explorer Karte Flims-Laax, 1:40 000

**DIVERSES:** Einige Schiebepassagen sind auf dieser Tour unvermeidlich. Der erste Trailabschnitt ab Bargis ist fahrtechnisch sehr anspruchsvoll und exponiert. Er kann aber über die Asphaltstraße umfahren werden. Ab P. 1407/Bova Sura (zweite Haarnadelkurve) kann man wieder auf den Singletrail einbiegen. Auf der gesamten Tour gibt es verschiedentlich exponierte Stellen, die nicht umfahren werden können – Menschen mit Höhenangst wird abgeraten, diese Tour zu fahren.

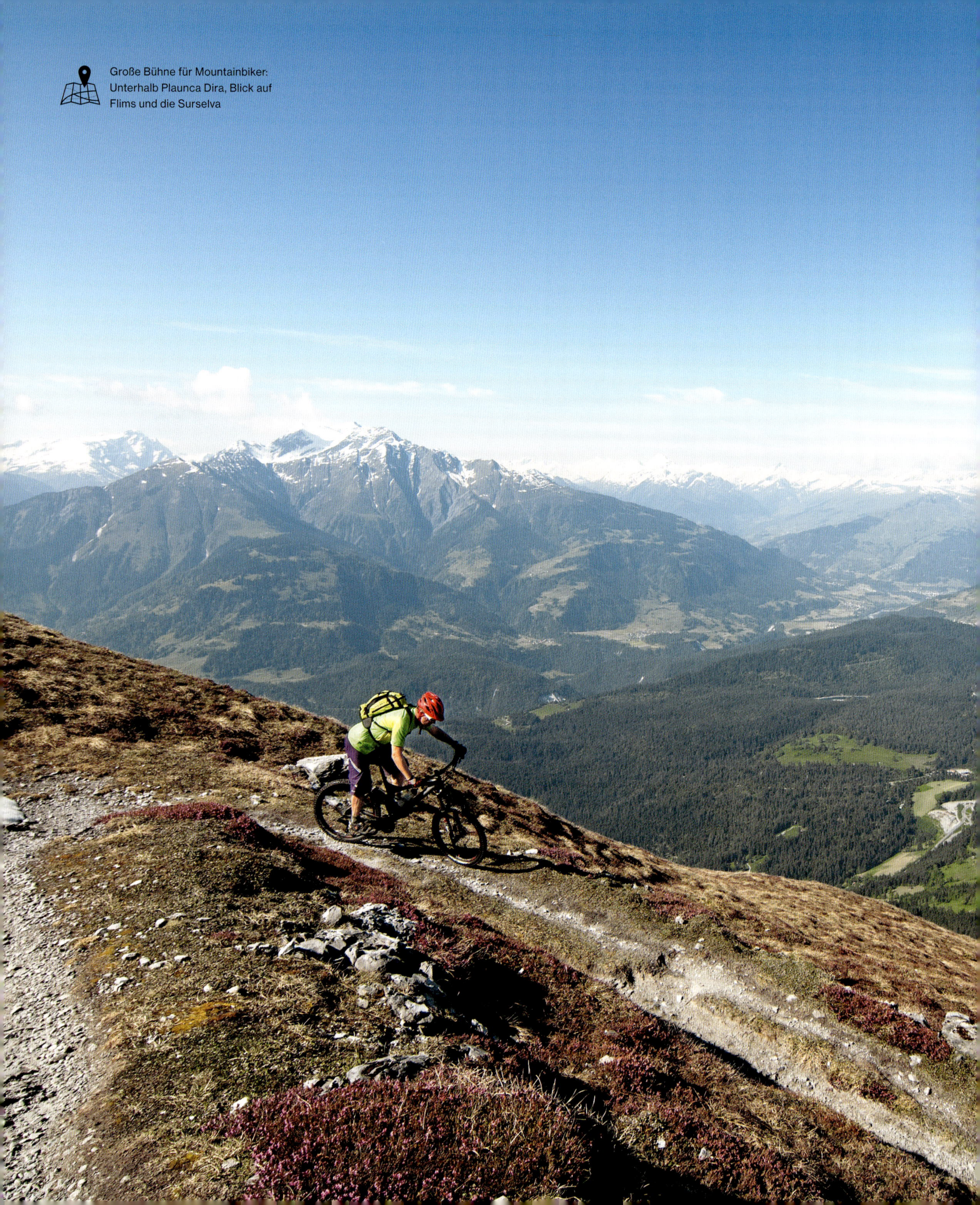

Große Bühne für Mountainbiker: Unterhalb Plaunca Dira, Blick auf Flims und die Surselva

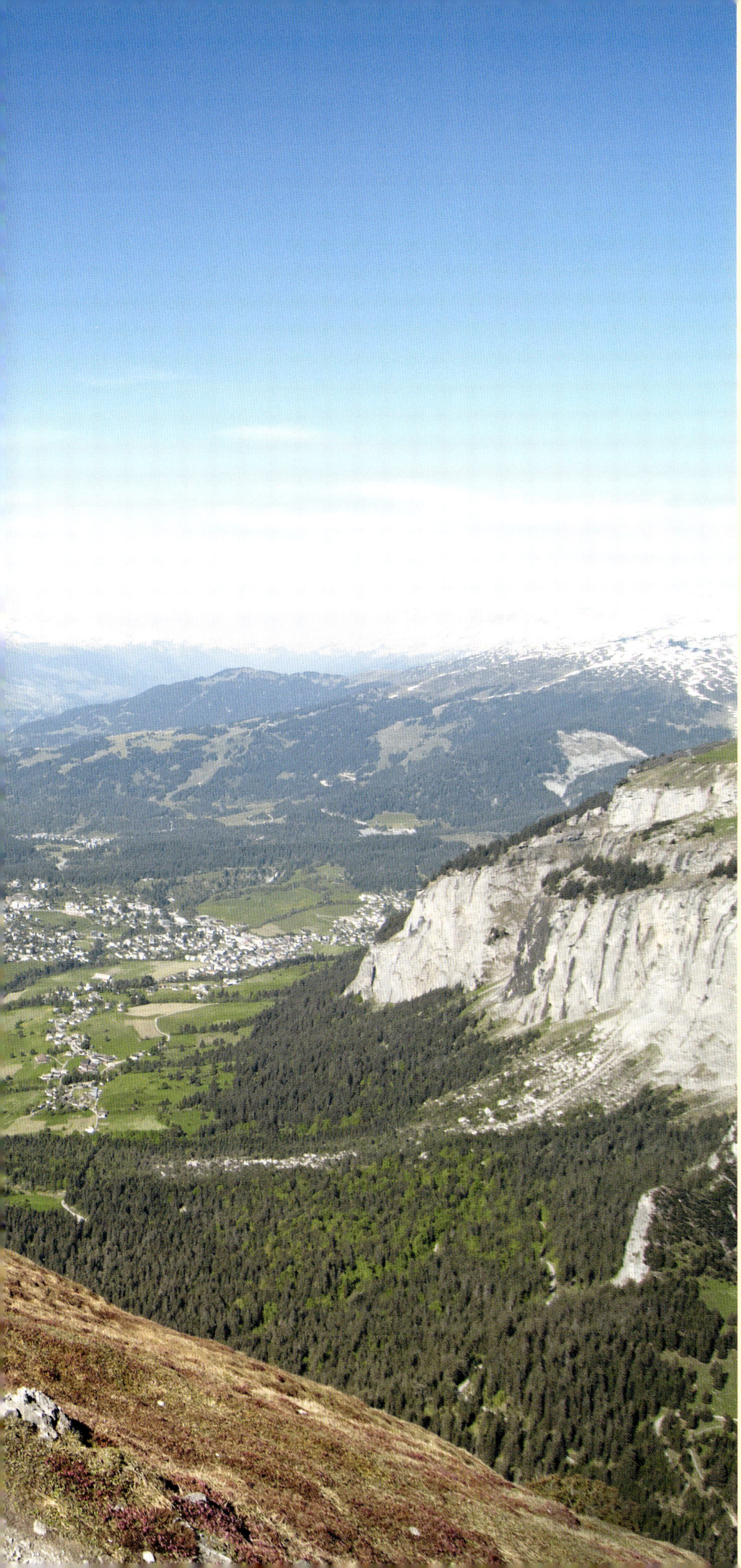

# FAKTEN

## ALP MORA

TOUR NR. 13

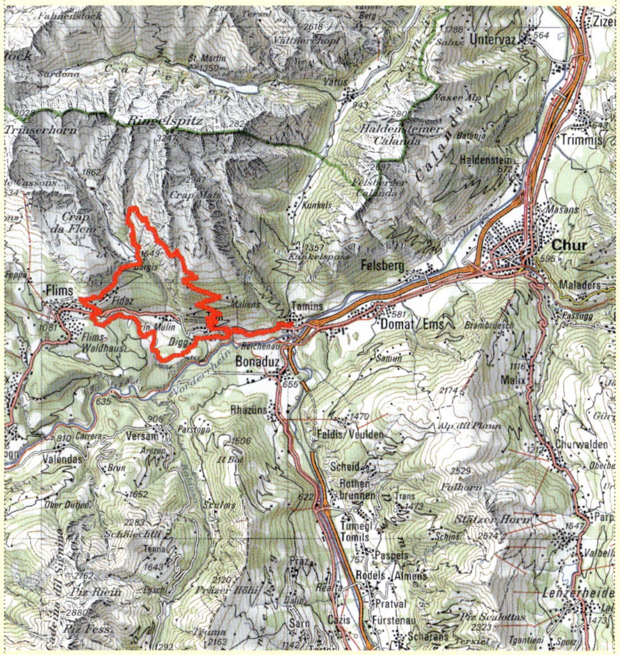


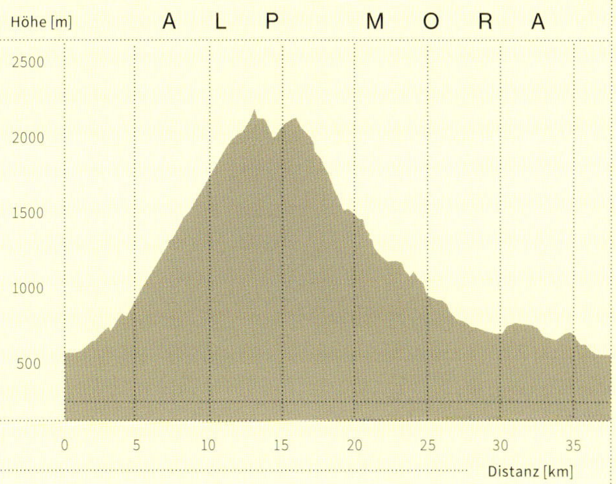


| SCHWIERIGKEIT | DISTANZ |
|---|---|
| Fahrtechnik 4 | 37,7 km |
| Ausdauer 5 | **HÖHENDIFFERENZ** |
| **FAHRZEIT** | 2050 m |
| 6 h | |

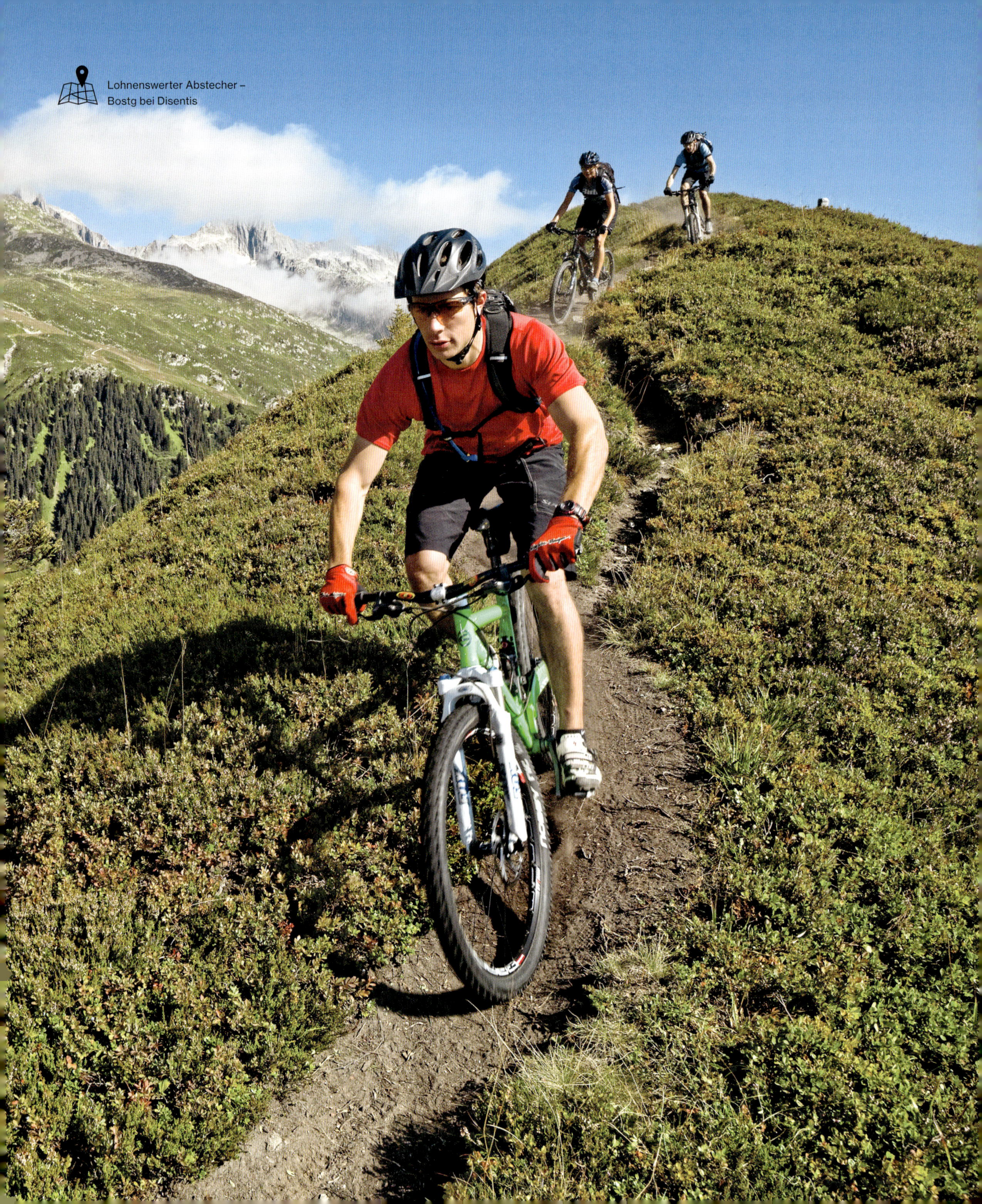

Lohnenswerter Abstecher –
Bostg bei Disentis

# SENDA SURSILVAN

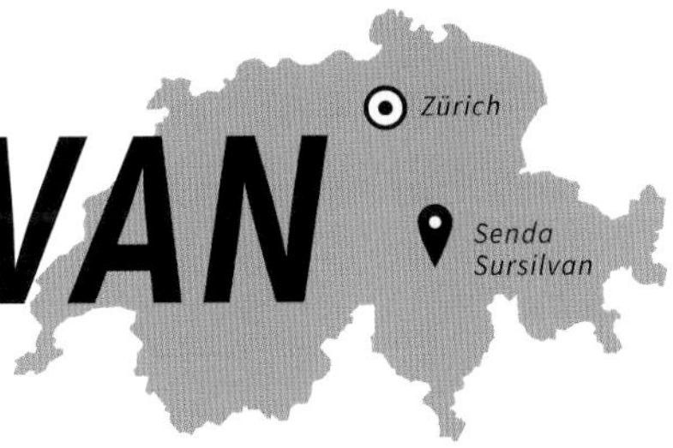


## WEITSICHT STATT TUNNELBLICK

GRAUBÜNDEN

TOUR NR. 14

Der Plan war kühn! Ihm entsprechend wäre Sedrun mit seiner Porta Alpina – dem alpinen Tor in die Unterwelt – die weltweite Aufmerksamkeit sicher gewesen. 800 Meter direkt unterhalb des Dorfes wäre der tiefstgelegene Bahnhof mit Wartehallen für bis zu 1000 Personen gebaut worden. Der längste Lift mitten im längsten Eisenbahntunnel der Welt, dies zwei weitere Superlative, mit denen für Schweizer Ingenieurskunst und Fortschrittlichkeit hätte geworben werden können. Hätte! Die Beerdigung dieser abenteuerlichen Pläne ist nicht weiter schlimm – nach Sedrun fährt man jetzt halt mit der Rhätischen Bahn statt mit dem Intercity Zürich–Mailand. Und Mountainbiker interessiert ohnehin nur der eine Superlativ: Die schönsten Singletrails. Und diesbezüglich steht der »Senda Alpina« – der »alpine Weg« – rund um Sedrun sehr gut da. Die Trails sind knackig, und die Aussicht auf die umliegenden Berge ist allemale besser als der Tunnelblick der Porta Alpina.

**AUSGANGSPUNKT:** Sedrun, Telefon +41 (0)81 920 40 30, *www.disentis-sedrun.ch*

**ÜBERNACHTUNGSTIPP:** Hotel Krüzli, Telefon +41 (0)81 949 11 06, *www.kruezli.ch*

**STRECKE:** Vom Dorfzentrum Sedrun auf der Hauptstraße bis Rueras fahren • km 2,07, links abbiegen und, dem Wegweiser »Zeltplatz« folgend, zum Vorderrhein radeln • dem Wanderwegweiser »Tschamutt« folgen via Sontga Brida, Surrein und Selva • Tschamutt (1645 m) auf der Oberalppassstraße bergwärts • nach 150 Meter rechts dem Wanderwegweiser »Milez« folgen • die Bahngleise überqueren und bei km 8,21 rechts dem Wanderwegweiser »Planatsch« folgen • km 10,24 Planatsch (1710 m) • Wanderwegweiser »Milez« • km 12,07 Milez (1888 m) • rechts dem Wanderwegweiser »Senda Sursilvana« folgen – km 13,43, geradeaus • km 14,1 (1892 m) Richtung Ost auf gleicher Höhe bleiben • danach Wanderwegweiser »Sedrun« • km 16,55, links kurz hochschieben, nach rund zehn Minuten den Bach queren • km 17,41, die Schotterstraße hochfahren in Richtung Sedrun – km 18,51, die Schotterstraße hochfahren, Wanderwegweiser »Chrüzlipass« • km 20,11, Bach queren und dem Wanderwegweiser »Sedrun Staziun« folgen • kurz danach dem Wanderwegweiser »Senda Sursilvana« folgen • km 23,71 (1799 m), Wanderwegweiser »Disentis-Bostg« • km 24,51 (1648 m), rechts Richtung Sedrun • km 25,0, rechts halten • km 25,8 Sedrun (1440 m).

**KARTEN:** Supertrail Map, Kartenblatt Surselva, 1:50 000, *www.supertrail-map.com*

**DIVERSES:** Die Tour kann man sowohl in Sedrun als auch Tschamutt starten. Die Distanz dazwischen legt man am besten auf dem ausgeschilderten Bike-Weg via Denter Arlas und Selva zurück. Alternativ hierzu kann man auch die Rhätische Bahn wählen.

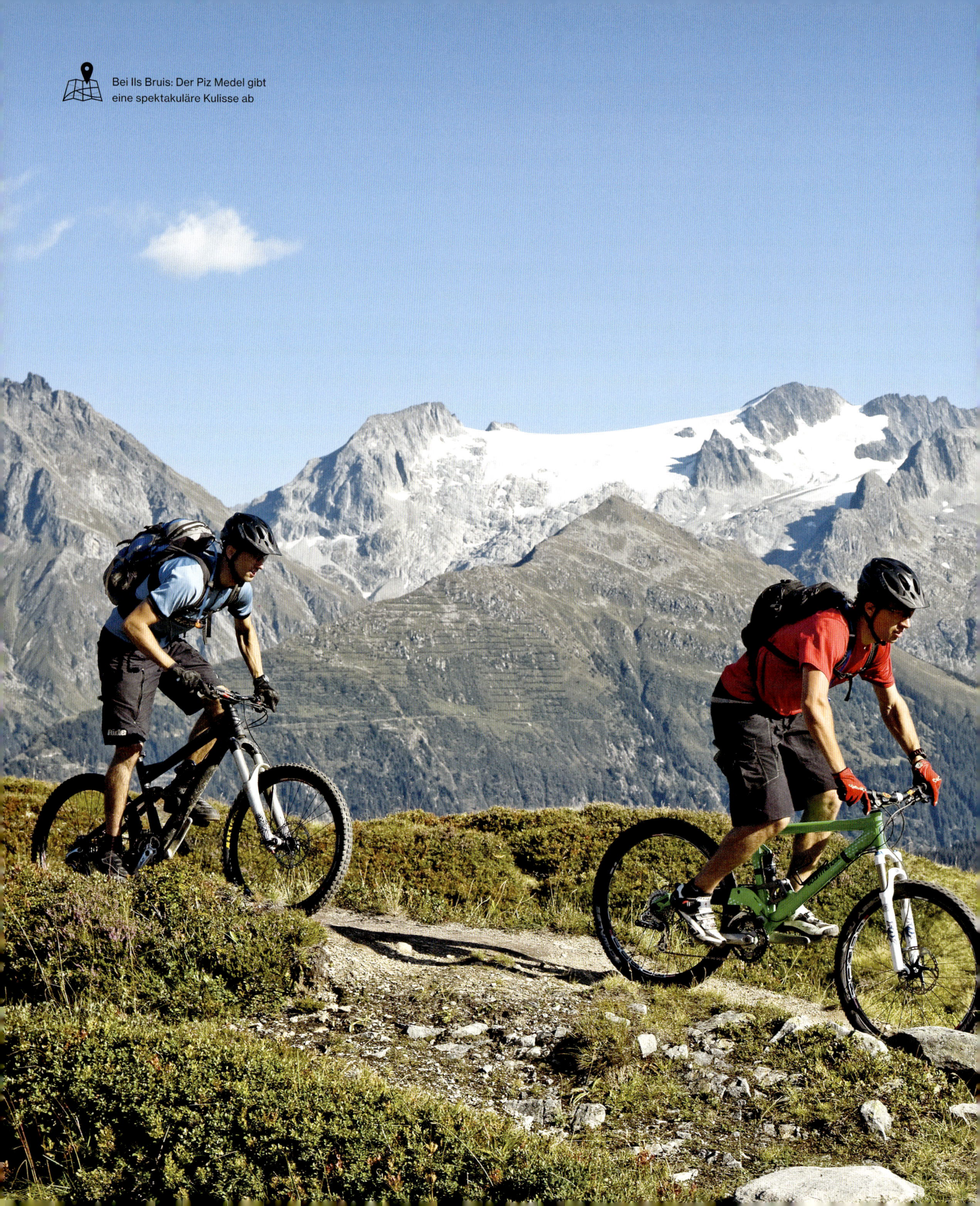

Bei Ils Bruis: Der Piz Medel gibt eine spektakuläre Kulisse ab

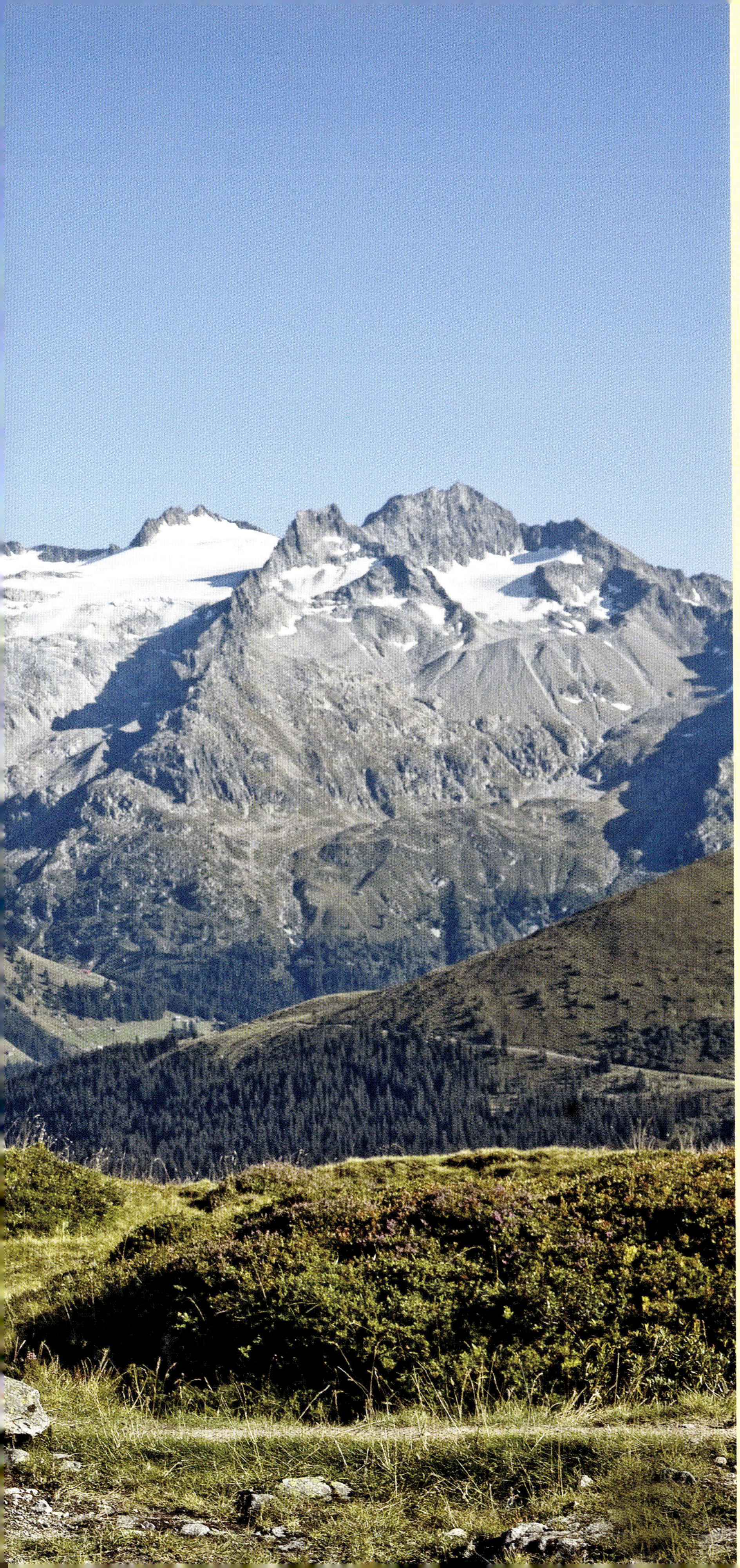

# FAKTEN

SENDA SURSILVAN

TOUR NR. 14

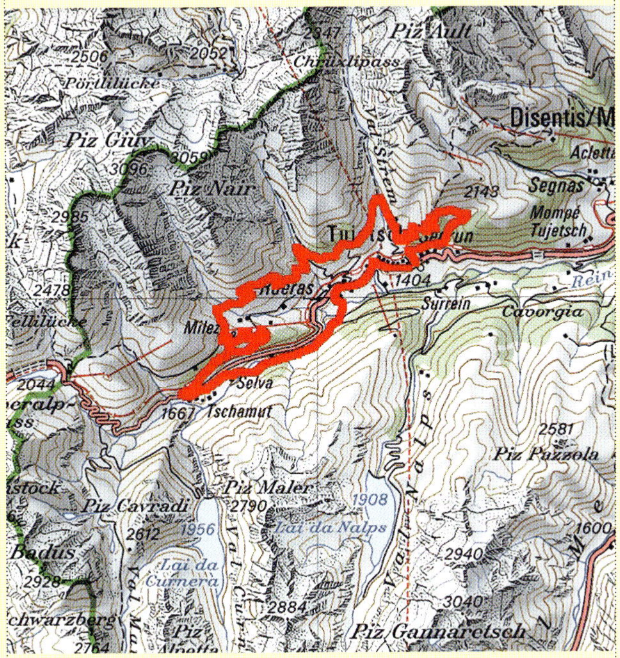


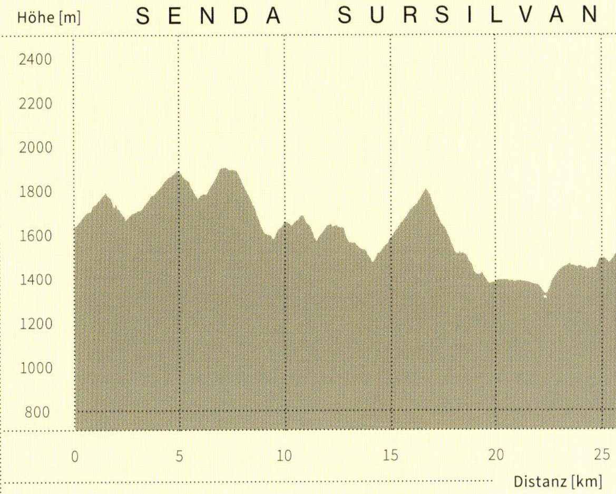


| SCHWIERIGKEIT | DISTANZ |
|---|---|
| Fahrtechnik 3 | 26,4 km |
| Ausdauer 4 | **HÖHENDIFFERENZ** |
| **FAHRZEIT** | 1660 m |
| 4 h | |

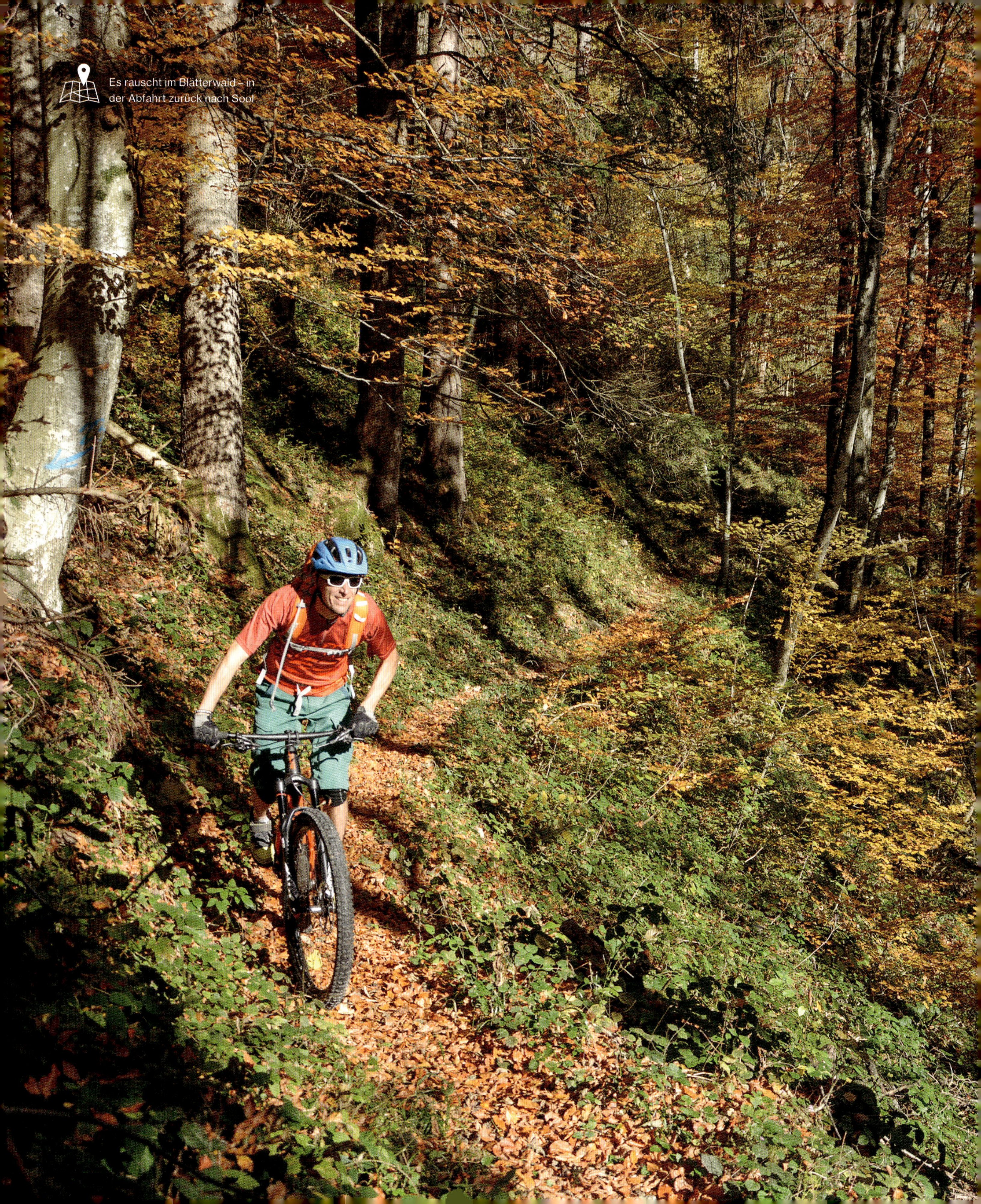

Es rauscht im Blätterwald – in der Abfahrt zurück nach Sool

# SCHWANDEN

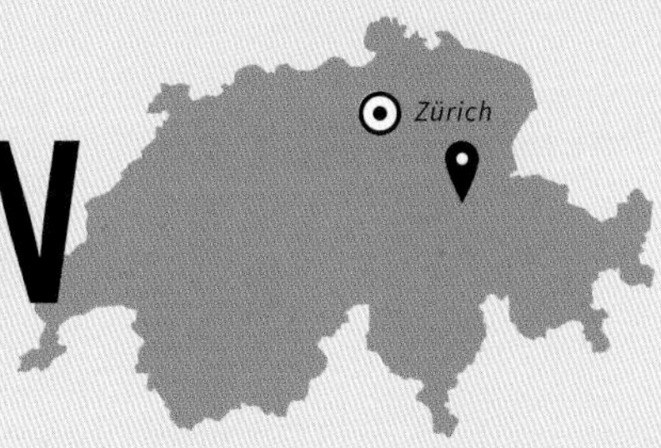


## DER EWIGE WEG

OSTSCHWEIZ

TOUR NR. 15

Irgendwann hören die meisten auf, die Spitzkehren zu zählen. »Ewiger Weg« nennen die Einheimischen den Trail durch den Ennendaner Hohwald – und das sagt bereits alles. Die nach Süden ausgerichtete Bergflanke am Schafleger trocknet nach Niederschlägen schnell ab. Der mit Tannennadeln übersäte Waldboden tut das seine, dass es hier nie zu einem Schlammfestival kommt. Erstaunlich ist die Präzision, mit der die Einheimischen früher diesen Weg angelegt haben – der Hang ist zwar extrem steil, die Neigung des Trails aber trotzdem immer so angenehm, dass er durchgehend befahrbar ist. Vorausgesetzt, man beherrscht die Fahrtechnik, um die engen Spitzkehren zu bewältigen. Wer das (noch) nicht tut, findet hier jedenfalls das perfekte Trainingsgelände. Sind die rund 1000 Höhenmeter erst einmal zurückgelegt und die fahrtechnischen Herausforderungen in der Traverse bis Unter Kheist gemeistert, bleibt nur noch die genussreiche Abfahrt zurück ins Tal. Ewig könnte der Weg so weitergehen – aber Eingangs Sernftal gilt leider: Nomen non est omen.

**AUSGANGSPUNKT:** Schwanden (528 m), *www.glarnerland.ch*

**ÜBERNACHTUNGSTIPP:** Hotel Stadthof, Telefon +41 (0)55 640 15 22, *www.hotelstadthofglraus.ch*

**STRECKE:** Bahnhof Schwanden GL (528 m) • auf Asphaltstraße Richtung Elm • nach 300 Meter links Wegweiser »Sool« • km 1,34 an Restaurant Adler vorbei und unmittelbar danach rechts dem Wanderwegweiser »Gheist« folgen • km 3,91 links den Singletrail hoch • km 7,4 (1499 m) rechts dem Wanderwegweiser »Bergwanderweg« folgen • km 9,02 Wanderwegweiser »Bergwanderweg« auf Singletrail abfahren bis zur ersten Forststraße • Straße queren und auf Singletrail bis zur nächsten Forststraße abfahren • rechts in Schotterstraße einbiegen und unmittelbar nach der Brücke links auf Singletrail weiter bis zur nächsten Forststraße • auf Schotterweg und Asphaltstraße via Sool zurück zum Startpunkt

**KARTEN:** Landeskarte swisstopo 1:25 000, 1154 Spitzmeilen

**DIVERSES:** Fahrtechnisch und physisch weniger anspruchsvolle Alternative: Auf Schotterstraße bis zur Alp Achseli (1420 m) hochfahren und danach auf dem Singletrail durch den Ennendaner-Hohwald abfahren, der als Aufstiegsstrecke beschrieben ist.

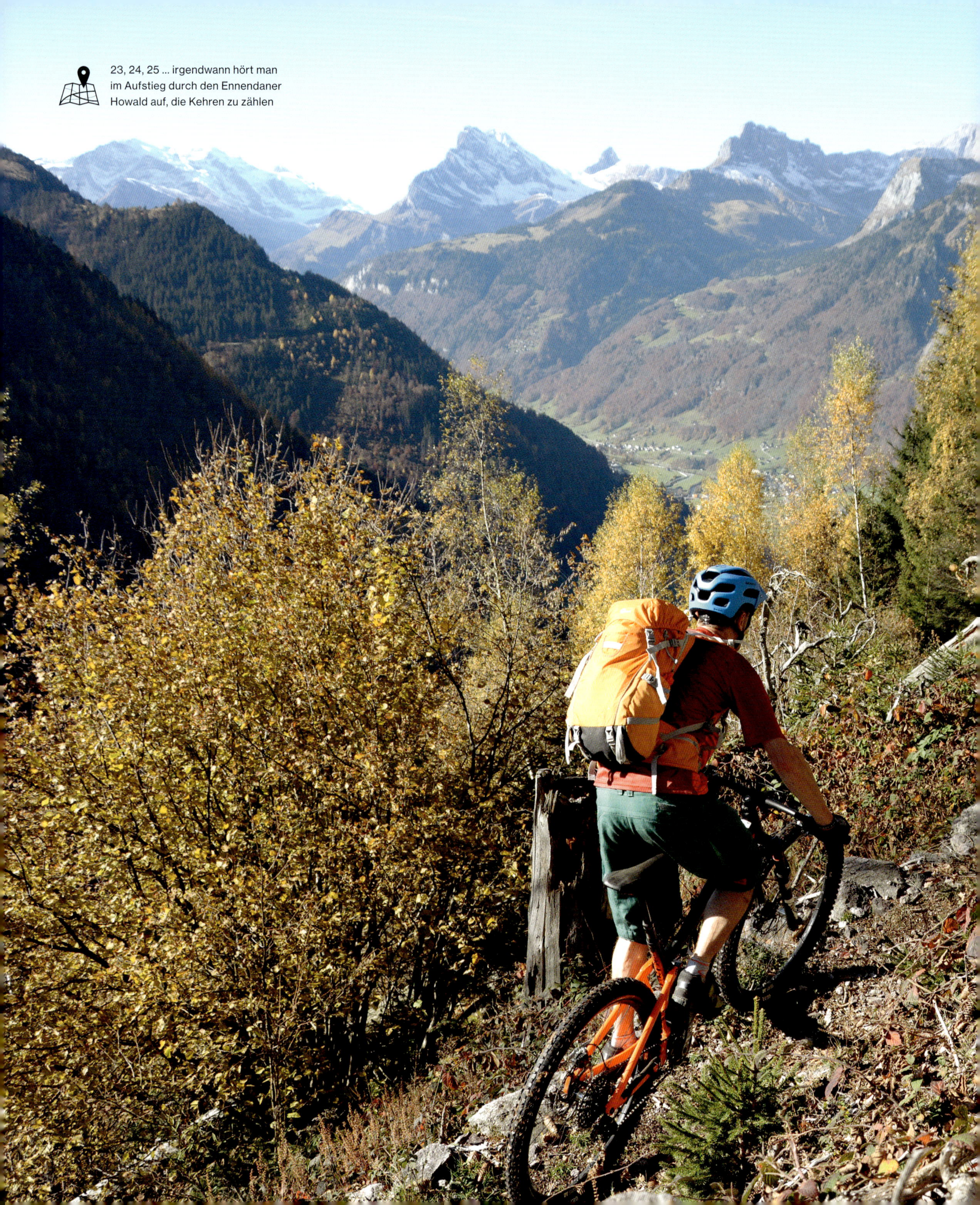

23, 24, 25 … irgendwann hört man im Aufstieg durch den Ennendaner Howald auf, die Kehren zu zählen

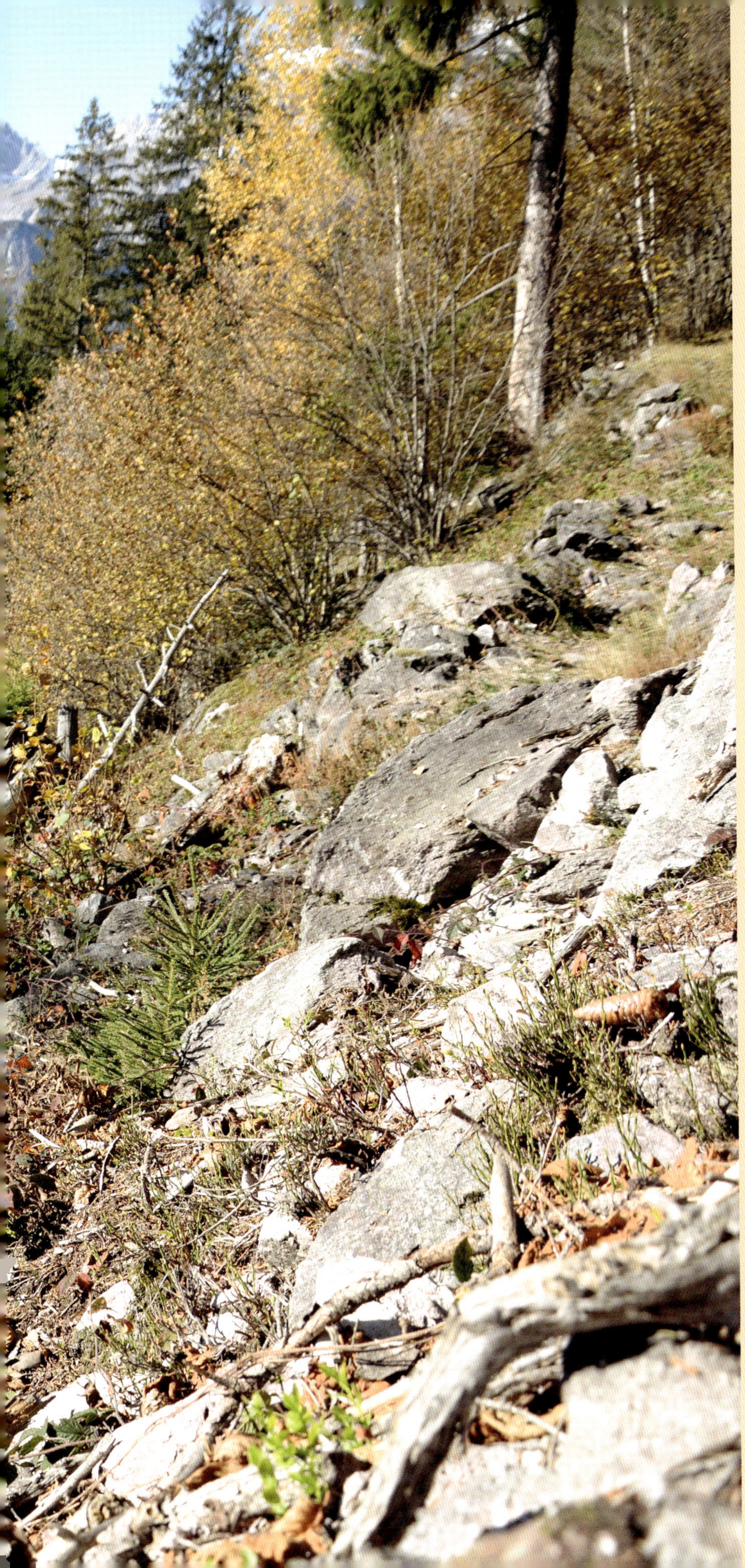

# FAKTEN

SCHWANDEN

TOUR NR. 15

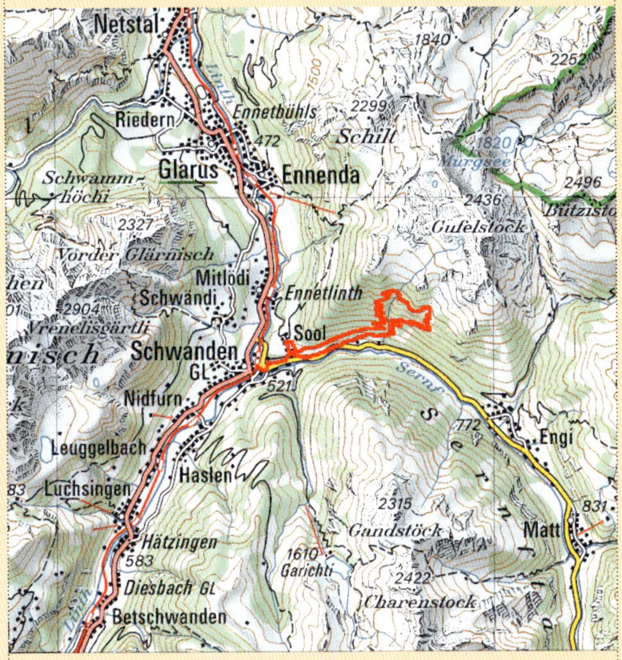


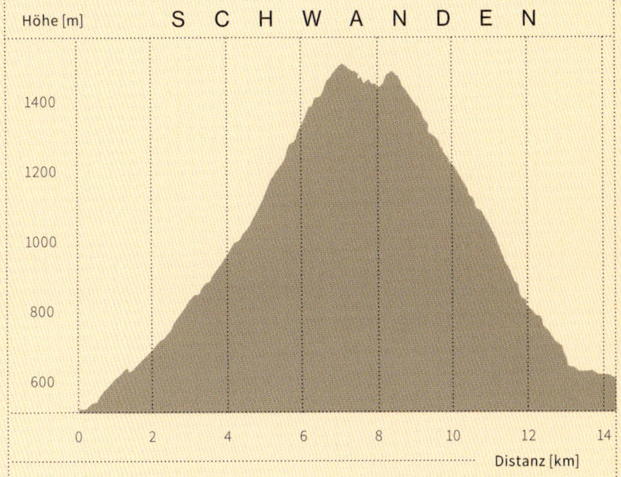


| SCHWIERIGKEIT | DISTANZ |
|---|---|
| Fahrtechnik 3 | 15,6 km |
| Ausdauer 3 | **HÖHENDIFFERENZ** |
| **FAHRZEIT** | 1050 m |
| 3 h | |

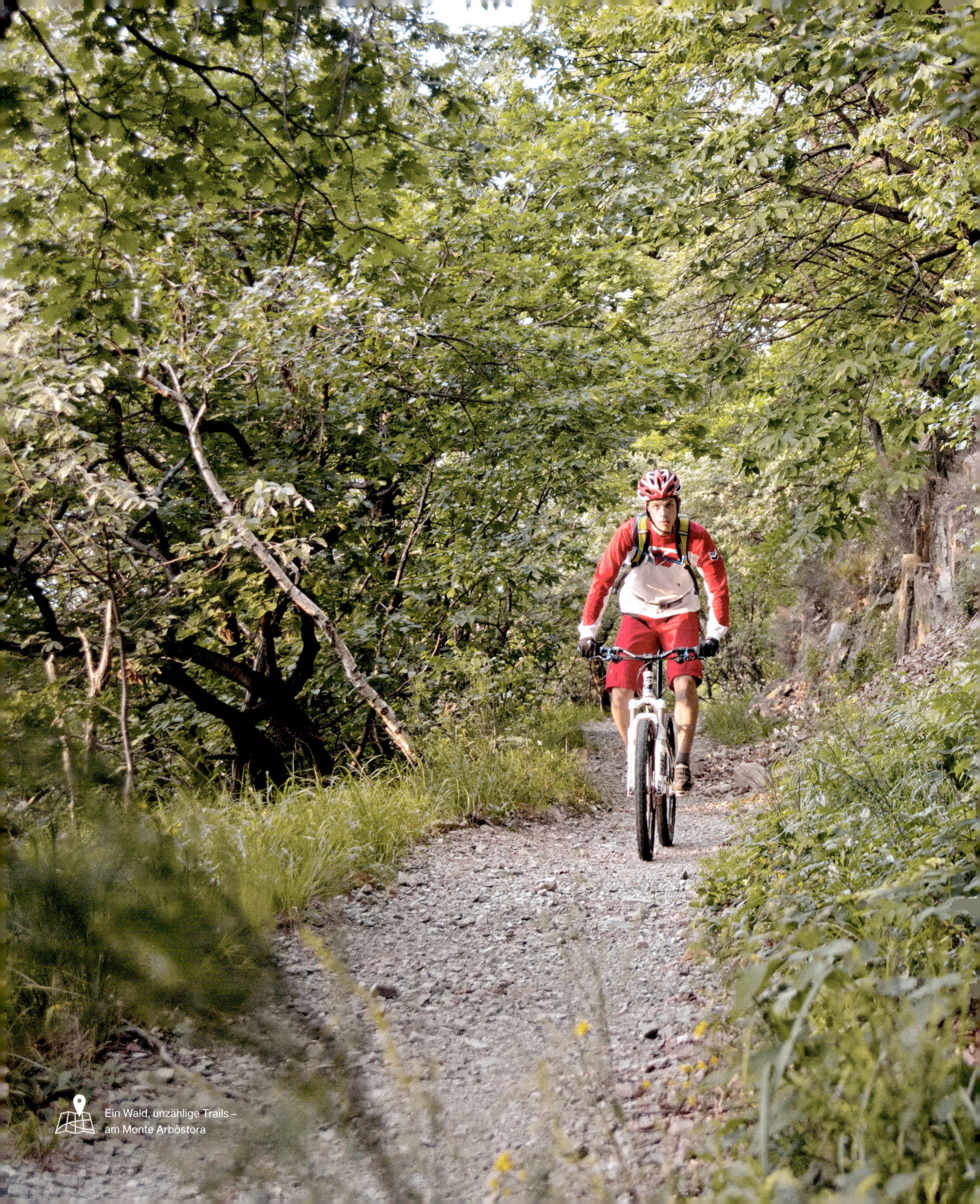

Ein Wald, unzählige Trails –
am Monte Arbòstora

# MONTE ARBÒSTORA

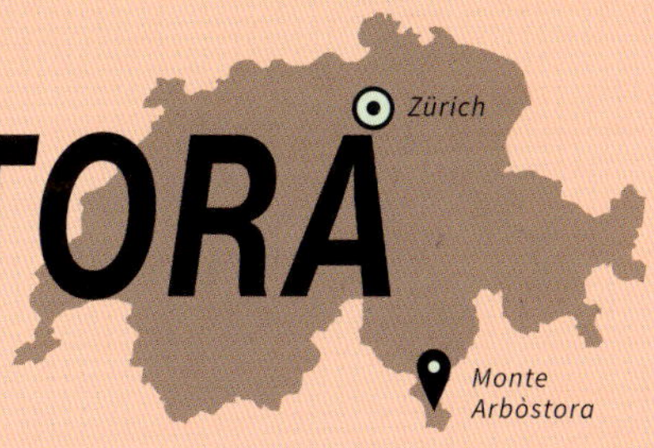


## SEELIGE MOUNTAINBIKER

TESSIN

TOUR NR. 16

Als Schutzpatronin gegen Plattfüsse taugt die Madonna d'Ongero kaum. Hätte der verflixte Schlauch sonst seine Luft wenige Meter neben der reich geschmückten Wallfahrtskirche ausgehaucht, die eben dieser Madonna geweiht ist? Ärger kommt deswegen aber nicht auf: Denn die Glückshormone, die beim Befahren der Bike-Routen an den Hängen des Monte Arbòstora ausgeschüttet werden, zeigen ihre Wirkung. Begonnen hat der Tag in Lugano-Paradiso, mit einem »lockeren« Einfahren auf der steilen Nebenstraße, die mit einigen Haarnadelkurven zum Dorf Pazzallo hinauf führt. Hoch oben grüßt der markante Sendemast des San Salvatore, und mit jedem bewältigten Höhenmeter, mit jeder Kurbelumdrehung wird das Rauschen des Verkehrs aus dem Talboden leiser – und die Luft kühler. Das Ziel sind die vorbildlich signalisierten Bike-Routen rund um den Monte Arbòstola. Im Sommer machen diese Singletrails umso mehr Spaß, besonders die Passage von Carona nach Morcote: Trotz einiger Gegensteigungen führt die Route meist bergab, zudem fährt man ständig im Wald, dessen Schatten mehr als willkommen ist. Dafür, dass keine Langeweile aufkommt, sorgen Richtungswechsel, kleine Holzbrücken, Felsen und Wurzeln. Am Wendepunkt in Morcoto laden dann viele Terrassen zu einer Pause – und der botanische Garten »Parco Scherrer« zu einem Ausflug.

Nach dieser Rast steht der längste Anstieg des Tages bevor: Eine schmale Asphaltstraße führt ins malerisch an den Hang gebaute Vico Morcote und weiter in Richtung Alpe Vicania. Schon die letzten paar hundert Meter des Anstiegs sind nicht mehr asphaltiert, und auf dem Weg zur Wallfahrtskirche Madonna d'Ongero wird die Route nur noch schmaler und unwegsamer. Ab der Alpe führt der Weg wieder durch Kastanienwälder, und auf siebenhundert Metern über Meer sorgt eine frische Brise oft für willkommene Abkühlung, bis einen in Carona die Zivilisation wieder hat. Nach der letzten Passage auf unbefestigten Wegen bis nach Ciona hinein kann man es dann auf Nebenstraßen bis zum Luganersee laufen lassen. Ab sofort ist die Schwerkraft wieder ein Verbündeter, und die Piazza Riforma Luganos mit ihren Cafés kommt rasant näher. *Laurens van Rooijen*

**AUSGANGSPUNKT:** Lugano, Lugano Region, *www.luganoregion.com*

**ÜBERNACHTUNGSTIPP:** Hotel Colorado***, Lugano, Telefon +41 (0)91 994 16 31, *www.colorado.ch*

**STRECKE:** Lugano Paradiso: Auf Nebenstraße Richtung Pazzallo bergan • kreuzt die San Salvatore-Bahn • in der Haarnadel-Linkskurve rechts abbiegen Bike-Wegweiser »Carabbia« folgen • in Carabbia auf Dorfplatz rechts halten Bike-Wegweiser »Morcote« • in Morcote der Uferstraße bis Olivella folgen, dann scharf links nach Vico Morcote hochfahren • Vico Morcote (440 m) weiter auf Landstraße bis Alpe Vicania (659 m) • nach dem Bergrestaurant geradeaus • Bikewegweiser »Madonna d'Ongero«, später Carona, Carabbia • entlang der Bergfahrtstrecke zurück bis Pazzallo, danach auf der Straße zurück nach Lugano Paradiso.

**KARTEN:** Supertrail Map, Kartenblatt Mendrisio, 1:50 000, *www.supertrail-map.com*

**DIVERSES:** Kurzvariante der Tour ab Morcote via Alpe Vicania, Madonna d'Ongero, Carona, Ciona und Carabbia: anfangs Dorf links abbiegen, wieder auf Bike-Route Richtung Morcote wechseln. Für Genießer ist das malerische Morcote der bessere Ausgangsort der Tour, da es hier deutlich ruhiger ist. Wer das Nachtleben braucht, startet dagegen in Lugano-Paradiso.

Pilgerort für Mountainbiker –
Madonna d'Ongero

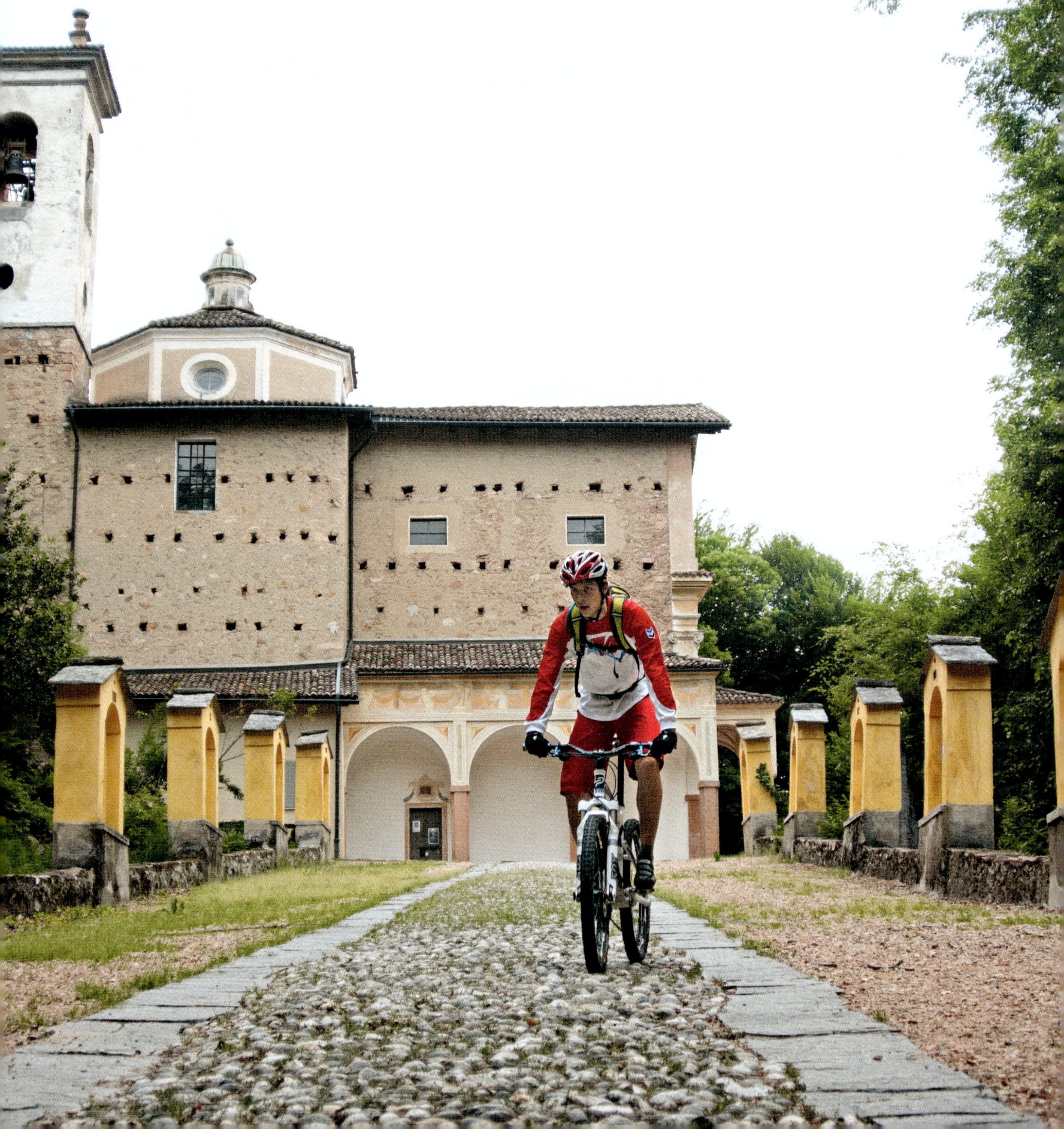

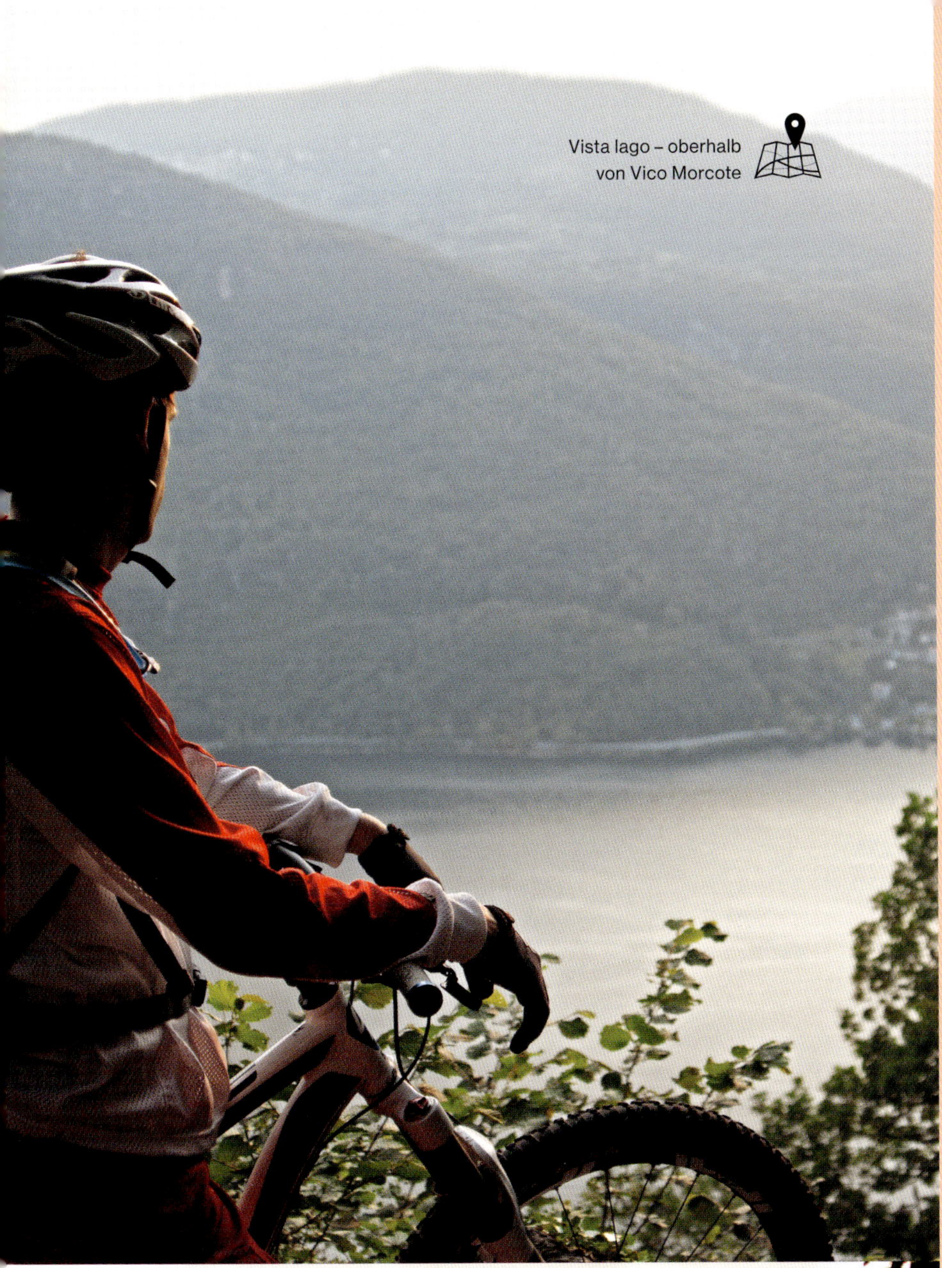

Vista lago – oberhalb von Vico Morcote

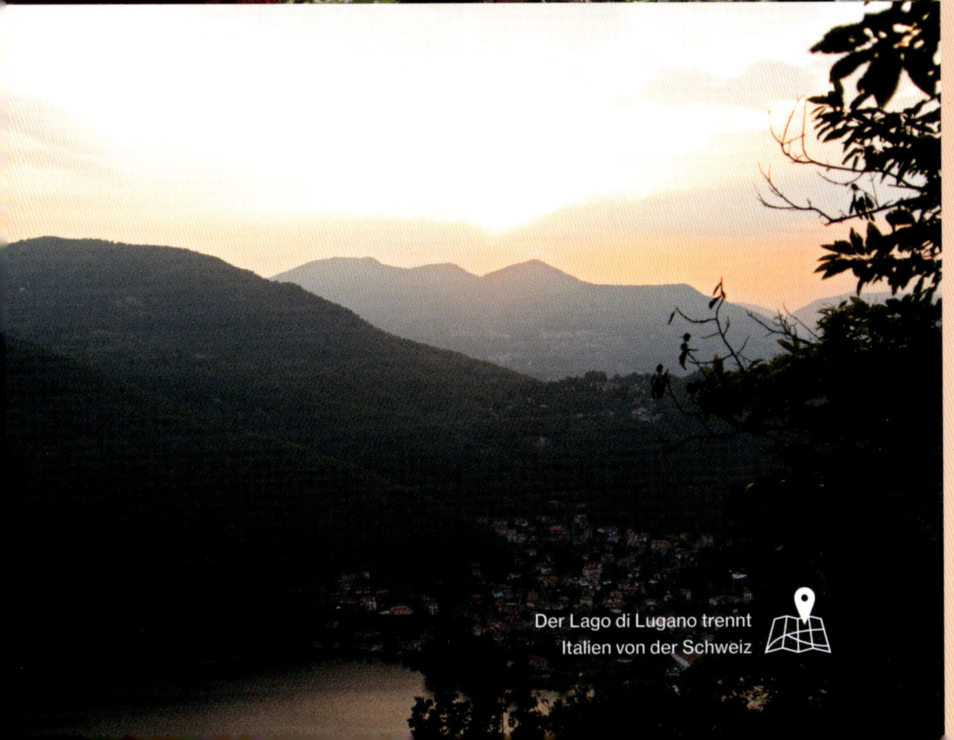

Der Lago di Lugano trennt Italien von der Schweiz

# FAKTEN

## MONTE ARBÒSTORA

TOUR NR. 16

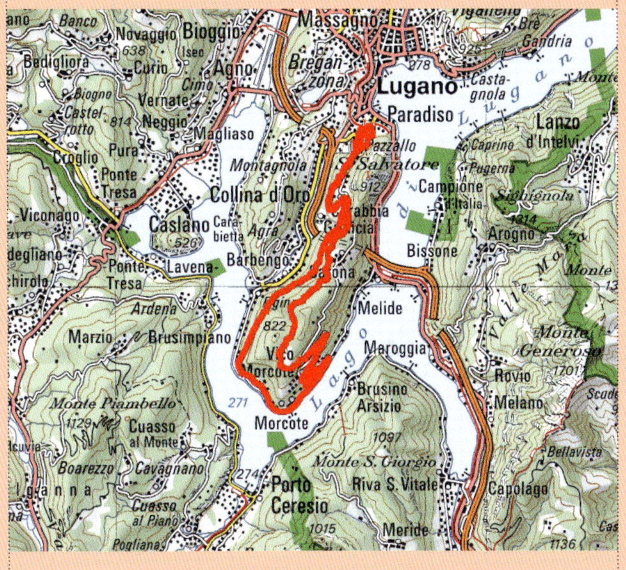


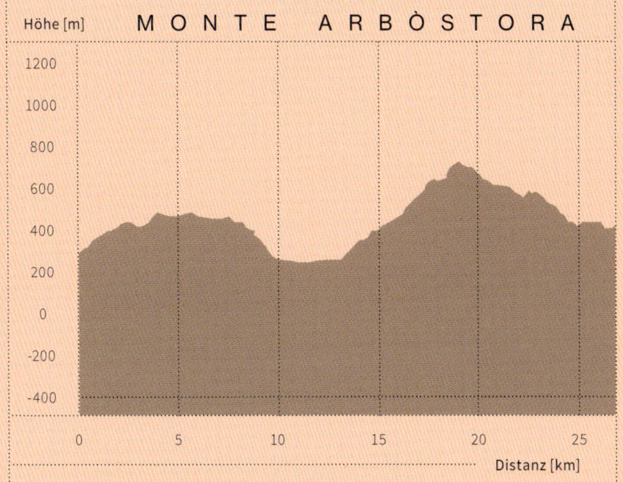


| SCHWIERIGKEIT | DISTANZ |
|---|---|
| Fahrtechnik 2 | 42 km |
| Ausdauer 3 | **HÖHENDIFFERENZ** |
| **FAHRZEIT** | 600 m |
| 5 h | |

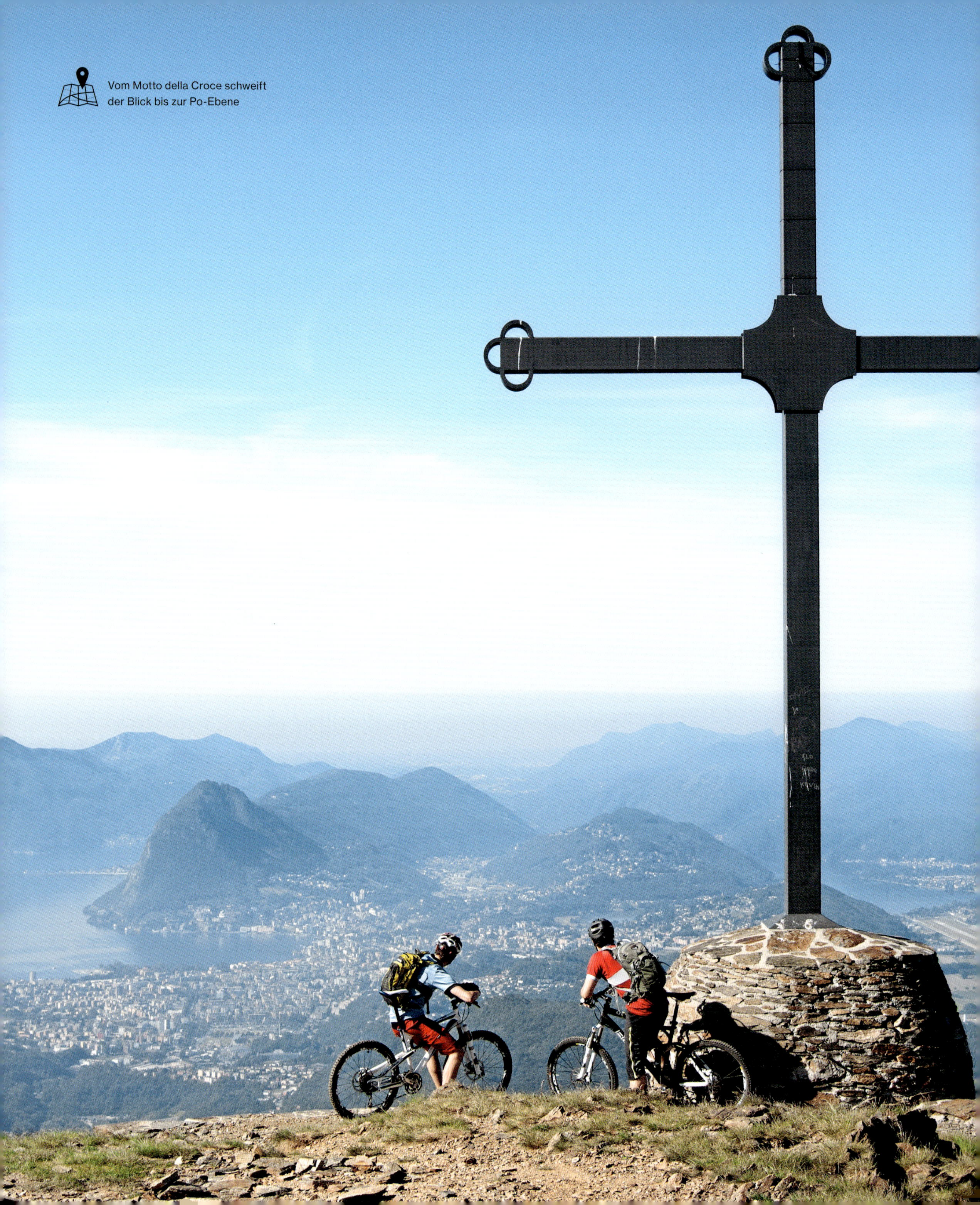

Vom Motto della Croce schweift der Blick bis zur Po-Ebene

# VAL COLLA

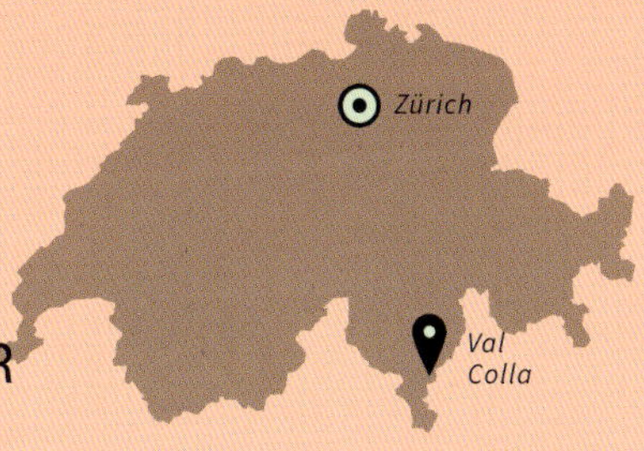


## PILGERFAHRT FÜR MOUNTAINBIKER

TESSIN

TOUR NR. 17

Was für ein Auftakt! Die Singletrails in Luganos Hinterhof rund um den S. Bernardo und Matro Rotondo machen Lust auf mehr. Schweren Herzens verlässt man in Tesserete den Wald und rollt auf der asphaltierten Straße das Val Capriasca hoch bis zum Hochmoor von Gola di Lago und weiter zur Alpe Davrosio. Auf dem Monte della Croce kann man ein erstes Mal tief durchatmen. Was für eine Aussicht: Steil über Lugano ragt der San Salvatore einer Insel gleich aus dem Ceresio, der Blick schweift nach rechts und erfasst die Biker-Berge Monte Lema und Tamaro und schliesslich in der Ferne die Schnee- und Eislandschaft des Mont-Blanc-Massivs.

Das nächste Ziel ist der Pilgerort San Lucio. Die Exponiertheit des Wanderwegs in der Bergflanke des Gazzirola setzt einiges an Fahrkönnen und Nervenstärke voraus. Aber fürs Schieben braucht man sich auch nicht zu schämen – ohne abzusteigen wird es wahrscheinlich ohnehin niemand bis San Lucio schaffen, zu steil und steinig sind einige Passagen. Entlang der schweizerisch-italienischen Landesgrenze geht es weiter bis zur Capanna di Pairolo. Die Hütte ist nächste Verpflegungsmöglichkeit und Ausgangspunkt für Sport-Klettertouren in den Kalksteintürmen der Denti della Vecchia. Dass die »Zähne der Alten« schon seit längerer Zeit von Paradonthose befallen sind, zeigt sich in den zahlreichen Steinbrocken, welche zum Teil auf dem Weg unter ihnen liegen geblieben sind. Sie zu um-, respektive überfahren, gehört zur nächsten Aufgabe auf dem Weg nach Cioascio, später Murio. Der Verbindungsweg zwischen diesen zwei Weilern bietet aber vor allem eines: Single-Trail-Vergnügen erster Güte. Jetzt fehlt den Mitgliedern der Geschwindigkeits-Fraktion eigentlich nur noch eines, um die Tour zu einem perfekten Abschluss zu bringen: Fahrtwind! Und die paar Kehren von Murio nach Luss haben es in sich. Die erdige breite Waldstraße windet sich steil talwärts und bietet regelmäßig Bodenwellen, welche förmlich zum Abheben einladen. Trotzdem nicht vergessen: Das Spital von Lugano ist immer noch einige Kilometer entfernt!

**AUSGANGSPUNKT:** Lugano, Lugano Region, *www.luganoregion.com*

**ÜBERNACHTUNGSTIPP:** Il Tochio Antico, Telefon +41 (0)91 646 49 94, *www.torchioantico.ch*

**STRECKE:** Lugano (335 m) • nordwärts über den großen Parkplatz beim Bahnhof und die Hauptstraße hochfahren • km 0,6, Wegweiser »Tesserete« • km 4,21, Kreisel Wegweiser »Comano« • ab km 5,12, Bike-Wegweiser »Tesserete« • km 7,27, links • km 7,74, Wanderwegweiser «Sureggio» (nach hundert Metern links, Wegweiser schlecht sichtbar) • km 8,13, Wanderwegweiser »Tesserete« • Bahnhof Tesserete • auf der Asphaltstraße via Gola di Lago nach Alpe Davrioso • Wanderwegweiser »Monte della Croce« • Wanderwegweiser »San Lucio« • via Bocchetta di San Bernardo dem Wanderwegweiser »Capanna Pairolo« folgen • Wanderwegweiser »Cioascio« • via Murio nach Luss • ab Villa Luganese auf Asphaltstraßen via Cadro zurück nach Lugano.

**KARTEN:** Supertrail Map, Kartenblatt Lugano, 1:50 000, *www.supertrail-map.com*

**DIVERSES:** Die Tour ist als Tagestour beschrieben. Wer unterwegs übernachten will, kann dies in der Capanna Monte Bar oder Capanna Pairolo tun. Die Verpflegung ist unterwegs in den Capannas Monte Bar, San Lucio und Pairolo möglich. Die Tour kann jederzeit abgebrochen werden. Es führen rund acht verschiedene Trails direkt ins Valcolla zurück. Alternativ zum teilweise sehr steilen und anspruchsvollen Trail via Alpe Davrioso kann auch auf Asphalt- und Schotterstraßen zur Capanna Monte Bar hochgefahren werden.

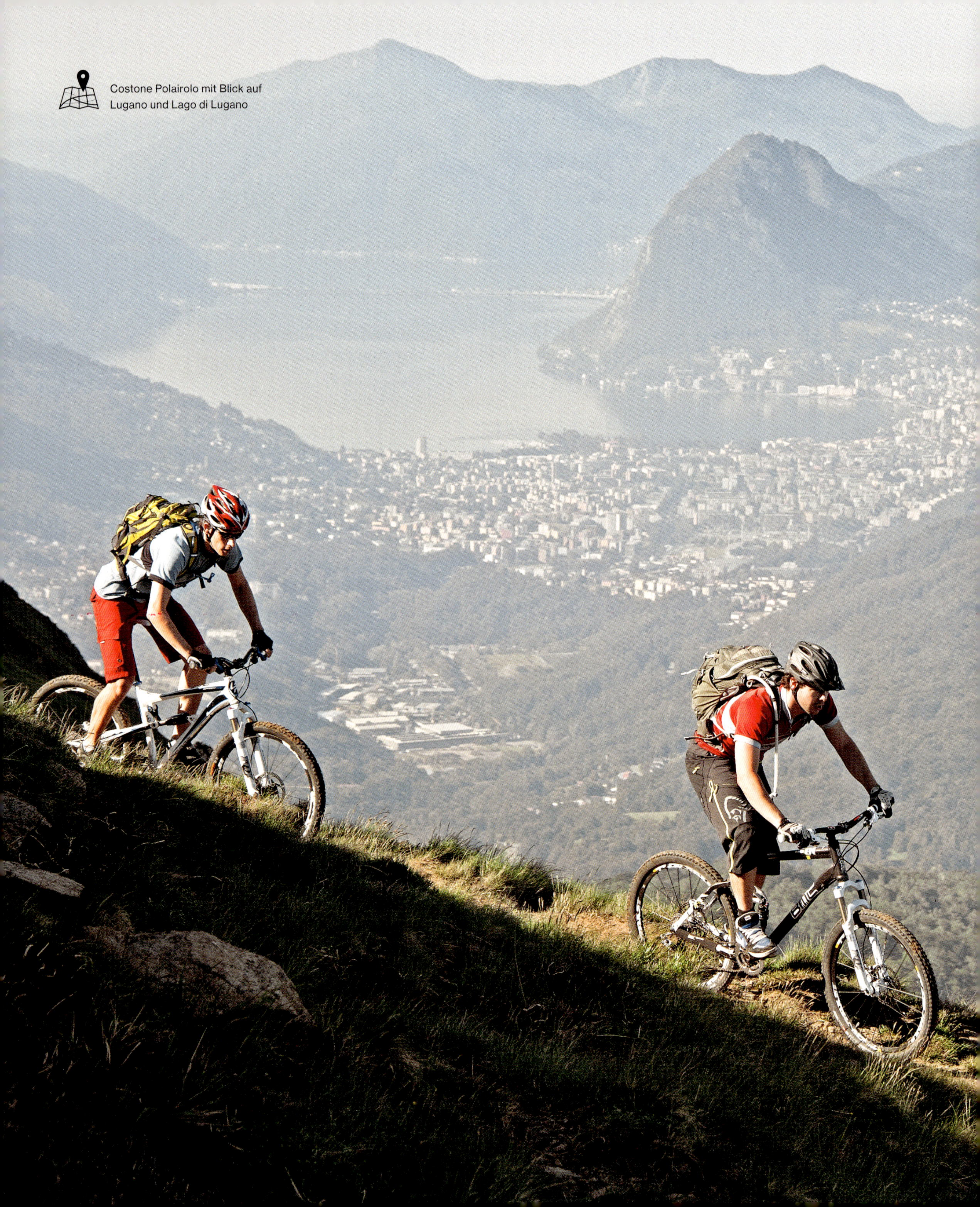

Costone Polairolo mit Blick auf Lugano und Lago di Lugano

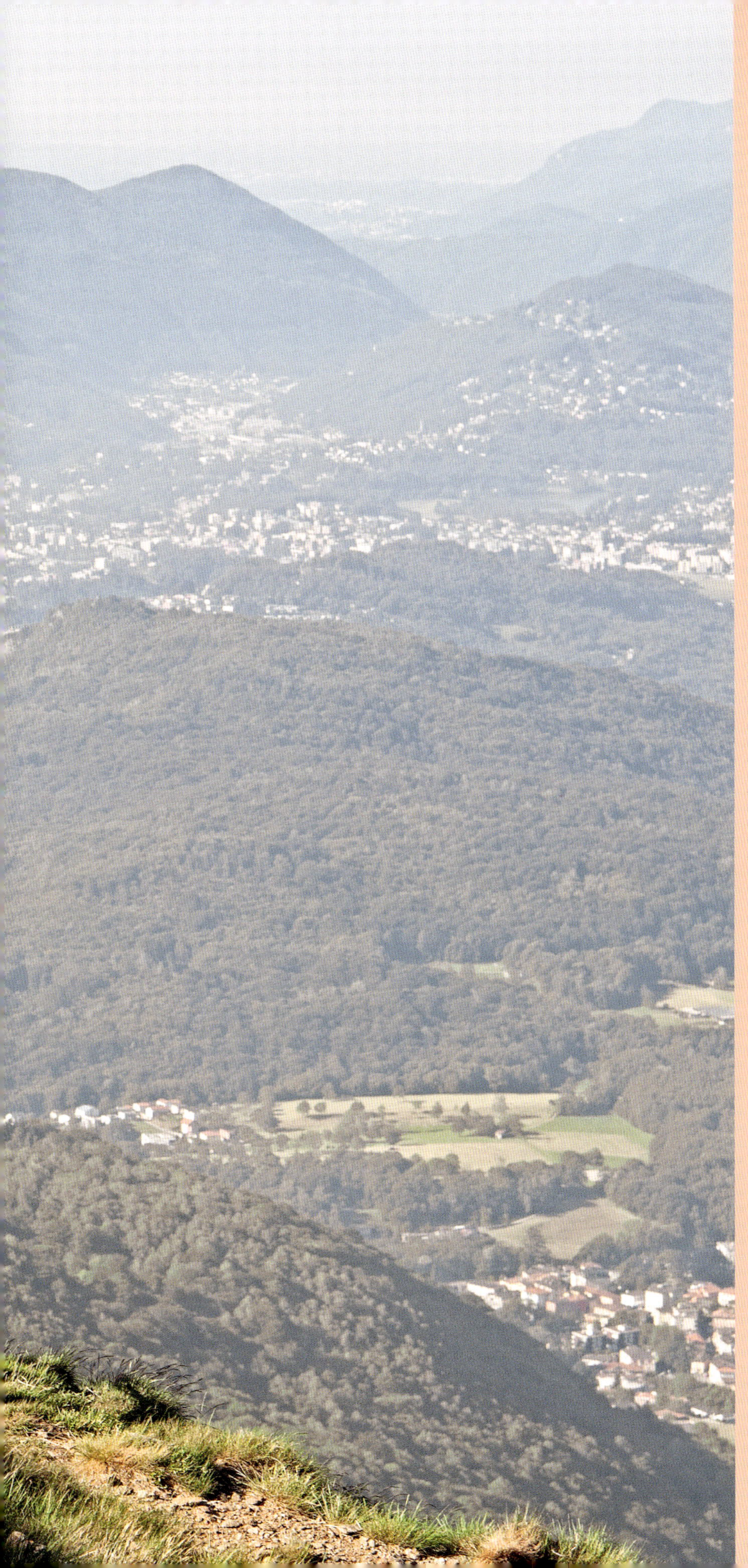

# FAKTEN

## VAL COLLA

TOUR NR. 17

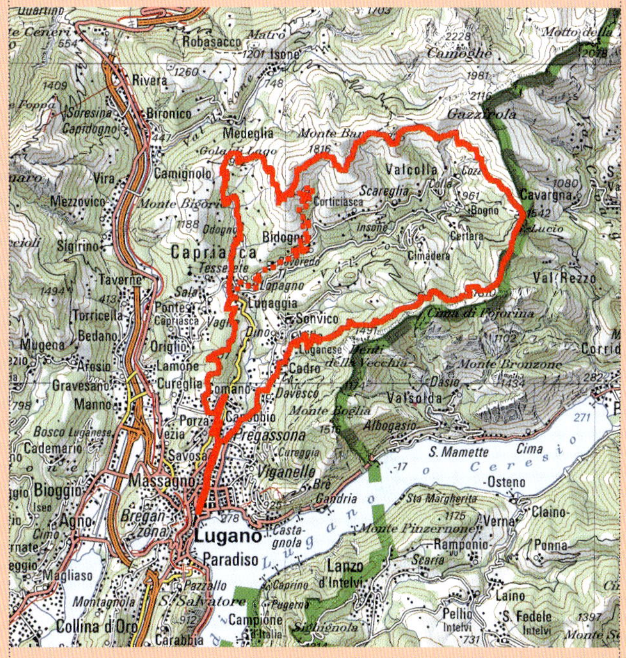


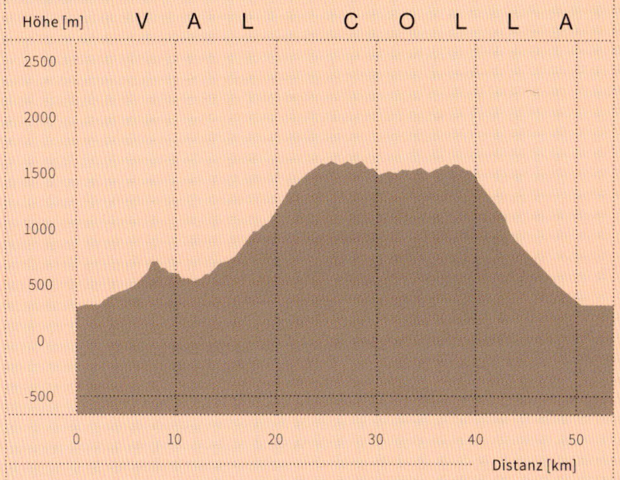


| SCHWIERIGKEIT | DISTANZ |
|---|---|
| Fahrtechnik 3 | 56 km |
| Ausdauer 5 | **HÖHENDIFFERENZ** |
| **FAHRZEIT** | 1950 m |
| 6,5 h | |

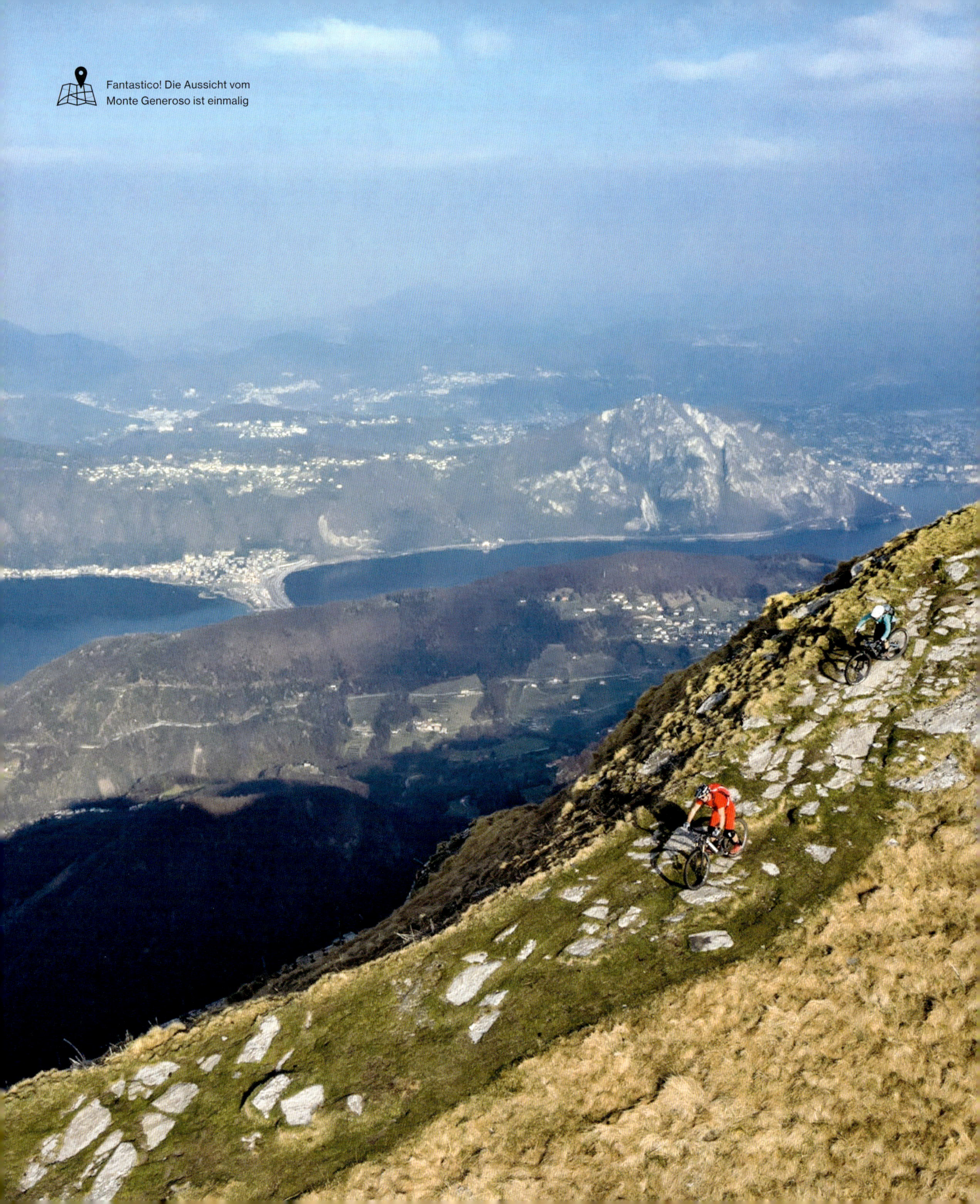

Fantastico! Die Aussicht vom Monte Generoso ist einmalig

# MONTE GENEROSO

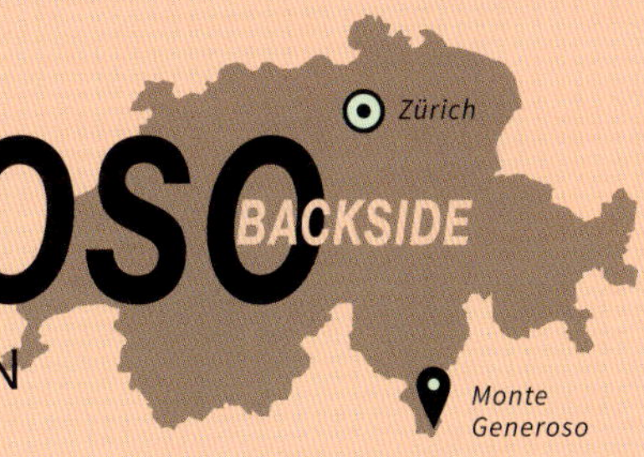


## WENN (BERG-)RÜCKEN ENTZÜCKEN

TESSIN

TOUR NR. 18

Das Valle Muggio ist kaum bekannt, nicht mal in der Schweiz selbst. Und wer sich in dieses abgeschiedene Seitental kurz vor der italienischen Grenze verirrt, ist sehr oft auf zwei Rädern unterwegs. Mountainbiker schätzen dieses wilde Tal besonders, weil es durch ein engmaschiges Wegnetz erschlossen ist. Auf der italienischen Seite der Grenze sind es meist alte Militärwege, die durch Erosion aber heute mehr Trails denn Straßen sind. Oft verlaufen die Strecken im Wald, doch wenn man zwischendurch einmal einen Blick in die Weite erhascht, dann ist es meist ein lohnender – die nahe Poebene, der Gebirgszug des Appenin oder in der Ferne Gran Paradiso und Monte Rosa geben ein formidables Panorama ab.
Meter für Meter nähert man sich dem Tagesziel, dem Monte Generoso, den man über einen sehr schönen, aber auch anspruchsvollen Singletrail erreicht. Die Steinstufen in der Abfahrt Richtung Bellavista erfordern volle Konzentration. Mit geübtem Auge findet man allerdings fast immer auch eine alternative Linie, auf der man die größten Schwierigkeiten umfahren kann. Ist erst einmal der Waldrand erreicht, so kann man die Bremshebel getrost loslassen und den flüssig zu fahrenden Singletrail genießen. Ab Bellavista folgt eine der ganz wenigen Asphaltpassagen auf dieser Tour. Doch sie lohnt sich, erreicht man doch einen lohnenden Trail der in der Fall- linie zum tiefsten Punkt – keinesfalls aber zum Tiefpunkt – der Tour führt.

**AUSGANGSPUNKT:** Cabbio, Mendrisio. Valle di Muggio Tursimus, Telefon +41 (0)91 682 20 16 , *www.valledimuggio.ch*

**ÜBERNACHTUNGSTIPP:** Hotel Colorado***, Lugano, Telefon +41 (0)91 994 16 31, *www.colorado.ch*

**STRECKE:** Cabbio Postato Haltestelle (645 m), dem Wegweiser »Gaggio« folgen • km 0,8, links der Bike-Tafel folgen • km 3, an der Kriche Gaggio (872 m) vorbeifahren und der Bike-Tafel folgen • km 3,5, rechts abbiegen (steiler Aufstieg) und nach 50 m nochmal rechts • km 5, links Wegweiser »Rifugio Prabello« folgen (Tragepassage) • km 6, links hoch bis auf dem Aussichtspunkt (1147 m) bei km 6,2 und danach rechts dem flachen Trail folgen • km 7,1, links nach Prabello abbiegen – km 7,3 Prabello (1100 m), rechts auf der Schotterstraße nach Pian delle Alpi • km 7,6, bei der Rechtskurve links nach unten abbiegen und dem Wegweiser »Nr.1« folgen • km 18,7, rechts der Schotterstraße folgen • km 9,3 Pian delle Alpi (964 m), links nach Bonello und nach 100 m bei der Abzweigung Bonello rechts hinter dem Zaun abbiegen und bis zur Schotterstraße fahren • km 9,7, links auf der Schotterstraße weiterfahren • km 10,2, Orimento folgen • km 10,7, Wegweiser Bikemarathon gerade aus • km 13,5, rechts steil hoch Richtung Orimento • km 14, rechts auf Asphaltstraße nach Orimento • km 14,9 Capanna Bruno (1175 m), dem Singletrail Richtung Süden folgen – km 16,8, beim Wegkreuz geradeaus • km 19,5 Orimento (1275 m) Wegweiser »Via Bassa Monte Generoso« • km 20,3, Brücke queren und Via Bassa bis Monte Generoso (technische Passage) • km 25 Monte Generoso (1601 m), Wegweiser »Bellavista« folgen • km 26,2, geradeaus nach Bellavista • km 28,4 Bellavista (1221 m), links nach Muggio • km 28,9, links Richtung La Grassa fahren • km 29,4, auf der Asphaltstraße nach Caviano– km 31,7, links Richtung Monte • Bikemarathontrail Serpentinen abfahren bis zur asphaltierten Straße – km 37,1, links Richtung Cabbio folgen.

**KARTEN:** Supertrail Map, Kartenblatt Mendrisio, 1:50 000, *www.supertrail-map.com*

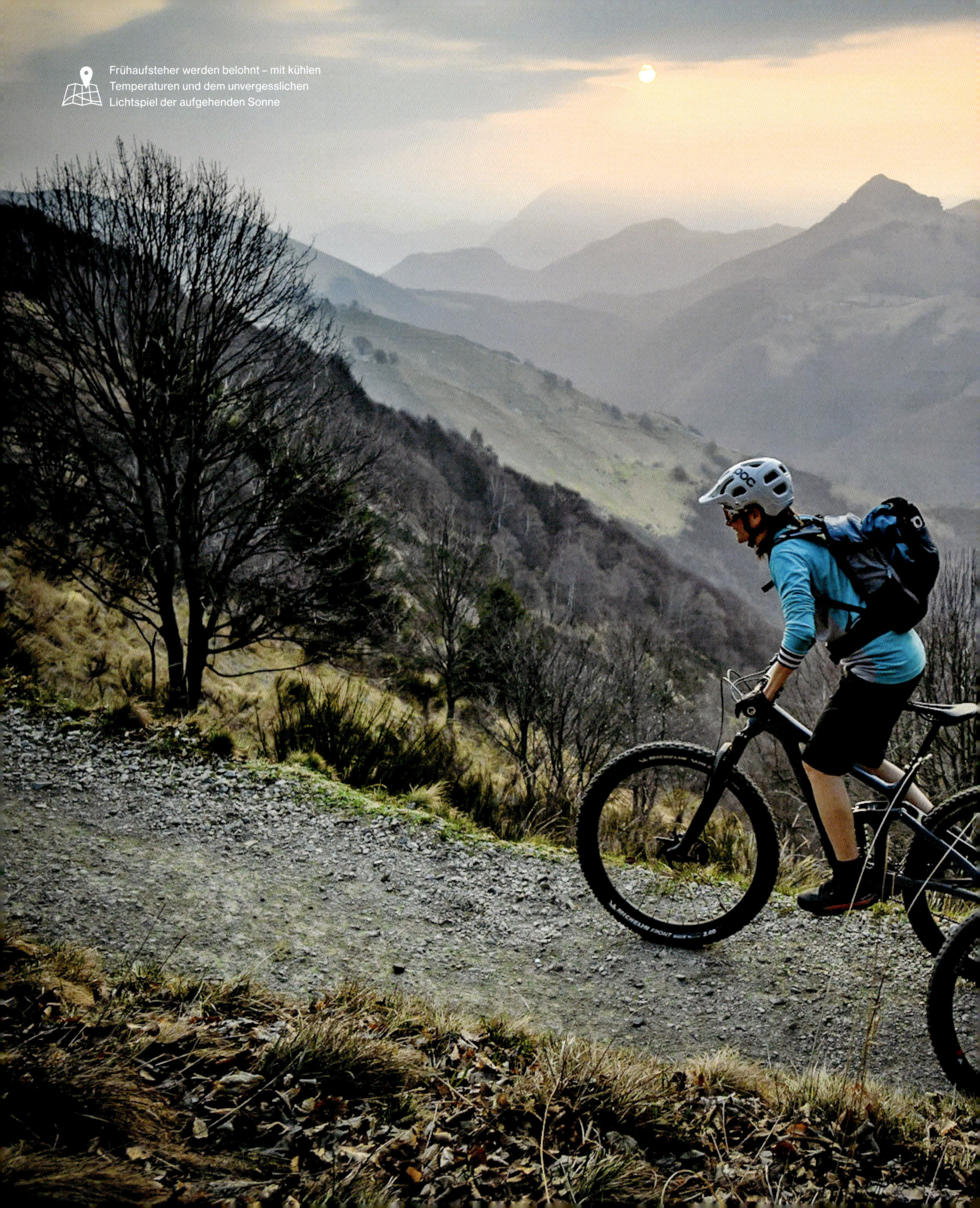

Frühaufsteher werden belohnt – mit kühlen Temperaturen und dem unvergesslichen Lichtspiel der aufgehenden Sonne

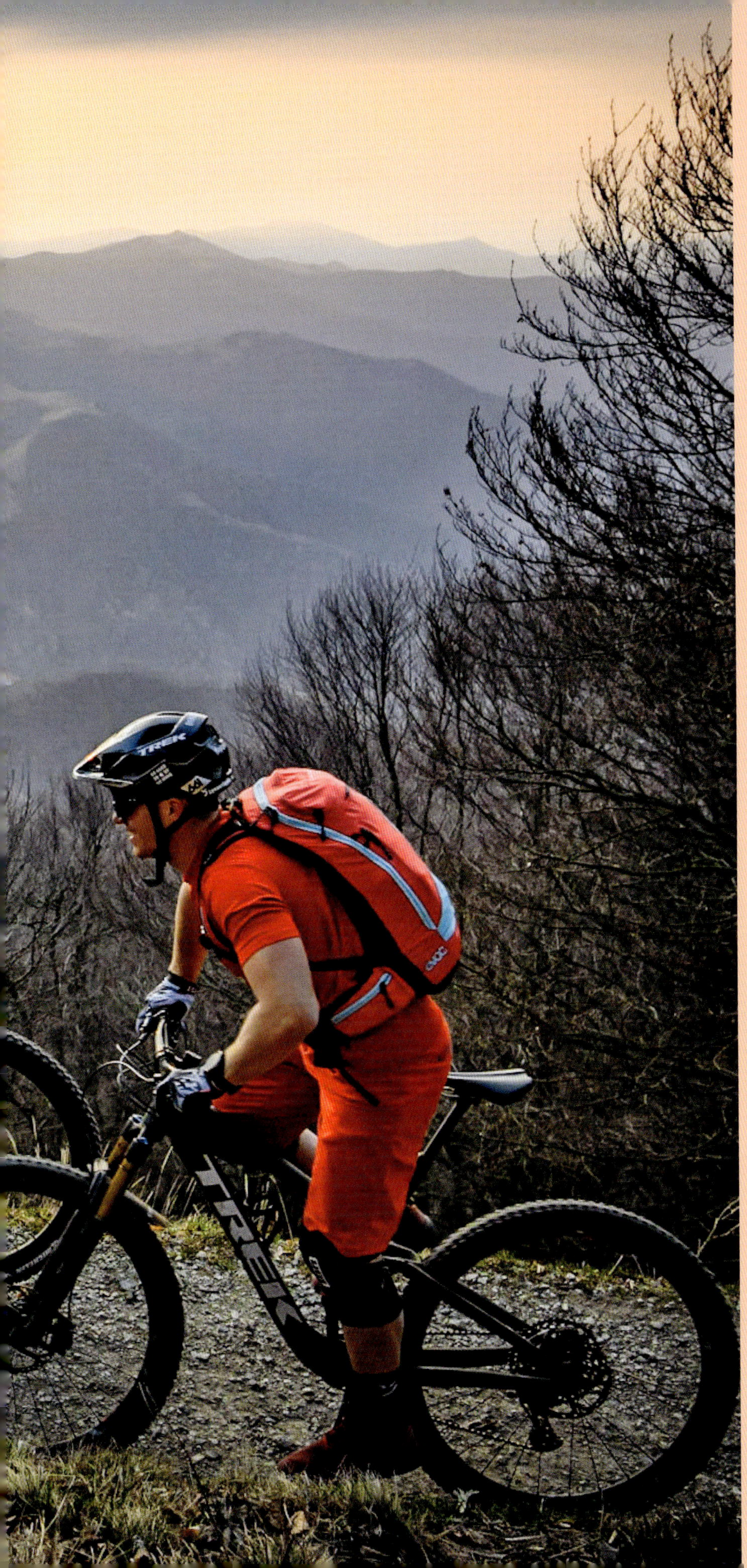

# FAKTEN

## MONTE GENEROSO

TOUR NR. 18

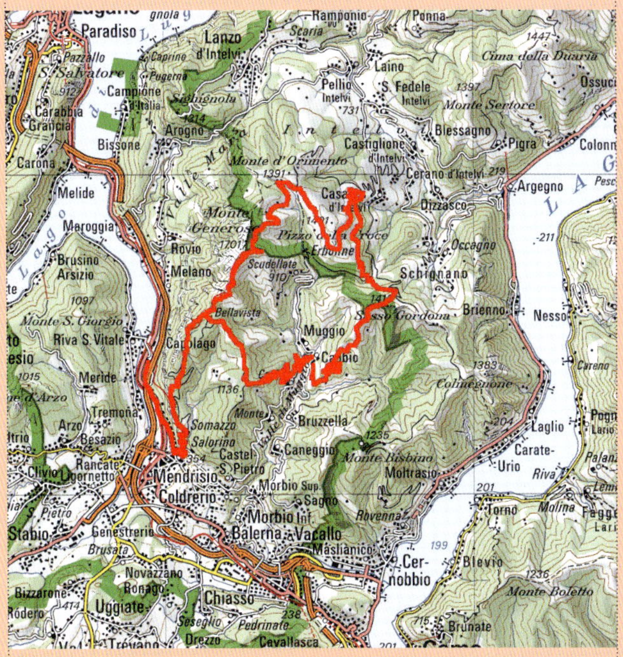


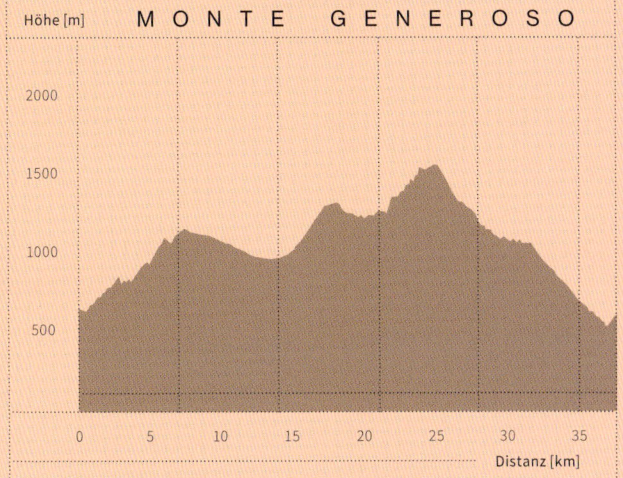


| SCHWIERIGKEIT | DISTANZ |
|---|---|
| Fahrtechnik 3 | 38,1 km |
| Ausdauer 4 | **HÖHENDIFFERENZ** |
| **FAHRZEIT** | 1850 m |
| 5 h | |

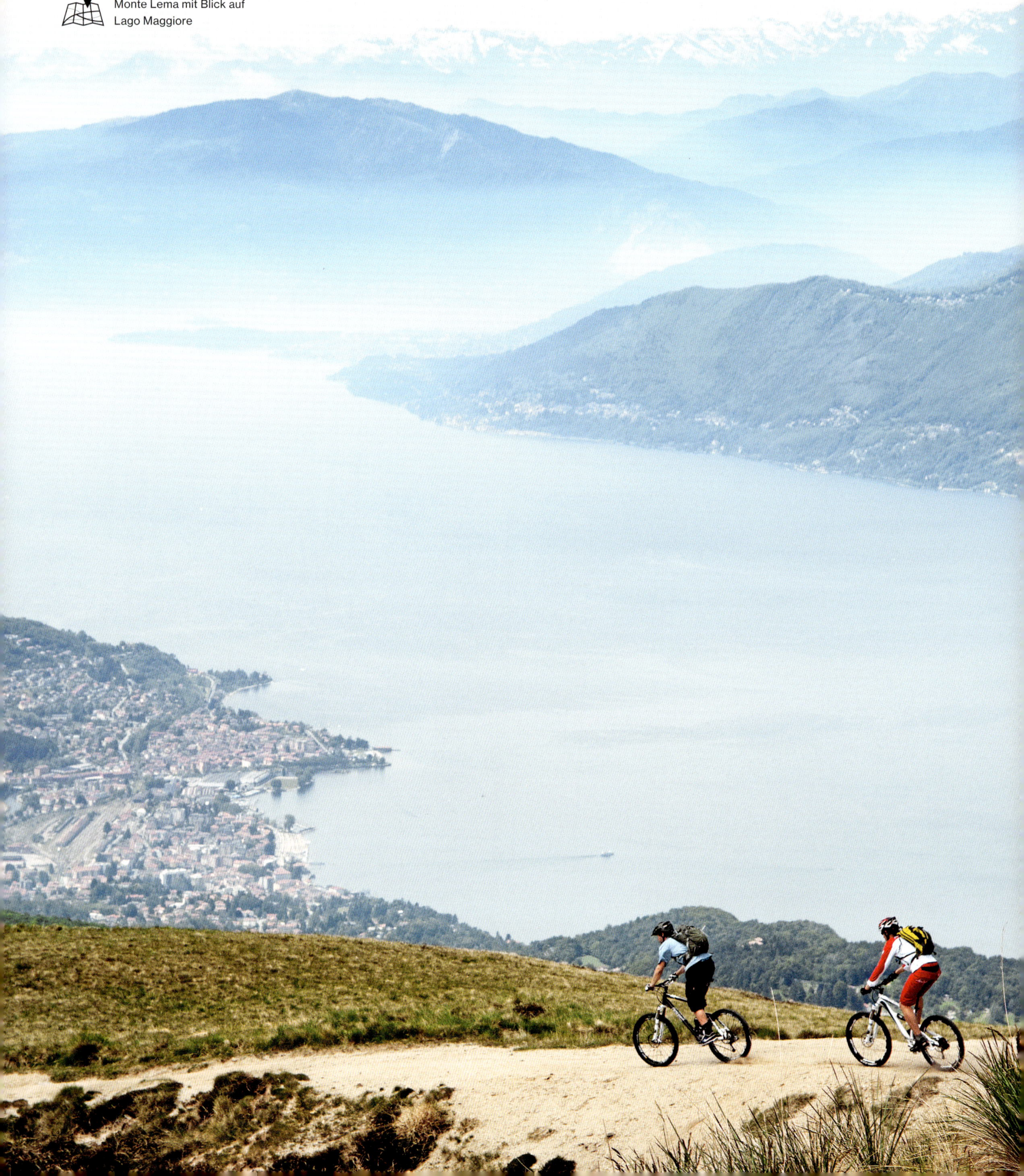

Monte Lema mit Blick auf
Lago Maggiore

# MONTE LEMA

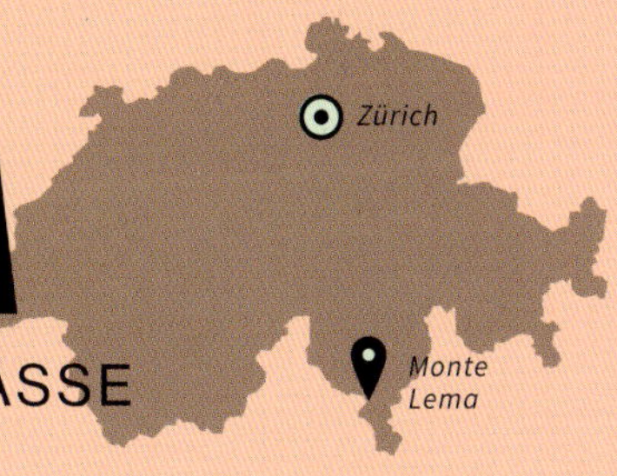


## PROMINENTE TESSINER AUSSICHTSTERRASSE

TESSIN

TOUR NR. 19

Die Spitze des Sendeturms ragt in den Himmel als wollte sie die Botschaft verkünden: Hier ist das Biker-Paradies. Die Botschaft jedenfalls kommt an, der Monte Lema gehört mitunter zu den beliebtesten Biker-Zielen auf der Alpensüdseite. Neuerdings auch bei Downhillern und Freeridern. Die Seilbahn von Miglielo zum Rifugio Monte Lema verhilft auch jenen zu Gipfelfreuden, deren Körper sonst schon auf halbem Weg übersäuern würde.

Sie verzichten allerdings auf den halben Spaß, denn der Aufstieg von Novaggio zum Gipfel kann zwar sehr anstrengend sein, ist aber dank gut ausgebauten Straßen und fantastischer Aussichten jede Kurbelumdrehung wert. Ab Forcola geht die Schotterstraße in einen erstklassigen Singletrail über, der langsam aber stetig an Höhe gewinnt, ohne dass man allzu sehr außer Atem gerät. Es sind vielmehr die einzelnen kniffligen Passagen die einem etwas aus der Ruhe bringen, oder gar zum Absteigen zwingen. Ist der Gipfel erst einmal erreicht, sollte man sich in jedem Fall die Zeit nehmen, das unvergleichliche Panorama zu genießen. Die Diretissima in engen Spitzkehren hinunter zur Talstation in Miglielia ist für Biker gesperrt, was nicht weiter zu kümmern braucht, weil es auch sonst genügend Abfahrtsstrecken gibt, auf welchen das Konfliktpotential mit Wanderern reduziert ist.

**AUSGANGSPUNKT:** Novaggio, Ticino Tourismo, Telefon +41 (0)91 825 70 56, *www.ticino.ch*

**ÜBERNACHTUNGSTIPP:** Hotel Villa del Sole, Ponte Tresa, Telefon +41 (0)91 606 57 22, *www.villadelsole.ch*

**STRECKE:** Hauptkreuzung Novaggio (beim Sportplatz) zum Dorfkern, links Richtung Nerocco • Asphaltstraße Richtung Monte Lema • Wanderwegweiser »Cima Pianca« • km 6,88, Passo di Monte Faëta – Wanderwegweiser »Dumenza« • später geradeaus Wanderwegweiser »Pradècolo« • km 9,4 Pradècolo, bei Restaurant geradeaus • km 12,2, P. 1331, Wanderwegweiser »Monte Lema« • via Alpe Arasio zum Monte Lema hochfahren • km 14,1 Bergrestaurant (1550 m) • an der Seilbahn-Station vorbei immer dem Wanderwegweiser »Astano« folgen • Astano (636 m), auf Asphaltstraße zurück nach Novaggio.

**KARTEN:** Supertrail Map, Kartenblatt Lugano, 1:50 000, *www.supertrail-map.com*

**DIVERSES:** Einkehrmöglichkeiten: Pradècolo, Bergrestaurant Monte Lema

# MAMMA MIA - CHE BELLO!

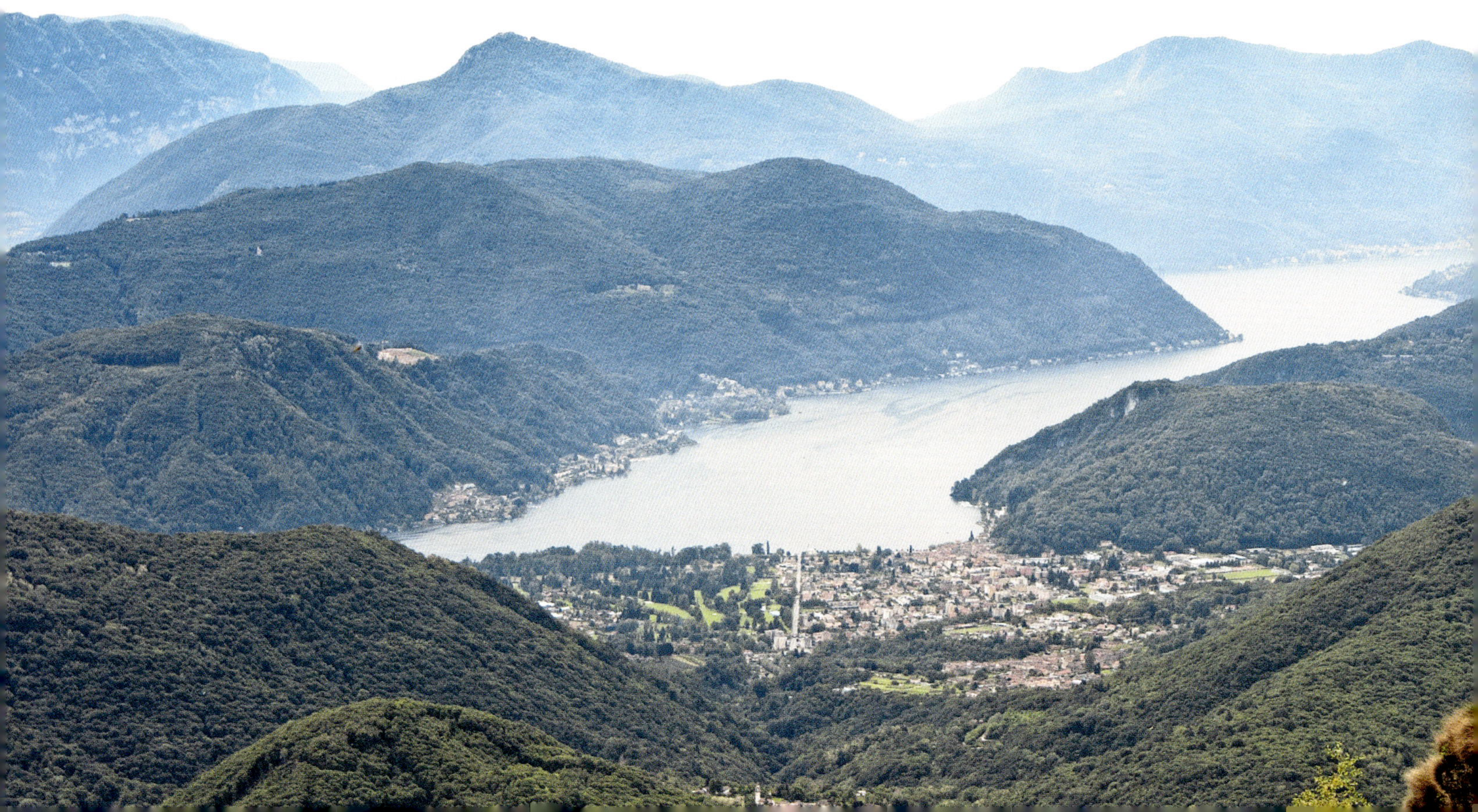

Selten ist der Blick auf den
Lago di Lugano so klar

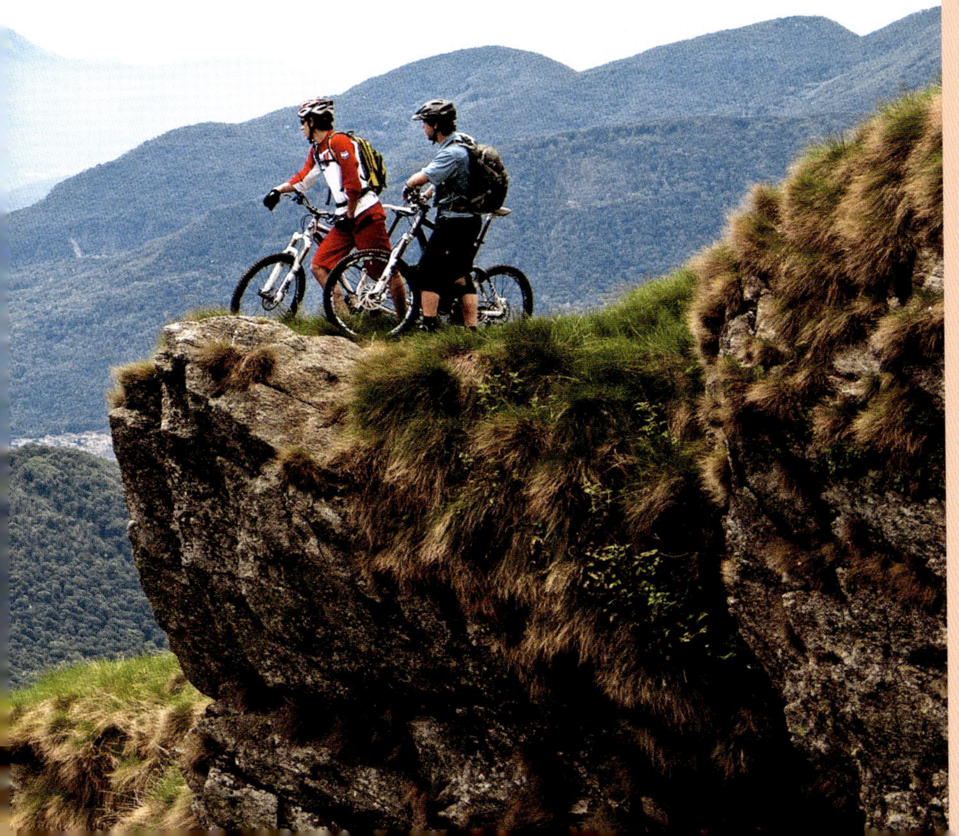

# FAKTEN

## MONTE LEMA

TOUR NR. 19

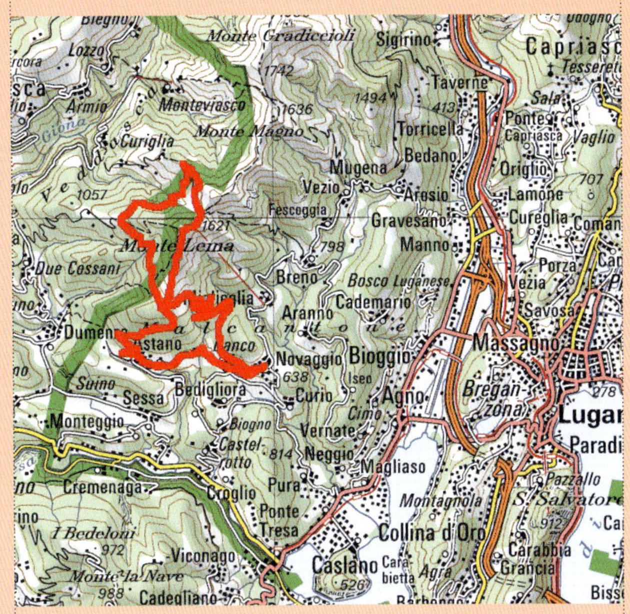


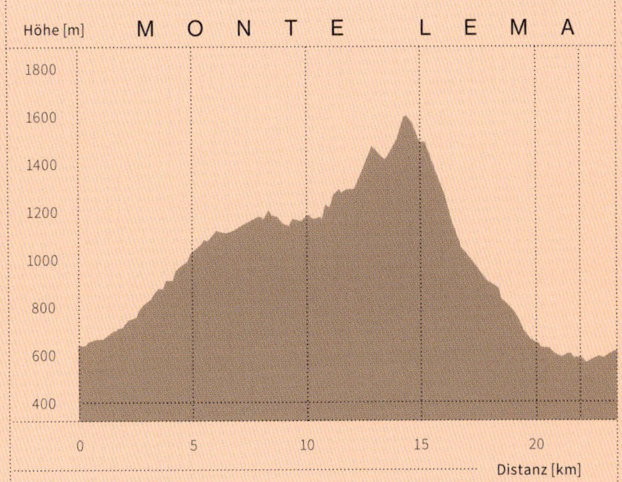


| SCHWIERIGKEIT | DISTANZ |
|---|---|
| Fahrtechnik 3 | 28 km |
| Ausdauer 3 | **HÖHENDIFFERENZ** |
| **FAHRZEIT** | 1150 m |
| 4 h | |

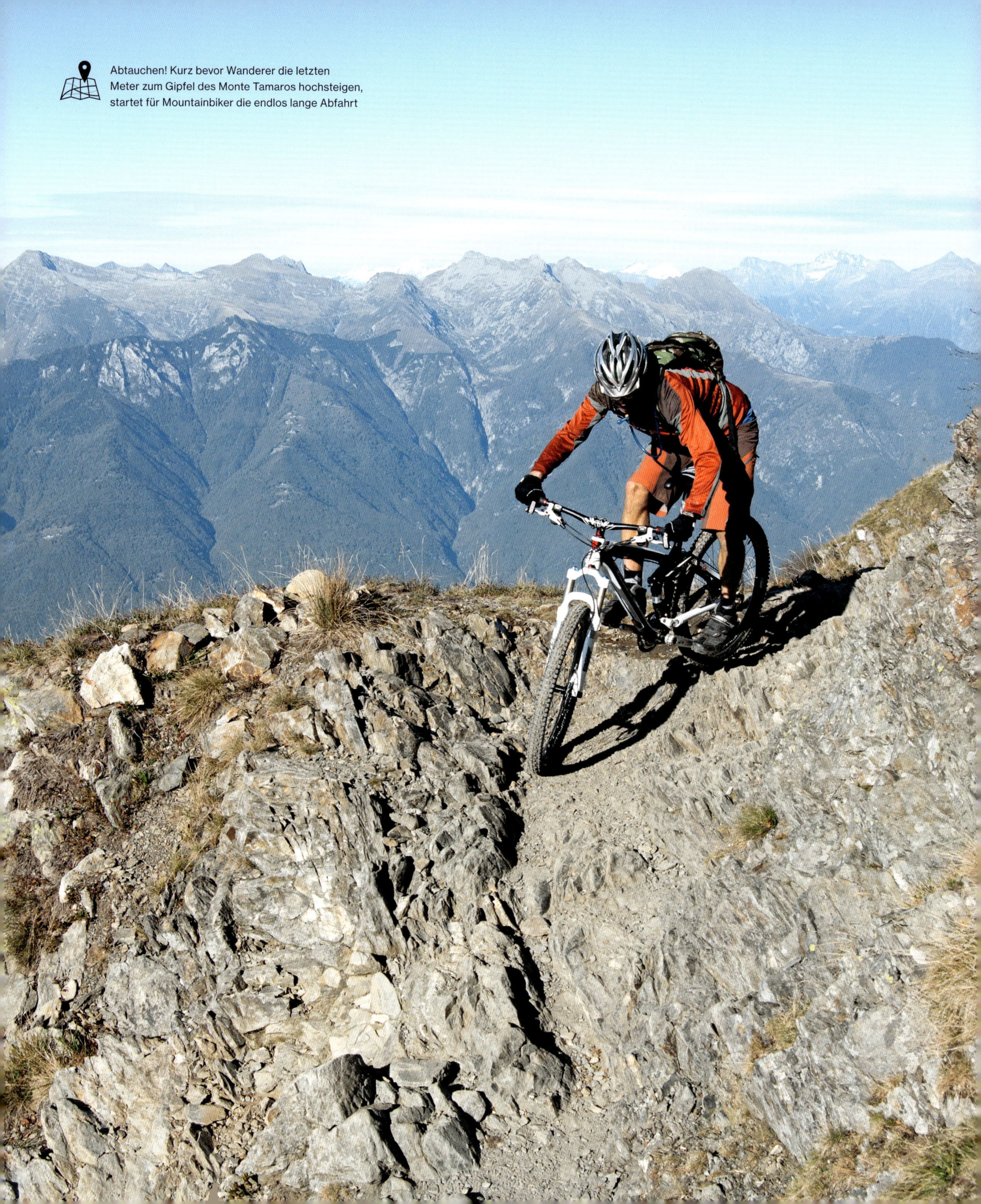

Abtauchen! Kurz bevor Wanderer die letzten Meter zum Gipfel des Monte Tamaros hochsteigen, startet für Mountainbiker die endlos lange Abfahrt

# LA TRAVERSATA INFINITA

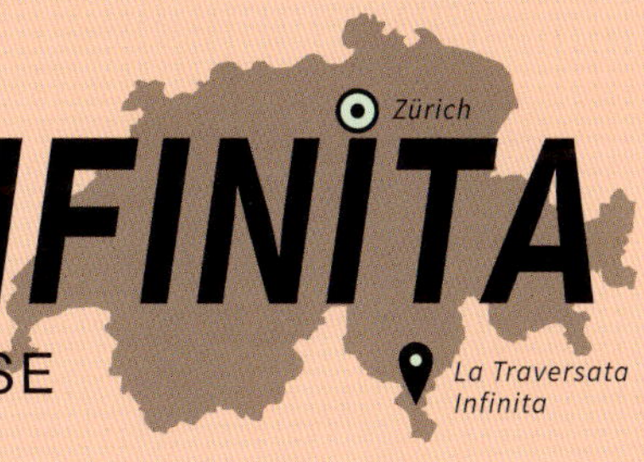


## DIE ENDLOSE SINGLETRAIL-TRAVERSE

TESSIN

TOUR NR. 20

Infinita – endlos dürfte ein Singletrail in der Tat sein, wenn er so schön ist wie die große Traverse vom Monte Tamaro bis Agno. Gefühlte 50 Kilometer ist sie lang, gemessene 25 sind es am Ende des Tages auf dem Tacho. Und wo sind die restlichen 25 Kilometer verloren gegangen? Die bleiben geschuldet, weil die Geschwindigkeit auf den teilweise sehr anspruchsvollen Singletrails sehr tief ist. Natürlich gibt es sie auch, die Genusspassagen, in denen man mit voller Kraft voraus über die Trails fliegen kann. Nach der Bassa di Indemini zum Beispiel, vor der Alpe die Torricella sowie zwischen Arosio und Cademario. Aber genauso oft ist man auch im Schritttempo unterwegs, um die fahrtechnisch besonders kniffligen Passagen fahrend zu meistern. Besonders in der letzten Abfahrt von Cimo nach Agno, wäre ein Trialrad keine schlechte Wahl, gilt es doch zahlreiche Stufen und verblockte Stellen zu überwinden. Etwas länger, dafür auch mehrheitlich fahrend zu bewältigen ist die alternative Route über Iseo nach Neggio. Die macht unter Umständen mehr Spaß und man nähert sich so zumindest noch um ein zwei reale Kilometer den gefühlten 50.

**AUSGANGSPUNKT:** Monte Tamaro Talstation (470 m), Rivera, Ticino Turismo Telefon +41 (0)91 825 70 56, *www.ticino.ch*

**ÜBERNACHTUNGSTIPP:** Hotel Villa del Sole, Ponte Tresa, Telefon +41 (0)91 606 57 22, *www.villadelsole.ch*

**STRECKE:** Monta Tamaro Bergstation (1527 m), immer dem Wanderwegweiser »Monte Tamaro« folgen • km 2,7 Capanna Tamaro (1867 m) • km 3,68, links abbiegen und dem Wanderwegweiser »Arosio« folgen • km 5,04, rechts halten • km 6,56 Alpe Canigiolo • km 6,6, rechts halten, Bike-Wegweiser folgen • km 9,49, Arosio – Richtung Taverne fahren und nach 200 m links nach Torricella (Bike-Wegweiser) • km 10,36, rechts der Asphaltstraße folgen • km 10,75, bei der erste Spitzkehre geradeaus fahren (Achtung: keine Wegweiser) • km 12,55, die Waldstraße queren und weiter auf dem Singletrail • km 14,03, rechts nach Arosio fahren, leichter Anstieg • km 16,05, nach der Barriere Asphaltstraße bis Arosio Zentrum (859 m) folgen • km 17,3, Wegweiser »Cademario« – km 18,2, bei Grotti gerade aus auf dem Singletrail bis Cademario – km 21, rechts halten nach Cademario Paese • km 22 Cademario Paese (780 m), geradeaus Richtung Iseo • bei der Kirche auf der Hauptstraße nach rechts, 200 aufwärts fahren und danach links nach Cimo abbiegen • km 23, links abbiegen und Singletrail bis Cimo • km 25, ab Cimo Wanderwegweiser bis Agno (fahrtechnisch sehr anspruchsvoll, für Alternative Route siehe Punkt Diverses).

**KARTEN:** Supertrail Map, Kartenblatt Lugano, 1:50 000, *www.supertrail-map.com*

**DIVERSES:** Alternative: km 23, geradeaus fahren Richtung Iseo (steiler aber kurzer Aufstieg dazwischen) – km 25, rechts nach Iseo, danach dem Wanderwegweiser »Neggio« folgen, kurze technische Passage. Konditionsbären können die Bergfahrt von Rivera bis Conte di Sopra hoch auch aus eigener Kraft zurücklegen und meistern so nochmals gut 1000 Höhenmeter.

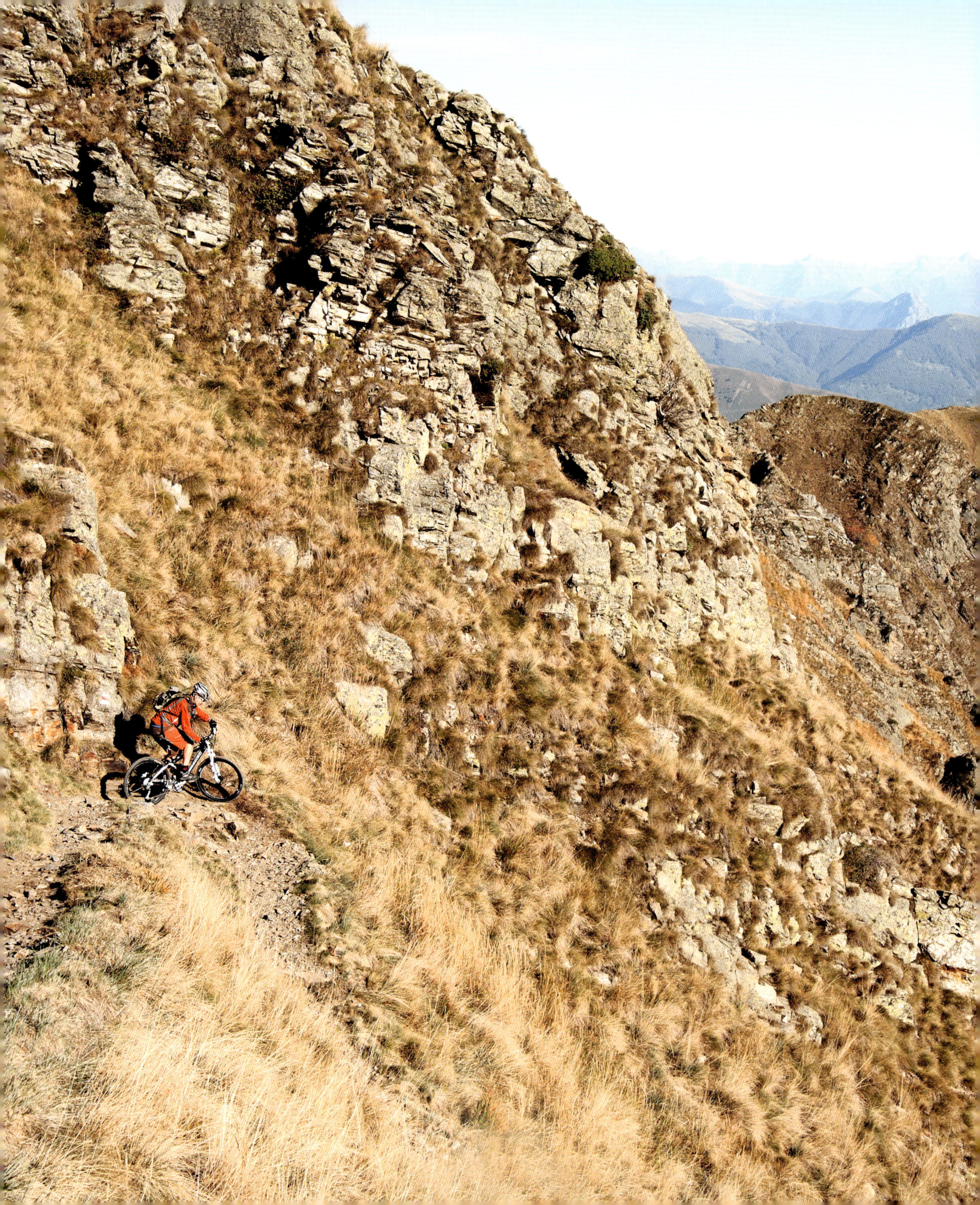

Kein Blick fürs Panorama – die Serpentinen in der Flanke des Motto Rotondos verlangen die volle Aufmerksamkeit

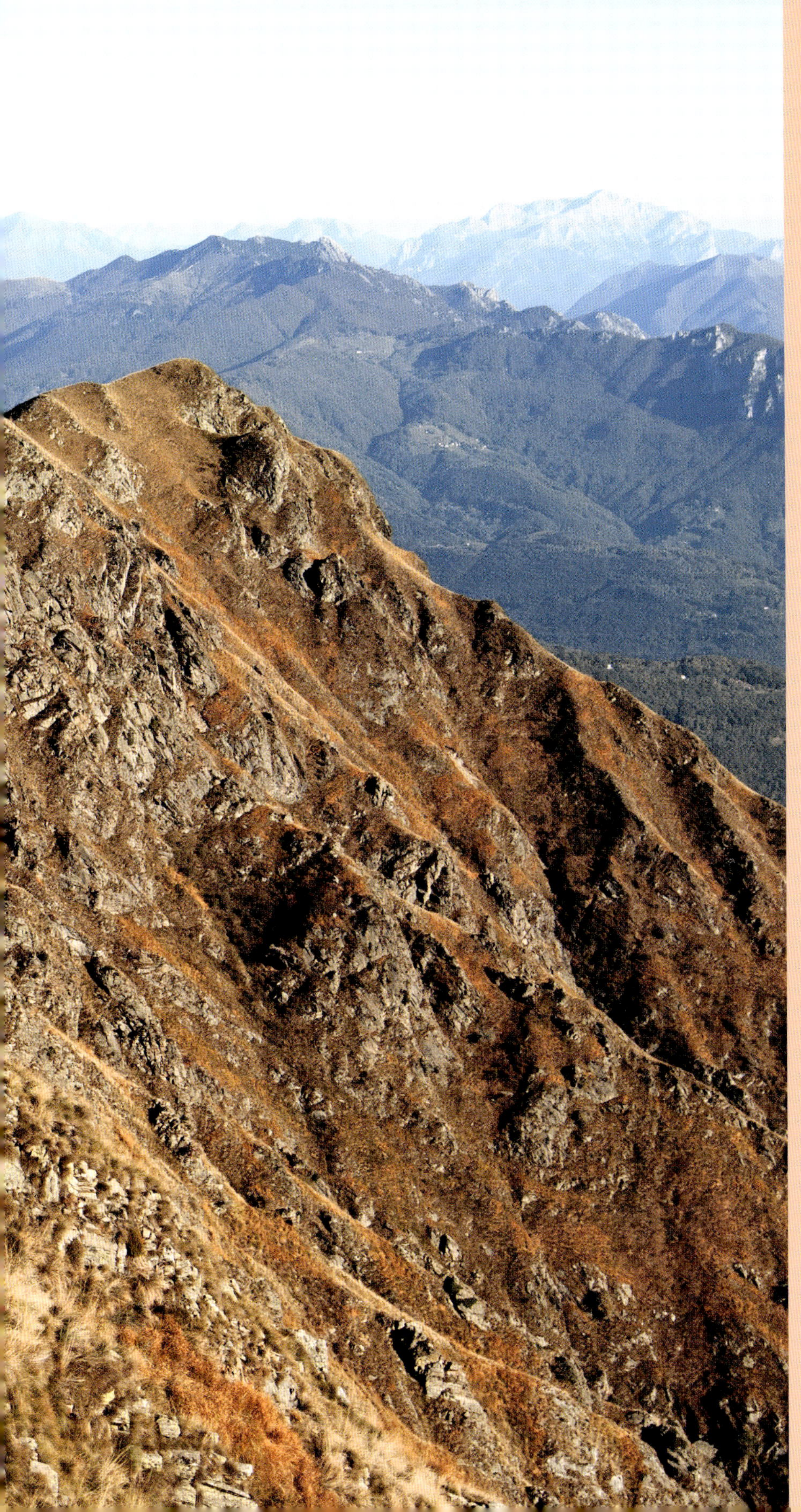

# FAKTEN

## LA TRAVERSATA INFINITA

TOUR NR. 20

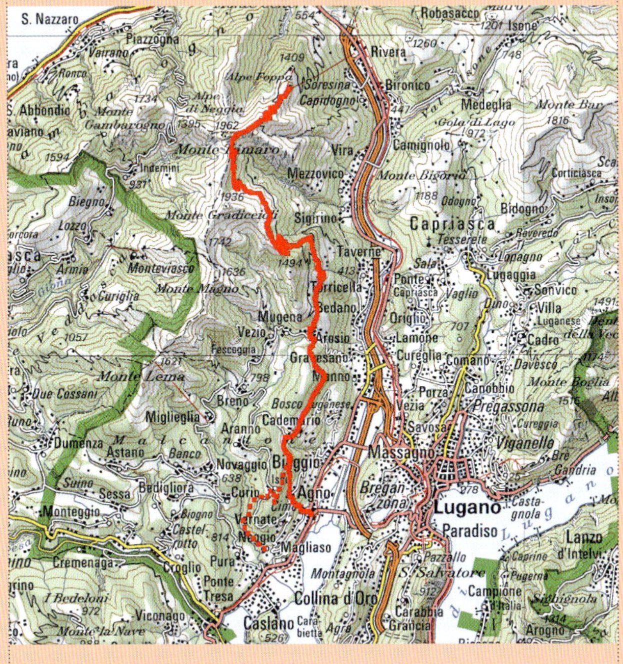


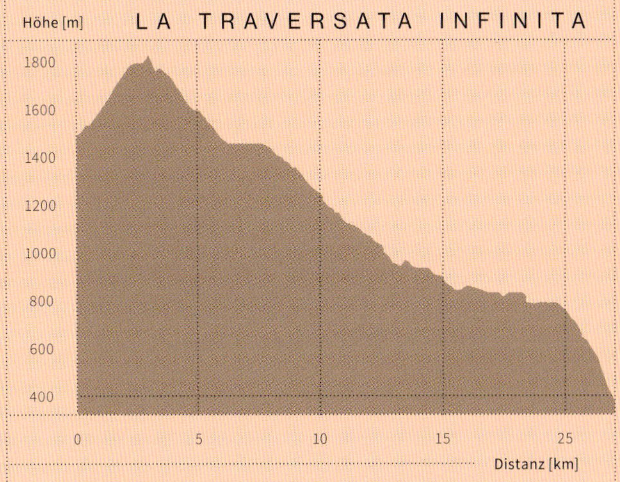


| SCHWIERIGKEIT | DISTANZ |
|---|---|
| Fahrtechnik 4 | 25,2 km |
| Ausdauer 3 | **HÖHENDIFFERENZ** |
| **FAHRZEIT** | Bergfahrt 750 m |
| 4 h | Abfahrt 1950 m |

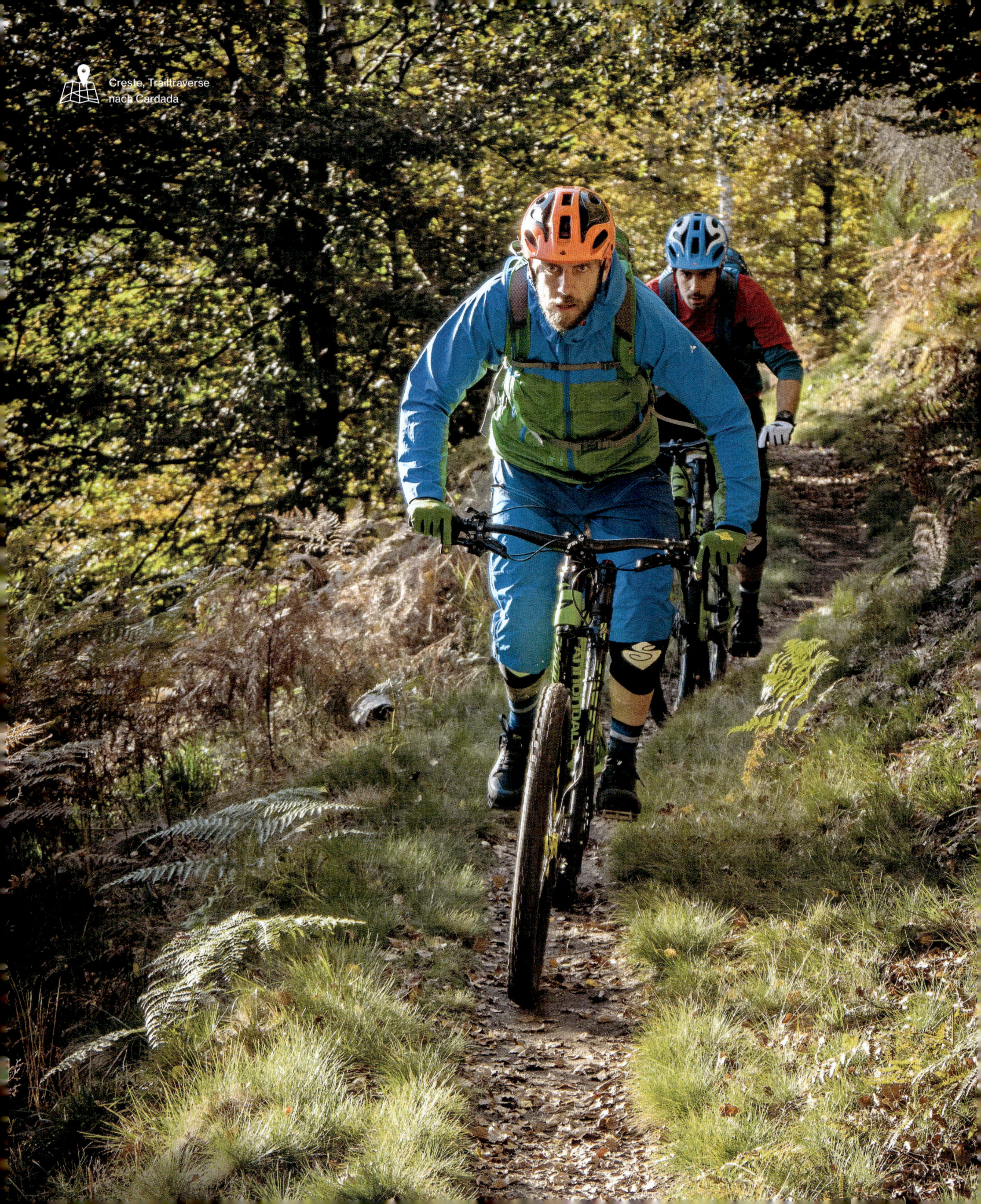
Creste, Trailtraverse
nach Cardada

# CIMETTA

## AUSSICHTSREICHER SAISONAUFTAKT

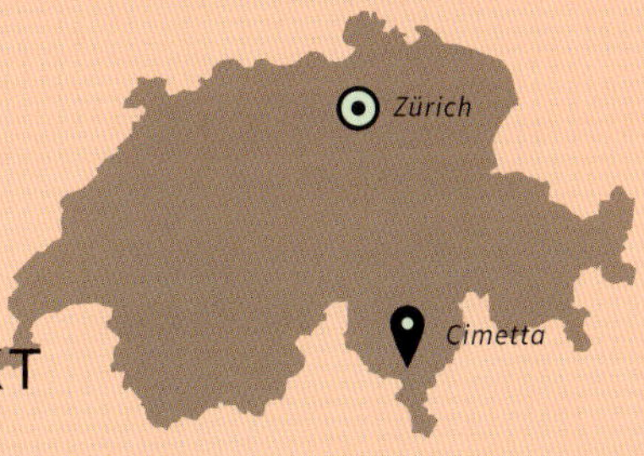


TESSIN

TOUR NR. 21

Wer an Locarno denkt, denkt meist an Verkehrsstaus an Ostern, das Filmfestival auf der Piazza Grande, sonnenverbrannte Holländer im Lido und vielleicht an ein Glas anspruchslosen Merlot im gemütlichen Grotto. Und wer denkt an Locarnos Hausberg? Respektive, wer könnte ihn überhaupt beim Namen nennen? Und das, obwohl die Stadt Locarno fließend in das Dorf Orselina übergeht und sich weit die Bergflanke hochschiebt. Die Cimetta thront über der Stadt und dem See und ist trotzdem eine Unbekannte. Ausser vielleicht bei den zahlreichen Gleitschirmfliegern, welche auf dem Gipfel zu ihrem Gleitflug starten. Vielleicht auch bei den Bikern, ja vielleicht auch bei ihnen. Mit Sicherheit immer öfter, denn spätestens seit an Locarnos Hausberg Mountainbike-Strecken ausgeschildert worden sind, gehört der Gipfel zum Pflichtprogramm im Frühjahr, wenn auf der Alpennordseite noch eine steife Brise weht und in den Bergen die letzten Schneefelder langsam vor sich hinschmelzen. Allerdings ist die Cimetta schlecht geeignet als lockere Aufwärmrunde für Wintermüde. Dafür sind die 1430 Höhenmeter ein gar ambitioniertes Ziel, auch wenn der Großteil des Aufstiegs auf Asphaltstraßen relativ einfach zu bewältigen ist. Wer nicht fit genug ist, kann sich allenfalls mit einer Bahnfahrt bis Cardada oder gar bis zum Gipfel behelfen. Die Cimetta reiht sich ein in die lange Liste der typischen Tessiner Bike-Touren, denen allen eines gemeinsam ist: Es geht steil hoch und meist ebenso steil, und auf technisch anspruchsvollen Trails wieder runter. Wer aber fit ist und den Blick nicht nur auf Lenker und Höhenmesser gerichtet hat, wird jede der zahlreichen Kehren mit immer wieder wechselnden Ausblicken genießen können. Wenn der Lago Maggiore weit unten in der Sonne glitzert und die fetten Alpenwiesen mit den fernen schneebedeckten Alpengipfel kontrastieren ist Müdigkeit und mangelnde Motivation plötzlich kein Thema mehr.

**AUSGANGSPUNKT:** Locarno, Bahnhof SBB (212 m), Organizzazione Turistica Lago Maggiore e Valli, Telefon +41 (0)848 091 091, *www.ascona-locarno.com*

**ÜBERNACHTUNGSTIPP:** Casa Berno****, Ascona, Telefon +41 (0)91 791 32 32, *www.casaberno.ch*

**STRECKE:** Locarno (212 m) • vis-à-vis des Bahnhofs rechts am Parkhaus vorbei und das Bike etwa 100 Meter auf dem Trottoir die Einbahnstraße hochschieben und links in die Hauptstraße einbiegen • km 0,98, rechts Wegweiser »Monte Brè« • km 10,31 Monte Brè Dorf (1015 m) • Asphaltstraße weiter Richtung Cardada • km 11,82, geradeaus • km 16,12, rechts Wanderwegweiser • km 17,42, Wanderwegweiser »Alpe Cardada« • km 18,09 Alpe Cardada (1496 m) • (Abstecher zur Bergstation Cimetta, 0,7 km und 170 Höhenmeter entfernt) • Wanderwegweiser »Mergoscia« • km 18,56, Bike-Wegweiser »Valle Resa« • km 20,7, in Kurve geradeaus (kleiner Holzwegweiser) • bei km 23,46 Resa (820 m) erreicht man die Asphaltstraße, biegt aber gleich wieder rechts in den nächsten Singletrail ab • Wanderwegweiser »Brione s/Minusio« • beim Wasserreservoir fährt man ein kurzes Wegstück auf der Schotterstraße und wählt den ersten Singletrail zur Linken • auf dem Höhenweg folgt man immer dem Wanderwegweiser »Orselina/sentiero collina alta« • ab Orselina auf der Asphaltstraße abfahren bis zum Starpunkt.

**KARTEN:** Supertrail Map, Kartenblatt Locarno/Ascona e Valli, 1:50 000, *www.supertrail-map.com*

**DIVERSES:** Einkehrmöglichkeiten: Cimetta, Alpe Cardada. Wer das Gipfelerlebnis sucht, kann ab Alpe Cardada dem Wanderwegweiser »Cimetta« folgen und zur Cimetta hochfahren. Eine sehr schöne Alternativroute führt von Cardada auf einem Singletrail direkt Richtung Chiodo/Romerio. In Chiodo kommt die Route wieder mit der offiziellen Abfahrtsstrecke von der Alpe Cardada zusammen.

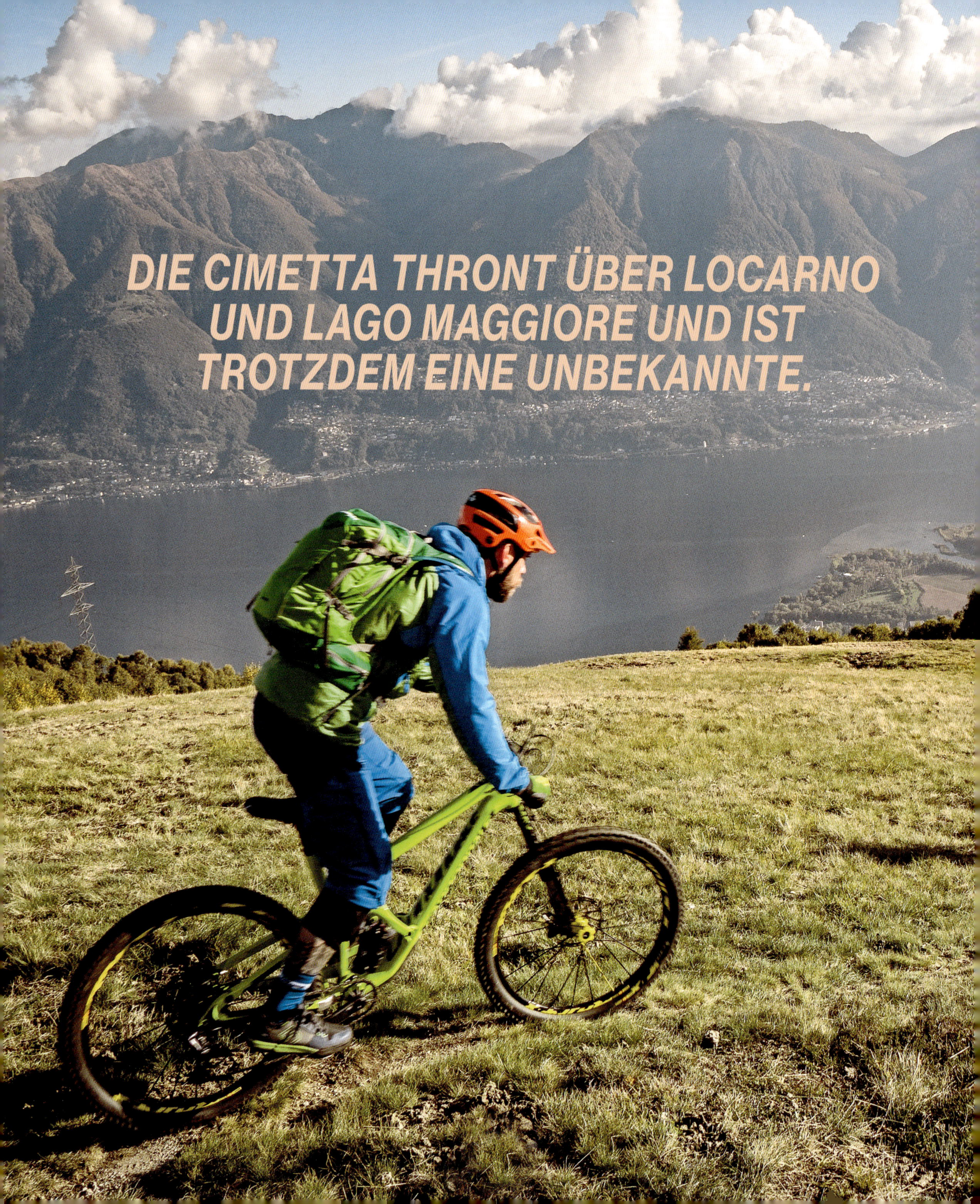

DIE CIMETTA THRONT ÜBER LOCARNO UND LAGO MAGGIORE UND IST TROTZDEM EINE UNBEKANNTE.

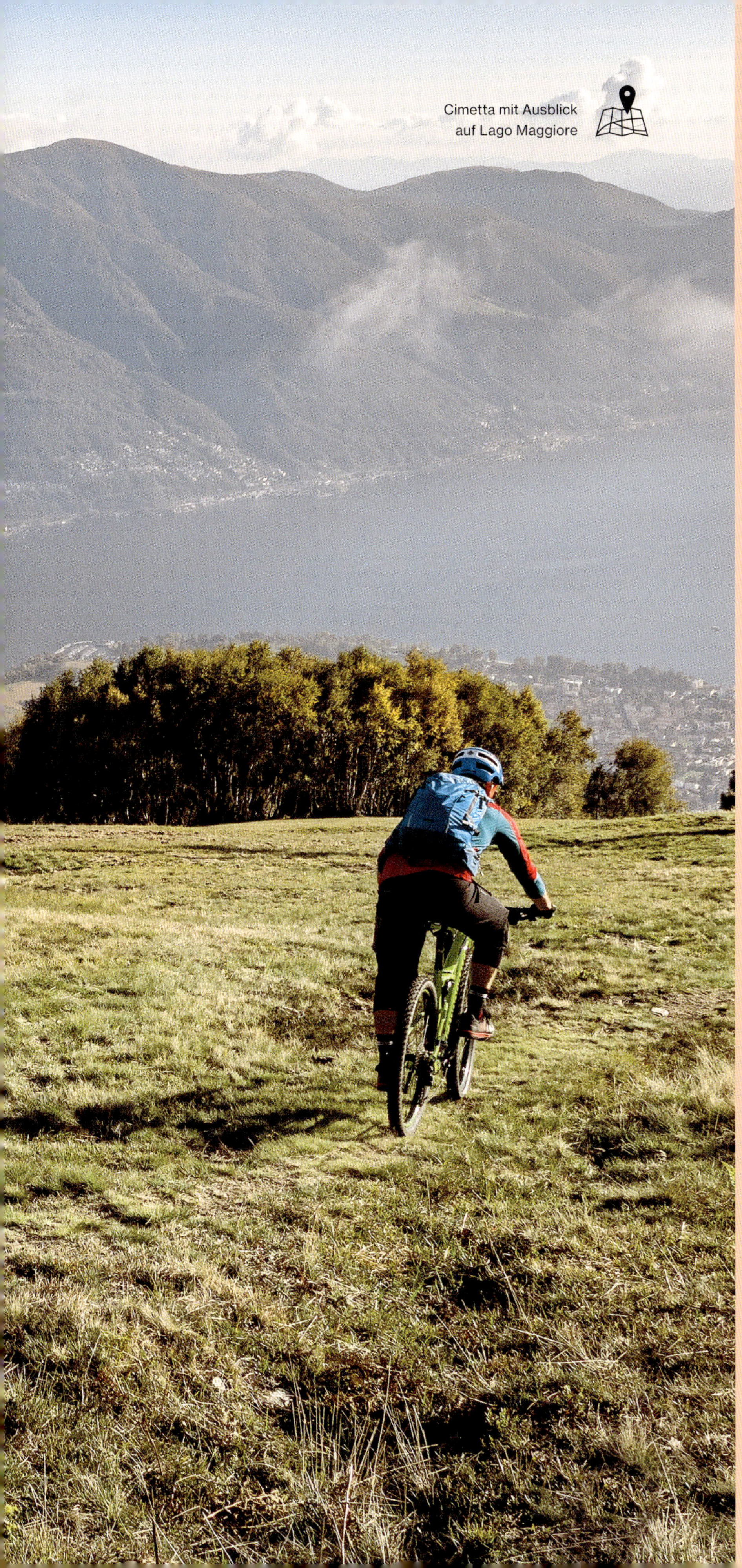

Cimetta mit Ausblick auf Lago Maggiore

# FAKTEN

## CIMETTA

TOUR NR. 21

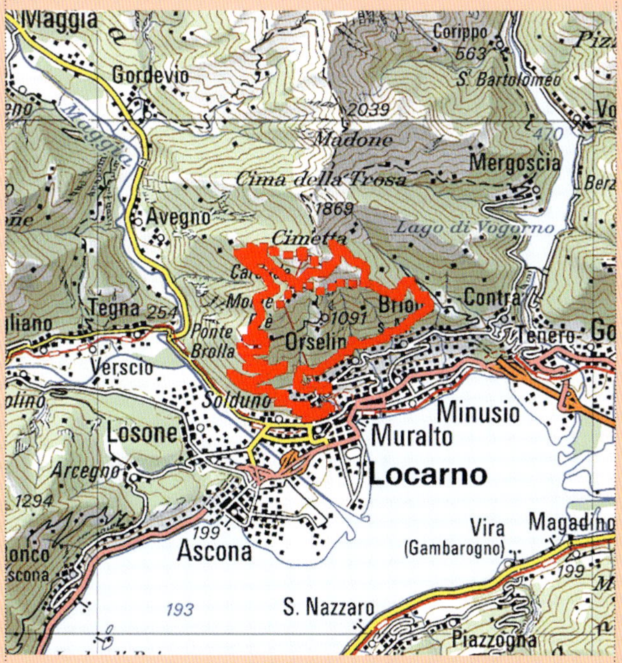


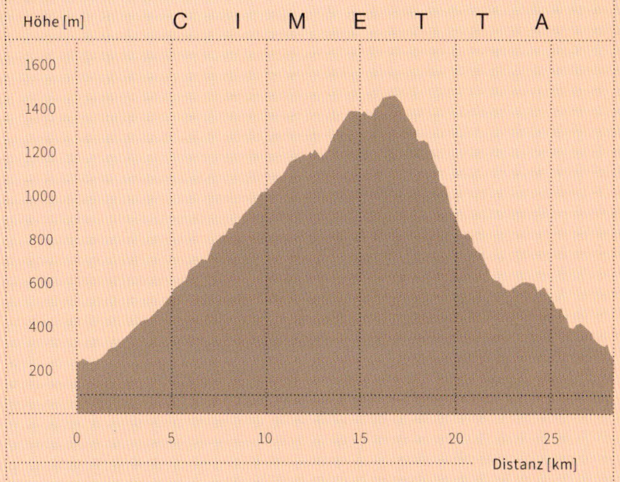


| SCHWIERIGKEIT | DISTANZ |
|---|---|
| Fahrtechnik 3 | 31 km |
| Ausdauer 4 | **HÖHENDIFFERENZ** |
| **FAHRZEIT** | 1430 m |
| 4 h | |

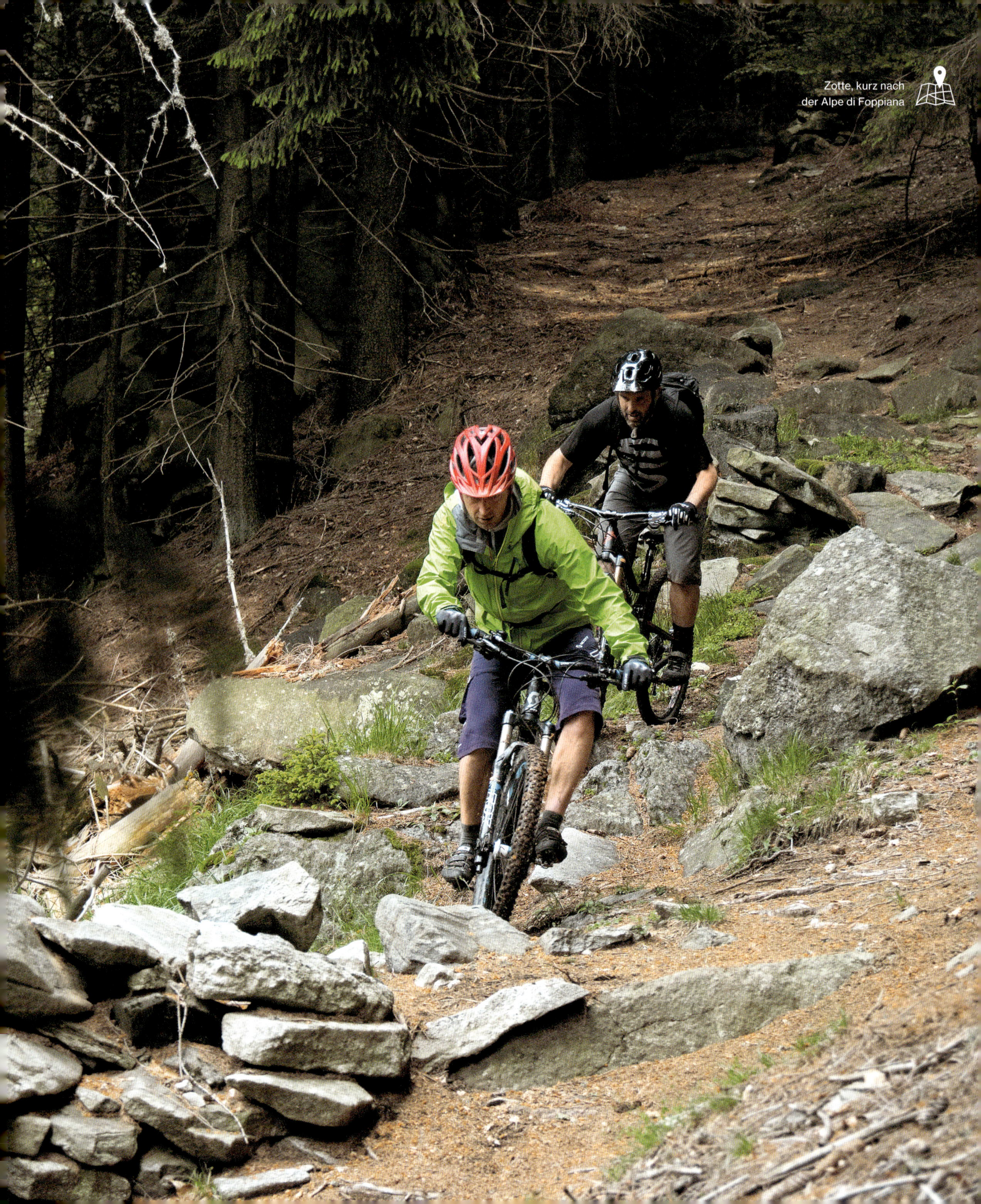

Zotte, kurz nach
der Alpe di Foppiana

# MONTI DI MOTTI

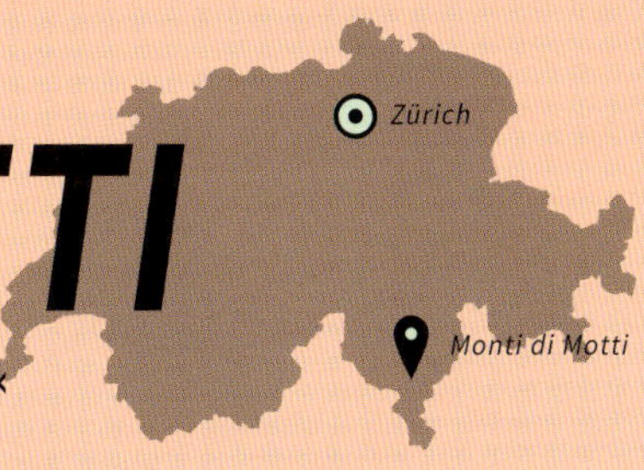


## SEHNSUCHTSZIEL »SONNENSTUBE«

TESSIN

TOUR NR. 22

Einem Adlerhorst gleich thront der Weiler Monti di Motti hoch über der Magadino-Ebene, dem Lago Maggiore und dem Lago di Vogorno, der durch die aufgestaute Verzasca entstanden ist. In Mountainbiker-Kreisen ist der Ort allerdings nicht in erster Linie für seine Aussicht bekannt, sondern als Ausgangspunkt für ein paar knackige Mountainbike-Abfahrten. Die muss man sich allerdings genauso verdienen, wie die Aussicht. Über elf Kilometer windet sich die schmale Asphaltstraße den Berg hinauf. Die meist südliche Exposition ist Garant dafür, dass der Schnee relativ früh im Jahr schmilzt und die Singletrails wieder freigibt. Sehr zur Freude der lokalen Mountainbiker und der Gäste aus dem Norden. Sobald die Blätter der Kastanienbäume ausgetrieben haben, bildet sich ein grünes Dach, das in den Sommermonaten vor der Sonne schützt. Andernfalls würde die Bergfahrt zur Tortur. Ins Schwitzen kommt man trotzdem. Und zwar spätestens auf dem Singletrail, der vom Mattarone zur Alpe di Foppiana hochführt. »Im Prinzip fahrbar« – allerdings nur dann, wenn Fitness und die fahrtechnischen Fähigkeiten gleichermaßen auf hohem Niveau sind. Ist das der Fall, gibt es nur wenige Singletrails, die auch aufwärts soviel Spaß machen. Fahrfreude ist spätestens dann garantiert, wenn der mit 1495 Metern höchste Punkt erreicht ist. Der Lohn für die schweißtreibende Bergfahrt: Kilometerweise Singletrails, mal technisch he- rausfordernd, mal mit viel Fahrfluss. Das Beste kommt allerdings erst zum Schluss: Der Sprung ins Kühle Nass! Gleich beim Parkplatz am Talende des Valle di Cugnasco lohnt es sich ein paar wenige Meter dem Bergbach in die Schlucht zu folgen – hier wartet ein herrlicher Naturpool auf müde Biker-Waden.

**AUSGANGSPUNKT:** Cugnasco, Organizzazione Turistica Lago Maggiore e Valli, Telefon +41 0848 091 091, *www.ascona-locarno.com*

**STRECKE:** Ab Cugnasco (228 m) dem Wegweiser »Monti di Motti« folgend auf der Asphaltstraße den Berg hochfahren • km 11,5, Monti di Motti (1062 m) • rechts dem Wanderwegweiser »Alpe di Foppiana« folgen, zuerst auf der Forststraße, später auf Singletrails • km 14,8 Alpe di Foppiana, auf dem Singletrail geradeaus dem Wanderwegweiser folgend bis km 16,1 Monti di Gola Secca (1296 m) • am Weiler vorbei Richtung Monti Pianelle • km 16,9, auf der Asphaltstraße hochfahren bis 17,6 • rechts auf Schotterstraße abfahren bis Monti Pianelle (1214 m) • km 18,0, rechts in Singletrail einbiegen und via Monti Velloni, Alpe Ronchi und Ronchi di Natel abfahren bis Cugnasco.

**KARTEN:** Supertrail Map, Kartenblatt Locarno/Ascona e Valli, 1:50 000, *www.supertrail-map.com*

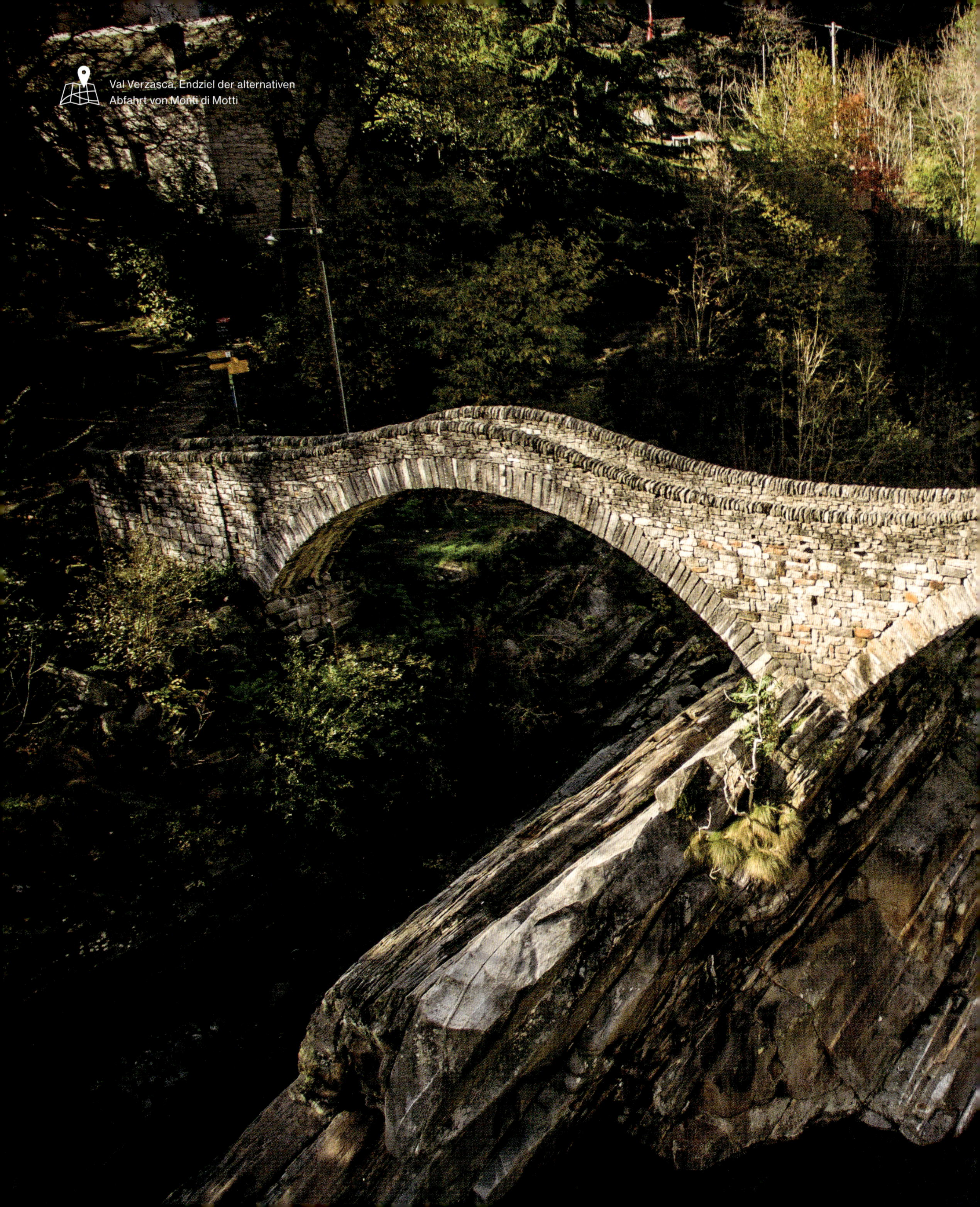

Val Verzasca, Endziel der alternativen Abfahrt von Monti di Motti

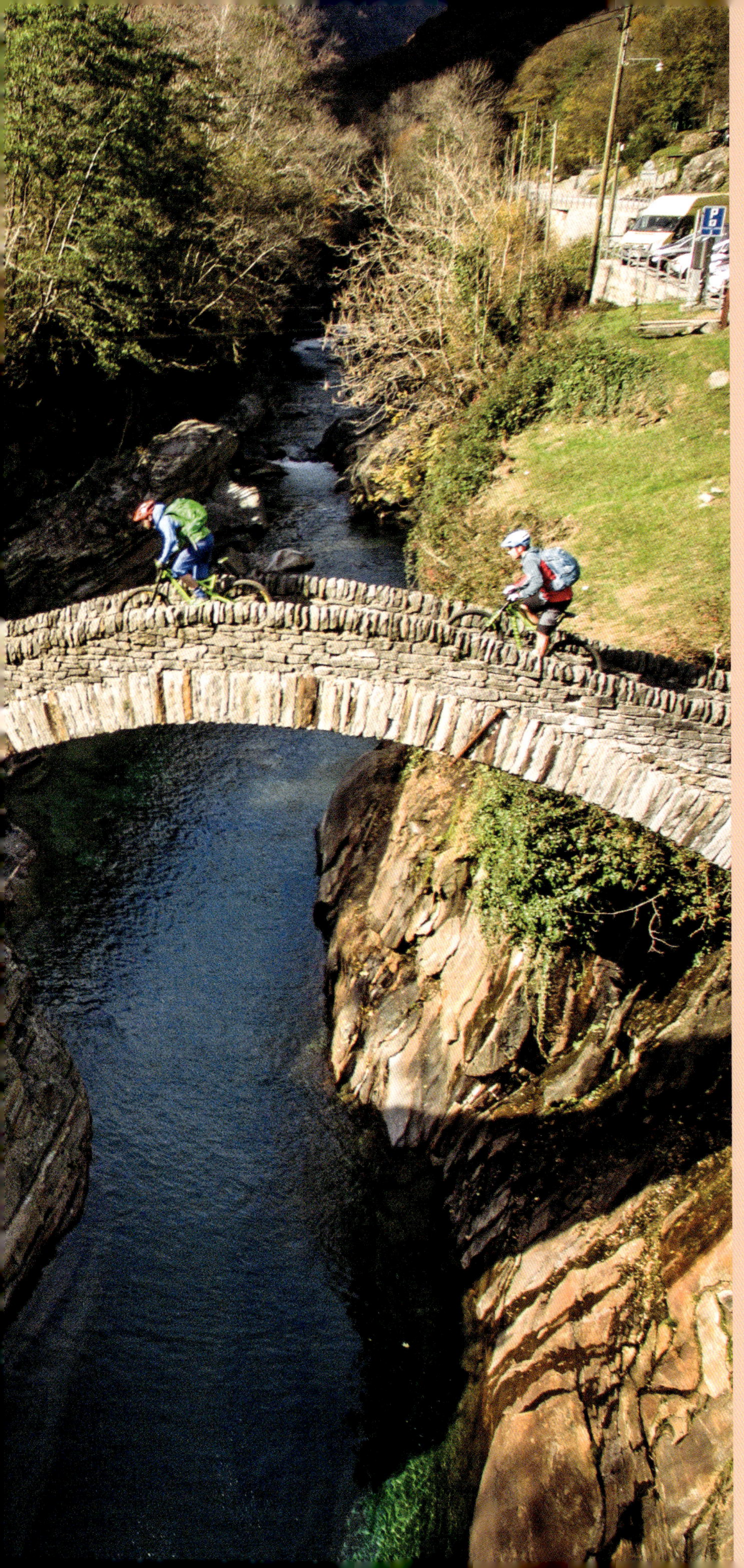

# FAKTEN

## MONTI DI MOTTI

TOUR NR. 22

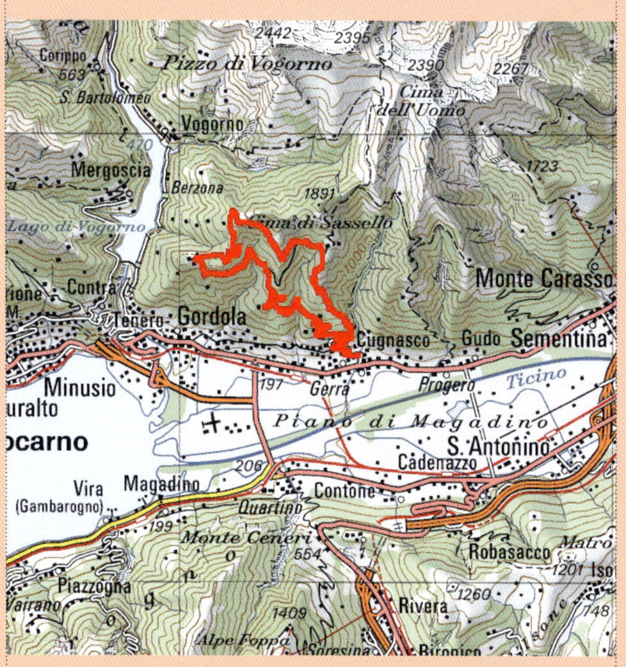


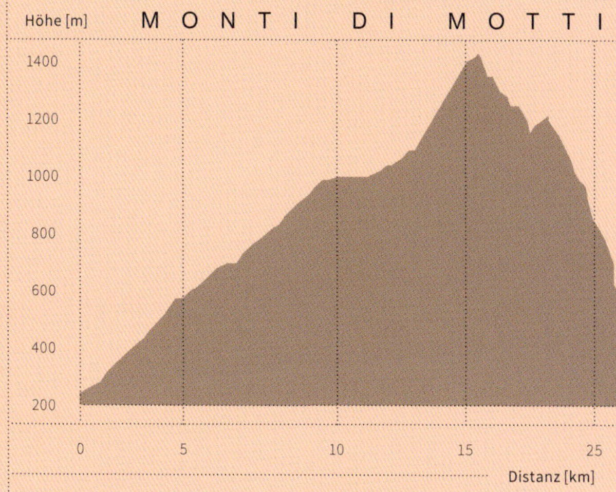


| SCHWIERIGKEIT | DISTANZ |
|---|---|
| Fahrtechnik 4 | 23,2 km |
| Ausdauer 3 | **HÖHENDIFFERENZ** |
| **FAHRZEIT** | 1320 m |
| 4 h | |

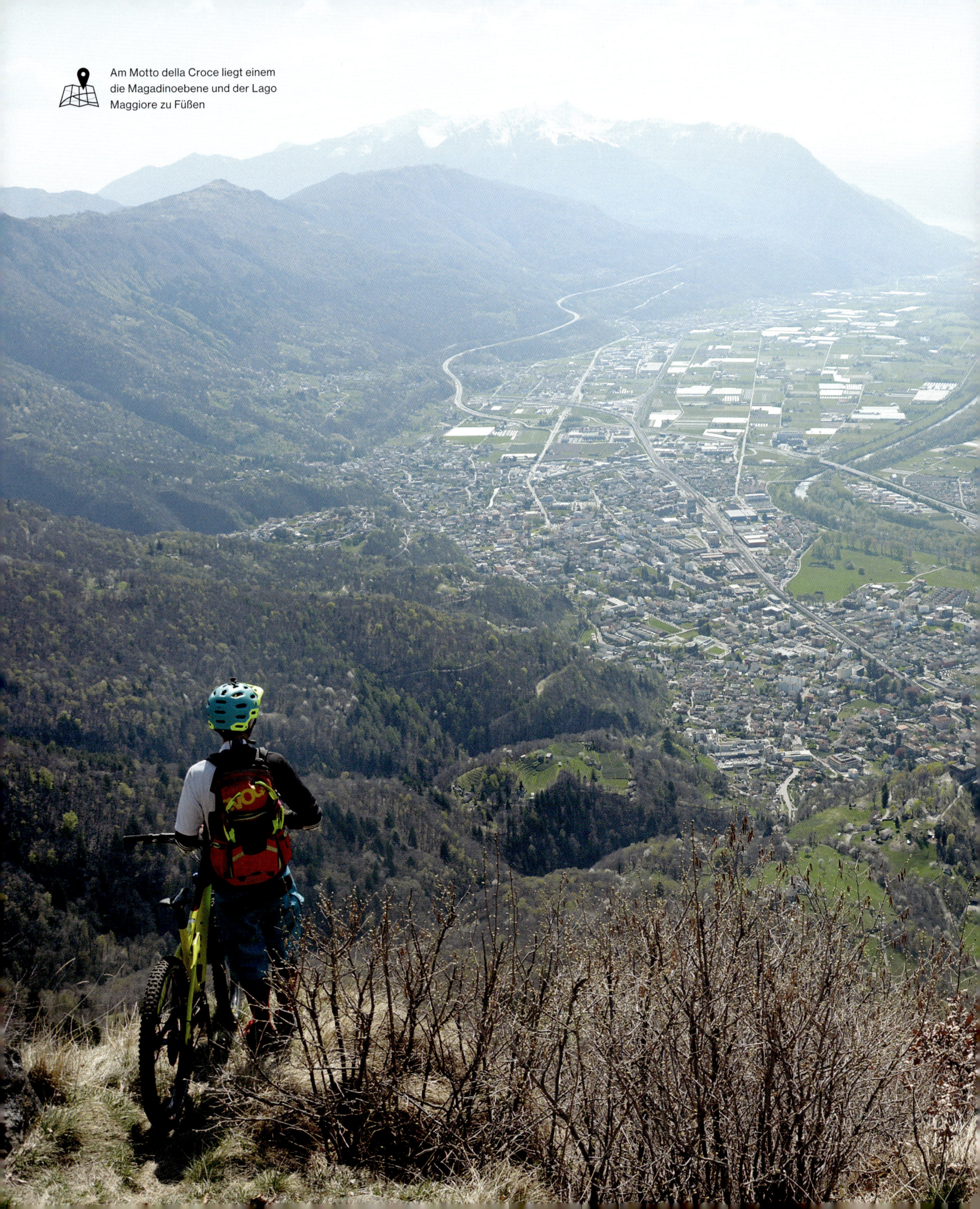

Am Motto della Croce liegt einem die Magadinoebene und der Lago Maggiore zu Füßen

# MOTTO D'ARBINO

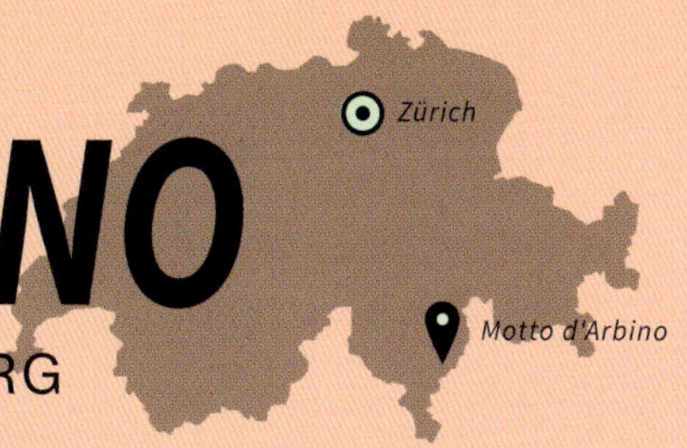


## BELLINZONAS SCHÖNSTER HAUSBERG

TESSIN

TOUR NR. 23

Die Zinnen des Castelgrande sind schon von weit her sichtbar und zeugen von der Wehrhaftigkeit der drei mittelalterlichen Burgen Bellinzonas. Dank derer hat es die Tessiner Hauptstadt auf die Kulturerbe-Liste der UNESCO geschafft. Den besten Schutz – zumindest vor Angriffen aus dem Osten – bot in alten Zeiten allerdings der Motto d'Arbino, der sich direkt hinter der Stadt rund 1500 Höhenmeter auftürmt. So abweisend er von Bellinzona her aussieht, so zugänglich ist er über die asphaltierte Straße, die durch das Valle d'Arbedo in angenehmer Neigung bis zur Alpe della Costa führt. Dort eröffnet sich ein gewaltiges Panorama in Richtung Leventina und Misox. Und von hier aus startet auch die »multioptionale« Abfahrt zurück nach Bellinzona. Viele Wege führen ab hier zum Ziel und sie sind – zumindest zu Beginn – erstaunlich flowig. Das Tessin wäre aber nicht das Tessin, wenn bis zum Talboden nicht doch noch einige Spitzkehren und fahrtechnisch knifflige Passa- gen zu bewältigen wären. Die Tour hat aber definitiv das Potenzial zum Klassiker. Auch deshalb, weil Bellinzona dank dem Gotthard-Basistunnel und schnellen Intercity-Zugverbindungen mittlerweile aus allen Schweizer Städten leicht erreichbar ist und bis spät im Jahr beste Mountainbike-Bedingungen bietet.

**AUSGANGSPUNKT:** Bellinzona (240 m), Bellinzona Turismo, Telefon +41 (0)91 825 21 31, *www.ticino.ch*

**ÜBERNACHTUNGSTIPP:** Bellinzona Youth Hostel, Telefon +41 (0)91 825 15 22, *www.youthhostel.ch*

**STRECKE:** Bahnhof Bellinzona • Arbedo • Asphaltstraße Valle d'Arbedo bis Alpe della Costa • Arbinetto • Motto della Croce • Monti di Artore • Monti Juri • Daro • Bellinzona

**KARTEN:** Supertrail Map, Kartenblatt Ascona-Locarno e Valli, 1:50 000, *www.supertrail-map.com*

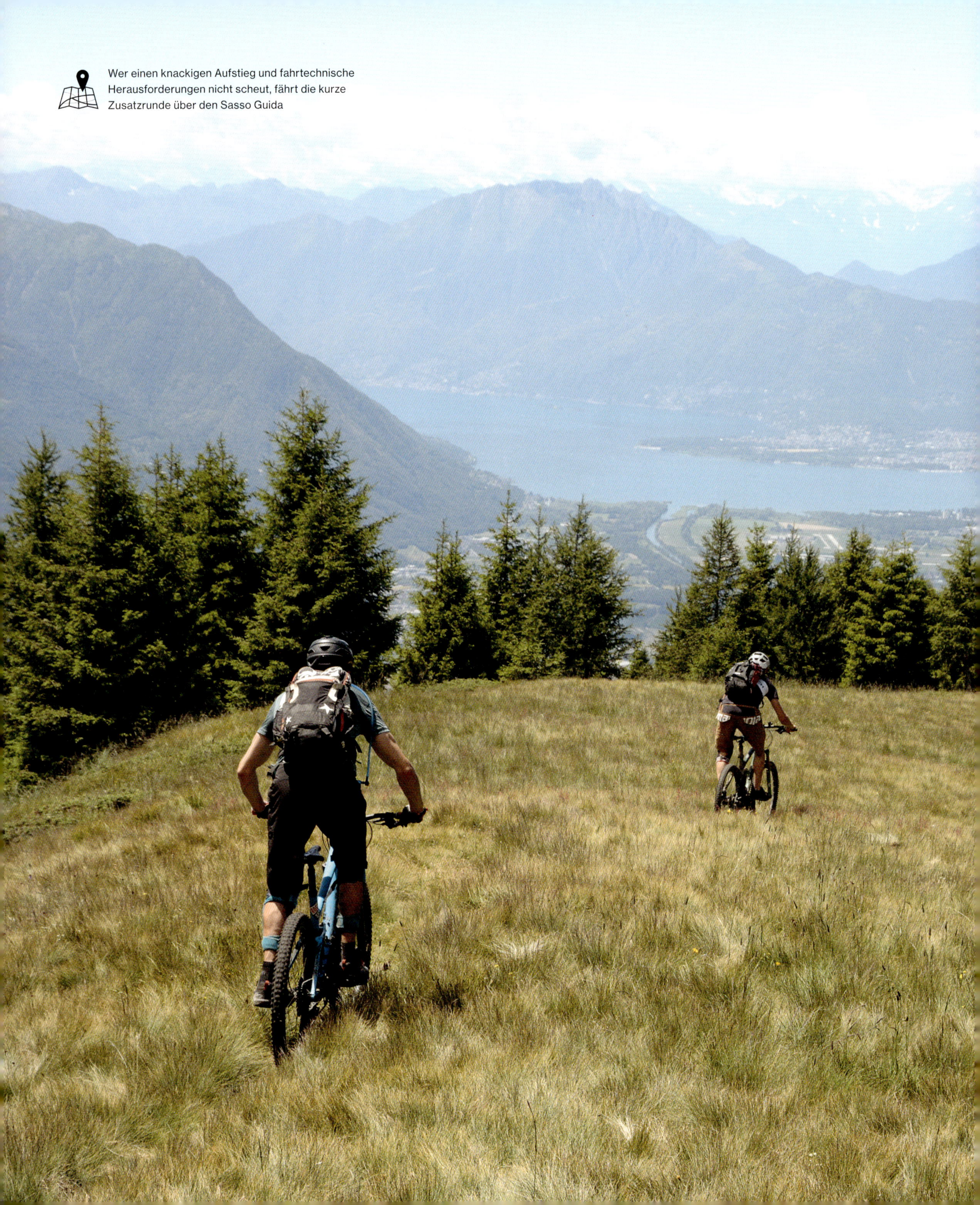

Wer einen knackigen Aufstieg und fahrtechnische Herausforderungen nicht scheut, fährt die kurze Zusatzrunde über den Sasso Guida

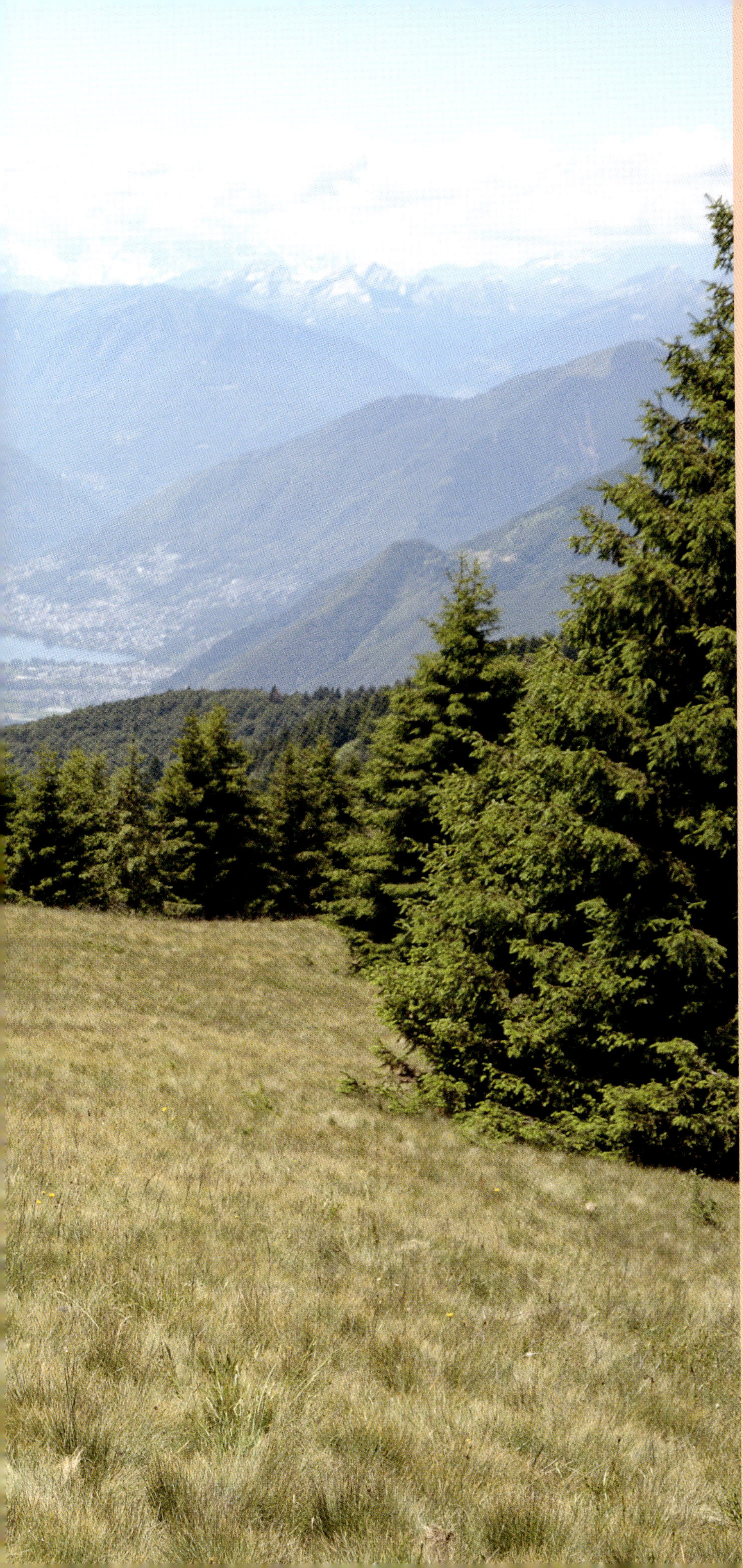

# FAKTEN

MOTTO D'ARBINO

TOUR NR. 23

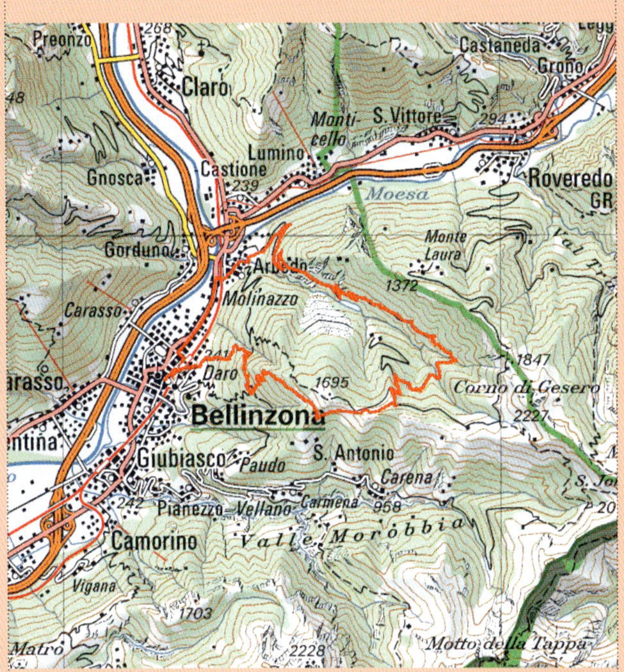


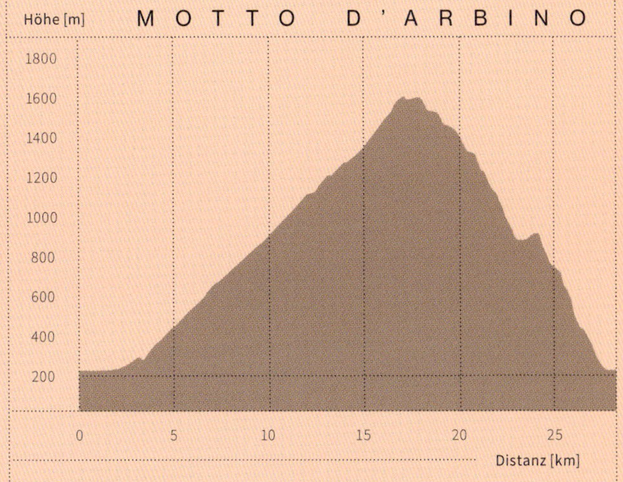


| SCHWIERIGKEIT | DISTANZ |
|---|---|
| Fahrtechnik 4 | 27,9 km |
| Ausdauer 4 | **HÖHENDIFFERENZ** |
| **FAHRZEIT** | 1470 m |
| 4 h | |

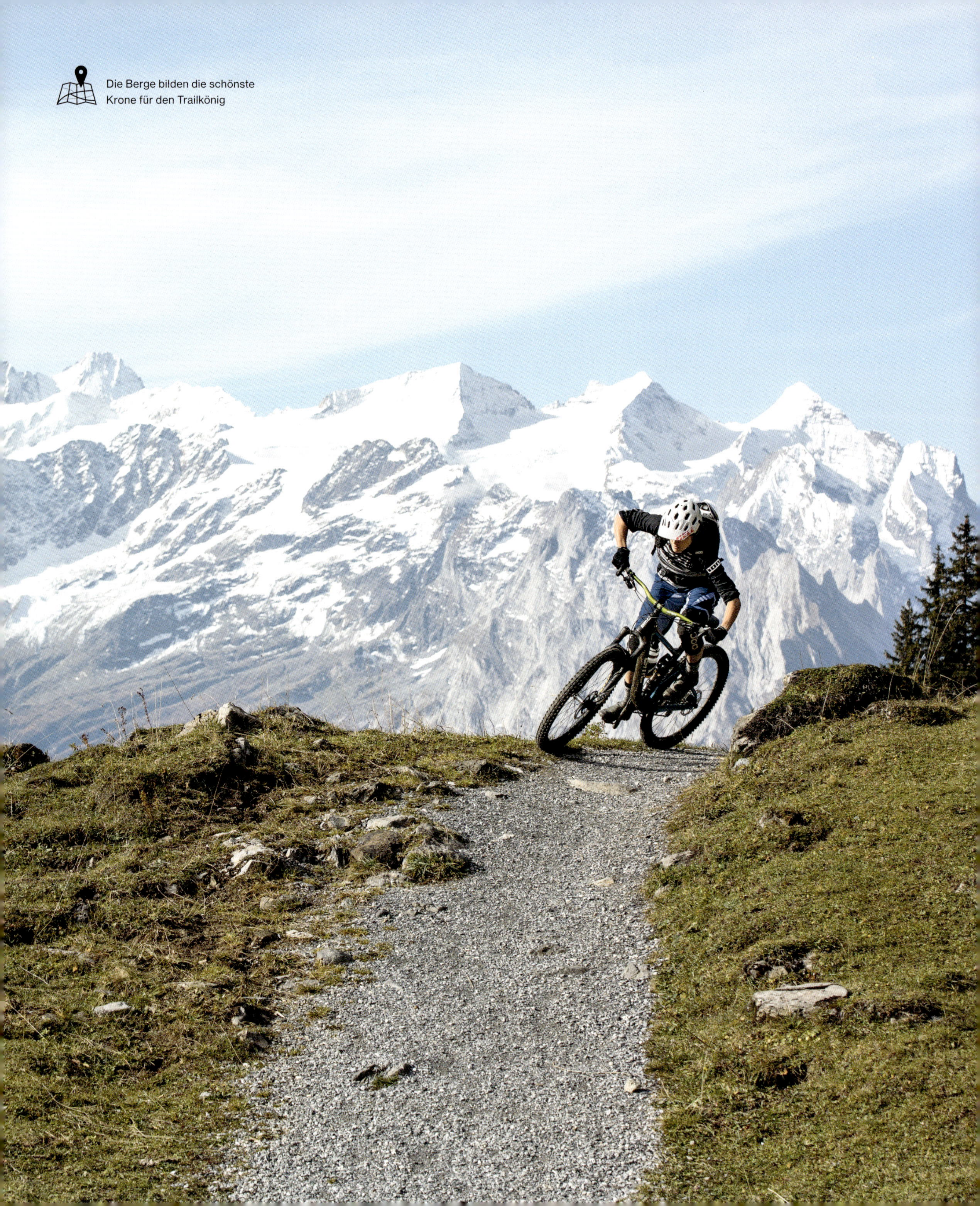

Die Berge bilden die schönste
Krone für den Trailkönig

# BALMEREGGHORN

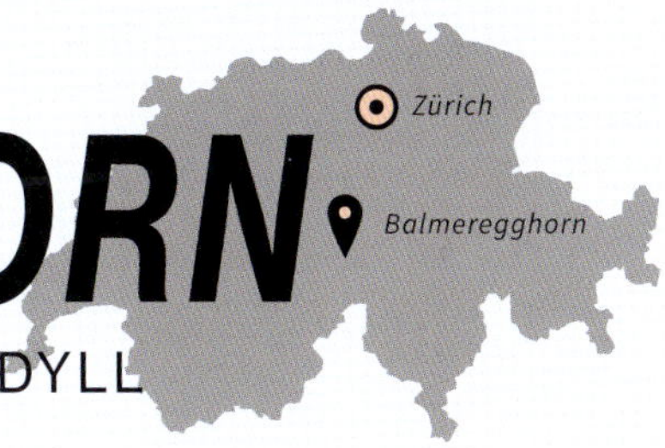


## KÖNIGSRUNDE DURCHS POSTKARTENIDYLL

SCHWEIZ/ZENTRALSCHWEIZ

TOUR NR. 24

52 – 1780 – 3210: Sind das die Idealmasse einer Mountainbiketour? 3210 Höhenmeter Abfahrt bei 1780 Meter Anstieg klingen jedenfalls verheißungsvoll. Und die 52 Kilometer Horizontaldistanz sind auch zu meistern, wenn gute Kondition und hohe Motivation zusammenkommen. Bis zum Zeitpunkt, da die alpinen Lagen ab 2000 Metern schneefrei sind, ist die Kondition innerhalb der Saison sicher schon soweit aufgebaut, dass das problemlos klappt. Und die Motivation? Die stimmt dann, wenn die Tour mehrheitlich über Singletrails führt und die Landschaft das Auge verwöhnt. Volltreffer! Die große Runde zu Balmeregghorn und Gibel hat mit ihren weit über 40 Kilometer Singletrail das Potenzial, ein Zentralschweizer Klassiker zu werden. Und die landschaftliche Kulisse ist ohnehin umwerfend: Jochgletscher, Wendenstöcke im Rücken und den Eiger und den Brienzersee im Visier. Dazwischen noch die Postkartenidylle von Engstlensee und Engstlenalp sowie Tannensee und Tannenalp. Die Liste ließe sich noch lange fortführen, aber für allzu viele Fotostopps bleibt dann doch keine Zeit – schließlich sind 52 Kilometer auch bei gutem Fitnessstand noch immer eine Herausforderung!

**AUSGANGSPUNKT:** Engelberg, Engelberg Titlis Tourismus AG, Telefon +41 (0)41 639 77 77, *www.engelberg.ch*

**ÜBERNACHTUNGSTIPP:** Pension St. Jakob, Telefon +41 (0)41 637 13 88, *www.st-jakobpension.ch*

**STRECKE:** Von Engelberg mit der Seilbahn bis Station Trüebsee • abfahren bis Trüebsee und mit dem Sessellift bis zum Jochpass hochfahren • auf dem Singletrail bis zur Engstlenalp abfahren – km 3,87 Engstlenalp • Wanderwegweiser »Melchsee-Frutt«, dem linken Ufer des Tannensees entlang fahren bis zur Stöckhütte und von dort auf der Servicestraße der Skiliftgesellschaft bis zum Balmeregg- horn hochfahren • Wanderwegweiser »Käserstatt« • ab Käserstatt (1831 m) Wanderwegweiser »Gibel« – Gibel (2035 m) • auf dem Gibel wenden und zurückfahren bis Balmeregghorn • Wanderwegweiser »Engstlenalp« über die Erzegg zurück bis Engstlenalp • ab Saumboden Sessellift bis zum Jochpass (2207 m) • dem Bike-Wegweiser folgen und via Trüebsee und Hegmatt nach Engelberg abfahren.

**KARTEN:** Swiss Singletrail Map Blatt 10 Nid-/Obwalden, 1:50 000

**DIVERSES:** Einkehrmöglichkeiten in Trüebsee, auf dem Jochpass und Käserstatt. Für Mountainbiker wird eine spezielle Bike-Tageskarte angeboten. Informationen unter *www.engelberg.ch*. Einige exponierte Stellen mit Absturzgefahr – die Tour ist ungeeignet für Personen, die nicht schwindelfrei sind!

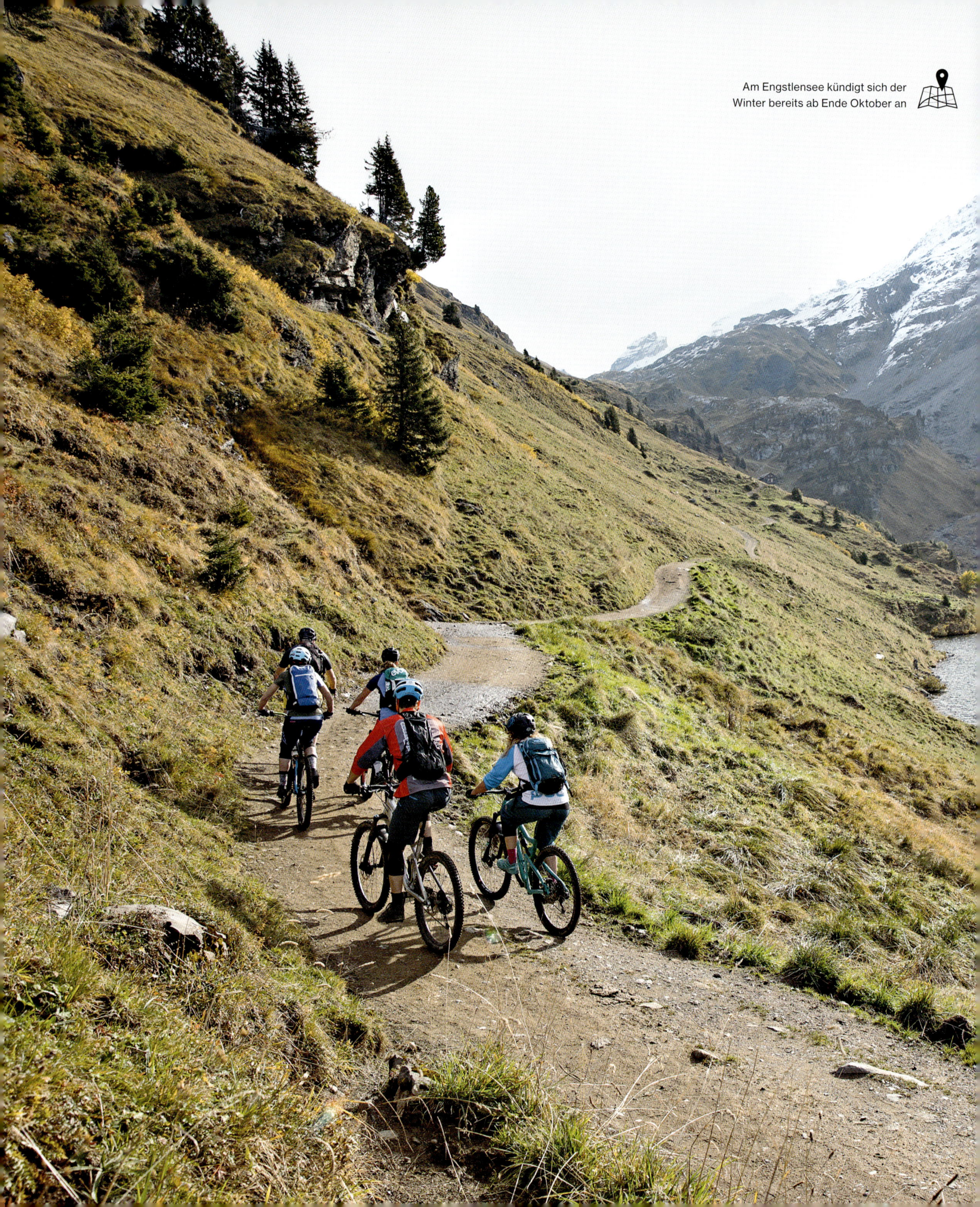

Am Engstlensee kündigt sich der Winter bereits ab Ende Oktober an

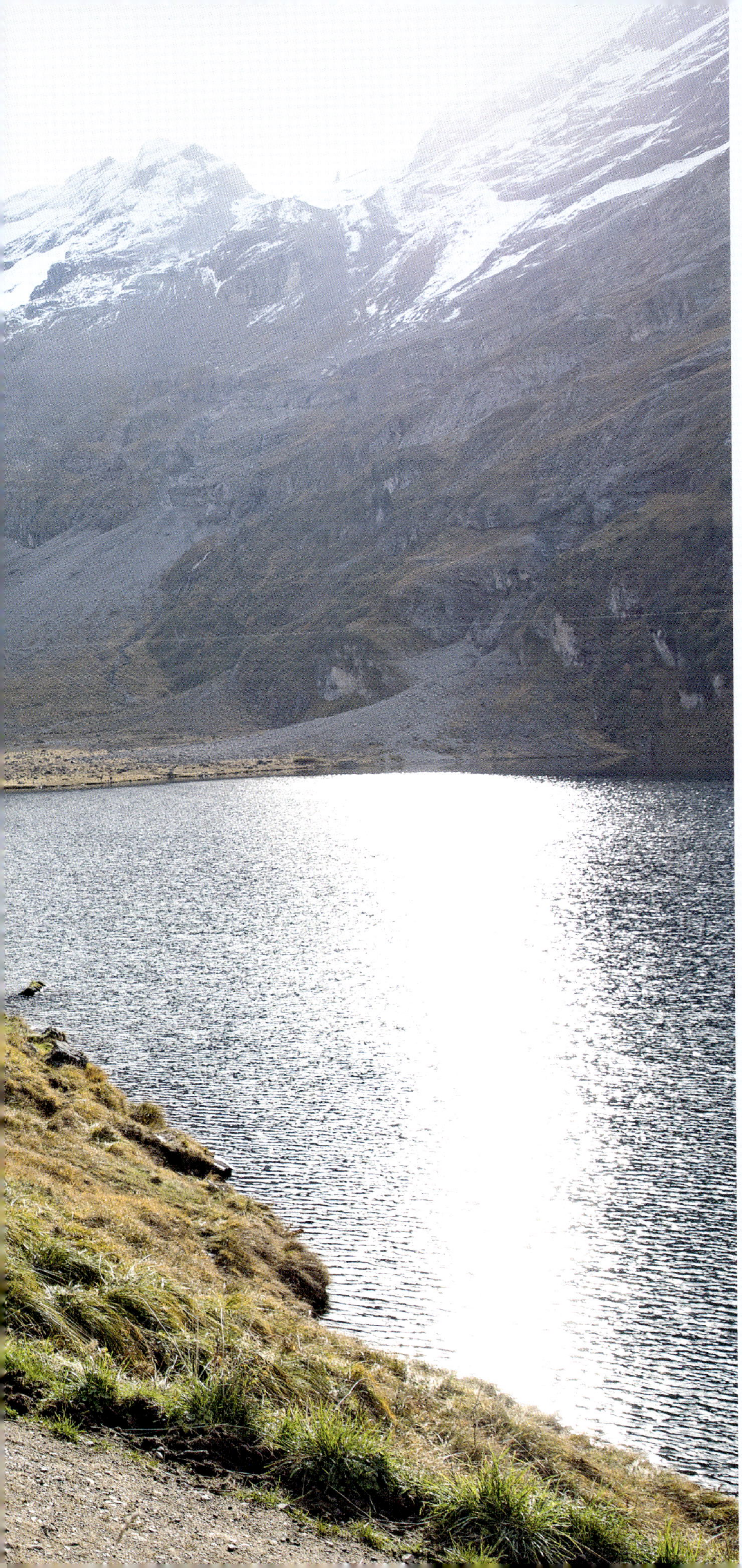

# FAKTEN

## BALMEREGGHORN

TOUR NR. 24

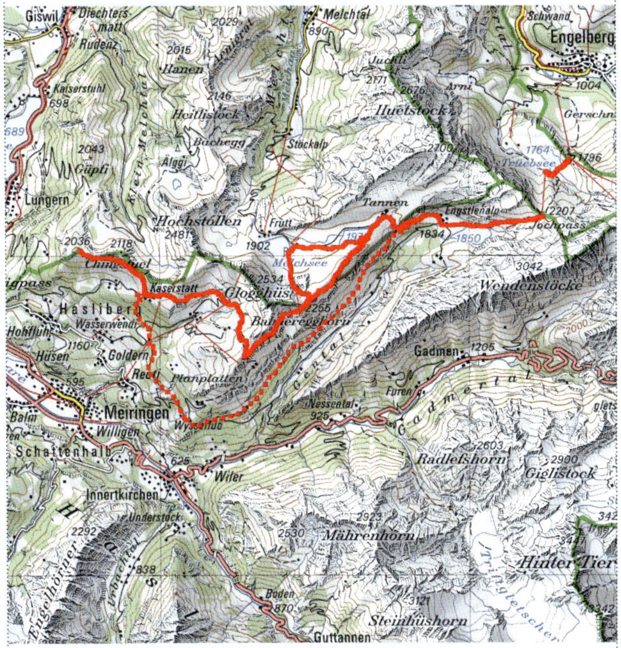


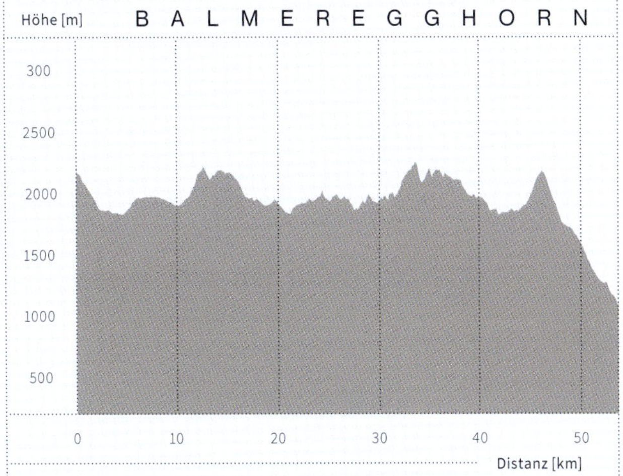


| SCHWIERIGKEIT | DISTANZ |
|---|---|
| Fahrtechnik 4 | 52,1 km |
| Ausdauer 5 | **HÖHENDIFFERENZ** |
| **FAHRZEIT** | Bergfahrt 1780 m |
| 5 h | Abfahrt 3210 m |

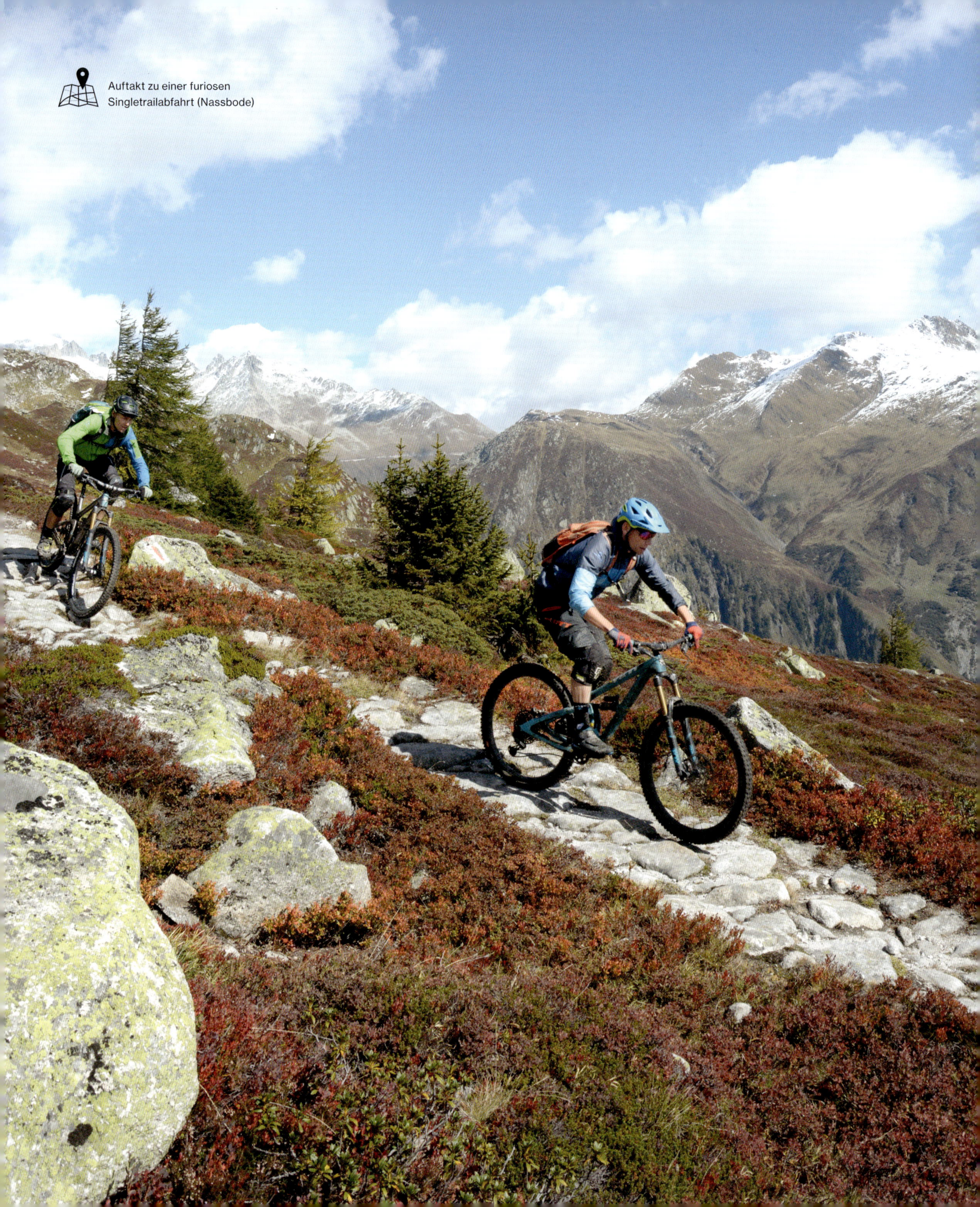

Auftakt zu einer furiosen
Singletrailabfahrt (Nassbode)

# GRIMSELPASS

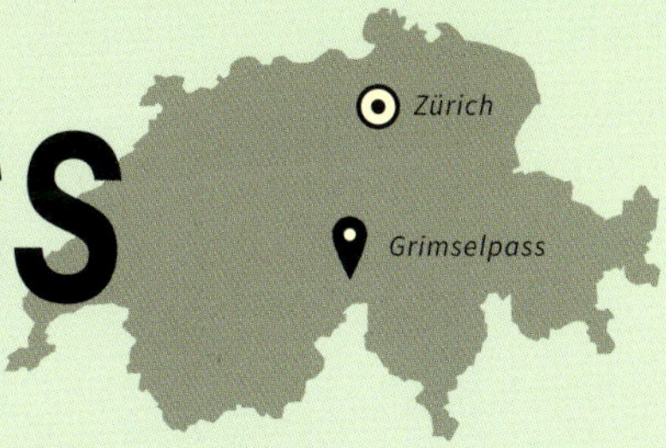


## PASS MACHT SPASS

WALLIS

TOUR NR. 25

Ob es sich lohnt, auf dem Grimselpass die Angelroute auszupacken? Wenn der Name des Sees auf den Zustand der Wasserfauna hinweist, wohl eher nicht: Totesee. Doch zum angeln bleibt ohnehin keine Zeit, wenn man nach der einstündigen Fahrt aus dem Postauto steigt. Schnell hüllt man sich in eine Windjacke, weil auf der Passhöhe oft ein kühler Wind weht. Verschiedene weit verzweigte Singletrails folgen dem rechten Ufer des Totesees. Schon nach kurzer Zeit wird man sich so lebendig wie selten fühlen – der Pulsschlag liegt nahe beim Maximum, wenn man über die von Gletschern abgeschliffenen Granitblöcke powert. Sie bieten exzellente Traktion, erfordern aber großes Geschick und in kurzen Intervallen hohen Krafteinsatz. »Fast wie die Slickrocks in Moab ...«, meint mein Spezl, nachdem er etwas Luft geschnappt hat. »Nur schöner ...« ist meine Antwort, nachdem sich bei Twäregg erstmals der fantastische Panoramablick über das Goms und die Walliser Viertausender eröffnet. Davon bekommt man noch jede Menge zu sehen, wenn man auf dem Höhenweg zwischen Gämschfax und Üerlichergale Richtung Westen fährt. Der Weg ist 2013 wieder instand gesetzt worden und ist eines der neuen Gommer Highlights für Mountainbiker. Nicht nur der unvergleichlichen Aussicht wegen, sondern auch weil ihr die Abfahrt auf Singletrails über Nessel und Gafene in nichts nachsteht.

**AUSGANGSPUNKT:** Ulrichen (2164 m), Obergoms Tourismus AG, Telefon +41 (0)27 974 68 68, *www.goms.ch*

**ÜBERNACHTUNGSTIPP:** Hotel Nufenen***, Ulrichen, Telefon +41 (0)27 973 16 44, *www.hotelnufenen.ch*

**STRECKE:** Mit dem Postauto ab Ulrichen bis zur Grimselpasshöhe (2164 m) • dem rechten Seeufer folgen • Wanderwegweiser »Ulrichen« • km 3,49, rechts Wanderwegweiser »Unnerbodme« • km 4,79 Unnerbode (2180 m), Wanderwegweiser »Ulrichen« • km 6,66 Gämschfax (2150 m) • Wanderwegweiser »Üerlichergale« • km 10,8 Üerlichergale (2118 m) • immer dem Wanderwegweiser »Obergesteln« folgen • km 16,5 Obergesteln.

**KARTEN:** Supertrail Map, Kartenblatt Goms/Brig, 1:50 000, *www.supertrail-map.com*

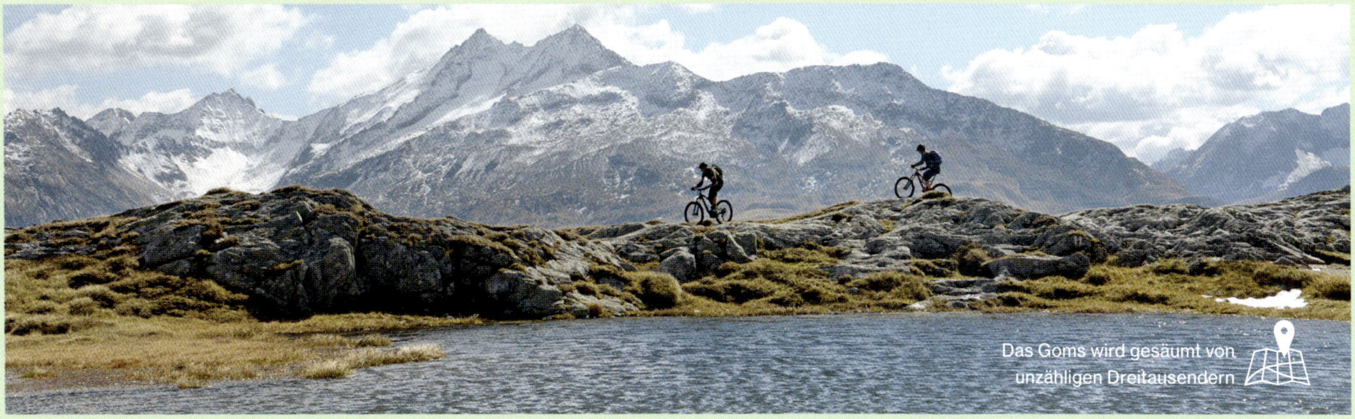

Das Goms wird gesäumt von unzähligen Dreitausendern

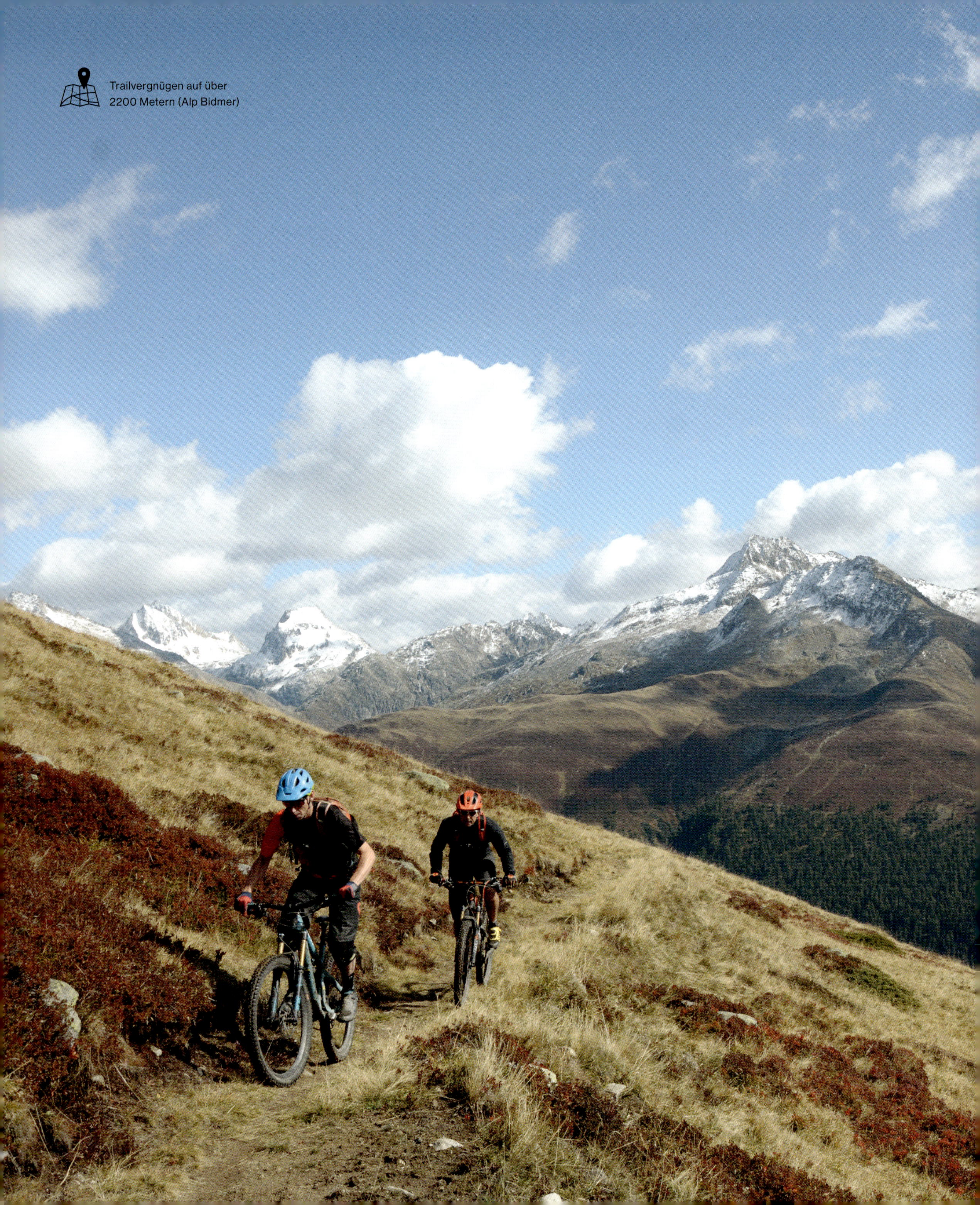

Trailvergnügen auf über 2200 Metern (Alp Bidmer)

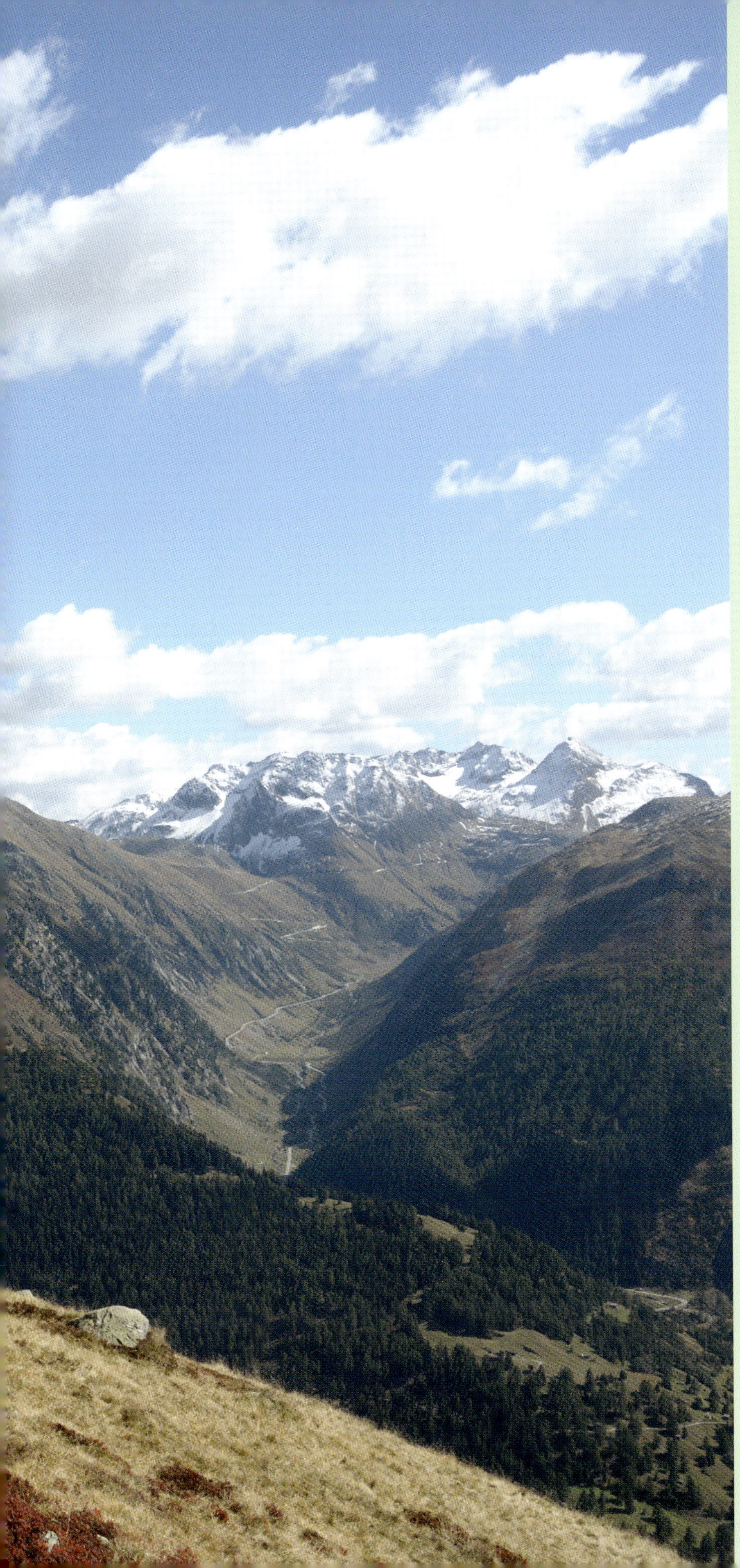

# FAKTEN

## GRIMSELPASS

TOUR NR. 25

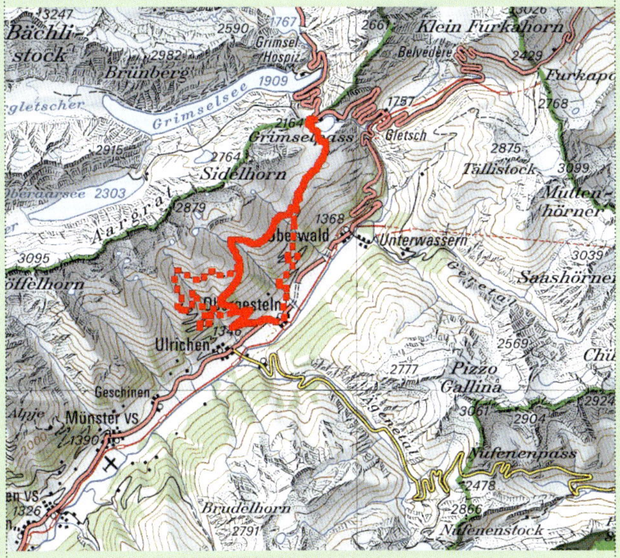


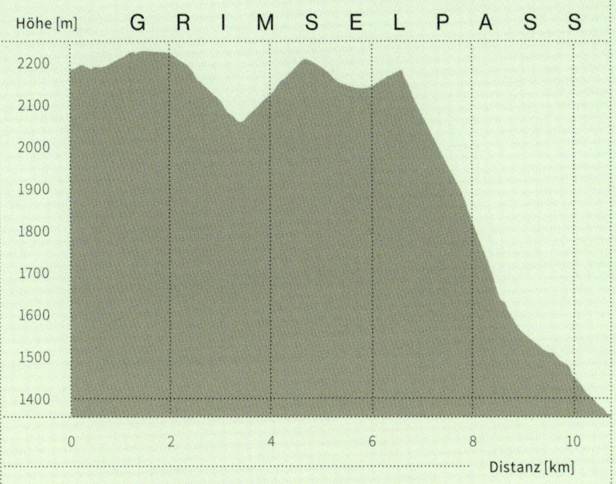


| SCHWIERIGKEIT | DISTANZ |
|---|---|
| Fahrtechnik 3 | 16,5 km |
| Ausdauer 2 | **HÖHENDIFFERENZ** |
| **FAHRZEIT** | Bergfahrt 380 m |
| 3 h | Abfahrt 1140 m |

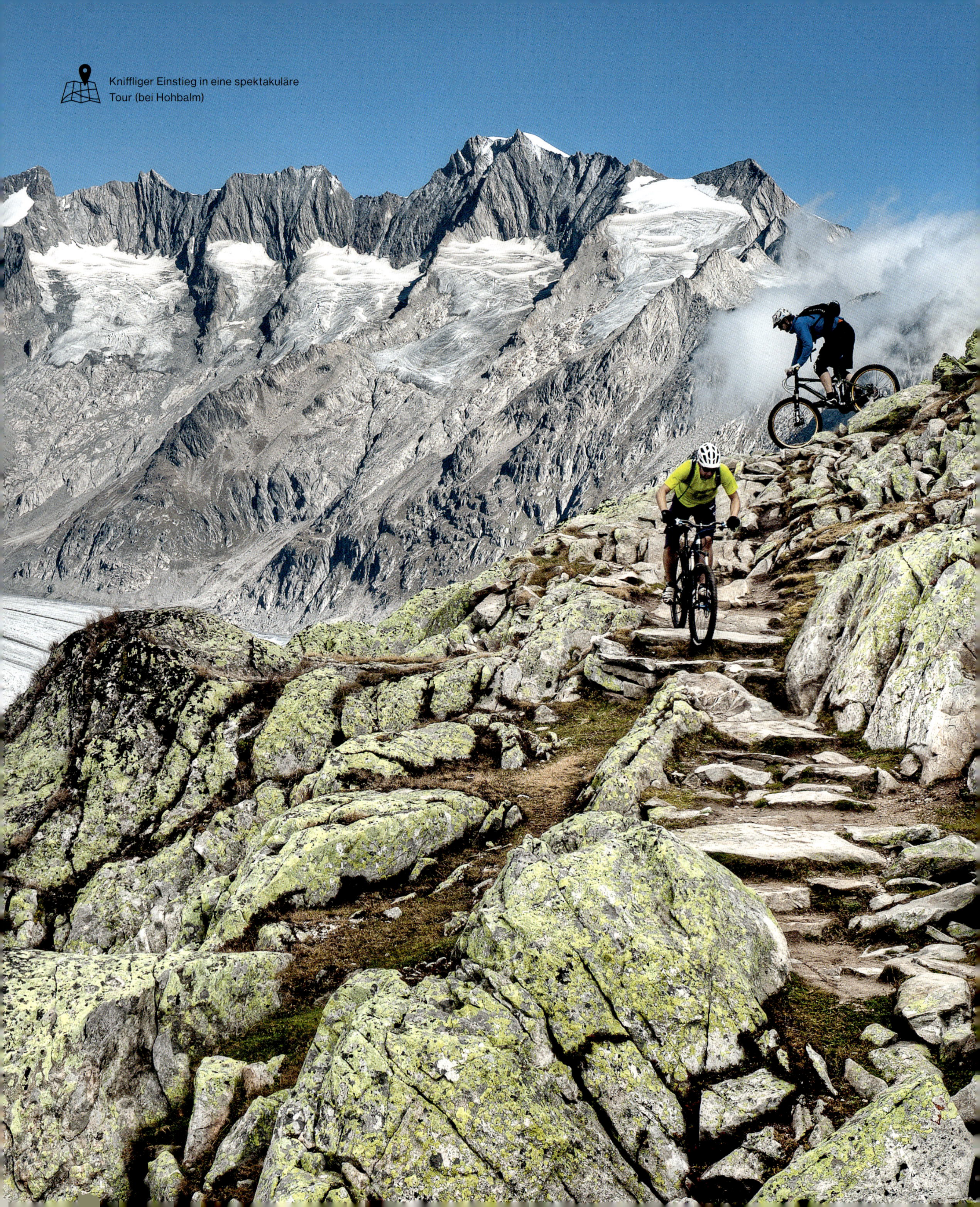

Kniffliger Einstieg in eine spektakuläre Tour (bei Hohbalm)

# BETTMERHORN

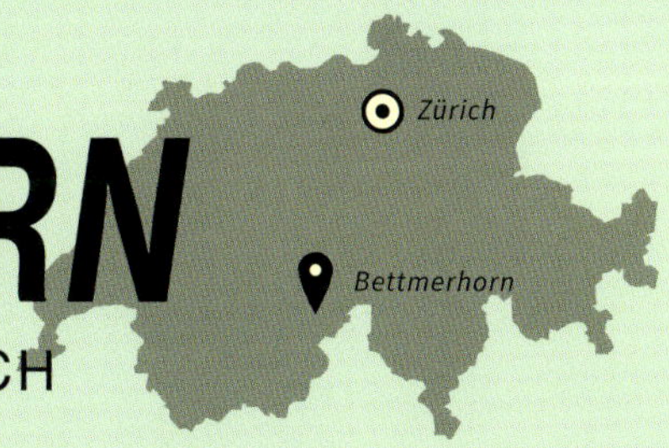


## HEISSE TRAILS IM GLETSCHERREICH

WALLIS

TOUR NR. 26

Die Ausmaße sind beachtlich: Rund 23 Kilometer lang ist der Aletschgletscher vom Konkordiaplatz gemessen, wo sich Aletschfirn, Grüneggfirn, Jungfraufirn und Ewigschneefäld zu diesem gewaltigen Eisstrom vereinen. Schon allein die Aussicht auf den flächenmäßig größten und längsten Gletscher der Alpen ist die Reise ins Oberwallis schon wert. Weitaus weniger spektakulär ist das Bettmerhorn, das vom 2926 Meter hohen Eggishorn optisch dominiert wird. Seine Beliebtheit verdankt der 2858 Meter hohe Fels- und Schotterhaufen der Tat- sache, dass eine Seilbahn bis auf 2647 Meter hinaufführt. Die bahntechnische Erschließung des Bergs rechtfertigt sich für die Mehrheit der Touristen dadurch, dass er ein fantastisches Panorama auf den Aletschgletscher freigibt. Daran erfreuen sich auch Mountainbiker. Noch mehr Spaß bereiten ihnen allerdings die zahlreichen Singletrails, die durch die Bahn erschlossen werden. Die Energie, die man durch die Bahnfahrt eingespart hat, wird man in der Abfahrt über 2000 Höhenmeter gut gebrauchen können. So richtig gefordert wird man glücklicherweise nur gleich zu Beginn. »Eigentlich fahrbar« ist das klare Verdikt für den ersten Kilometer, doch ganz ohne absteigen oder gar kurz schieben werden es trotzdem nur die wenigsten schaffen. Was danach kommt, ist uneingeschränkter Fahrspaß über feinste Singletrails.

**AUSGANGSPUNKT:** Bettmeralp, Bettmeralp Tourismus, Telefon +41 (0)27 928 41 41, *www.aletscharena.ch*

**ÜBERNACHTUNGSTIPP:** Hotel Garni Slalom, Bettmeralp, Telefon +41 (0)27 927 17 87, *www.slalom.ch*

**STRECKE:** Mit der Seilbahn von der Haltestelle Betten bis Bettmeralp (1924 m) hochfahren • auf der Asphaltstraße durch das Dorf Bettmerhorn bis zur Talstation der Bettmerhorn Gondelbahn • mit der Bahn bis zur Station Bettmerhorn (2647 m, km 0) • direkt nach dem Bergrestaurant links abbiegen und dem Bergrücken entlang (kein Wanderwegweiser) über Hohbalm bis zum Punkt 2290 abfahren • km 1,9, Punkt 2290 – dem Wanderwegweiser »Riederfurka« folgen • km 6,0, Riederfurka (2065 m), Wanderwegweiser »Riederalp« – auf der Asphaltstraße durch das Dorf fahren und bei km 7,7 (unmittelbar nach der zweiten Seilbahn-Bergstation) rechts in die Forststraße einbiegen und dem Wanderwegweiser »Greich« folgen • ab Greich entweder direkt abfahren bis Mörel oder alternativ dazu via Ze Hittu durch das Teiffe Bach Tobel queren und via Halt und Äbunacher abfahren.

**KARTEN:** Supertrail Map, Kartenblatt Goms/Brig, 1:50 000, *www.supertrail-map.com*

**DIVERSES:** Einkehrmöglichkeit Bergrestaurant Bettmerhorn, im historischen Restaurant Riederfurka oder diverse in Riederalp.

*Die Schwierigkeitsbewertung für den ersten Streckenabschnitt von rund einem Kilometer nach der Bergstation Bettmerhorn ist 5. Der Streckenabschnitt Bettmerhorn – Riederfurka ist sehr beliebt bei Wanderern. Entsprechend ist die dringende Empfehlung, die letzte Bergbahn zu wählen und die Abfahrt erst dann zu machen, wenn die Mehrheit der Wanderer bereits nicht mehr am Berg ist.

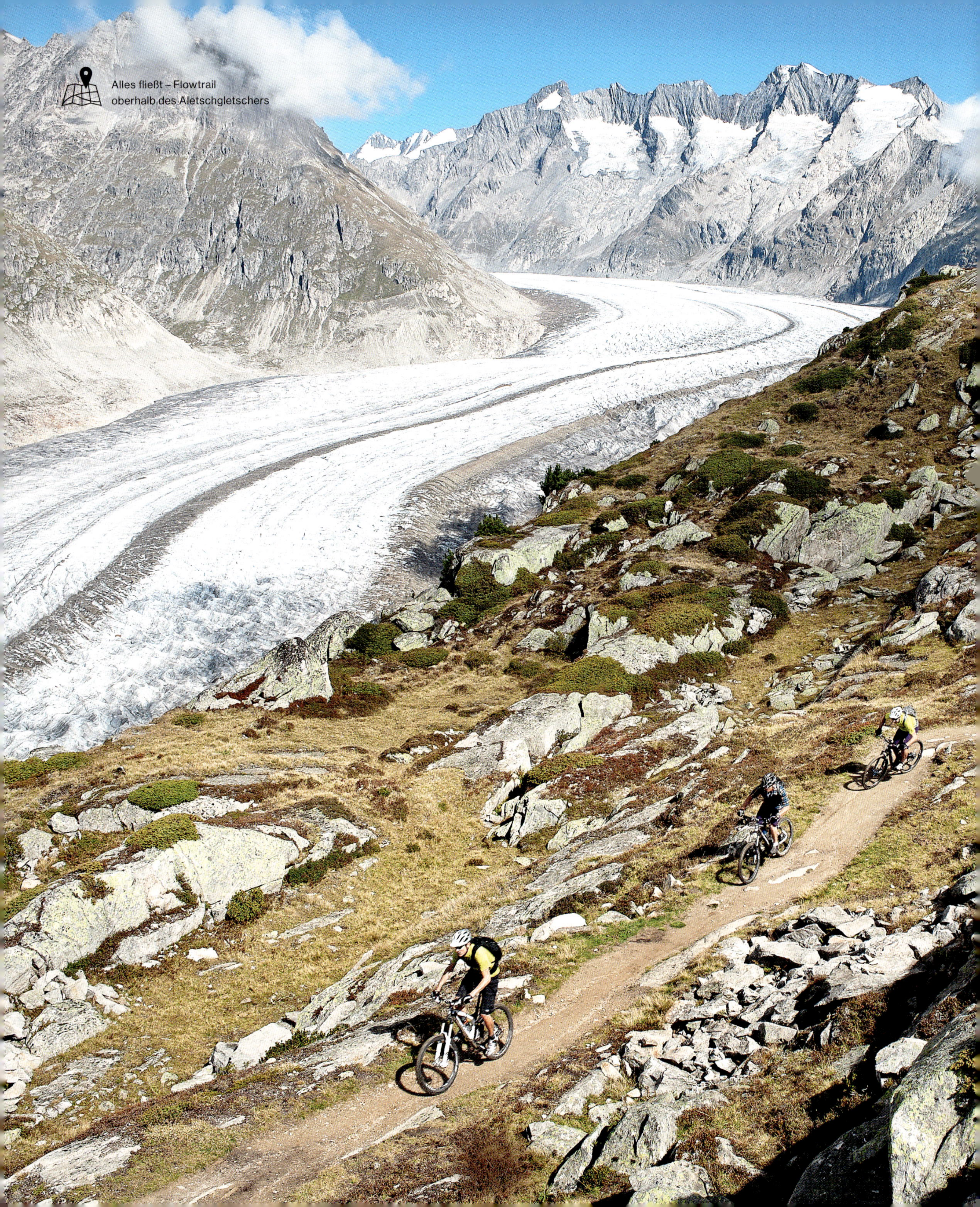

Alles fließt – Flowtrail
oberhalb des Aletschgletschers

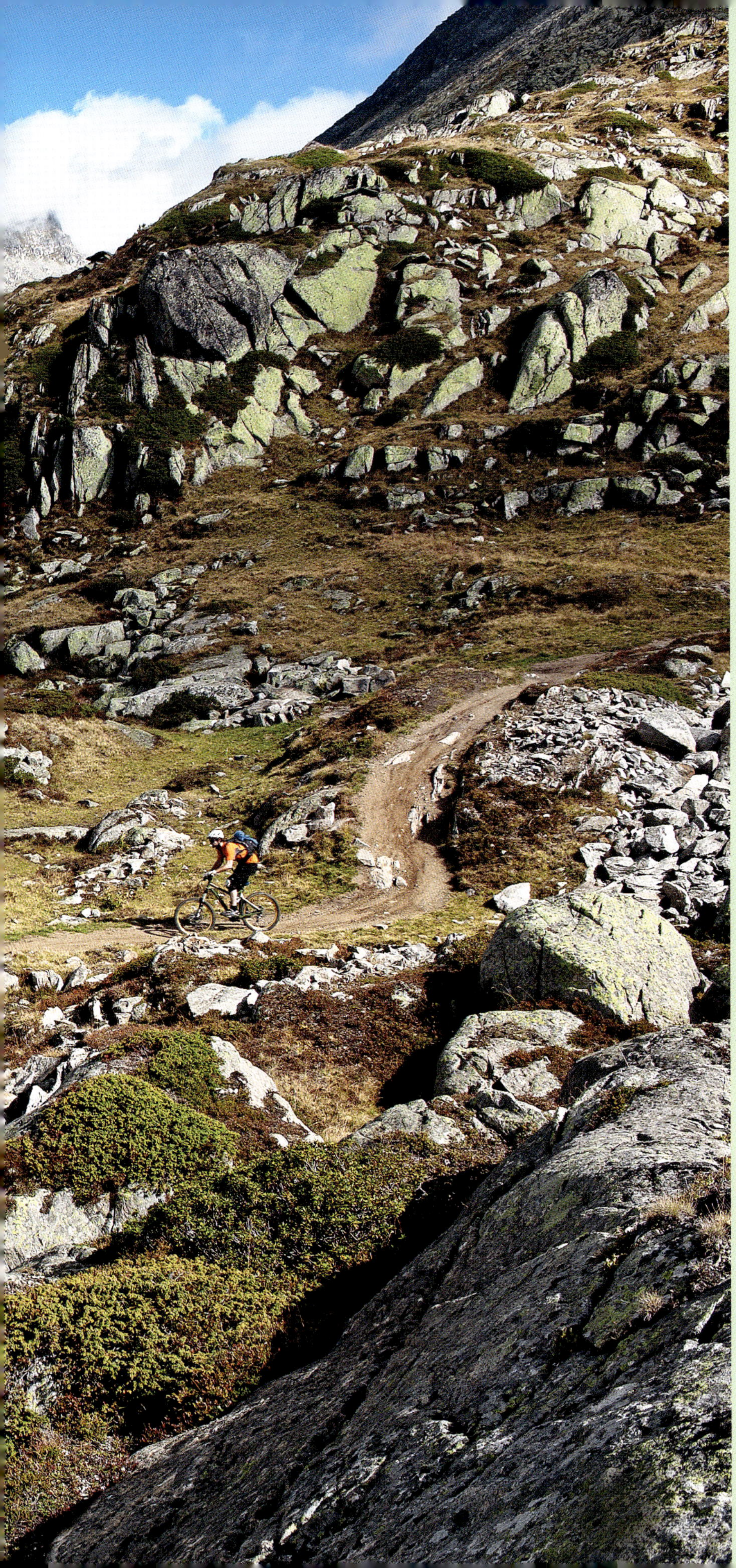

# FAKTEN

## BETTMERHORN

TOUR NR. 26

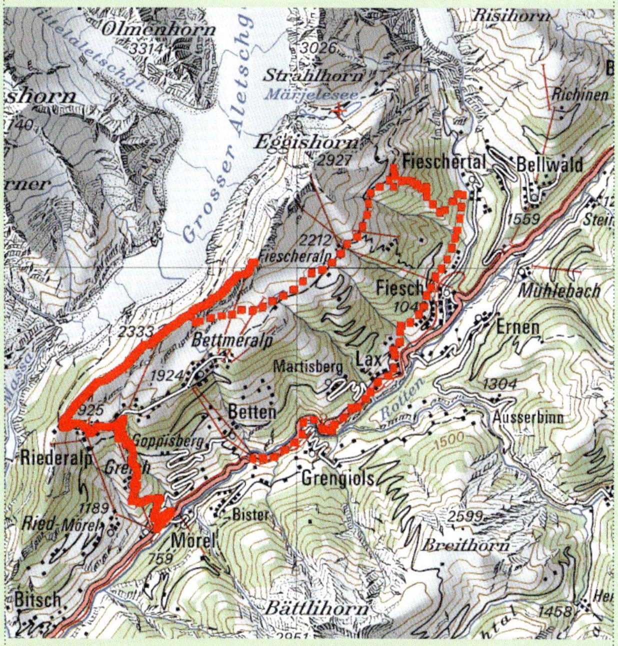


Höhe [m] B E T T M E R H O R N

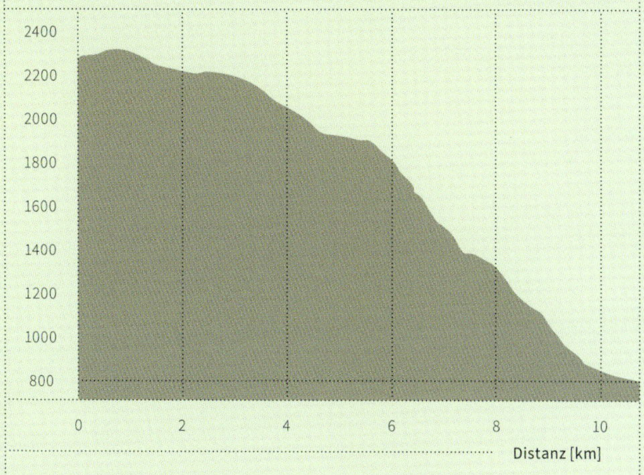


| SCHWIERIGKEIT | DISTANZ |
|---|---|
| Fahrtechnik 3* | 12,9 km |
| Ausdauer 2 | **HÖHENDIFFERENZ** |
| **FAHRZEIT** | Bergfahrt 100 m |
| 2 h | Abfahrt 2000 m |

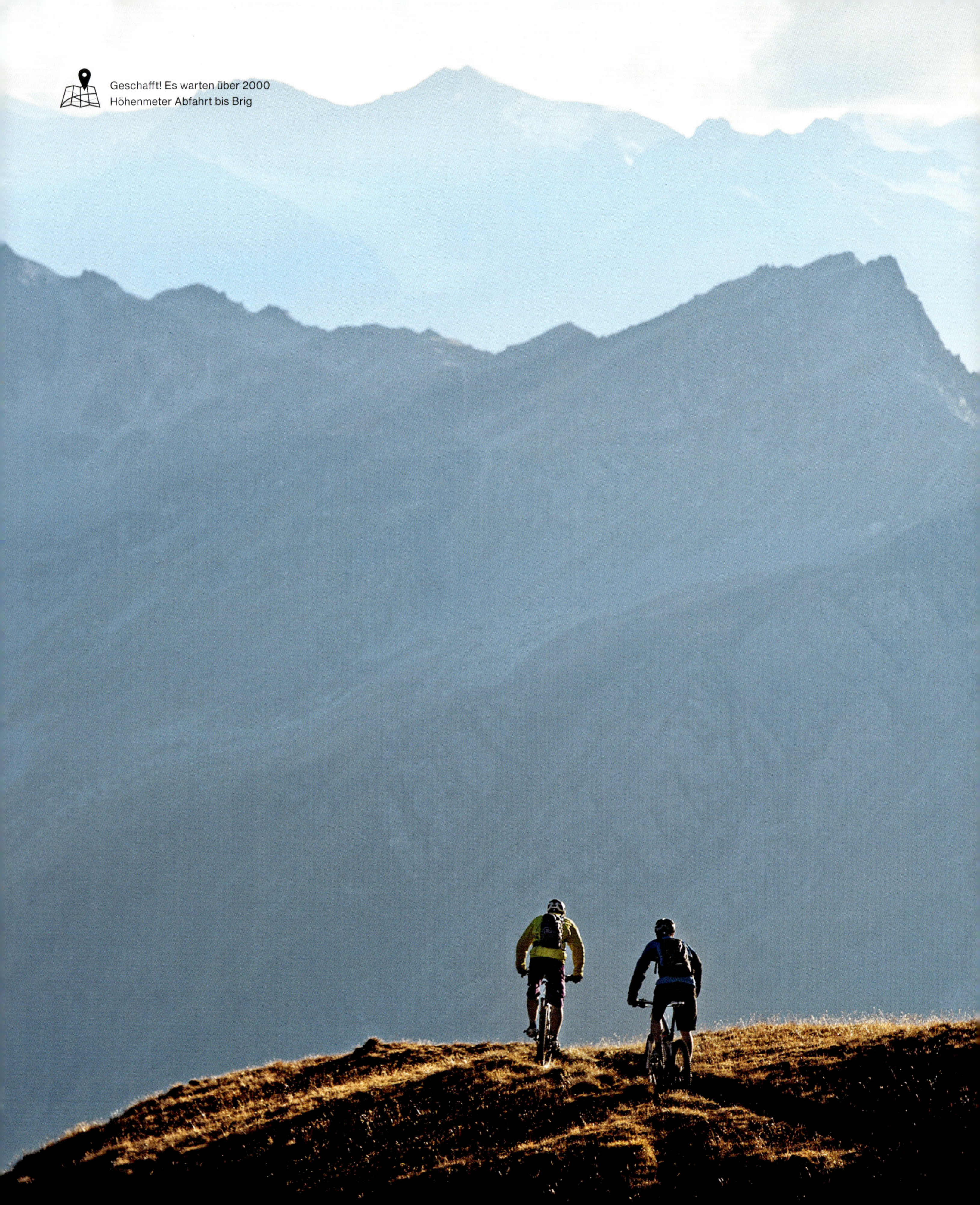

Geschafft! Es warten über 2000 Höhenmeter Abfahrt bis Brig

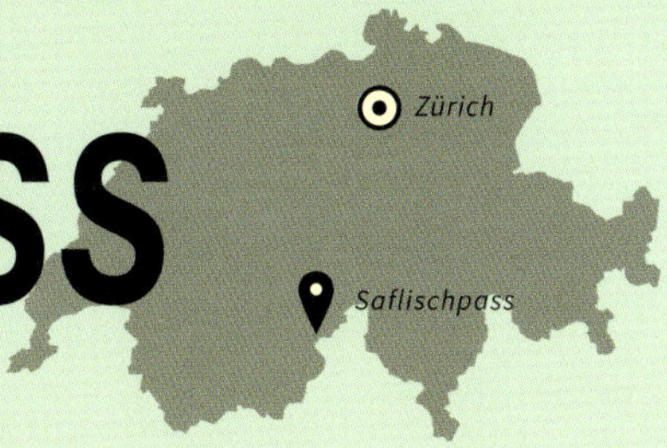


# SAFLISCHPASS

## DER WALLISER PÄSSEKLASSIKER

WALLIS

TOUR NR. 27

1, 2, 3, 4, 5, 6 ... 16 – geschafft! Nein, einschlafen wird in der Bergfahrt bis Furggerchäller niemand. Dafür sind die zu bewältigenden Höhenmeter in den 16 Spitzkehren schlicht zu anstrengend. Eine gewisse Monotonie ist der Strecke trotzdem nicht abzusprechen und manch einer fühlt sich an Sysiphus erinnert, der seine Kugel den Berg hochschiebt, und doch nie oben ankommt. Wozu man sich das alles antut? Weil es sich lohnt! Sich lohnt, auf herrlichen Singletrails einen der schönsten Alpenpässe für Mountainbiker zu erreichen. Sich lohnt, auf anspruchsvollen Trails nach Rosswald abzufahren. Sich lohnt, von dieser Sonnenterrasse aus das Wallis zu überblicken. Sich lohnt, in schier endlosen Schleifen bis zum Bächwald abzufahren. Sich lohnt, durch das Saltinatobel nach Brig zu fahren. Und weil man doch so schnell wieder vergessen hat, wie anstrengend die Bergfahrt war.

**AUSGANGSPUNKT:** Grengiols, Tourismusbüro Grengiols, Telefon +41 (0)27 927 11 20, *www.landschaftspark-binntal.ch*

**ÜBERNACHTUNGSTIPP:** Hotel Ambassador****, Brig, Telefon +41 (0)27 922 99 00, *www.ambassador-brig.ch*

**STRECKE:** Vom Bahnhof Grengiols auf der Asphaltstraße via Grengiols, Bächerhyschere bis Viertel (1087 m) • km 3,01, rechts in Schotterstraße einbiegen und Richtung Furggerchäller/Saflischpass fahren • km 13,3 Furggerchäller • Wanderwegweiser »Saflischpass« • km 17,9 Saflischpass (2563 m) • Wanderwegweiser »Rosswald« – in Rosswald (1819 m) auf den Singletrail Richtung Brig abfahren • via Bleika und Saltinatobel zurück nach Brig.

**KARTEN:** Supertrail Map, Kartenblatt Goms/Brig, 1:50 000, *www.supertrail-map.com*

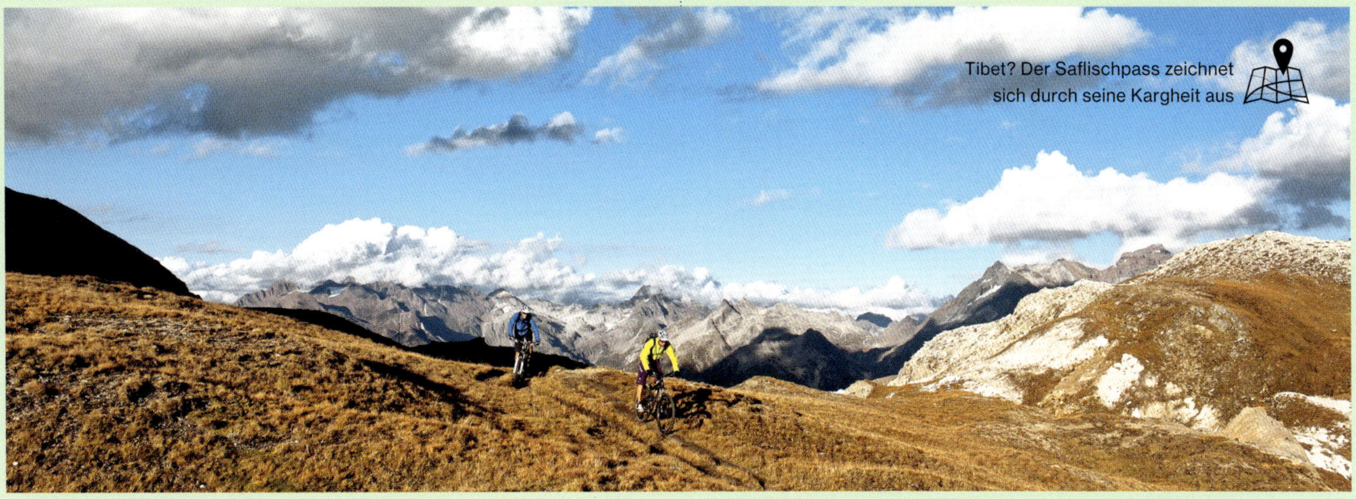

Tibet? Der Saflischpass zeichnet sich durch seine Kargheit aus

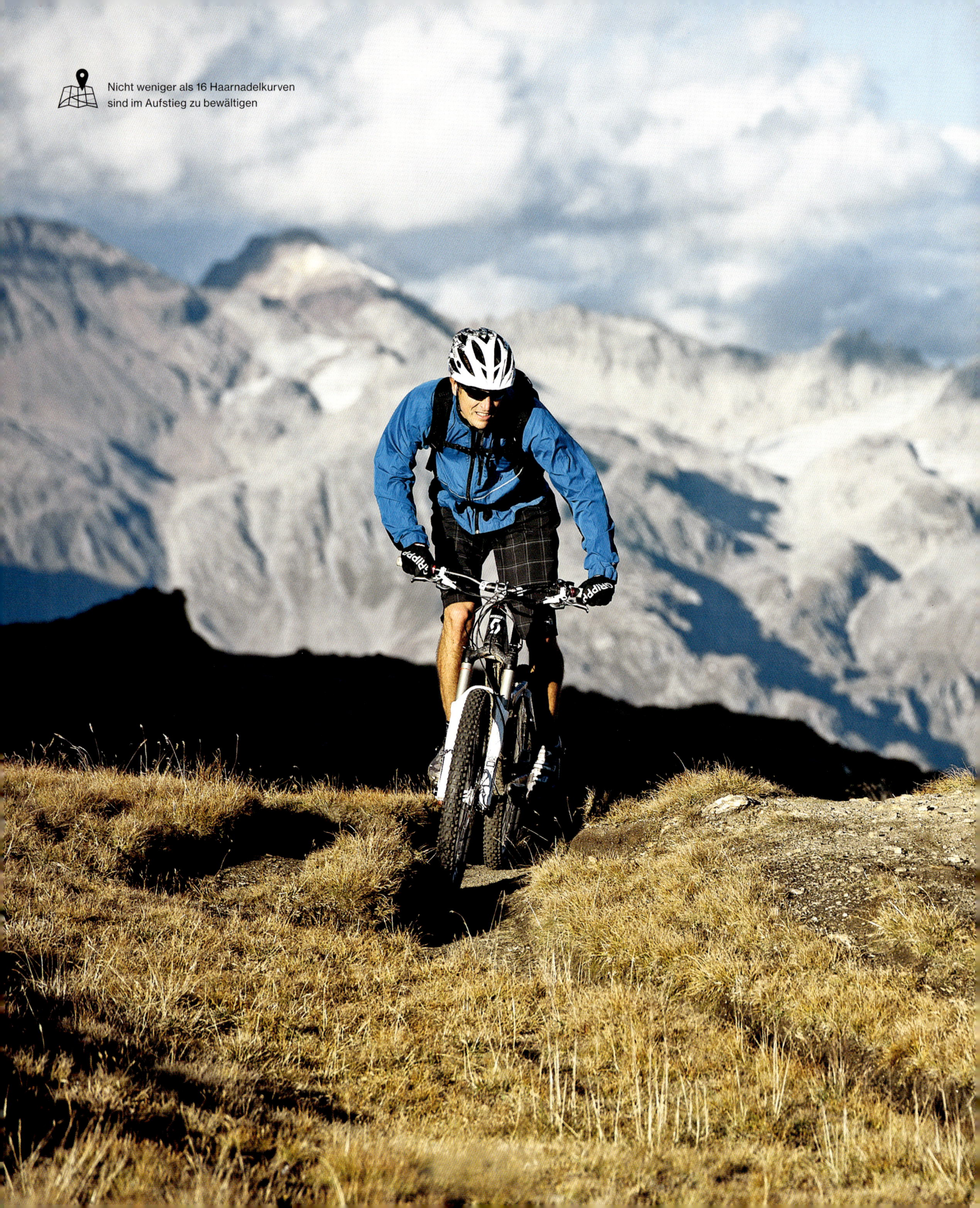

Nicht weniger als 16 Haarnadelkurven sind im Aufstieg zu bewältigen

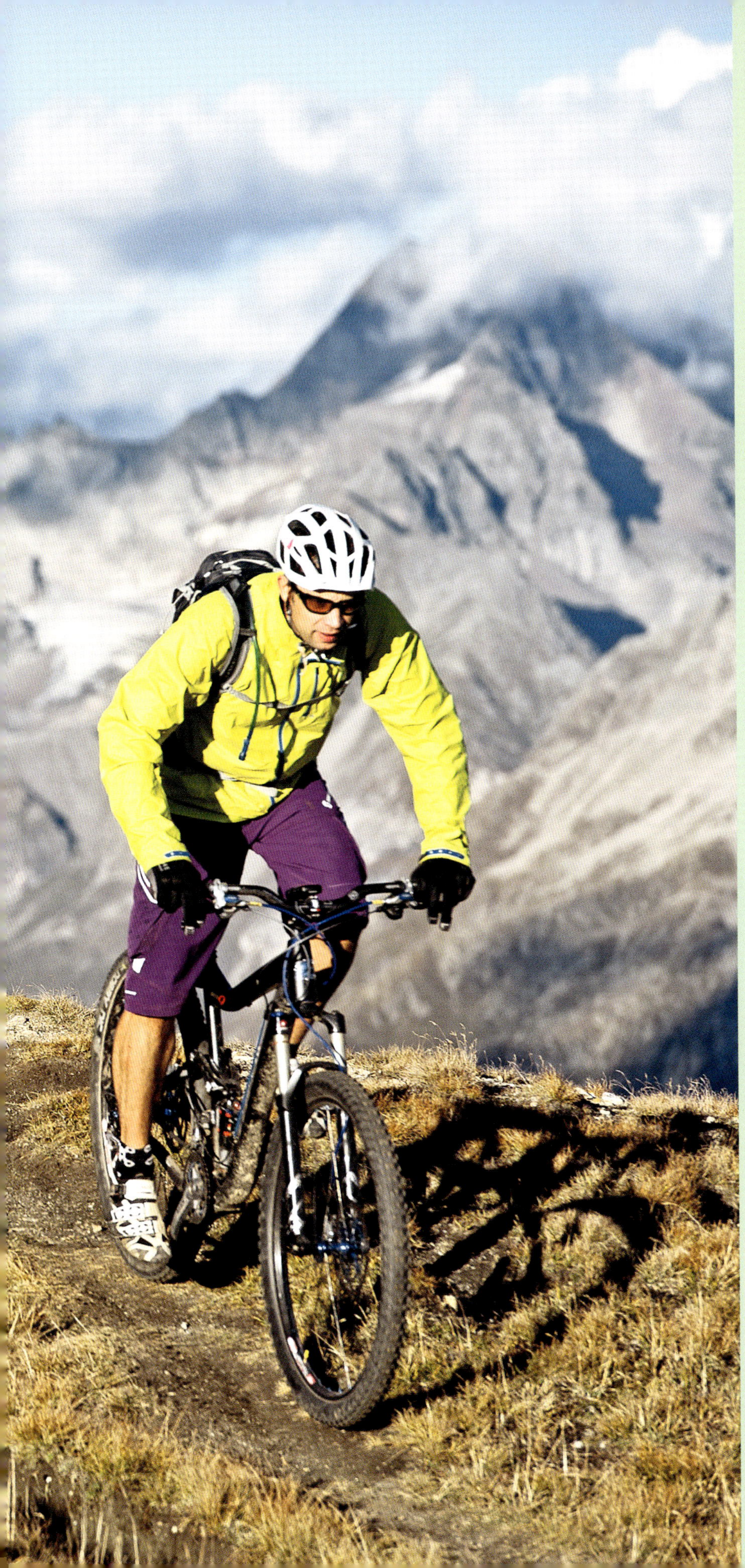

# FAKTEN

## SAFLISCHPASS

TOUR NR. 27

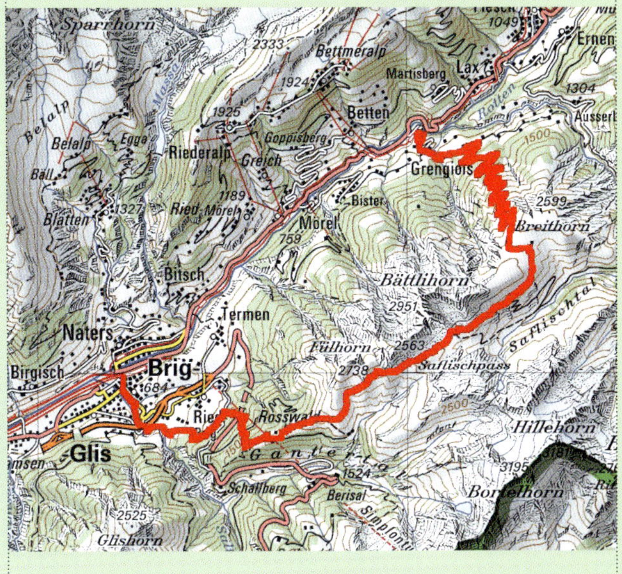


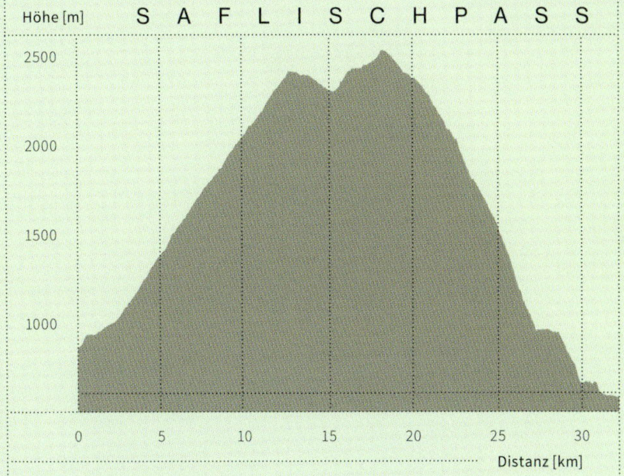


| SCHWIERIGKEIT | DISTANZ |
|---|---|
| Fahrtechnik 3 | 31,5 km |
| Ausdauer 5 | **HÖHENDIFFERENZ** |
| **FAHRZEIT** | Bergfahrt 1980 m |
| 5 h | Abfahrt 2210 m |

Alpiner Fahrspaß – als wären die Trails für Mountainbiker gebaut worden

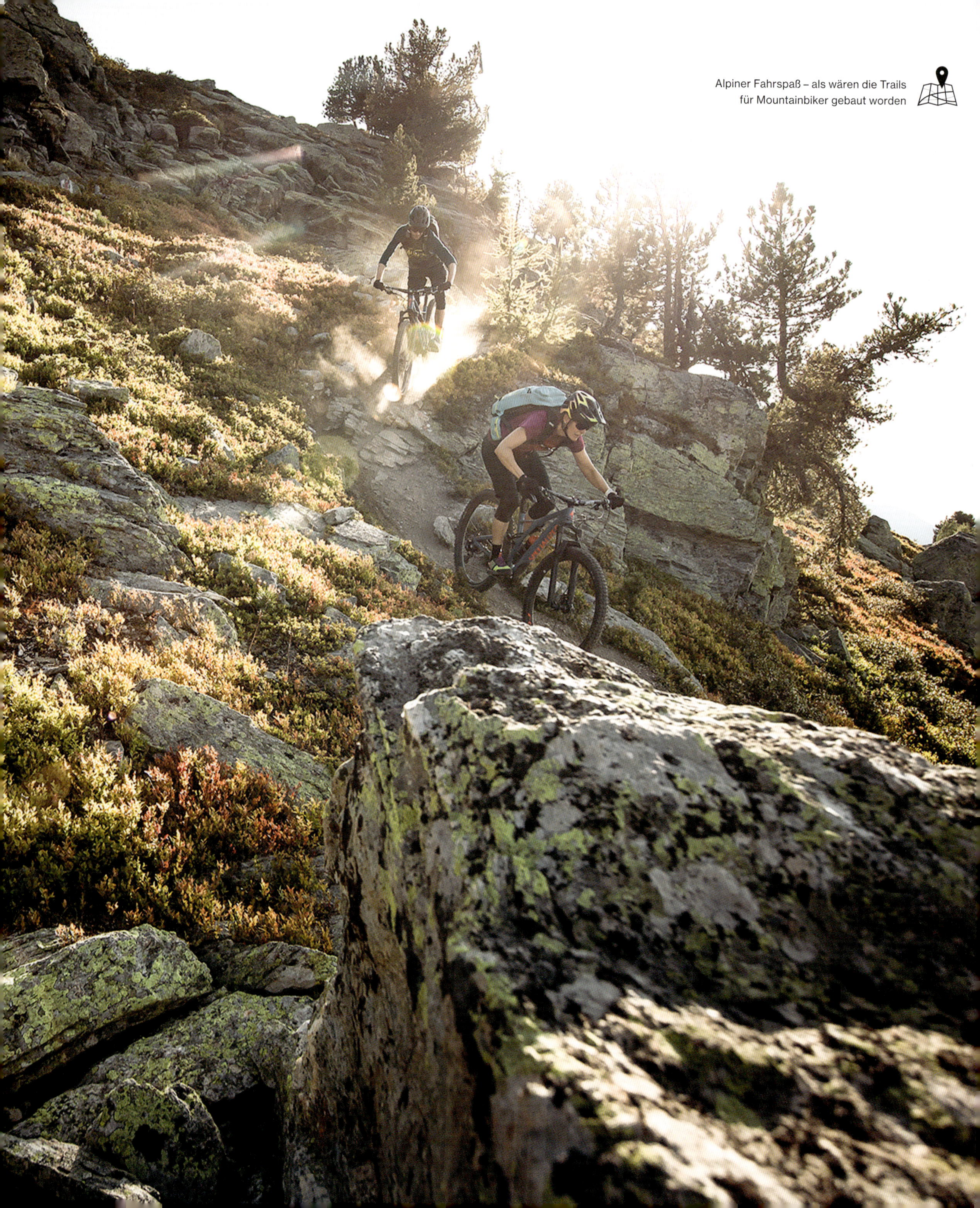

# BISTINEPASS

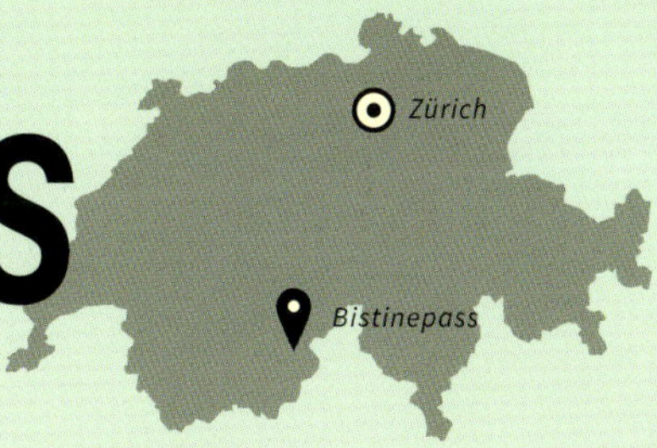


## GANZ SCHÖN ALPIN

WALLIS

TOUR NR. 28

500 Höhenmeter sind in der Regel keine Herausforderung, die einem Sorgenfalten auf die Stirn zaubert. Aber wenn sie auf so kurzer Distanz zurückgelegt werden, wie zwischen dem Simplon- und dem Bistinepass, dann ist das schon ein ziemlich hartes Stück Arbeit. Eigentlich ist die ganze Strecke fahrbar, einmal abgesehen von einigen besonders verblockten Stellen. Selbst wenn die Fahrtechnik vorhanden ist, so streikt doch ab und zu der »Motor«. Auf knapp 2400 Metern wird die Luft spürbar dünner. Was man zu diesem Zeitpunkt noch nicht weiß – das eigentliche »Pièce de resistance« folgt erst noch. Aber der Reihe nach. Vom Bistinepass führt ein sehr schöner Singletrail über drei Kilometer bis ans Ende des Nanztals. Hier geht die Buckelei noch einmal los. Das Obers Fulmoos legt man in rund 20 Minuten mehr tragend denn fahrend zurück, was den Vorteil hat, dass man diesen wunderschönen Flecken trotz Plackerei etwas intensiver genießen kann, als wenn man mit 35 Sachen vorbeifahren würde. Spätestens beim Schwarzbach weiß dann auch jeder, weshalb sich das Tragen trotzdem gelohnt hat: ab hier führt ein scheinbar endloser Singletrail bis zum Gibidumpass. Der Zielort Visp liegt 1600 Höhenmeter tiefer. Und jeden einzelnen davon kann man auch genießen, weil die Trails zum Talboden hin immer besser und besser werden. Zuerst die Arbeit, dann das Vergnügen – am Bischtinepass ist das jedenfalls so.

**AUSGANGSPUNKT:** Brig, Brig Simplon Tourismus AG, *www.brig-simplon.ch*

**ÜBERNACHTUNGSTIPP:** Hotel Ambassador****, Brig, Telefon +41 (0)27 922 99 00, *www.ambassador-brig.ch*

**STRECKE:** Postauto-Haltestelle Simplon Kulm (2004 m) auf dem Asphaltweg parallel zur Passstraße unterhalb der Adlerstatue vorbeifahren • danach parallel zur Straße den verlaufenden Wanderweg wählen • ab km 0,7 dem Wanderwegweiser »Bistinepass« folgen • km 5,44, Bistinepass (2386 m) • Wanderwegweiser »Gibidumpass« – km 5,85, linken Weg wählen, Wanderwegsweiser »Bistinepass-Gilu« • km 17,3, Gibidumpass (2201 m) – Wanderwegweiser »Visperterminen« auf der Schotterstraße abfahren • km 18,8, unterhalb Bergrestaurant im Giw (1962 m) den Singletrail wählen • der Singletrail geht später in einer Forststraße auf – abfahren bis zur ersten T-Kreuzung und hier links abbiegen • 200 Meter später rechts dem Suonenweg mit dem Wanderwegweiser »Hüoterhüsi« folgen • km 21,6, links Wanderwegweiser »Hohtenn-Visp» • km 23,2 (1304 m), rechts • km 23,8 Hotee (1210 m), Wanderwegweiser »Visp« • der Singletrail endet in einem Industriegebiet • von hier aus auf der Asphaltstraße zurück zum Bahnhof.

**KARTEN:** Supertrail Map, Kartenblatt Goms/Brig, 1:50 000, *www.supertrail-map.com*

**DIVERSES:** Busfahrt bis zur Simplon-Passhöhe, Reservation empfohlen. Zum Bistinepass sowie zwischen Bistinepass und Schwarzbach gibt es einige Schiebe-/Tragepassagen. Eine interessante Alternative ist der parallel verlaufende Anstieg zur Äusseren Nanzlücke. Hier gibt es einige exponierte Stellen.

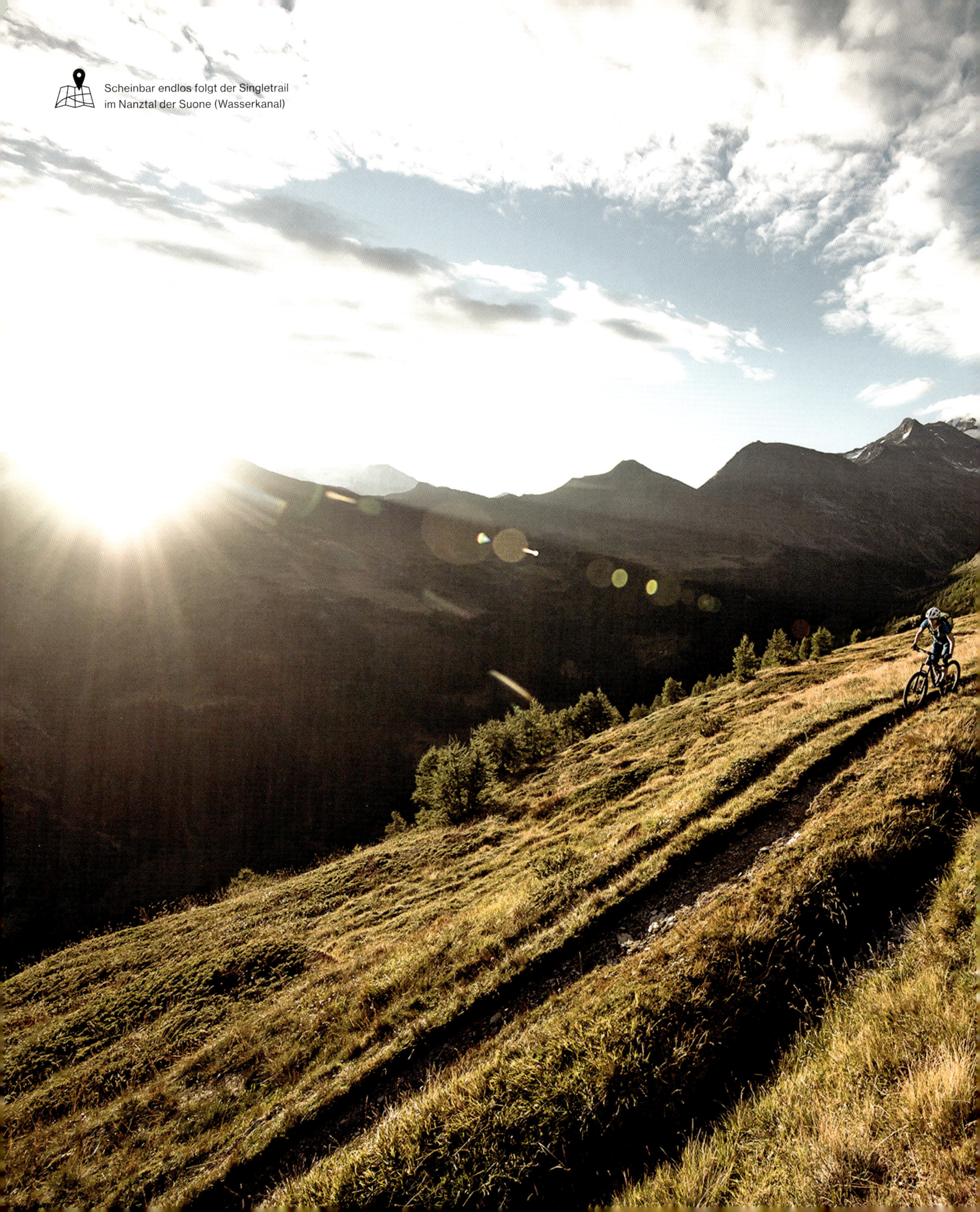

Scheinbar endlos folgt der Singletrail
im Nanztal der Suone (Wasserkanal)

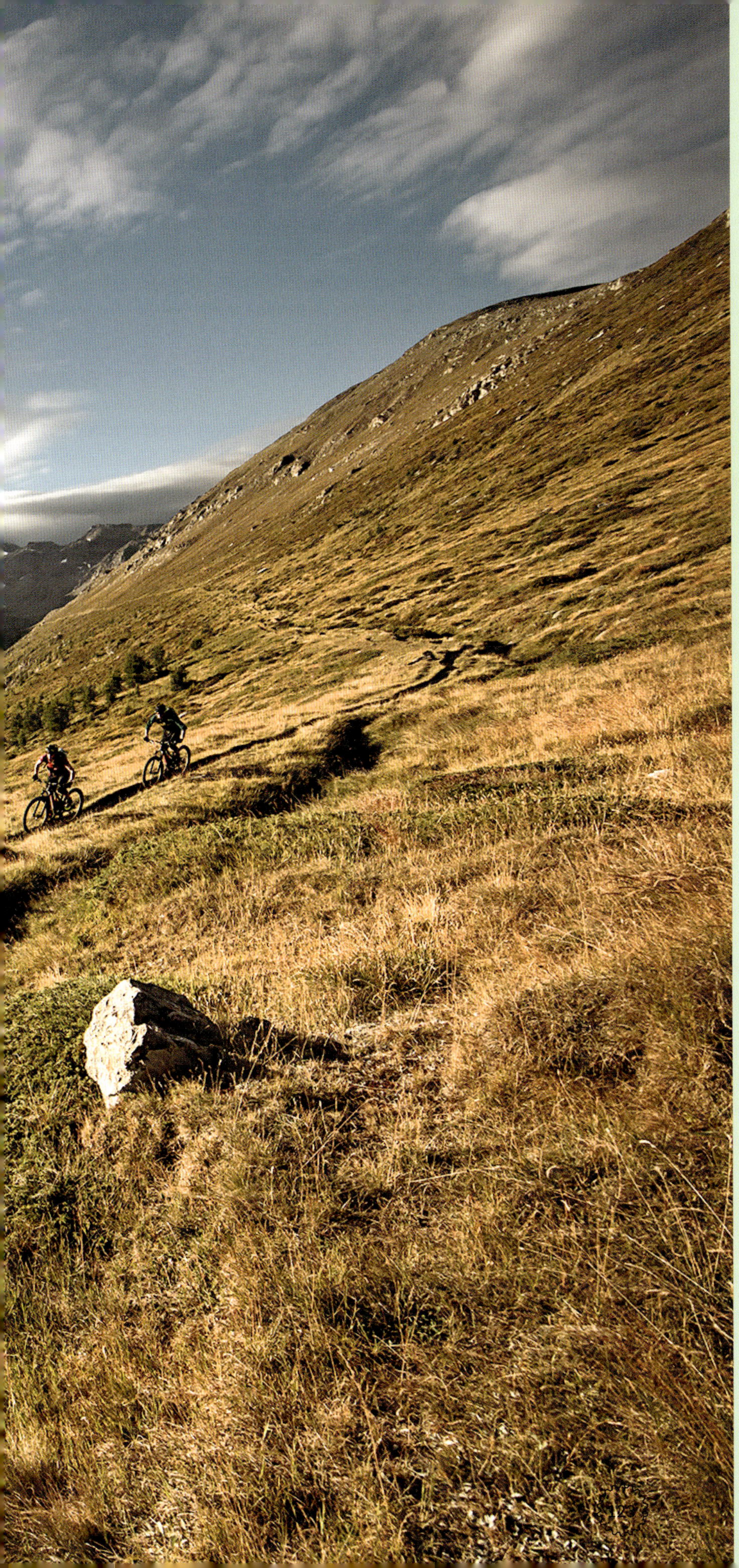

# FAKTEN

## BISTINEPASS

TOUR NR. 28

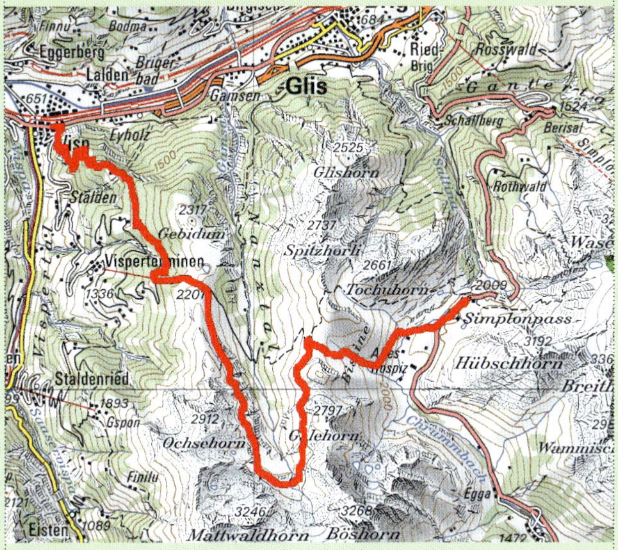


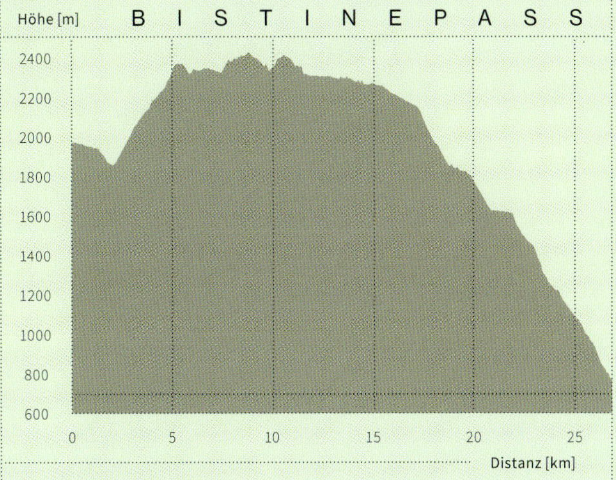


| SCHWIERIGKEIT | DISTANZ |
|---|---|
| Fahrtechnik 4 | 27,1 km |
| Ausdauer 3 | **HÖHENDIFFERENZ** |
| **FAHRZEIT** | Bergfahrt 850 m |
| 4,5 h | Abfahrt 2350 m |

# VISPERTERMINEN

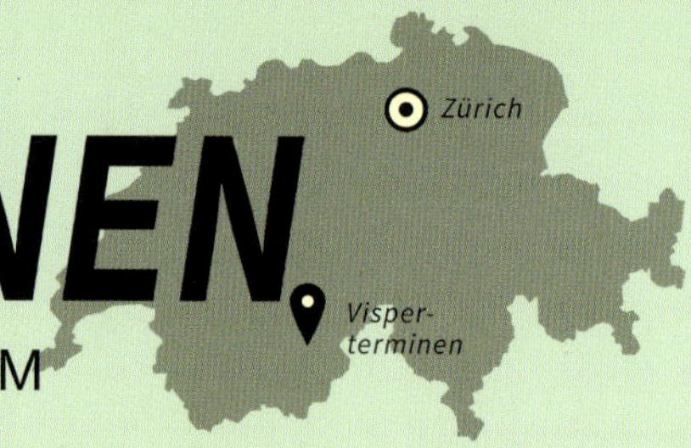


## DAS WALLISER TRAIL-EPIZENTRUM

WALLIS

TOUR NR. 29

Visp – der Nabel der Welt? Nun ja, um zu dieser Einschätzung zu gelangen, gehört sicher eine gehörige Portion »Walliser Lokalpatriotismus« dazu. Fakt ist, dass das Oberwalliser Kleinstädtchen dank dem Lötschberg Basistunnel im nationalen und internationalen Schienenverkehr an Bedeutung gewonnen hat und näher an die Restschweiz und Europa gerückt ist. In 56 Minuten erreicht man Visp ab Bern und in weiteren 2:03 Stunden gelangt man nach Mailand. Weiterfahren nach Italien ist aber zumindest für Mountainbiker keine Option, denn Visp ist zumindest für sie einer der Schweizer Hotspots. Egal welche Himmelsrichtung man wählt – ab dem Bahnhof Visp findet man überall feinste Singletrails. Ein sehr guter Einstieg in die Visper-Singletrail-Welt ist die relativ kurze Runde über Visperterminen, Hüoterhüsi, Hotee und über den Chropfjischleif zurück nach Visp. Sie beinhaltet so ziemlich alles, was die Region zu bieten hat: technisch einfache Trails durch schöne Rebterrassen, herrliche Aussichten auf die 4000er des Matter- und Saastals, ein flüssig zu fahrender Suonenweg und eine Abfahrt auf perfekt angelegten Singletrails, auf denen sowohl Geschwindigkeits- als auch Fahrtechnikliebhaber auf ihre Kosten kommen. Visp – der Nabel der Welt? Vielleicht.

**AUSGANGSPUNKT:** Visp, Visp Tourist Info, Telefon +41 (0)27 946 18 18, *www.vispinfo.ch*

**ÜBERNACHTUNGSTIPP:** Hotel Bahnhof**, Ausserberg, Telefon +41 (0)27 946 22 59, *www.hotel-bahnhof.com*

**STRECKE:** Bahnhof Visp (650 m), Bahnhofstraße Richtung Ortszentrum hoch fahren • km 0,374, dem Wanderwegweiser »Visperterminen« geradeaus folgen • km 0,687, »Visperterminen« geradeaus • km 3,46, auf Asphaltstraße weiter • km 4,54, rechts dem Wanderwegweiser auf dem steilem Trail hoch oder auf der Asphaltstraße bleiben • km 8,59, Visperterminen (1327 m), Wanderwegweiser »Bodma-Hüoterhüsi« • km 9,36, geradeaus auf Straße • km 11,9, Bodma (1570 m), rechts Wanderwegweiser »Visperterminen« • km 12,4, links Wanderwegweiser »GIW« • km 12,7 (1656 m), links der Biss (Wasserkanal) entlang dem Wanderwegweiser »Hüoterhüsi« folgen • km 14,05, links Wanderwegweiser »Hohtenn-Visp« • km 15,6 (1304 m), rechts • km 16,2, Hotee (1210 m), Wanderwegweiser »Visp« • der Singletrail endet in einem Industriegebiet • von hier aus auf der Asphaltstraße zurück zum Bahnhof.

**KARTEN:** Supertrail Map, Kartenblatt Visp, 1:50 000, *www.supertrail-map.com*

**DIVERSES:** Diverse Verpflegungsmöglichkeiten in Visperterminen.

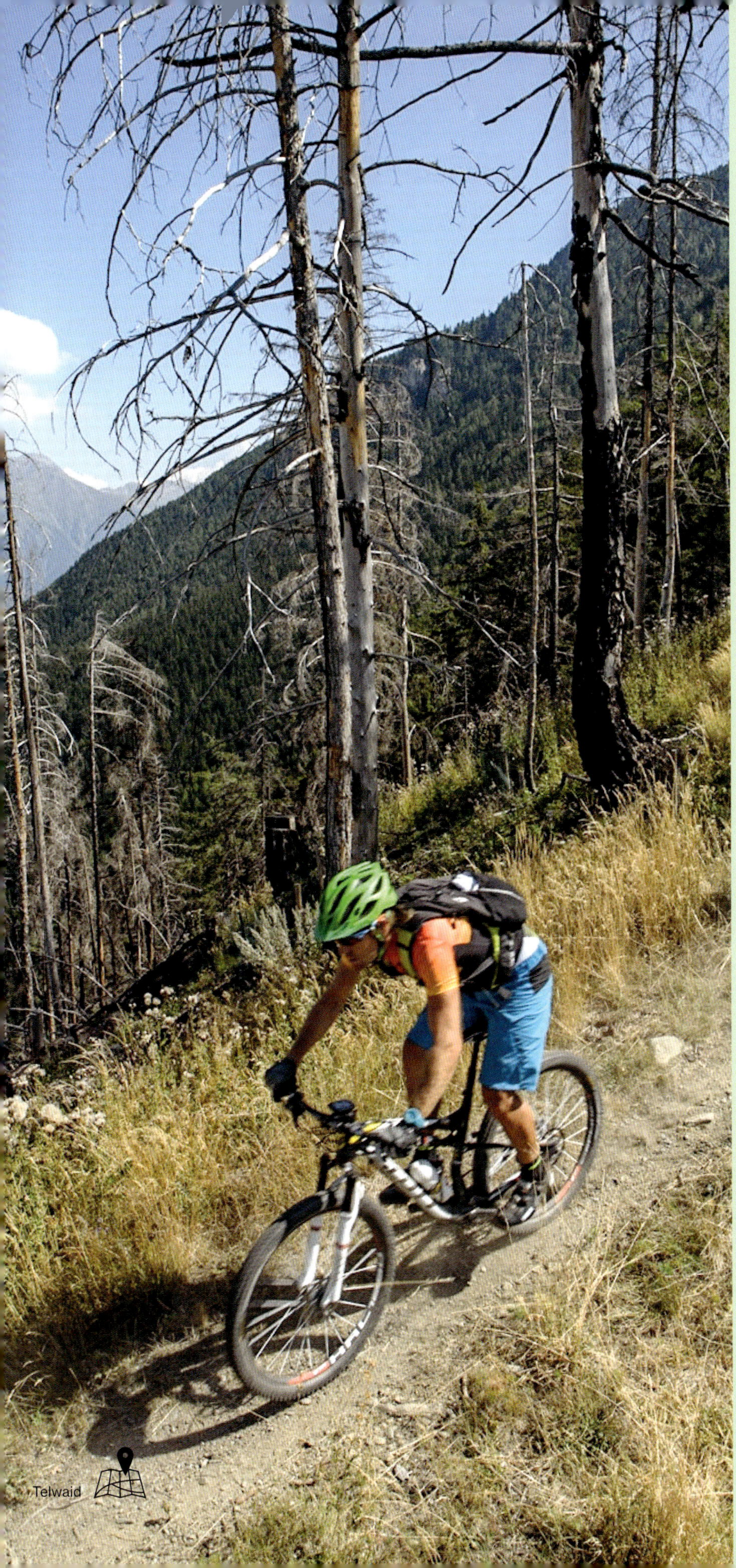

Telwald

# FAKTEN

## VISPERTERMINEN

TOUR NR. 29

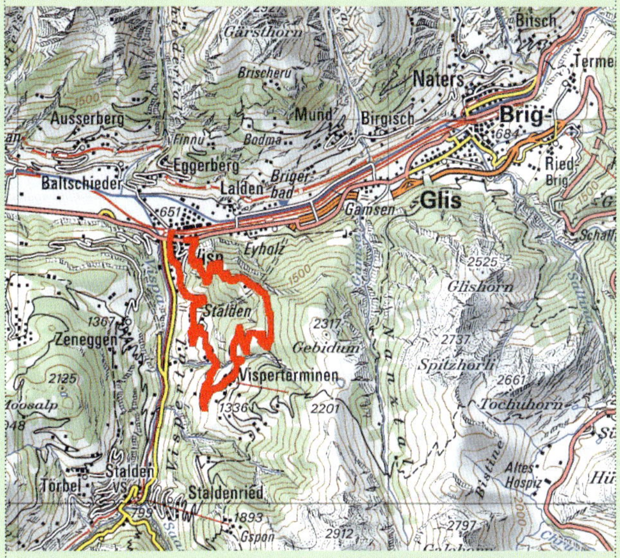


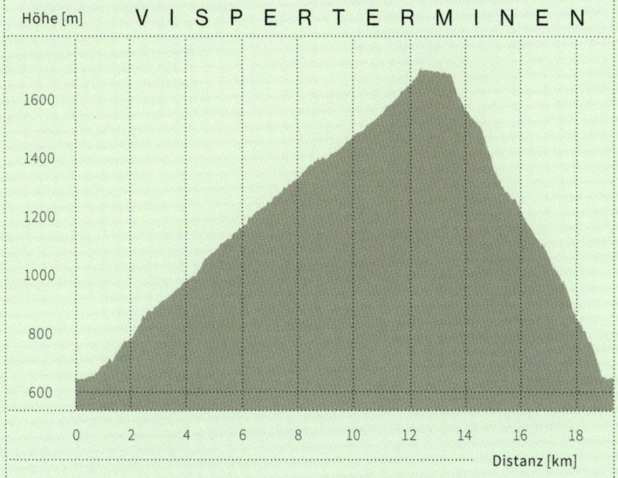


| SCHWIERIGKEIT | DISTANZ |
|---|---|
| Fahrtechnik 3 | 20 km |
| Ausdauer 3 | **HÖHENDIFFERENZ** |
| **FAHRZEIT** | 1020 m |
| 3 h | |

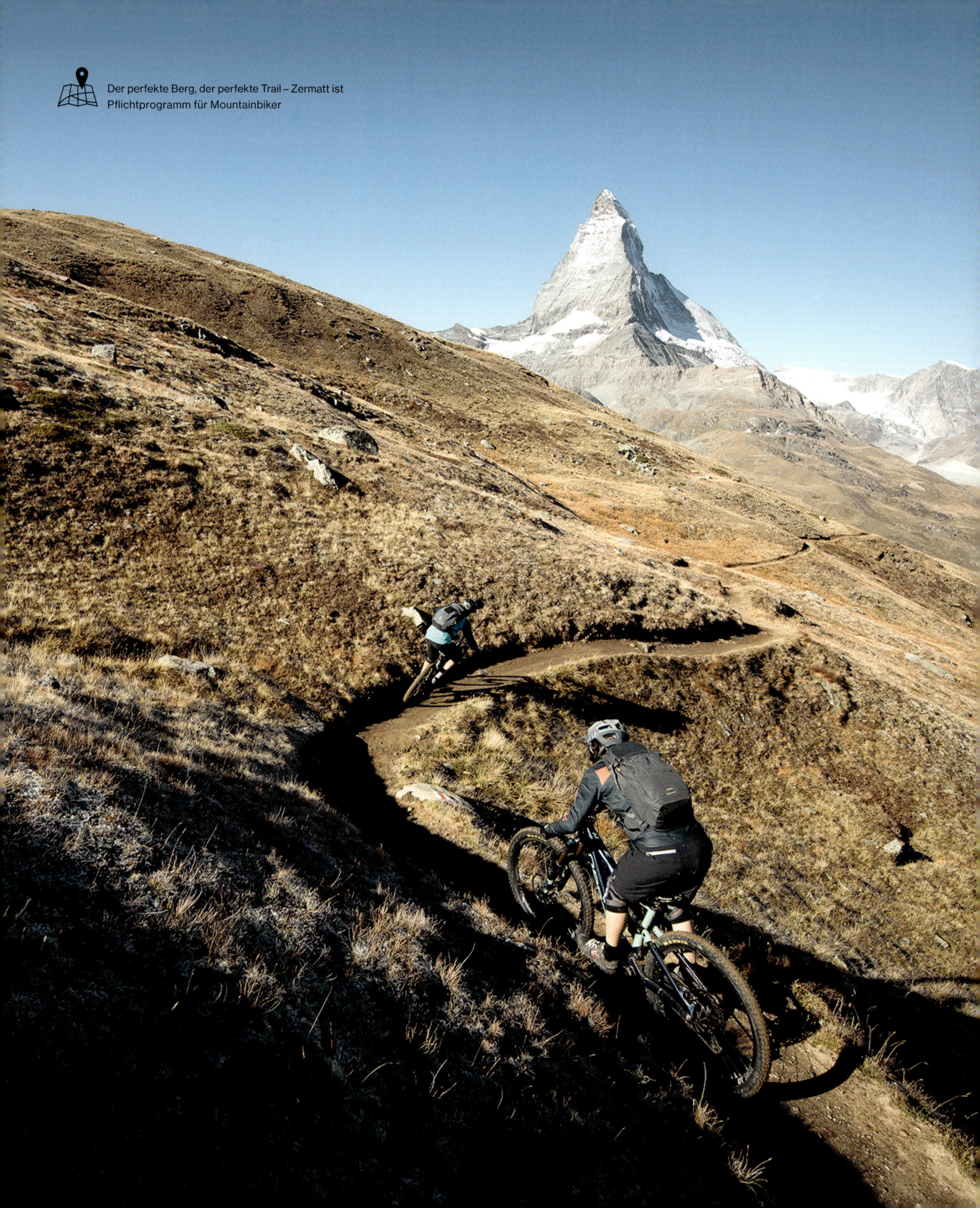

Der perfekte Berg, der perfekte Trail – Zermatt ist Pflichtprogramm für Mountainbiker

# GORNERGRAT

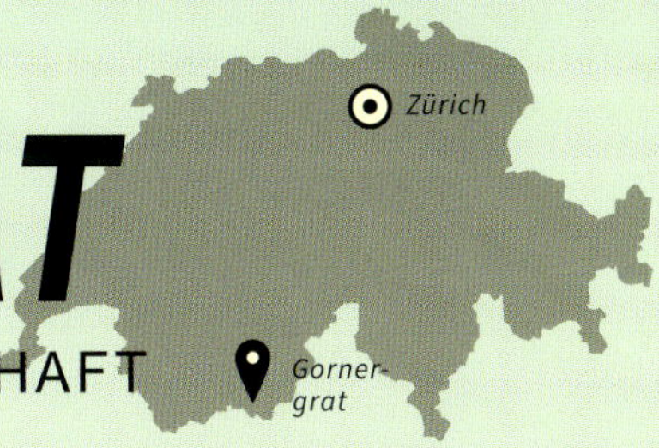


## TRAILZAUBER IN POSTKARTENLANDSCHAFT

WALLIS

TOUR NR. 30

»Mei, ist der aber süß.« – wir verstehen zwar kein Japanisch, aber dem Gesichtsausdruck nach zu urteilen, war es genau das, was die alte Japanerin angesichts des dicken Bernhardinerhunds gesagt hat, mit dem sich ihre Kollegin mit dem Matterhorn im Hintergrund hat ablichten lassen. Zugegeben – er hat schon etwas besonderes an sich. Nicht der Hund, sondern der Berg, der mit seiner unverkennbaren Silhouette das Mattertal abschliesst und eine perfekte Kulisse bildet. Gefährlich schön, weil er die Aufmerksamkeit selbst dann auf sich lenkt, wenn man auf schmalen und technisch anspruchsvollen Singletrails vom Gornergrat aus Richtung Riffelsee abfährt. Überhaupt mag sich während des ganzen Tages kein richtiger Fahrfluss einstellen. Nicht etwa, dass die Trails besonders verblockt oder gar unfahrbar wären – im Gegenteil – aber nach jeder Kurve und jedem weiteren Streckenabschnitt scheint der Ausblick aufs »Horu« – wie die Einheimischen das Matterhorn nennen – noch schöner zu werden. Ein weiterer Stopp, ein weiteres Foto. Trotzdem sind sich am Ende der Tour in Zermatt alle darüber einig, dass die Trails dem Berg in Sachen Schönheit durchaus Paroli bieten können.

**AUSGANGSPUNKT:** Zermatt, Zermatt Tourismus, Telefon +41 (0)27 966 81 00, *www.zermatt.ch*

**ÜBERNACHTUNGSTIPP:** Hotel Riffelhaus****, Zermatt, Telefon +41 (0)27 966 65 00, *www.riffelhaus.ch*

**STRECKE:** Mit der Zahnradbahn von Zermatt auf den Gornergrat hochfahren • Gornergrat (3090 m), Bikewegweiser »Riffelsee/Zermatt« • km 0,2, links Wanderwegweiser »Riffelsee« • km 2,7, links Wanderwegweiser »Riffelalp« • km 6,1, Riffelalp (2222 m), am Hotel vorbei zur Bahnstation Riffelalp fahren und dem Wanderwegweiser »Zermatt« folgen.

**KARTEN:** Supertrail Map, Kartenblatt Zermatt, 1:25 000, *www.supertrail-map.com*

**DIVERSES:** Der Trail ist in Riffelbord (rund einen Kilometer vor der Riffelalp) auf einer Distanz von rund 500 Metern fahrtechnisch extrem schwierig (Schwierigkeit 5). Einkehrmöglichkeit auf dem Gornergrat oder der Riffelalp. Das Zugticket zum Gornergrat hoch ist exorbitant teuer. Wer möchte, kann die Bergfahrt auch aus eigener Kraft bewältigen und auf der Schotterstraße via Riffelalp zum Gornergrat hochfahren. Wochenenden und die Ferienzeit wenn möglich meiden, weil die Wege in und um Zermatt auch bei Wanderern sehr beliebt sind. Nutzerkonflikte kann man auch vermeiden, indem Mountain- biker die Trails nur zu Randzeiten nutzen.

Die Viertausender des Monte Rosa Massivs
lassen Mountainbiker demütig staunen

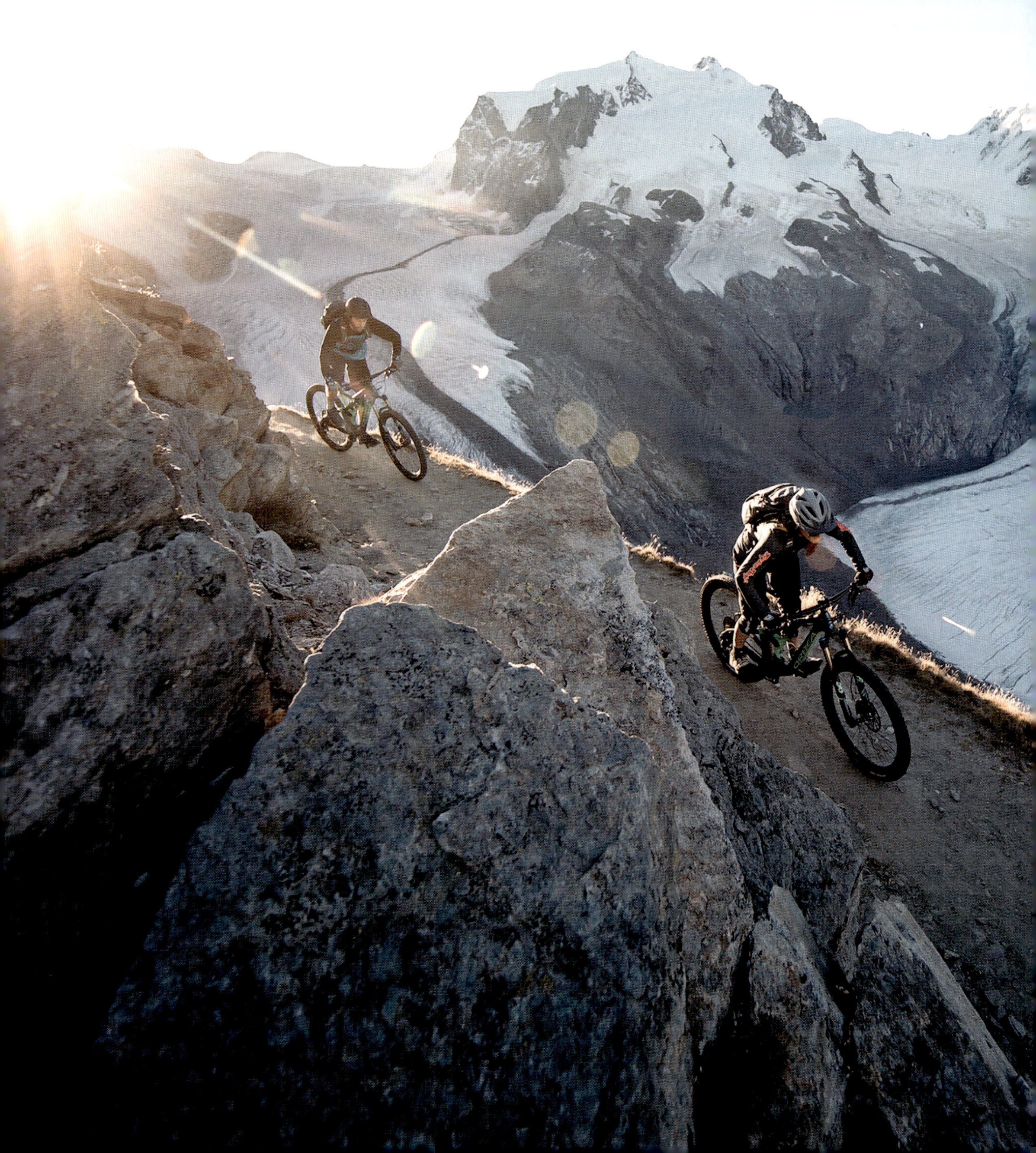

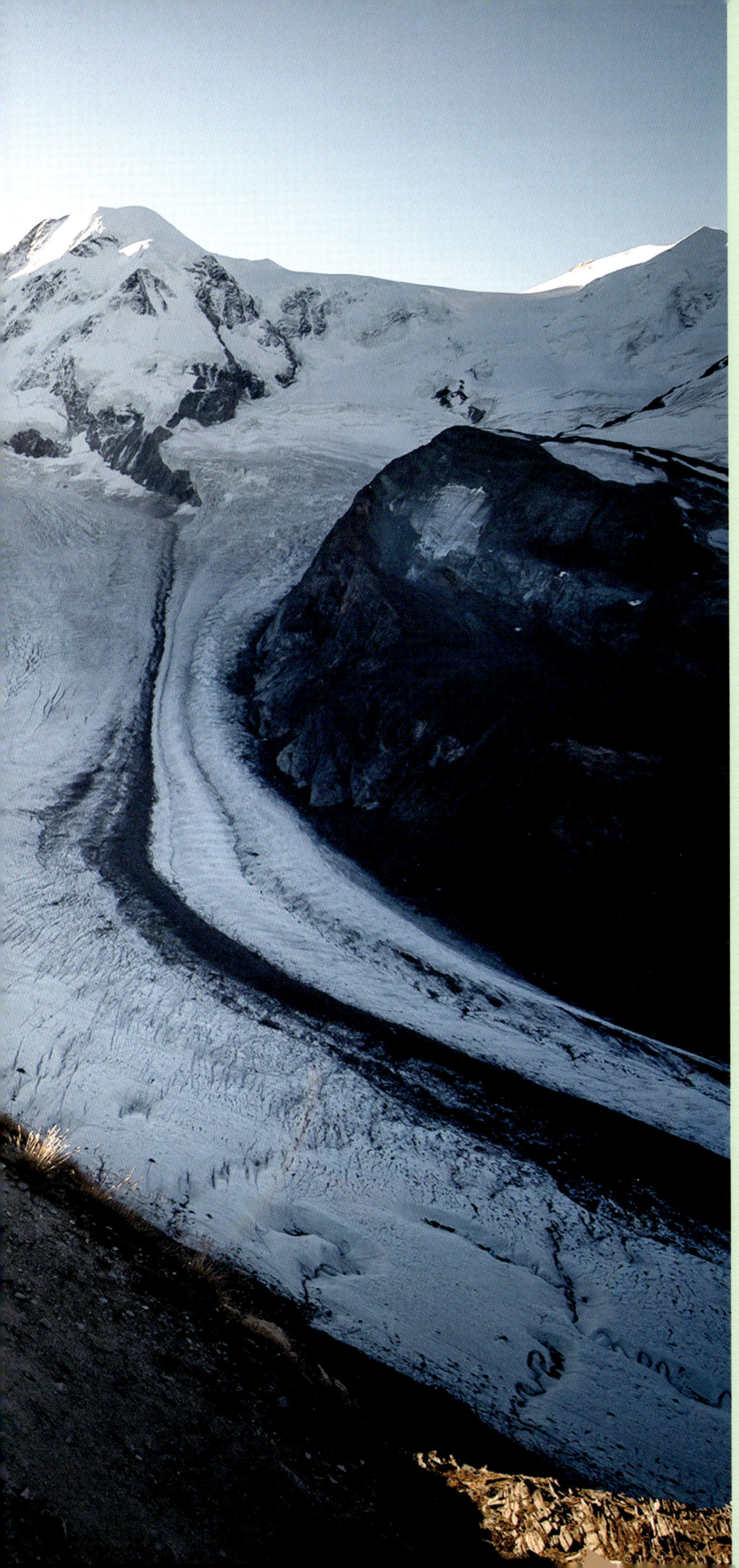

# FAKTEN

GORNERGRAT

TOUR NR. 30

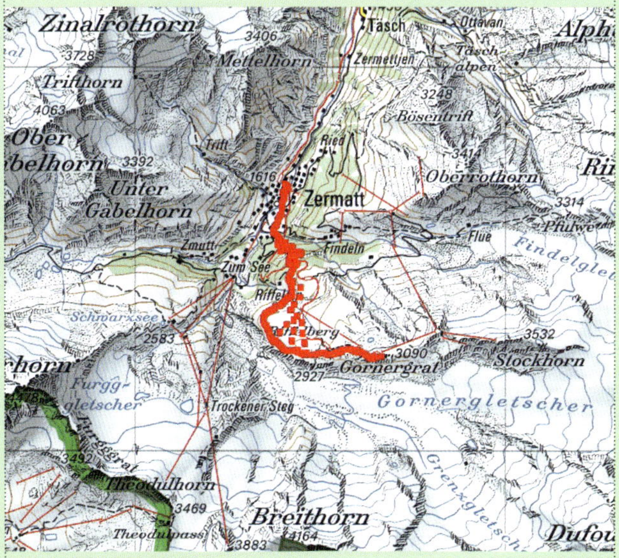


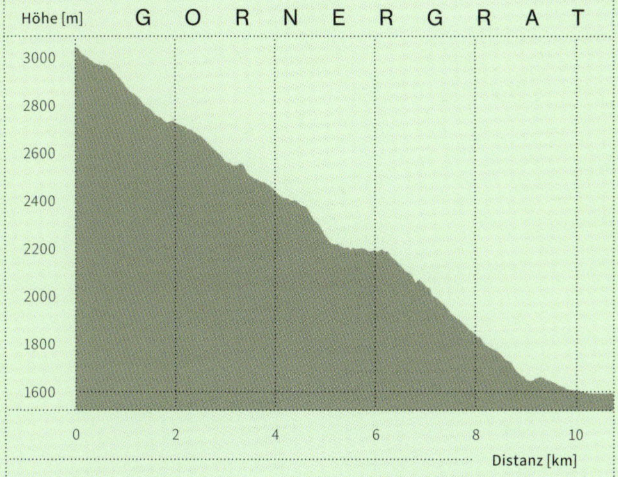


| SCHWIERIGKEIT | DISTANZ |
|---|---|
| Fahrtechnik 3 | 10,5 km |
| Ausdauer 1 | **HÖHENDIFFERENZ** |
| **FAHRZEIT** | Bergfahrt 30 m |
| 1 h | Abfahrt 1440 m |

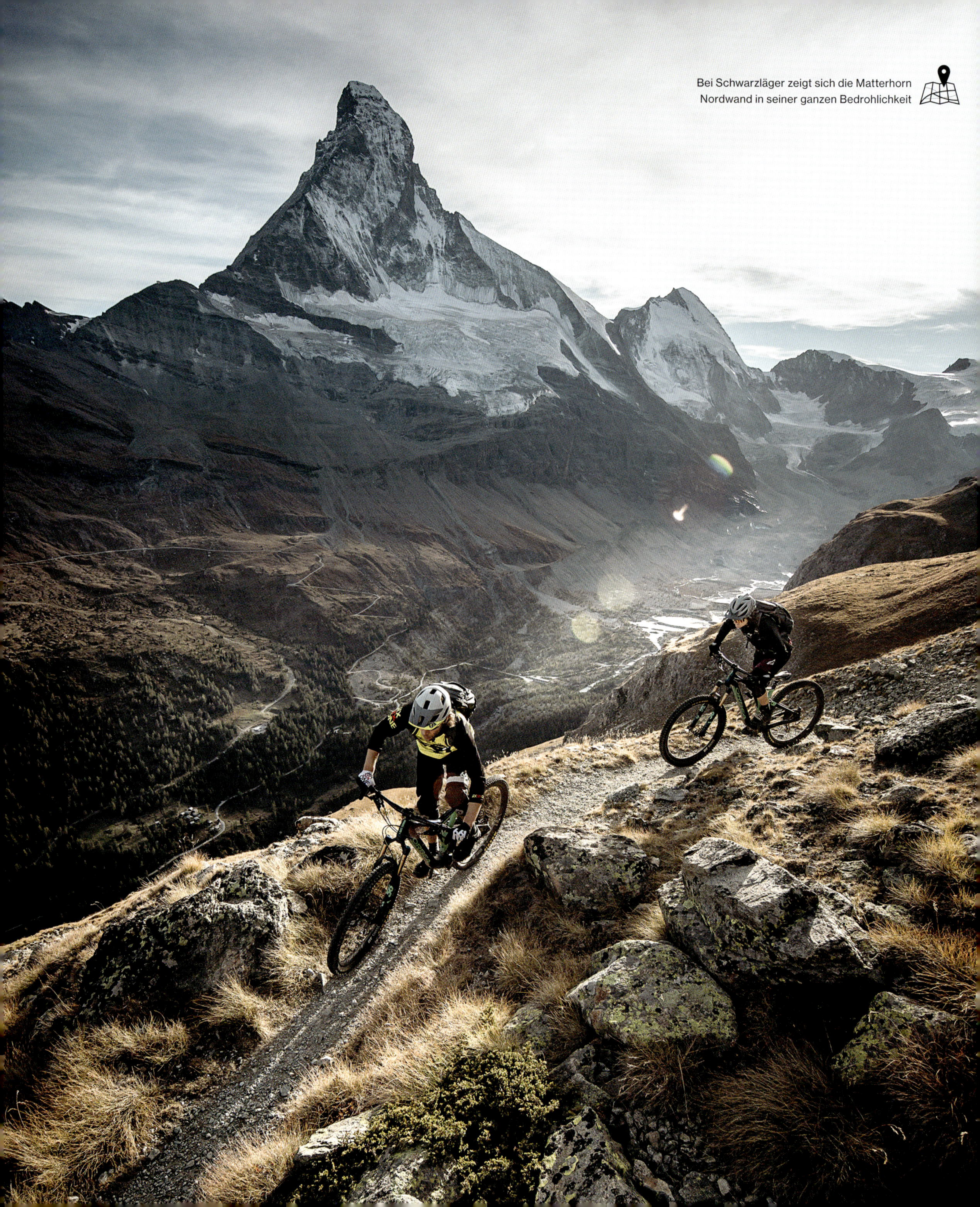

Bei Schwarzläger zeigt sich die Matterhorn Nordwand in seiner ganzen Bedrohlichkeit

# TRIFT

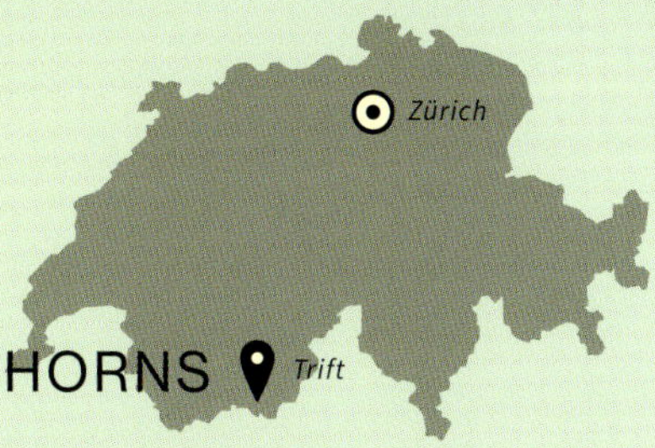


## TRAIL-WUNDER IM SCHATTEN DES MATTERHORNS

WALLIS

TOUR NR. 31

Wenig Arbeit, viel mehr Vergnügen – so oder so ähnlich ließe sich die Tour zum Hotel Trift am besten umschreiben. Nach einem lockeren Einrollen auf Schotterstraße werden auf den Singletrails zum Bergrestaurant Stafel die ersten Endorphine ausgeschüttet. Einer alpinen BMX-Bahn gleich, zieht der Singletrail perfekt angelegt talwärts. Alles hat die Strecke zu bieten: Anleger, Sprünge, enge Kurven, weite Kurven. Die eigentliche Arbeit beginnt erst beim Restaurant Stafel. Die Schotterstraße zieht hoch bis zu den letzten Ausläufern der Moräne des Zmuttgletschers. 400 Höhenmeter wird das Mountainbike ab hier geschoben oder getragen – wer sich keiner guten körperlichen Fitness erfreut, muss sich in der Vorhölle wähnen. Doch jeder Schritt, jedes Buckeln und Krampfen fällt leichter, wenn man weiß, dass man in Schwarzläger das Singletrail-Paradies erreicht. Würde man es nicht mit eigenen Augen sehen, so würde man nicht glauben, dass in alpinem Gelände und auf einer Höhe von rund 2600 Metern ein derart schöner und einfach zu fahrender Trail zu finden ist. Einzig überboten durch die gewaltige Kulisse, die das Matterhorn und das Monte-Rosa-Massiv im Hintergrund abgeben. Das historische Hotel Trift lädt zu einer kurzen Rast, bevor der zu Beginn einfache und danach zunehmend anspruchsvollere Singletrail (fast) in der Falllinie zurück nach Zermatt führt.

**AUSGANGSPUNKT:** Zermatt, Zermatt Tourismus, Telefon +41 (0)27 966 81 00, *www.zermatt.ch*

**ÜBERNACHTUNGSTIPP:** Hotel Riffelhaus****, Zermatt, Telefon +41 (0)27 966 65 00, *www.riffelhaus.ch*

**STRECKE:** Mit der Seilbahn von Zermatt bis zur Station Schwarzsee hochfahren • Schwarzsee (2583 m), Wanderwegweiser »Stafelalp« • km 1,53, Wanderwegweiser »Schönbieler Hütte» • km 3,15, Restaurant Stafelalp • Wanderwegweiser »Schönbieler Hütte« • km 5,94, rechts • km 6,03, Wanderwegweiser »Trift«, nach 50 Metern das Bike links den Trail hochschieben/tragen (oder alternativ dazu geradeaus der Schotterstraße folgen bis auf eine Höhe von 2500 Höhenmetern, danach rechts das Geröllfeld queren bis nach rund 300 Metern der Trail erreicht wird) • beim Hotel Trift, Wanderwegweiser »Zermatt/Alterhaupt«.

**KARTEN:** Supertrail Map, Kartenblatt Zermatt, 1:25 000, *www.supertrail-map.com*

**DIVERSES:** Der Trail ist kurz vor und nach Alterhaupt auf einer Distanz von rund 500 Metern fahrtechnisch sehr schwierig (Schwierigkeit 5). Auf der ganzen Strecke gibt es einige exponierte Stellen. Einkehrmöglichkeit bei der Stafelalp und im Hotel Trift. Wer möchte, kann die Bergfahrt auch aus eigener Kraft bewältigen und auf der Schotterstraße via Zmutt hochfahren. Wochenenden und die Ferienzeit wenn möglich meiden, weil die Wanderwege in und um Zermatt auch bei Wanderern sehr beliebt sind. Nutzerkonflikte kann man auch vermeiden, indem Mountainbiker die Trails nur zu Randzeiten nutzen.

Kaum zu glauben, dass ein Alpintrail auf 2500 Metern so viel Flow bieten kann (Ufem Hohlicht)

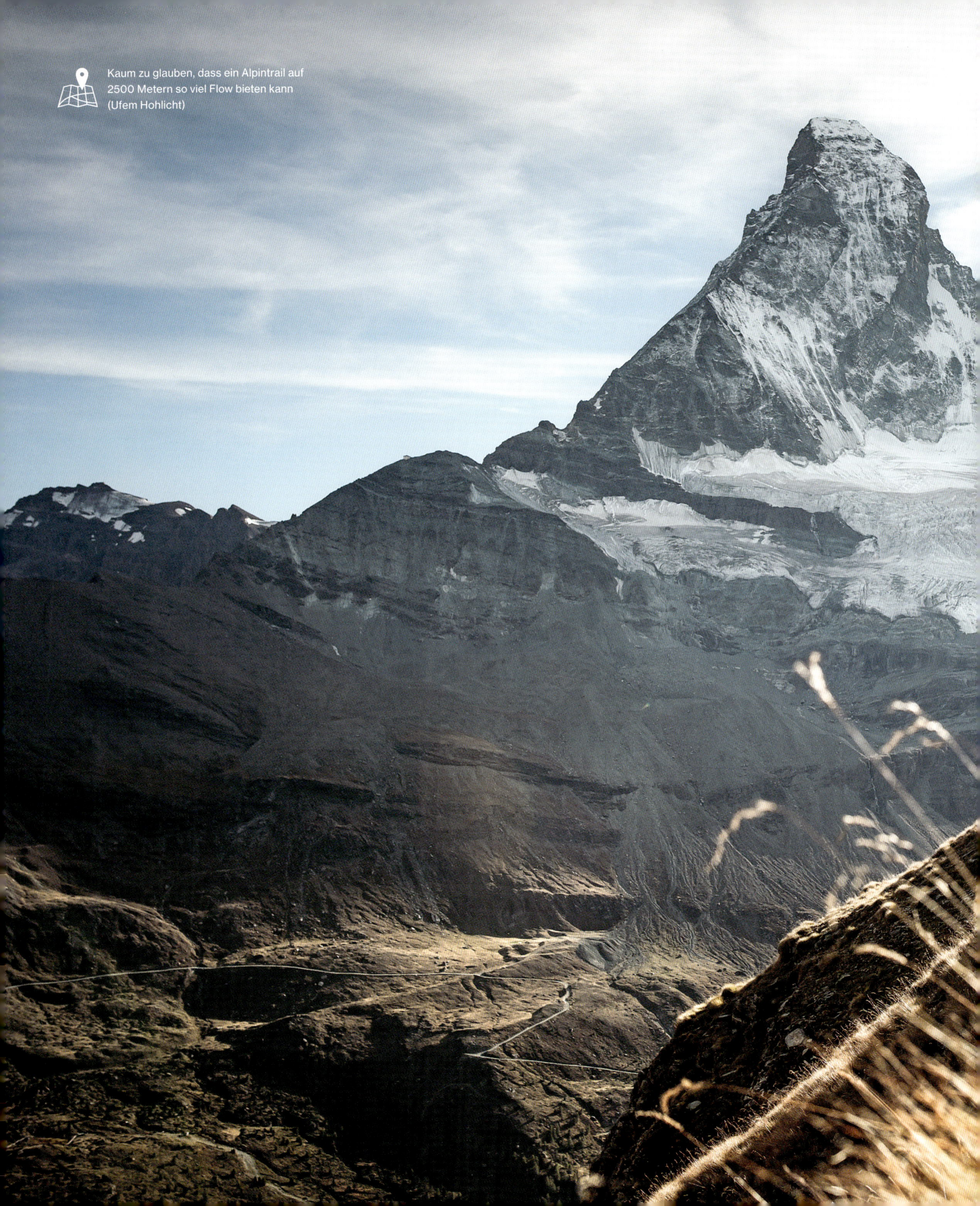

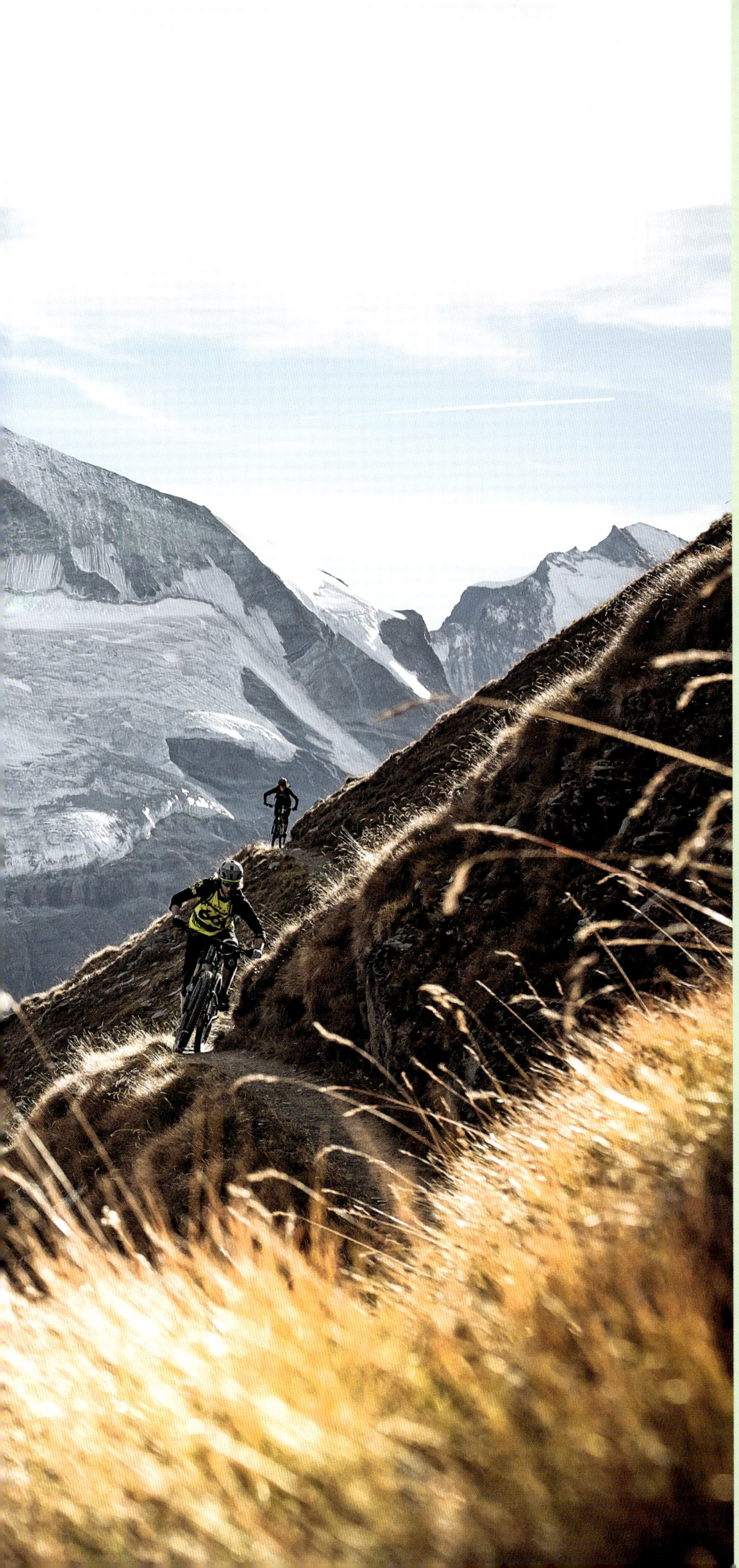

# FAKTEN

## TRIFT

TOUR NR. 31

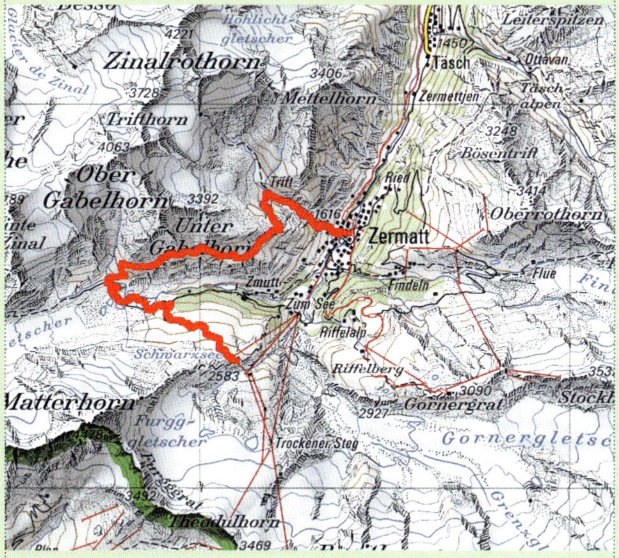


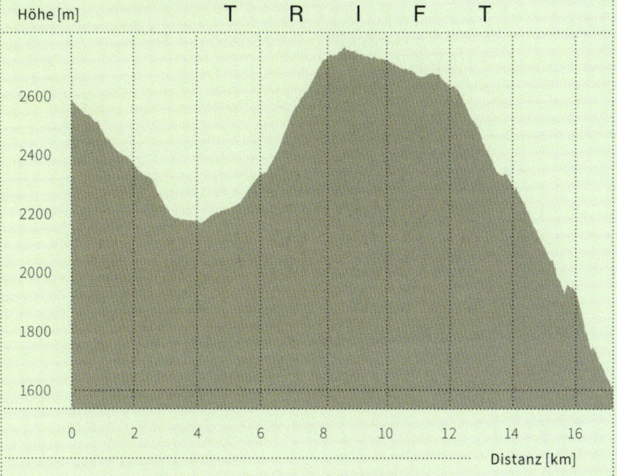


| **SCHWIERIGKEIT** | **DISTANZ** |
|---|---|
| Fahrtechnik 4 | 16,7 km |
| Ausdauer 3 | **HÖHENDIFFERENZ** |
| **FAHRZEIT** | Bergfahrt 610 m |
| 3,5 h | Abfahrt 1550 m |

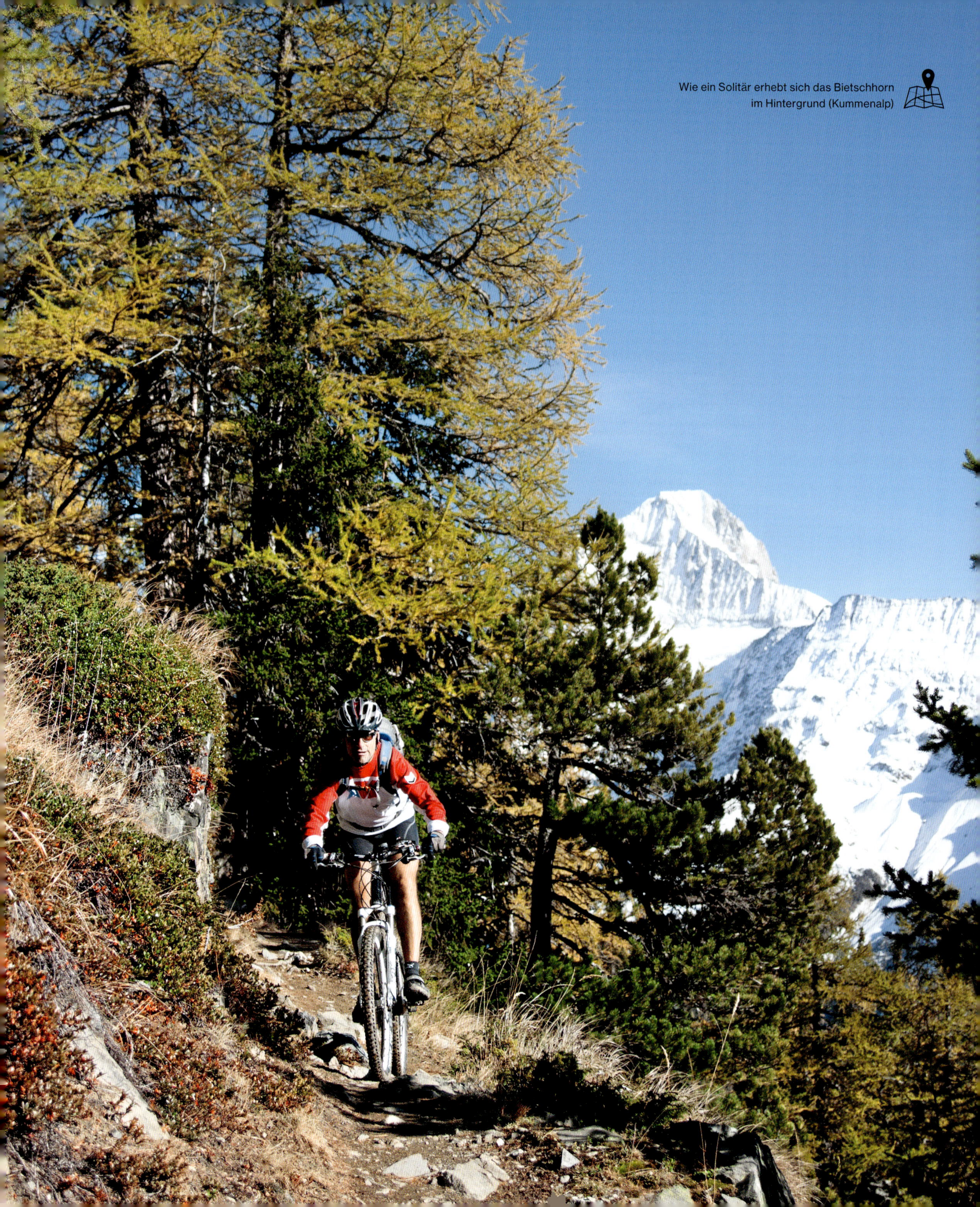

Wie ein Solitär erhebt sich das Bietschhorn
im Hintergrund (Kummenalp)

# LAUCHERNALP

## EIN FAST VERGESSENES TRAIL-PARADIES

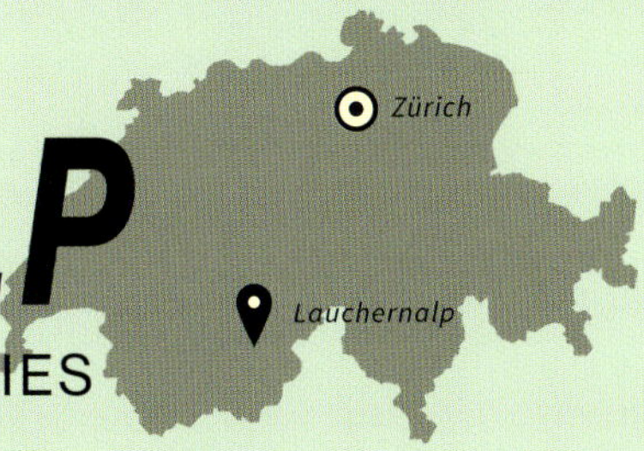


WALLIS

TOUR NR. 32

Nicht weniger als zwanzig Dreitausender bilden die spektakuläre Umrandung des Lötschentals. Mit 3934 Metern ist der »Fastviertausender« Bietschhorn sicherlich die eindrücklichste Erscheinung unter all diesen Schnee- und Gletscherriesen. Dass das Lötschental das längste nördliche Seitental der Rhone ist, lässt sich einfach am Kilometerzähler des Mountainbikes ablesen – bis zum Wendepunkt auf der Fafleralp sind es ab Goppenstein 12,9 Kilometer. Über Gugginalp und Langgletscher ginge es nochmals etwa zehn Kilometer bis zur Lötschenlücke, die den Übergang in das Eismeer des Großen Aletschgletschers markiert. Weitaus verlockender als die Aussicht auf eine Rutschpartie auf dem Gletscher, sind allerdings die vor uns liegenden Singletrails. Selten hat die Bergfahrt soviel Spaß gemacht, wie auf den Traumtrails zur Tellialp, später zur Lauchernalp. Auf dem Lötschentaler Höhenweg geht es weiter bis kurz vor die Kummenalp. Auf dem ersten Streckenabschnitt bis zum Weiler Schällbätt wird einiges an Fahrkönnen und Konzentrationsfähigkeit verlangt. Danach – insbesondere auch auf den letzten drei Kilometern zurück nach Goppenstein – werden Federgabel und -elemente mehrheitlich ebenso geschont, wie die Fahrer. Ein letzter Blick zurück auf die sonnenverbrannten Holzhäuser und schneebedeckten Dreitausender lässt einen mit Bedauern fragen, weshalb man in der Vergangenheit bisher nie aus dem Zug ausgestiegen ist, am Südportal des Lötschbergtunnels.

**AUSGANGSPUNKT:** Goppenstein, Lötschental Tourismus, Tel. +41 (0)27 938 88 88, *www.loetschental.ch*

**ÜBERNACHTUNGSTIPP:** Hotel Nest- und Bietschhorn, Blatten, Telefon +41 (0)27 939 11 06, *www.nest-bietschhorn.ch*

**STRECKE:** Bahnhof Goppenstein (1200 m), immer dem Wanderwegweiser »Fafleralp« folgen • km 0,83, rechts hoch • 4,36 Kippel (130 m) • km 5,60, Wiler Lonzasteg (1389 m) • km 9,01, Blatten (1526 m), links über die Brücke und rechts in die Asphaltstraße einbiegen • km 12,9, Fafleralp (1790 m), Wanderwegweiser »Lauchernalp« • km 16,5, Tellialp (1865 m), links Wanderwegweiser »Wiler« • km 17,7, Gassun (1768 m), Wanderwegweiser »Lauchernalp« • km 20,7, Weritzstafel auf der Schotterstraße geradeaus bis Lauchernalp (oder Trail links der Straße) • km 21,7, Biel (2020 m), Wanderwegweiser »Lötschentaler Höhenweg« • km 23,2, Lauchernalp/Stafel (2105 m) Wanderwegweiser »Kummenalp« • km 26,0, (2062 m) Wanderwegweiser »Kippel« • km 27,9 (kurz vor Punkt 1813), rechts • auf der Schotterstraße bis zur Brücke (bei Punkt 1728) vorfahren und direkt nach der Brücke links in den Wanderweg einbiegen • auf dem Wanderweg bis Ferden abfahren • ab Ferden dem Wanderwegweiser »Goppenstein« folgend auf der Bergfahrtsstrecke zurück.

**KARTEN:** Schweizer Landeskarte, 1:25 000, Kartenblatt 1268 Lötschental

**DIVERSES:** Diverse Verpflegungsmöglichkeiten unterwegs und auf der Lauchernalp. Besonders zu empfehlen ist auch die Rast auf der Tellialp. Die Bergbahn transportiert die Mountainbikes bis zur Lauchernalp. Wer es von hier aus fahrtechnisch lieber weniger anspruchsvoll hat, kann auch auf der hier beschriebenen Bergfahrtstrecke genussreich zur Tellialp und später Fafleralp abfahren. Die letzten paar Meter auf Trails hoch zur Fafleralp sind fahrtechnisch anspruchsvoll, Schiebepassagen sind kaum zu vermeiden. Wer möchte kann ab Kühmad auch auf der Asphaltstraße zur Fafleralp hochfahren.

Im Oktober verabschiedet sich der
Herbst auf der Hockenalp

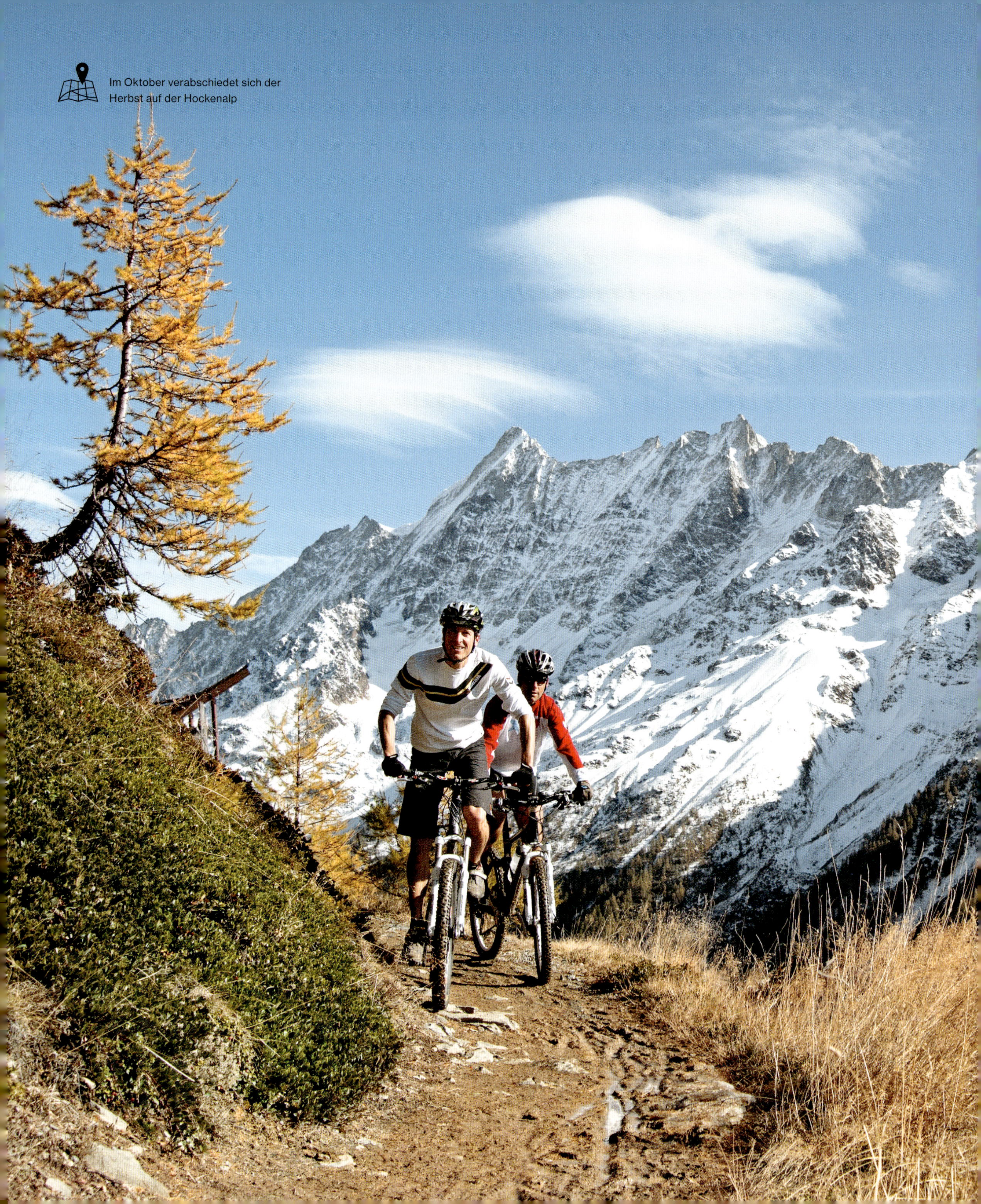

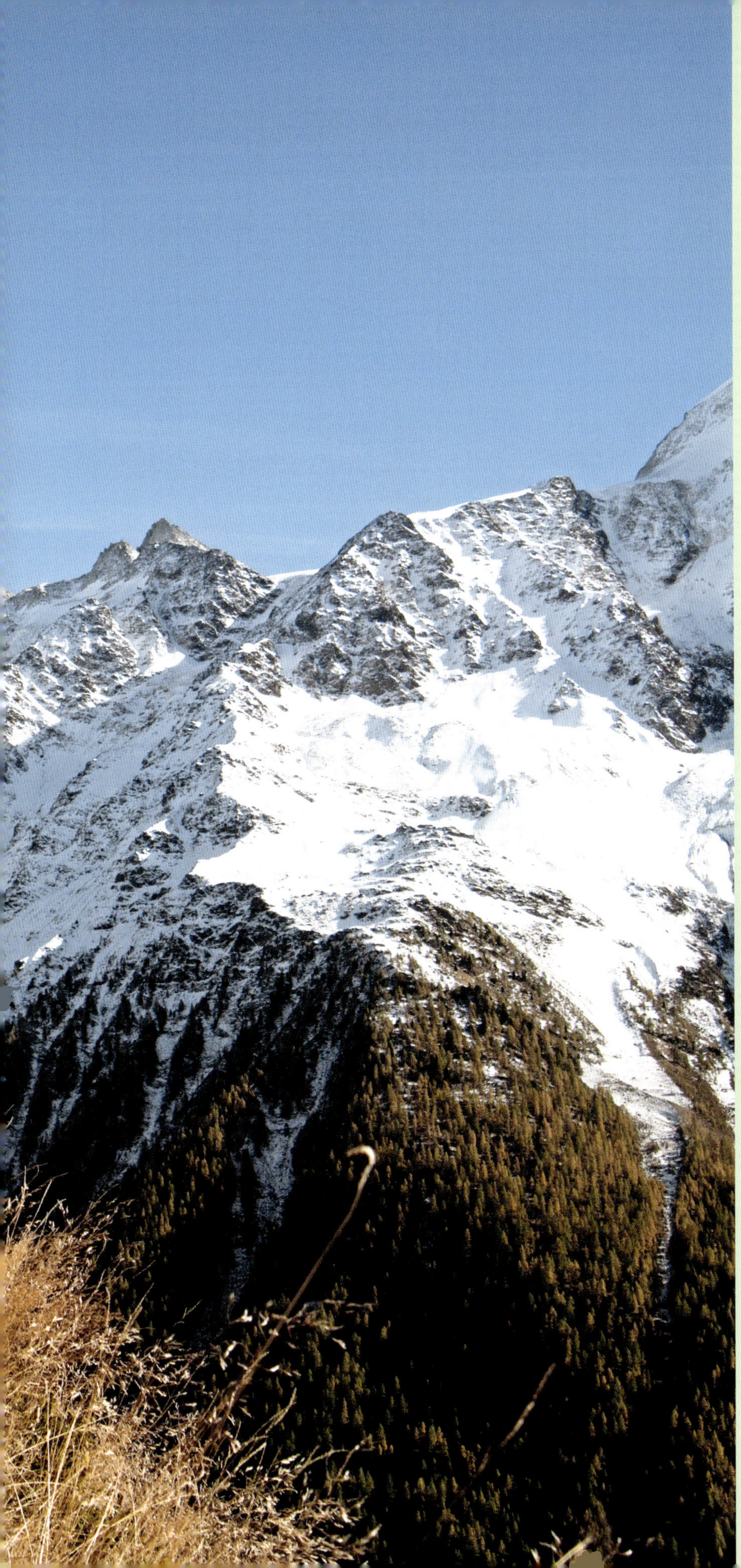

# FAKTEN

LAUCHERNALP

TOUR NR. 32

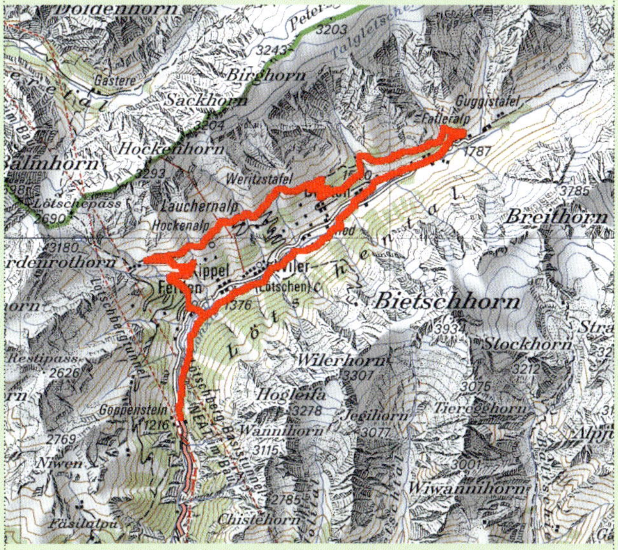


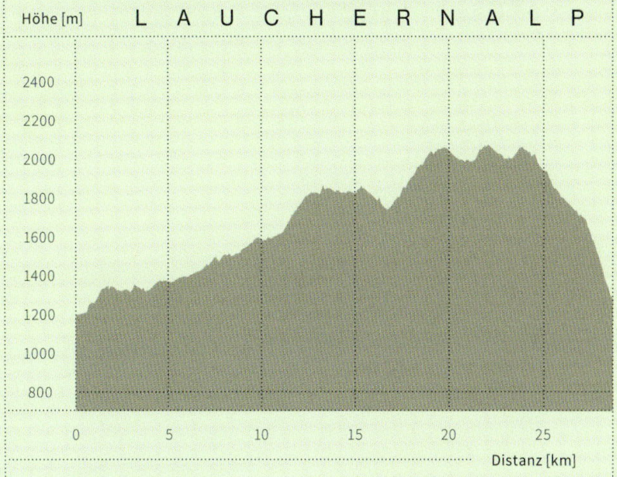


| SCHWIERIGKEIT | DISTANZ |
|---|---|
| Fahrtechnik 3 | 32,5 km |
| Ausdauer 4 | **HÖHENDIFFERENZ** |
| **FAHRZEIT** | 1720 m |
| 5 h | |

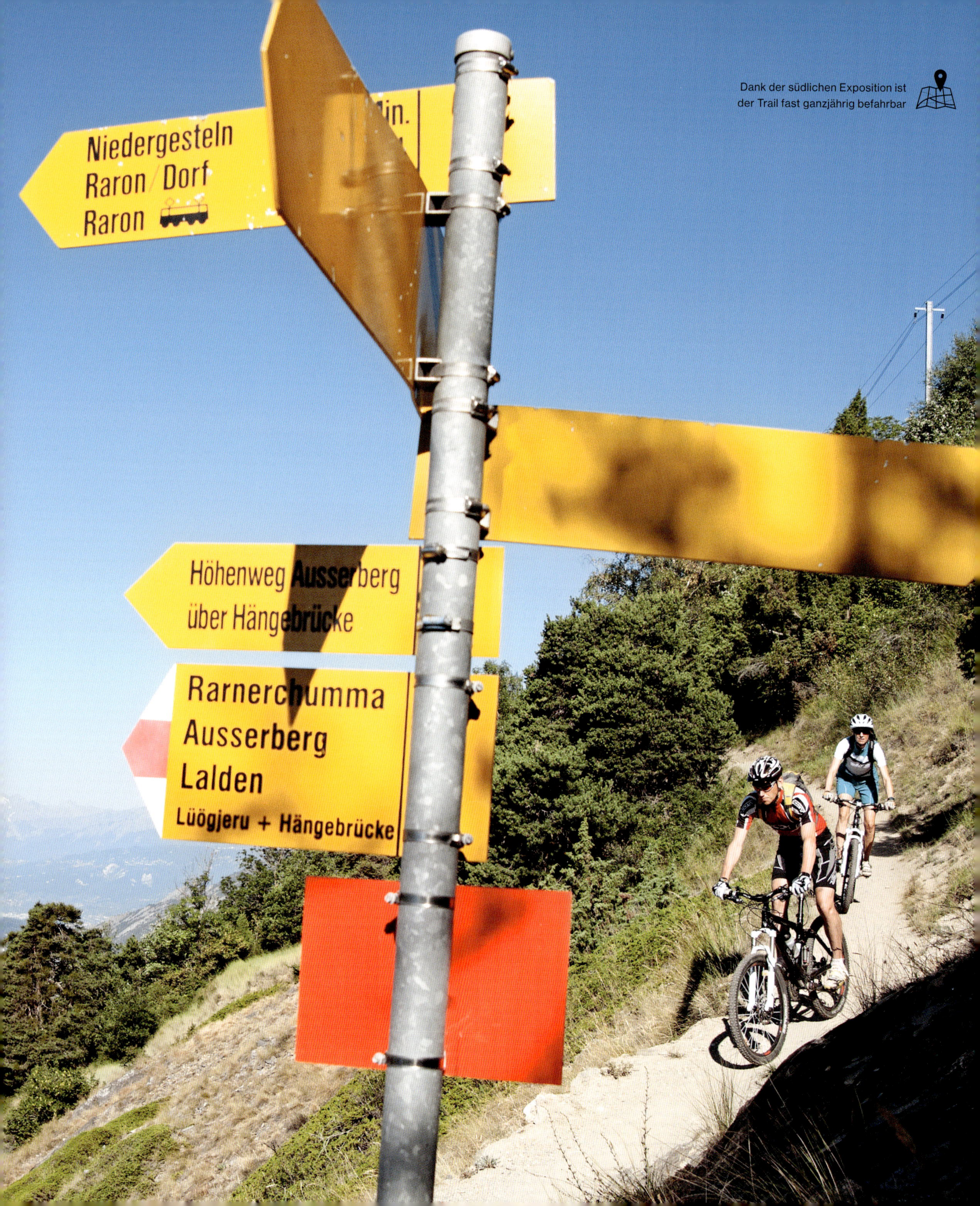


Dank der südlichen Exposition ist der Trail fast ganzjährig befahrbar

# SÜDPORTAL

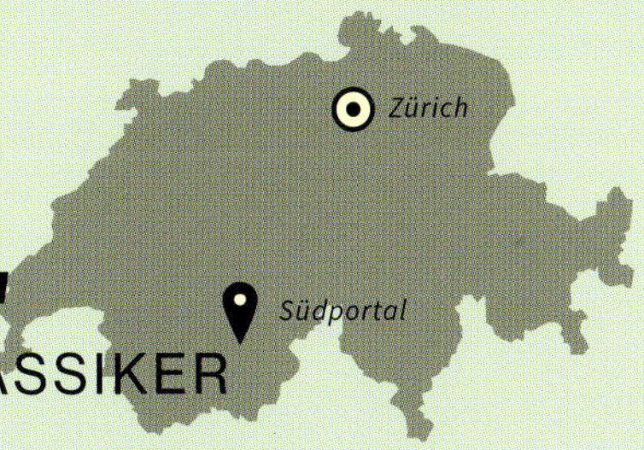


## EIN SONNENVERWÖHNTER FRÜHJAHRSKLASSIKER

WALLIS

TOUR NR. 33

Die allgemeine Richtung ist vorgegeben – abwärts. Wer sich allerdings auf eine lockere Tour eingestellt hat, der hat die Rechnung ohne die zahlreichen fiesen Gegenanstiege gemacht. Und zehnmal 50 Höhenmeter machen zusammen eben auch 500 – und mächtig müde Beine. Mehr noch als physisch, wird man auf dieser Tour psychisch und fahrtechnisch gefordert. Psychisch allerdings nur diejenigen, die sich mit dem engen unbeleuchteten Fußgängertunnel oder den sehr exponierten Singletrails des Baltschiedertals schwer tun. Beide »Problemzonen« lassen sich allerdings auf alternativen Trails umfahren. Bleiben nur noch die fahrtechnischen Herausforderungen, die allerdings geübte Mountainbiker nicht über Gebühr strapazieren werden. Einzig der finale Streckenabschnitt über Serpentinen hinab nach Brig Bad ist ein Knackpunkt für viele. Nicht nur die Bremsen werden unter der Hitze ächzen, auch manch einer wird mit hoch rotem Kopf am Talboden ankommen. Die Strecke folgt nämlich immer dem sonnenverwöhnten Südhang zwischen dem Südportal des Lötschbergtunnels und Brig. Auch dieses kleine Problem kann allerdings umfahren, beziehungsweise gelöscht werden, indem man einen kurzen Abstecher in die Badeanstalt Brig Bad macht.

**AUSGANGSPUNKT:** Brig, Brig Belalp Tourismus, Telefon +41 (0)27 921 60 30, *www.brig-tourismus.ch*

**ÜBERNACHTUNGSTIPP:** Hotel Ambassador****, Brig, Telefon +41 (0)27 922 99 00, *www.ambassador-brig.ch*

**STRECKE:** Mit dem Zug ab Brig bis Bahnhof Hohtenn (1079 m), dem Wanderwegweiser »Höhenweg Südrampe« folgen • bei km 9,85, Ausserberg (985 m), die Asphaltstraße hoch bis Chowderli (1259 m) • links, Wanderwegweiser »Stolleneingang« • nach 300 Meter rechts durch den Wasserstollen (Achtung: Stirnlampe nicht vergessen!) • nach dem Stollen immer dem Wanderwegweiser »Eggerberg« folgen • km 19,2, Eggerberg rund 200 Meter auf Asphalt abfahren und danach dem Wanderwegweiser »Höhenweg BLS/Brigerbad« folgen • km 22,7, Bahnhof Eggenberg (877 m), den Wanderwegmarkierungen (schlecht sichtbar) folgen, Gleise unterqueren und durch einen Weiler hindurch • auf der Asphaltstraße kurz hoch, danach auf dem Singletrail weiter • km 26,0, geradeau, Wanderwegweiser »Brigerbad Bad« • beim Brigerbad auf der Asphaltstraße zurück bis Brig.

**KARTEN:** Supertrail Map, Kartenblatt Visp, 1:50 000, *www.supertrail-map.com*

**DIVERSES:** Km 4,36, Einkehrmöglichkeit in Rarnerklause. Wer klaustrophob veranlagt ist oder Höhenangst hat, kann statt des Umwegs über den Tunnel auch immer den Wegweisern Höhenweg Südrampe folgen. Für den Tunnel unbedingt eine Stirnlampe mitnehmen. Die Trails im Baltschiedertal sind sehr exponiert – Mountainbiker mit Höhenangst sollten diese umfahren.

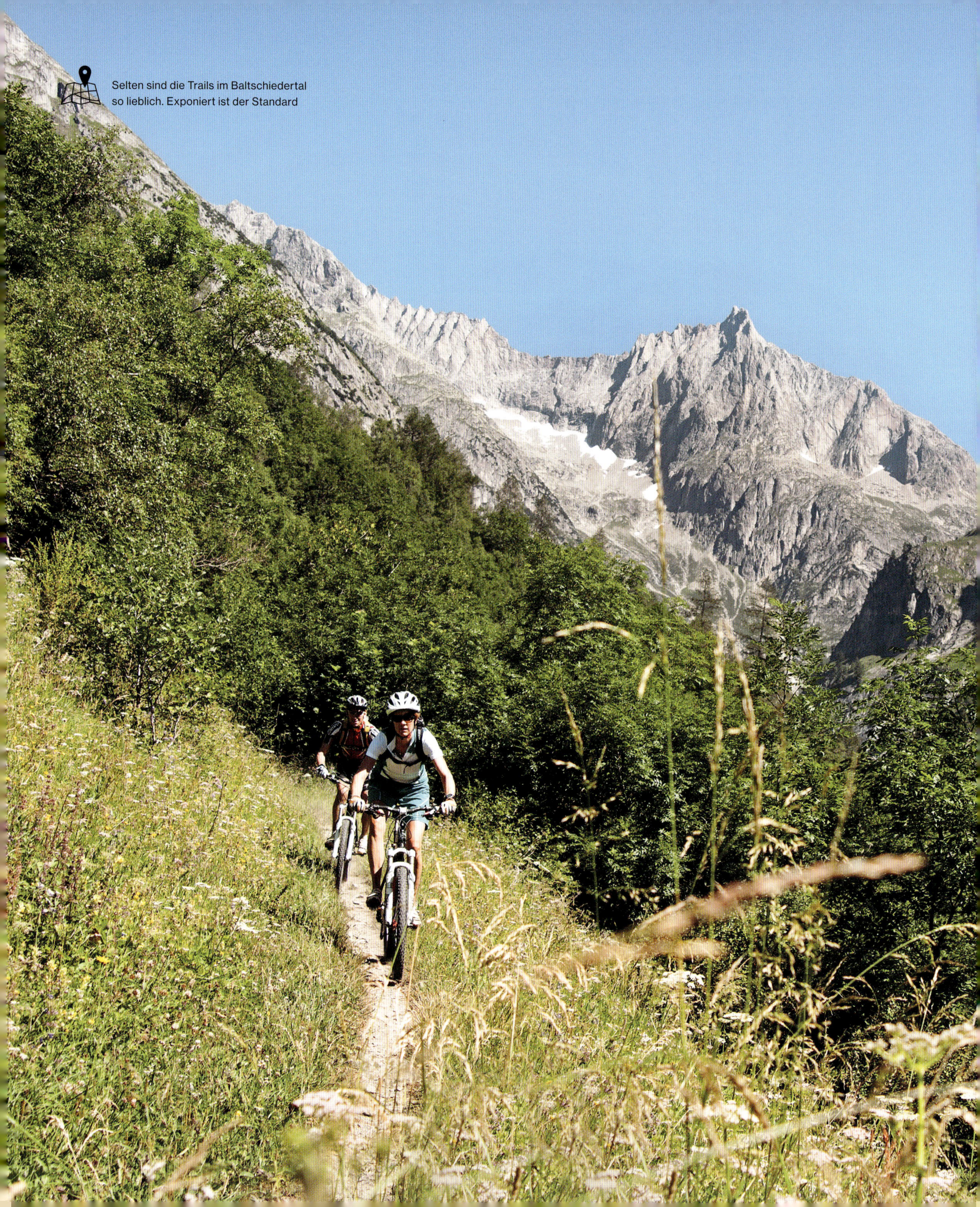

Selten sind die Trails im Baltschiedertal so lieblich. Exponiert ist der Standard

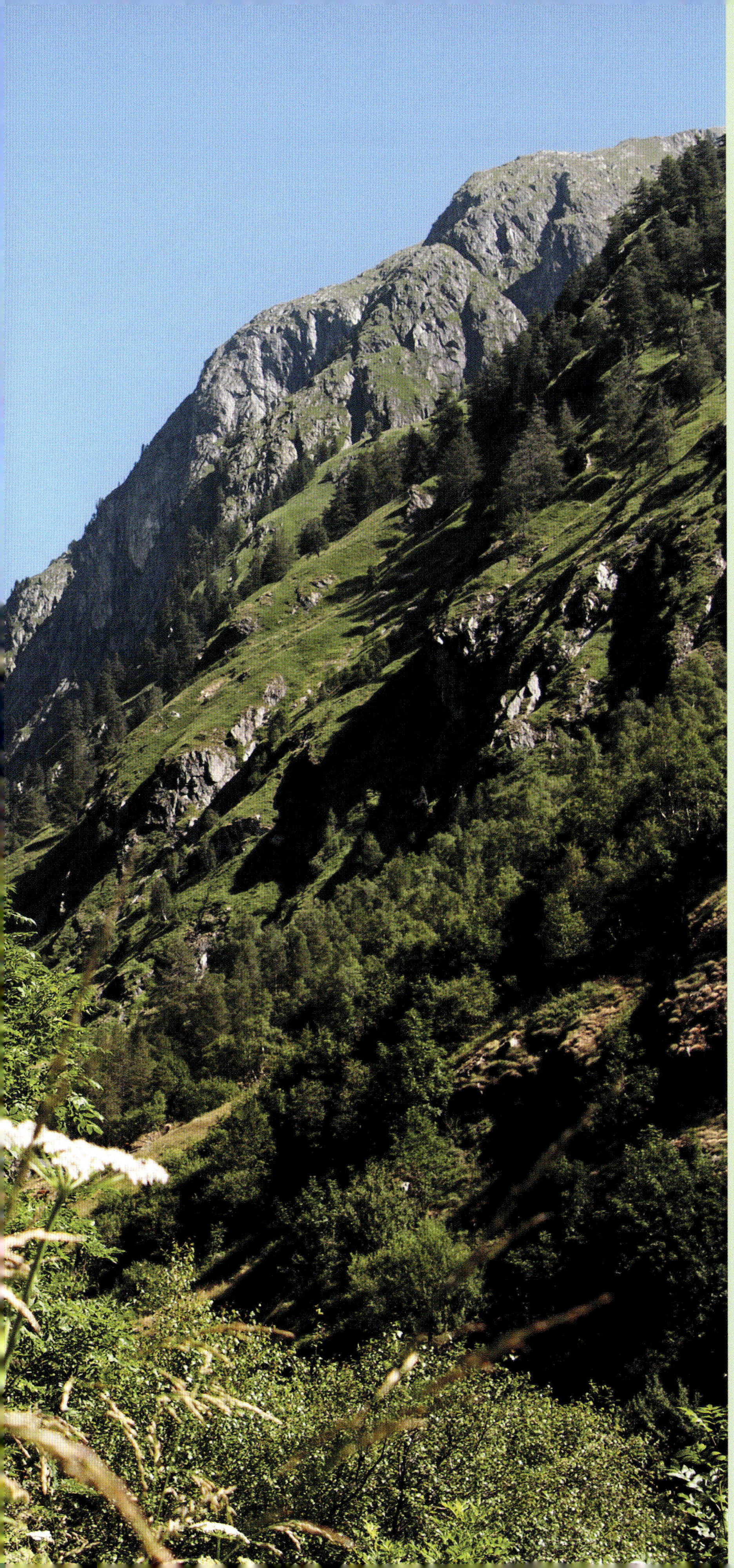

# FAKTEN

## SÜDPORTAL

TOUR NR. 33

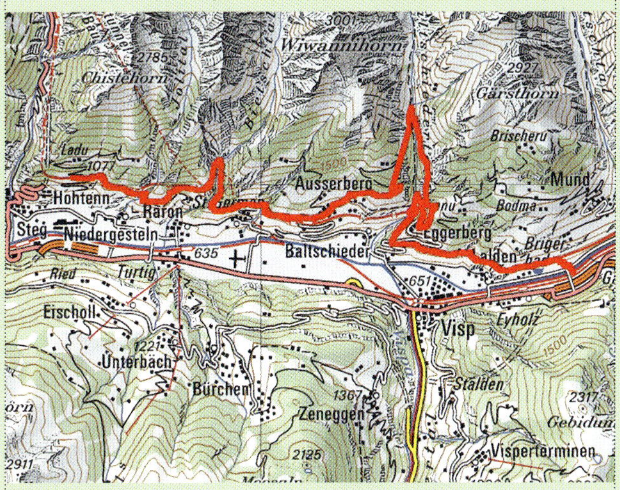


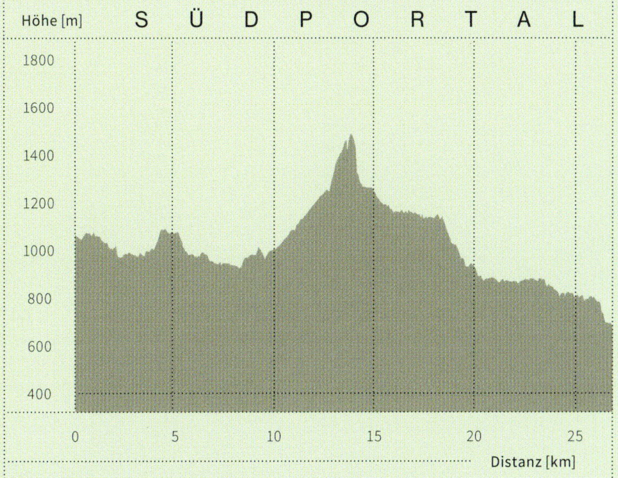


| SCHWIERIGKEIT | DISTANZ |
|---|---|
| Fahrtechnik 3 | 32,9 km |
| Ausdauer 3 | **HÖHENDIFFERENZ** |
| **FAHRZEIT** | Bergfahrt 630 m |
| 3,5 h | Abfahrt 1000 m |

# MOOSALP

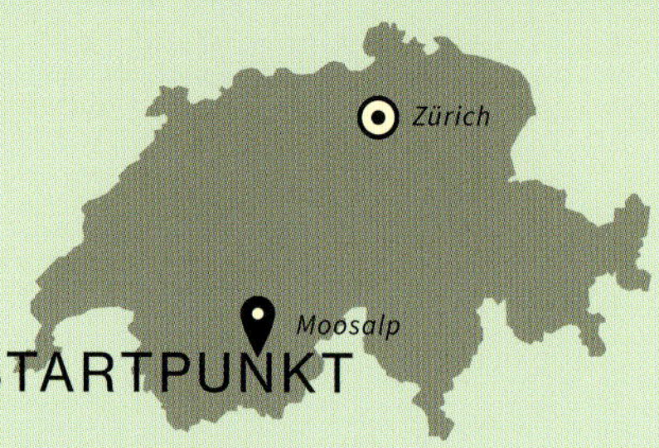


## AUSFLUGSZIEL ALS VIELVERSPRECHENDER STARTPUNKT

WALLIS

TOUR NR. 34

Mit Superlativen kann man sich nicht brüsten – die Tour von der Moosalp nach Raron ist mit 27 Kilometern weder die längste und mit 750 Höhenmetern schon gar nicht die anstrengendste. Und trotzdem wird zum Schluss niemand behaupten, sich gelangweilt zu haben. Der hohe Unterhaltungswert schließt den Ausgangspunkt mit ein. Die Moosalp ist in der Region ein beliebtes Ausflugsziel für Wanderer und Spaziergänger, die sich allerdings selten weit von den gemütlichen Restaurants entfernen. Das reduziert das potenzielle Nutzungskonflikt-Risiko. Schon eher wird man auf den Trails ab und zu einer stämmigen Ehringerkuh gegenüber stehen.

Die Strecke ist sehr abwechslungsreich und bietet nebst der atemberaubenden Aussicht fast alles, was das Wallis zu einer der besten Singletrail-Destination des Alpenraums macht. Los geht es auf flüssig zu fahrenden Forst-Trails mit weichen Fichtennadelböden. Nach dem ersten einfachen Anstieg wird man an der zweiten Rampe sowohl physisch als auch fahrtechnisch stark herausgefordert. Weiter geht es entlang von Suonen (Wasserkanälen), die talseitig fast ausnahmslos von einem perfekt angelegten Singletrail begrenzt werden, der kaum an Höhe verliert. Das große Finale bildet die lange Abfahrt nach Raron. Sie bietet nochmals alles, was das Biker-Herz höher schlagen läßt – Spitzkehren, Steilwandkurven, flüssig zu fahrende Trail-Passagen bis hin zu technisch herausfordernden steindurchsetzten Streckenabschnitten die jeden verfügbaren Millimeter Federweg aus Gabel und Dämpfer herauskitzeln.

**AUSGANGSPUNKT:** Visp, Visp Tourist Info,
Telefon +41 (0)27 946 18 18, *www.vispinfo.ch*

**ÜBERNACHTUNGSTIPP:** Hotel Bahnhof**, Ausserberg,
Telefon +41 (0)27 946 22 59, *www.hotel-bahnhof.com*

**STRECKE:** Restaurant Panorama (2014 m), dem Wanderweg Richtung »Eischmatte/Zeneggen« folgen • km 0,26, gerade aus Richtung Breitmatte/Mooosalp • km 1,6, bei Wegkreuzung geradeaus Richtung Fuhren/Törbel • km 2,8, 180°-Kehre, Wanderwegweiser »Eischmatte« • km 4,3, Eischmatte (1775 m), links Wanderwegweiser »Moosalp« (links vom Bach hochfahren) • km 5,7 (1940 m), rechts runter, Wegweiser »Bürchen/Zenhäusern«, nach 300 m die Straße kreuzen • km 7,1 (1720 m), links in die Forststraße einbiegen, Wanderwegweiser »Breite Stäg/ Eischoll« (Suonenweg) • km 9, an der Kreuzung (1690m) dem Wanderwegweiser »Brandalp/Ginals« der Suone folgen • km 10,9, rechts Wanderwegweiser »Brandalp« • km 11,8, Brandalp (1590 m), auf der Waldstraße links zur Station • kurz auf der Asphaltstraße abfahren bis zur ersten 180°-Kurve • km 12,5, links und den lilafarbenen Schildern folgen (Frauen-Zitatenweg) • km 13,7, Pammatte (1479 m) • der lila Beschilderung folgen bis km 14,7 • nach der Schafweide links abbiegen (bevor der Weg ansteigt, Achtung: kein Wegweiser) • km 14,8 (1340 m), Forststraße links hoch bis zur Pfammatte – km 16, Pfammatte • Wanderwegweiser »Breitmatte/Eischoll«, km 17 Breitmattu (1465 m), links hoch an der Alpkäserei vorbei • nach 50 Metern rechts auf den Suonenweg • km 17,7, geradeaus der Habersuon folgen bis zur zweiten Asphaltstraße • km 19,6, rechts in die Asphaltstraße einbiegen • 19,8, links, Wanderwegweiser »Eischoll« • km 20,2, in 180°-Kurve Wolfspfad Richtung »Ergisch/Tännholz« • km 21,1, auf der Asphaltstraße rechts Richtung Eischoll – beim Ortsschild Eischoll linke Straße wählen und an der Kirche vorbei • km 23,0, beim alten Dorfplatz (1220 m) links, Wanderwegweiser »Raron« • km 24,2, Wanderwegweiser »Raron« • km 24,6, links halten • bei km 24,8 geht Kiesweg in einen Singletrail über • km 27,2, Turtig/Raron (644 m).

**KARTEN:** Supertrail Map Visp erhältlich,
1:50 000, *www.supertrail-map.com*

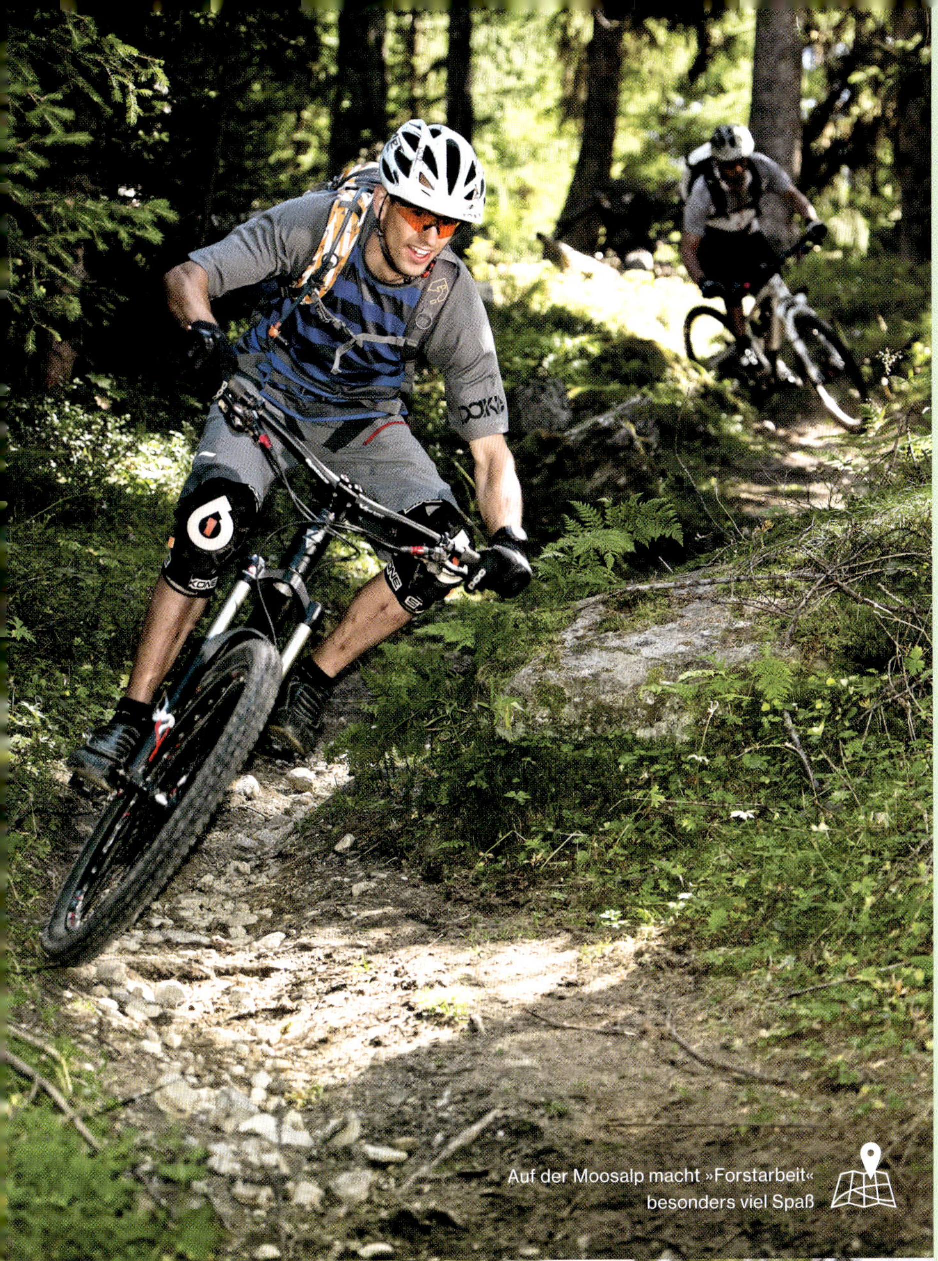

Auf der Moosalp macht »Forstarbeit« besonders viel Spaß

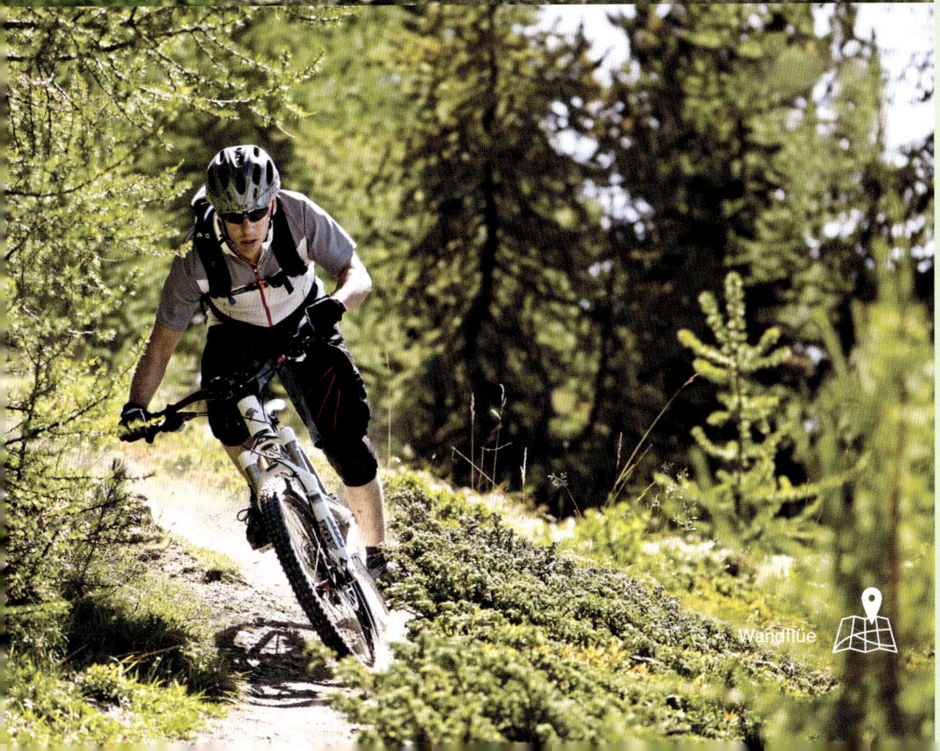

Wandflüe

# FAKTEN

## MOOSALP

TOUR NR. 34

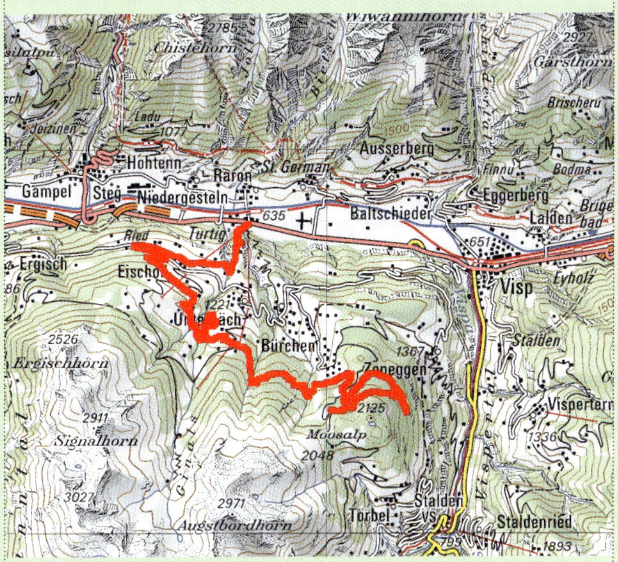


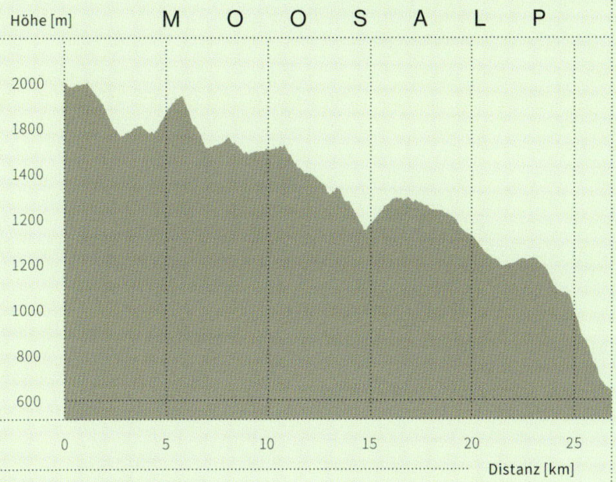


| **SCHWIERIGKEIT** | **DISTANZ** |
|---|---|
| Fahrtechnik 3 | 27,2 km |
| Ausdauer 2 | **HÖHENDIFFERENZ** |
| **FAHRZEIT** | Bergfahrt 750 m |
| 3 h | Abfahrt 2100 m |

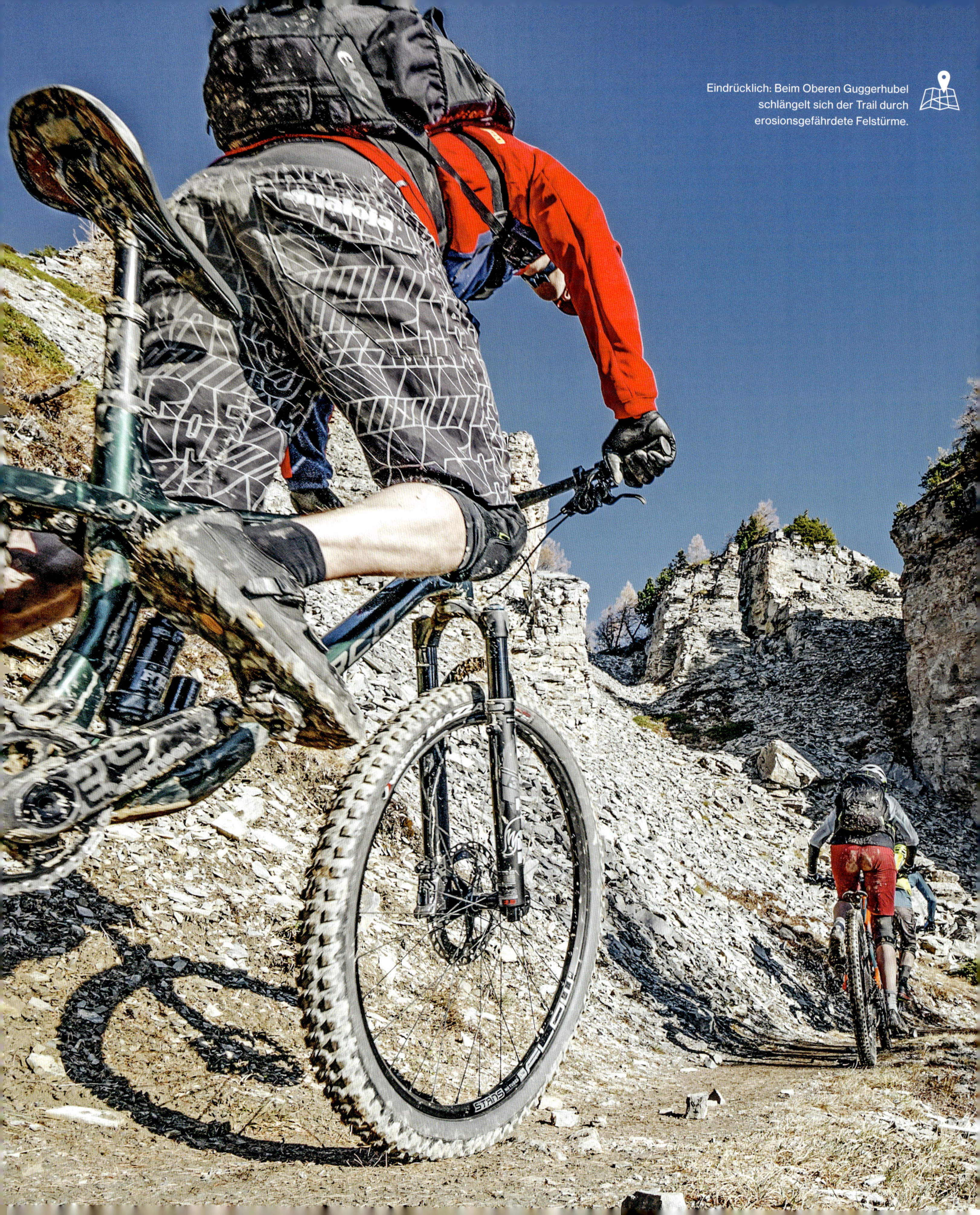

Eindrücklich: Beim Oberen Guggerhubel schlängelt sich der Trail durch erosionsgefährdete Felstürme.

# TORRENTALP

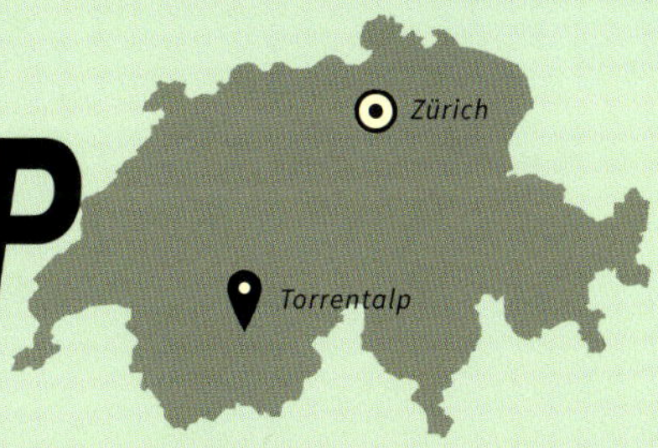


## 20 KILOMETER SPASSGARANTIE

WALLIS

TOUR NR. 35

Die Engländer eroberten das Wallis bereits im 19. Jahrhundert. Zumindest aus touristischer Sicht. Dass die Angelsachsen allerdings mit der Namensgebung der Alp Torrent etwas zu tun hatten, ist höchst fraglich. Einen Torrent, einen Sturzbach also, sucht man an diesem sonnenverwöhnten Ort oberhalb von Leukerbad nämlich vergeblich. Südexponiert ist der Hang, entsprechend trocken kann es in dieser ohnehin schon niederschlagsarmen Region sein. So trocken, dass im Hitzesommer 2003 ein Brandstifter leichtes Spiel hatte: In nur einer Nacht zerstörte das Feuer über 200 000 Bäume auf einer Fläche von rund 300 Hektar Fläche. Damit loderte hier einer der größten Waldbrände, den die Schweiz je erlebt hatte.

Als Mahnmal für die Dummheit eines einzelnen Menschen ragen die verkohlten Baumstämme immer noch in den Himmel. Das Grün der Pflanzen ersetzt mittlerweile wieder das Grau der Asche. Und dazwischen schlängelt sich ein fahrtechnisch recht anspruchsvoller Singletrail durch die bizarre Landschaft. Ebenso außergewöhnlich ist die Satellitenbodenstation Leuk, an denen der herrliche Singletrail vorbeiführt: Die Parabol-Antennen mit ihren bis zu 30 Metern Durchmesser sind nach allen Seiten ausgerichtet, um die Signale von Satelliten sowie anderer Bodenstationen in aller Welt zu bündeln und über Glasfaserkabel terrestrisch weiterzuleiten.

Das wichtigste Signal und die bedeutendste Information brauchen die zyklopischen Suppenschüsseln allerdings nicht aus Übersee zu empfangen, um sie weiterzuverbreiten. Nämlich, dass ab der Rinderalp über 20 Kilometer feinste Singletrails bis nach Leuk ins Tal führen.

**AUSGANGSPUNKT:** Leukerbad, Leukerbad Tourismus, Telefon +41 (0)27 472 71 71, *www.leukerbad.ch*

**ÜBERNACHTUNGSTIPP:** Hotel Walliserhof***, Leukerbad, Telefon +41 (0)27 472 79 60, *www.walliserhof.ch*

**STRECKE:** Bergstation Rinderhütte (2315 m) • Obere Guggerhubel • Bachalp • Niwenalp • Underi Fäsilalpu • Brentschen • Feschel • Guttet • Thel • Leuk Stadt • Leuk Bahnhof (620 m)

**KARTEN:** Supertrail Map, Kartenblatt Valais Central, 1:50 000, *www.supertrail-map.com*

**DIVERSES:** Einkehrmöglichkeit bei der Bergstation Rinderhütte sowie in Albinen. Wer möchte, kann die Bergfahrt ab Leukerbad auch aus eigener Kraft bewältigen und auf der Schotterstraße bis zur Rinderhütte hochfahren. Das gilt auch für die 725 Höhenmeter von Leuk nach Leukerbad, die auf einer Asphaltstraße zurückzulegen sind. Empfohlen wird indes, den Autobus der Schweizer Postbetriebe ab Bahnhof Leuk zu nutzen.

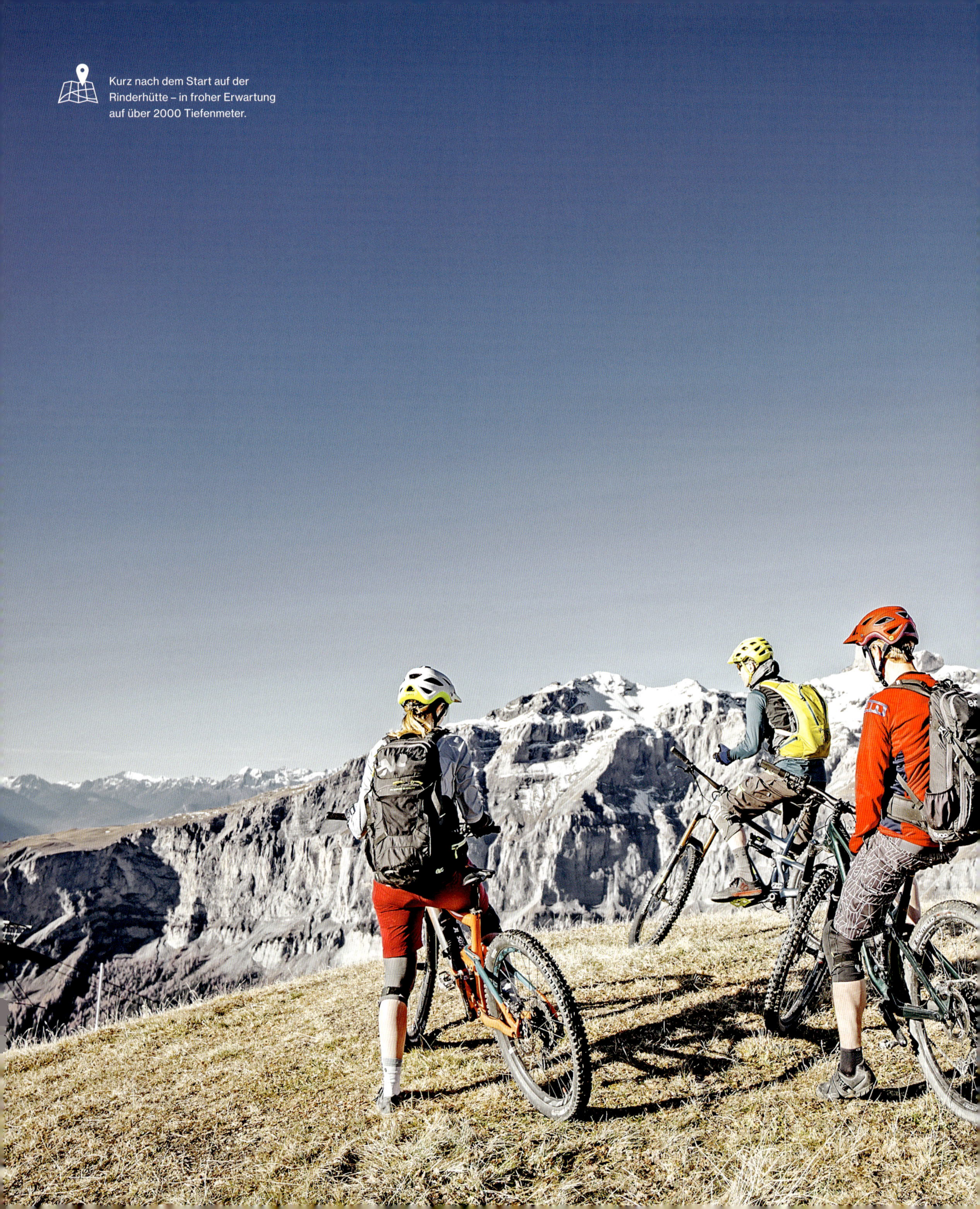

Kurz nach dem Start auf der Rinderhütte – in froher Erwartung auf über 2000 Tiefenmeter.

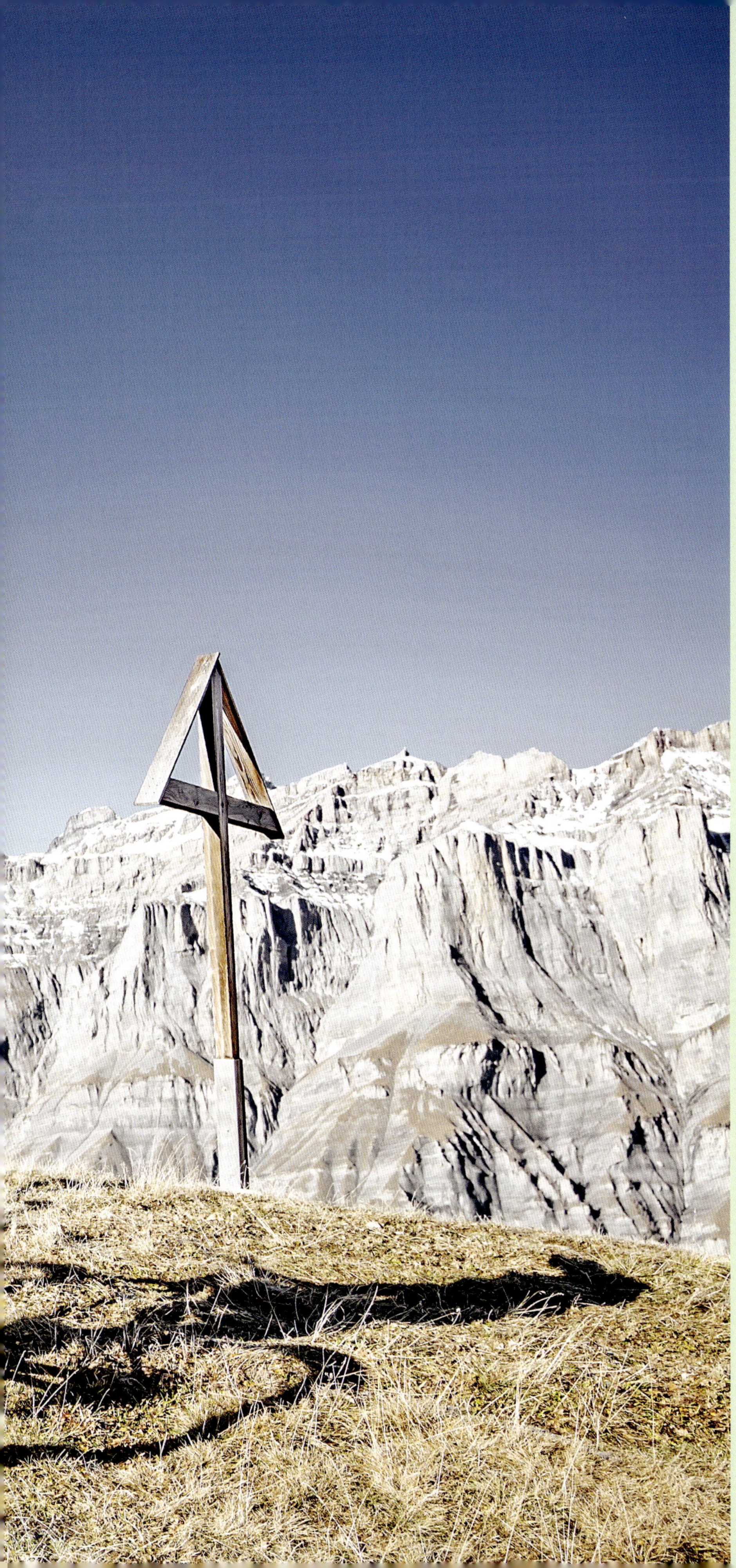

# FAKTEN

## TORRENTALP

TOUR NR. 35

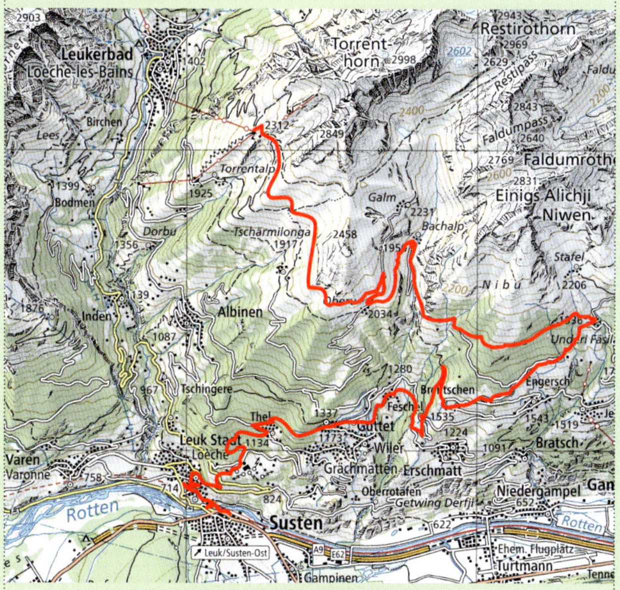


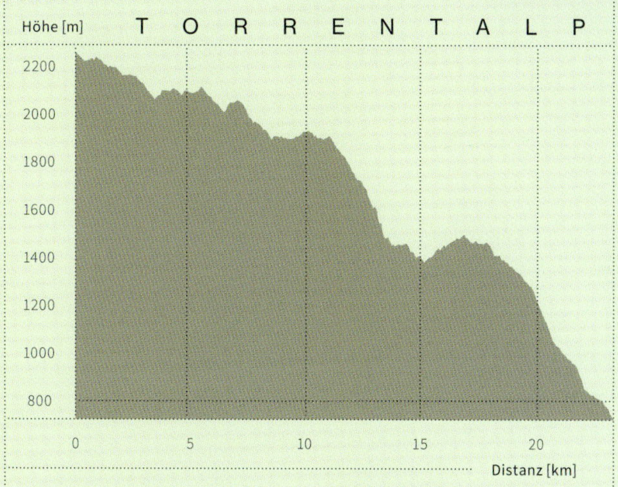


| SCHWIERIGKEIT | DISTANZ |
|---|---|
| Fahrtechnik 3 | 29,2 km |
| Ausdauer 2 | **HÖHENDIFFERENZ** |
| **FAHRZEIT** | Bergfahrt 330 m |
| 2,5 h | Abfahrt 2020 m |

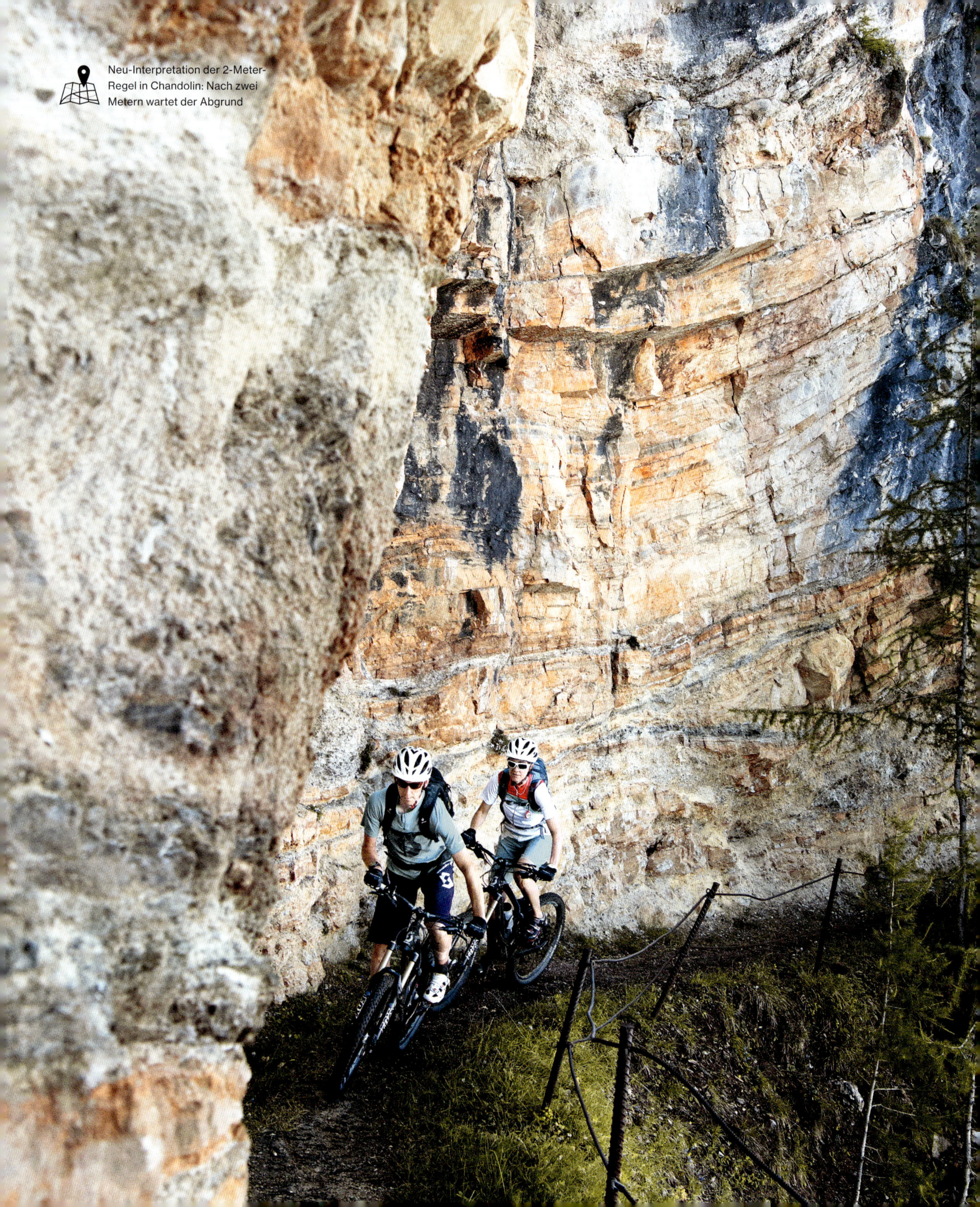

Neu-Interpretation der 2-Meter-Regel in Chandolin: Nach zwei Metern wartet der Abgrund

# SOUSSILLON

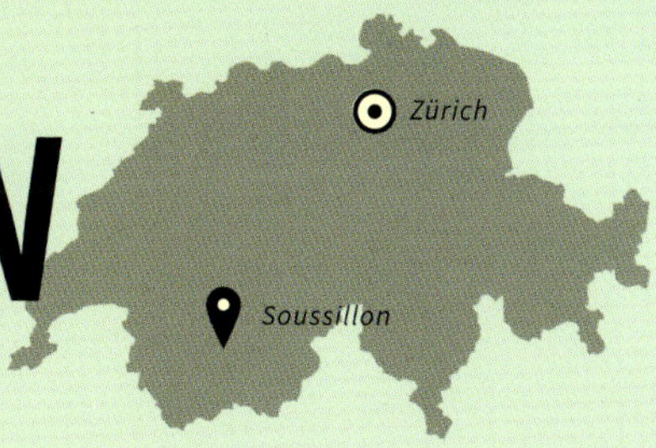


## KUGELBAHN AUF ZWEI RÄDERN

WALLIS

TOUR NR. 36

»Nur noch einmal. Bitte!« – Manchmal wird man beim Mountainbiken wieder zum Kind. Die Chancen stehen relativ gut, dass einem genau das passiert, wenn man im Val d'Anniviers den fahrtechnisch relativ einfachen Single- trail von Chandolin via Soussillon nach Fribougze abfährt. Noch einmal die natürlichen Anlieger nutzen, noch einmal die zahlreichen rhythmischen Kehren in Schief- lage umfahren, noch einmal mit dem Gelände spielen, Haken schlagen wie ein übermütiges Kaninchen. Zum Glück fährt sehr regelmäßig das Postauto in Fribougze vorbei und wenn's doch einmal ein paar Minuten länger dauert, so genießen sowohl Küche als auch Kaffee des Relais des Pontis *(www.relaisdespontis.ch)* einen hervorragenden Ruf. In rund 40 Minuten ist man in Chandolin wieder startklar. Und es geht wieder auf die Kugelbahn. Bestimmt nicht zum letzten Mal!

**AUSGANGSPUNKT:** Vissoie, *www.valdanniviers.ch*

**ÜBERNACHTUNGSTIPP:** Grand Hôtel et Bains du Cervin, Telefon +41 (0)27 475 20 00, *www.grandhotelducervin.ch*

**STRECKE:** Dorfplatz Vissoie (1220 m), auf der Hauptstraße Richtung Chandolin hochfahren • km 7,3, (P. 1756), rechts in die kleine Nebenstraße einbiegen und bis zur Bergstation Tignousa hochfahren • km 13,0, Tignousa (2178 m) • dem Wanderwegweiser »Chandolin« folgen • km 13,6, (2186 m), nach der Almhütte links halten und den unteren Trail wählen • km 15,2, die Skipiste queren und eine kurze steile Rampe hochfahren • danach auf dem Singletrail weiterfahren • km 16,8, »Chandolin« (1980 m) • auf der Asphaltstraße an der Postautohaltestelle vorbei und zum alten Dorfkern abfahren • km 17,5, rechts abbiegen und dem Wanderwegweiser »Soussillon« folgen (Achtung: einige Streckenabschnitte sind exponiert!) • km 20,1, Soussillon (1388 m) • dem Wanderwegweiser »Fribougze« folgend bis zur Hauptstraße abfahren • entweder zum Startpunkt nach Vissoie zurückfahren (evtl. mit Postauto) oder nach Sierre abfahren (zuerst auf Asphalt, ab Niouc auf Singletrails).

**KARTEN:** Supertrail Map Valais Central, 1:50 000, *www.supertrail-map.com*

**DIVERSES:** Einkehrmöglichkeiten in Vissoie, St-Luc, Bergstation Tignousa und Chandolin. Wer sich die Bergfahrt auf der Asphaltstraße ersparen möchte, kann ab Sierre, respektive Vissoie auch mit dem Postauto bis St-Luc oder Vissoie fahren. Eine Reservierung wird unbedingt empfohlen, weil die limitierten Fahrradplätze oft schon belegt sind. Zwischen St-Luc und Tignousa transportiert die Standseilbahn Mountainbiker. Hier gibt es auch einen Bikepark mit verschiedenen Abfahrtsstrecken. Ab Chandolin gibt es eine alternative Streckenführung über Pramarin und Ponchet, die fahrtechnisch etwas anspruchsvoller ist.

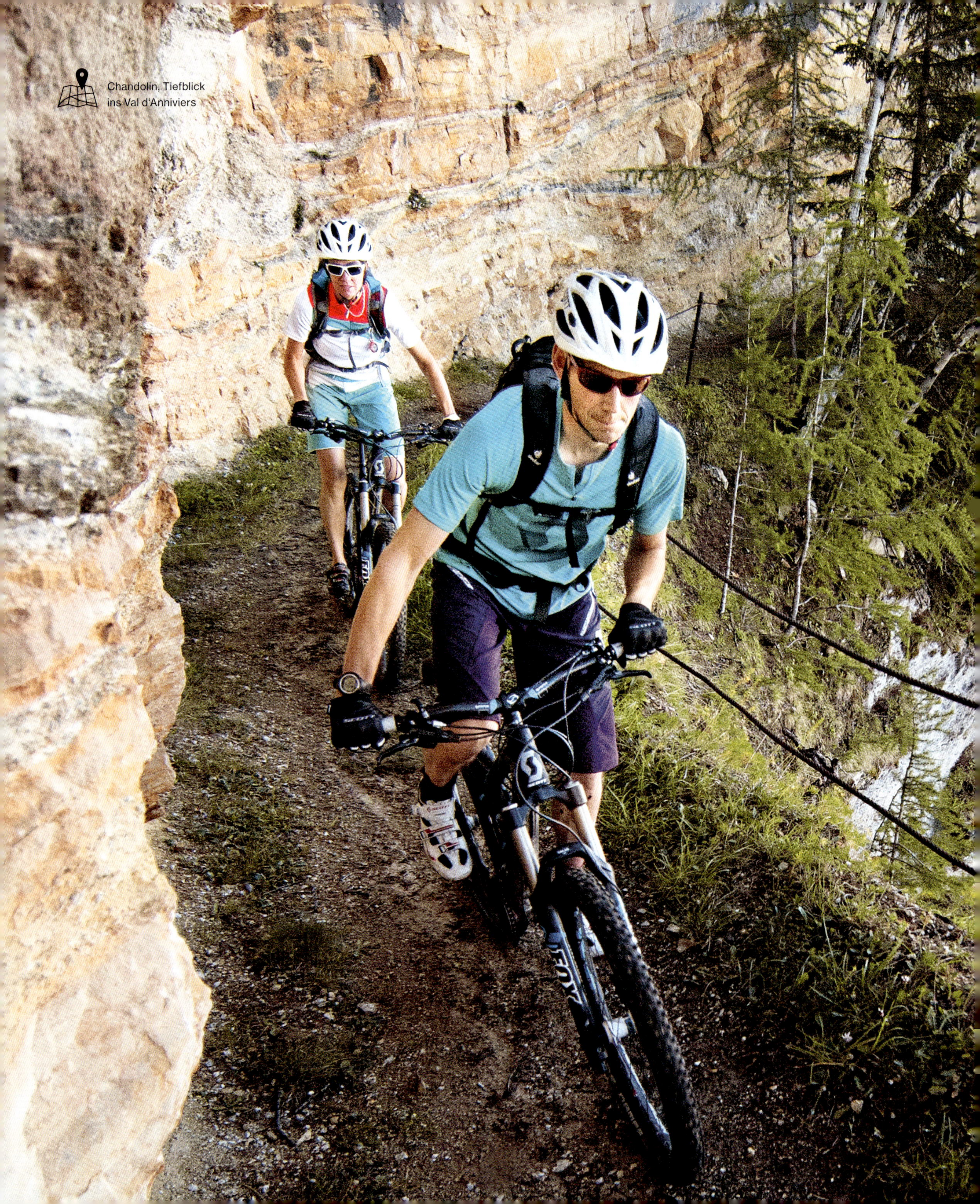

Chandolin, Tiefblick
ins Val d'Anniviers

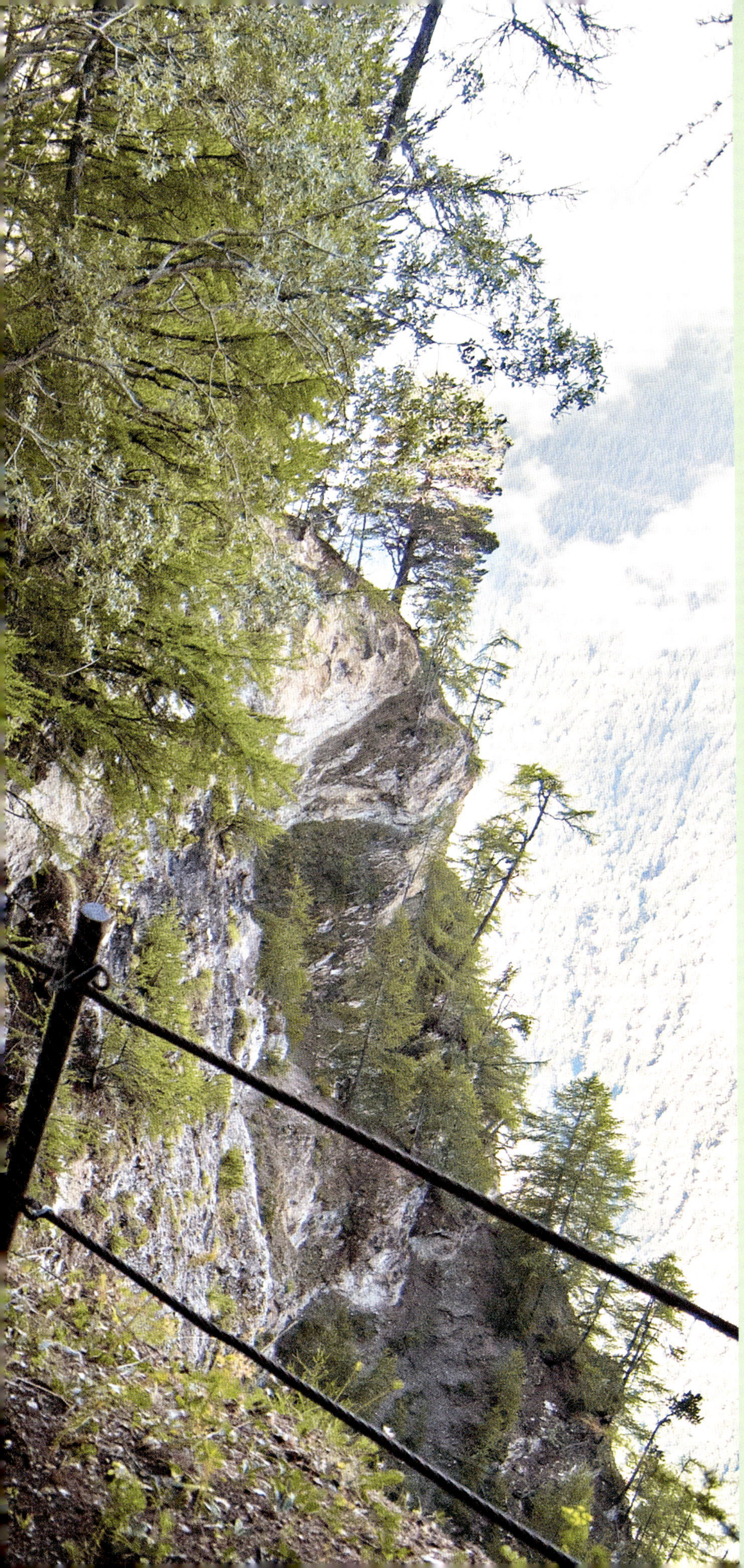

# FAKTEN

SOUSSILLON

TOUR NR. 36

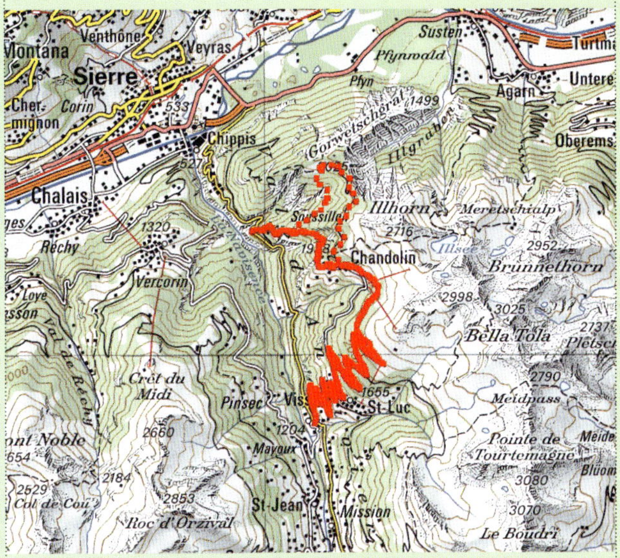


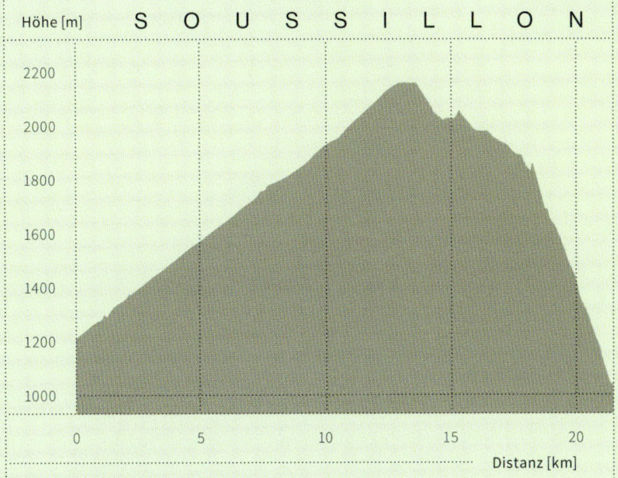


| SCHWIERIGKEIT | DISTANZ |
|---|---|
| Fahrtechnik 3 | 21,5 km |
| Ausdauer 3 | **HÖHENDIFFERENZ** |
| **FAHRZEIT** | Bergfahrt 1200 m |
| 3 h | Abfahrt 1400 m |

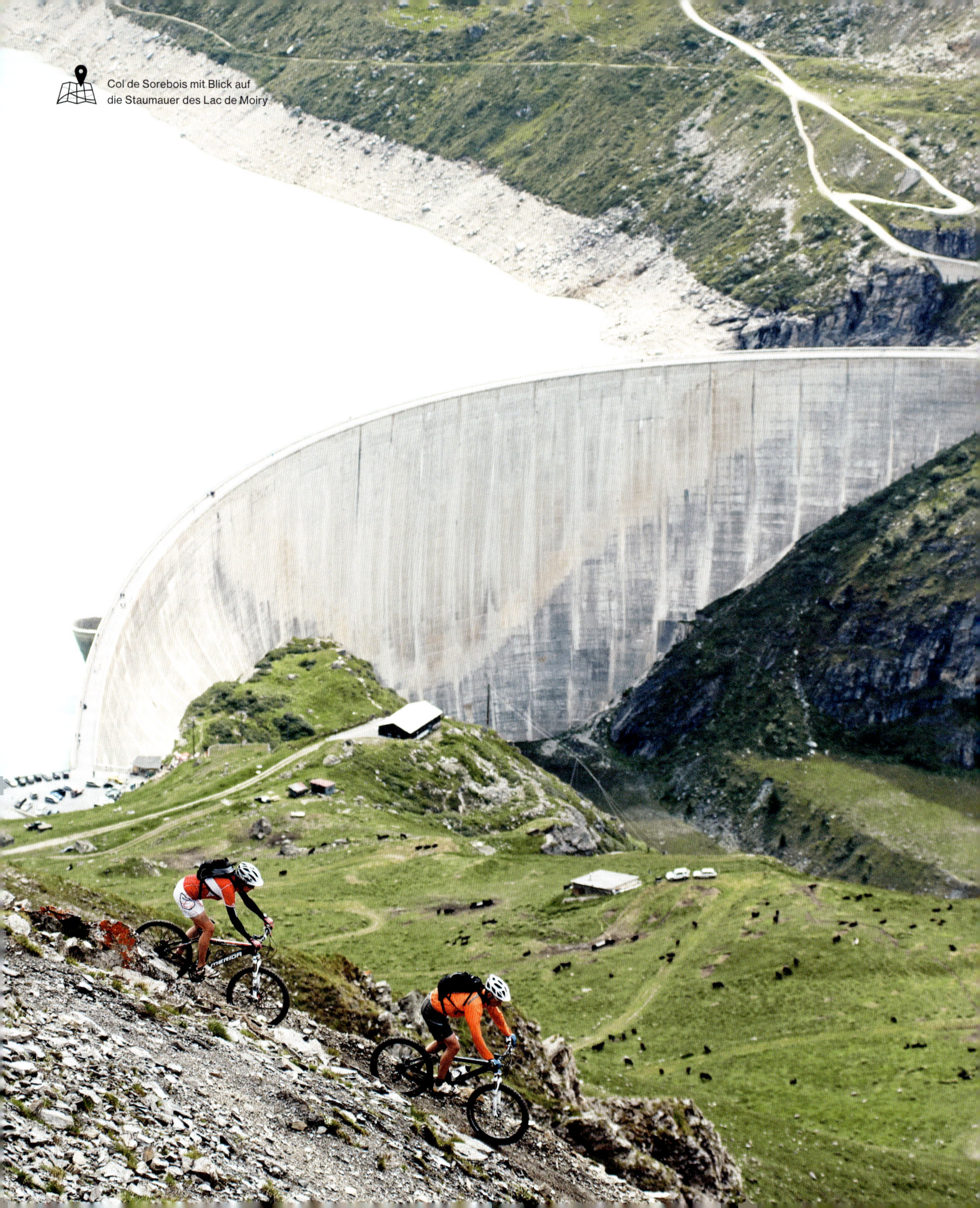

Col de Sorebois mit Blick auf die Staumauer des Lac de Moiry

# TOUR DU VAL D'ANNIVIERS

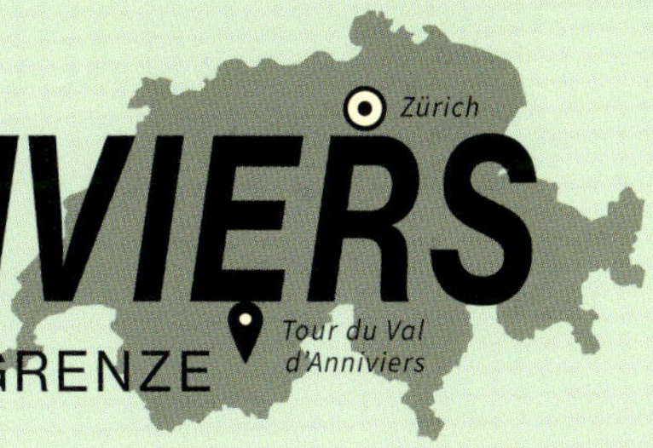


## TRAIL-VERGNÜGEN ENTLANG DER SPRACHGRENZE

WALLIS

TOUR NR. 37

Schade eigentlich, dass das legendäre Langstreckenrennen »Grand Raid Cristalp« bereits nach 121 Kilometern zu Ende ist. Denn einige der schönsten Singletrails liegen erst auf der anderen Talseite des Zielorts Grimentz. Überhaupt lohnt es sich, das Val d'Anniviers in ausgeruhtem Zustand zu entdecken. Die Trails ziehen sich nämlich beidseitig kreuz und quer durch die Talflanken, das Entdecken und Kombinieren immer neuer Routen macht mächtig Spaß. Im wahrsten Sinne des Wortes auf der Höhe ist der Singletrail, der das historische Hotel Weisshorn mit Zinal verbindet. Nur schade, dass man kaum Gelegenheit findet, die einmalige Aussicht über das Tal hin zu Zinalrot- und Matterhorn zu genießen. Der Blick bleibt auf den Singletrail fixiert, der mal einfach flüssig, mal fahrtechnisch anspruchsvoll unterhalb der Pointes de Nava und der Crête de Barneuza verläuft. Ist der Etappenort Zinal einmal erreicht, wechselt die Szenerie komplett. Die Retourschleife führt über einen wenig anspruchsvollen aber trotzdem reizvollen Singletrail durch den Forêt des Morasses nach Grimentz und von dort über einen verspielten Trail zum Talboden. Wer die Runde jetzt noch dreimal wiederholt kommt auf die exakt gleiche Distanz wie die Ausdauer-Cracks des »Grand Raid Cristalp«, legt dreimal weniger Höhenmeter zurück hat dafür aber dreimal mehr Spaß, weil die Strecke – im Gegensatz zum Ausdauerklassiker – fast ausnahmslos über Singletrails führt.

**AUSGANGSPUNKT:** Vissoie, *www.valdanniviers.ch*

**ÜBERNACHTUNGSTIPP:** Grand Hôtel et Bains du Cervin, Telefon +41 (0)27 475 20 00, *www.grandhotelducervin.ch*

**STRECKE:** Vissoie (1220 m), mit dem Autobus der Schweizer Postbetriebe bis St. Luc • Standseilbahn bis Tignousa (2180 m) • auf der Schotterstraße dem Wanderwegweiser »Hotel Weisshorn« folgen • km 5,06 (2337 m), links den Singletrail hochfahren, Wanderwegweiser »Zinal« (Hotel Weisshorn ist rechts unterhalb, rund 150 Meter entfernt) • immer dem Höhenweg folgen • km 16,3, Zinal Post (1682 m) • 200 Meter die Dorfstraße hochfahren, danach dem Bike-Wegweiser »171« folgen • Brücke queren und rechts hochfahren • kurz danach Wanderwegweiser »Pralong« • auf der Asphaltstraße bis Mottec • im Zentrum des Weilers dem Wanderwegweiser/Bike-Wegweiser »Grimentz« folgen • km 24,2, Asphaltstraße queren • Wanderwegweiser »St. Jean« • Singletrail rechts des Flusses abfahren • km 25,9, auf der Asphaltstraße, später auf der Schotterstraße rechts des Flusses zurück nach Vissoie.

**KARTEN:** Supertrail Map, Kartenblatt Valais Central, 1:50 000, *www.supertrail-map.com*

**DIVERSES:** Einkehrmöglichkeit im Hotel Weisshorn sowie diverse in Zinal. Die Strecke kann um eine attraktive Abfahrt (und einen kurzen, aber sehr knackigen Anstieg) verlängert werden. Und zwar wie folgt: In Zinal Seilbahn bis Sorebois (2438 m) – km 2,5, Übergang unterhalb des Corne de Sorebois (2896 m) – Wanderwegweiser »Moiry« – km 4,5, Staumauer des Lac de Moiry (2250 m) überqueren und dem Wanderwegweiser »Grimentz« folgen – km 12,9, in Grimentz die Asphaltstraße Richtung Zinal/Ayer abfahren – km 13,5, rechts, dem Wanderwegweiser »Zinal« folgen.

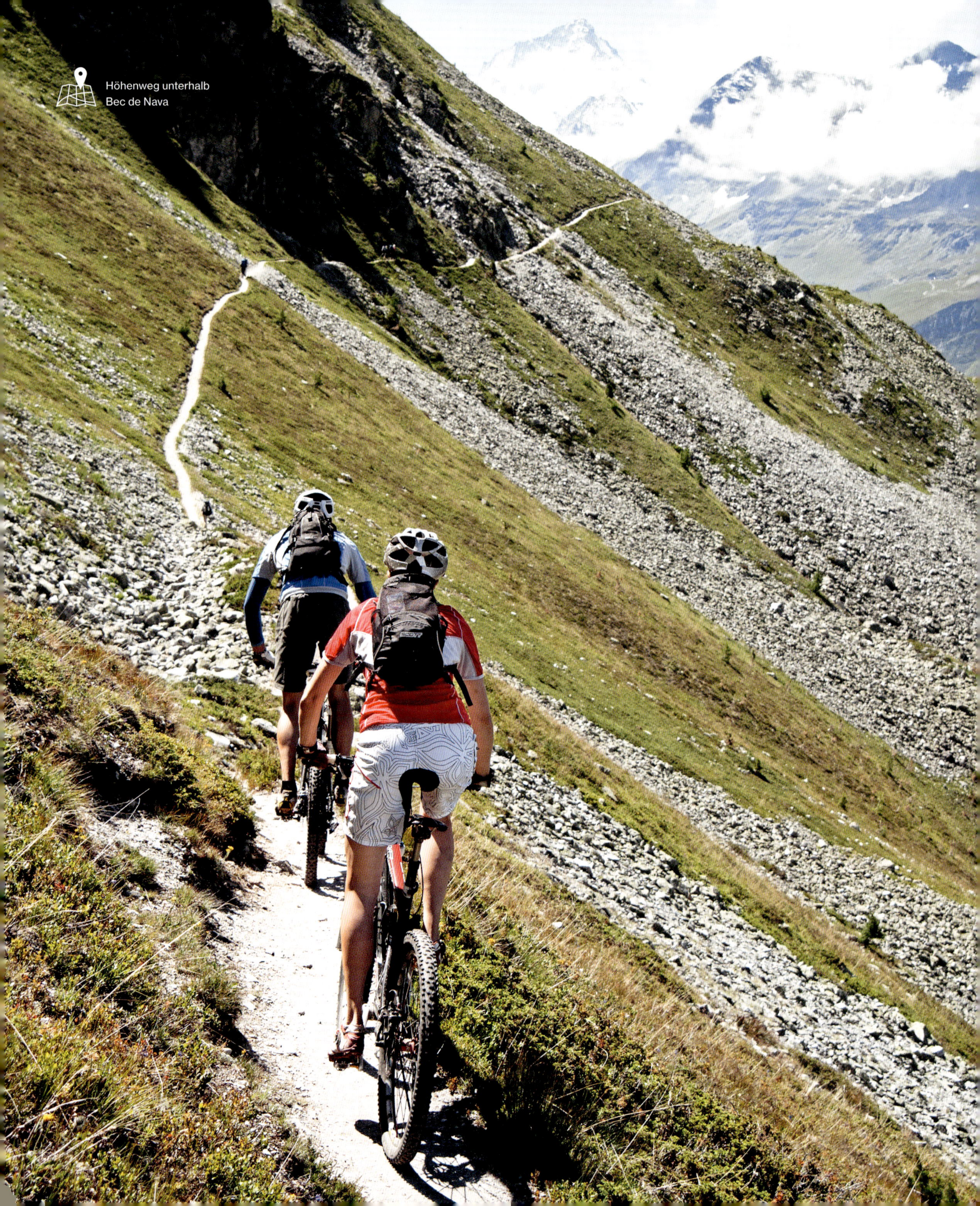

Höhenweg unterhalb
Bec de Nava

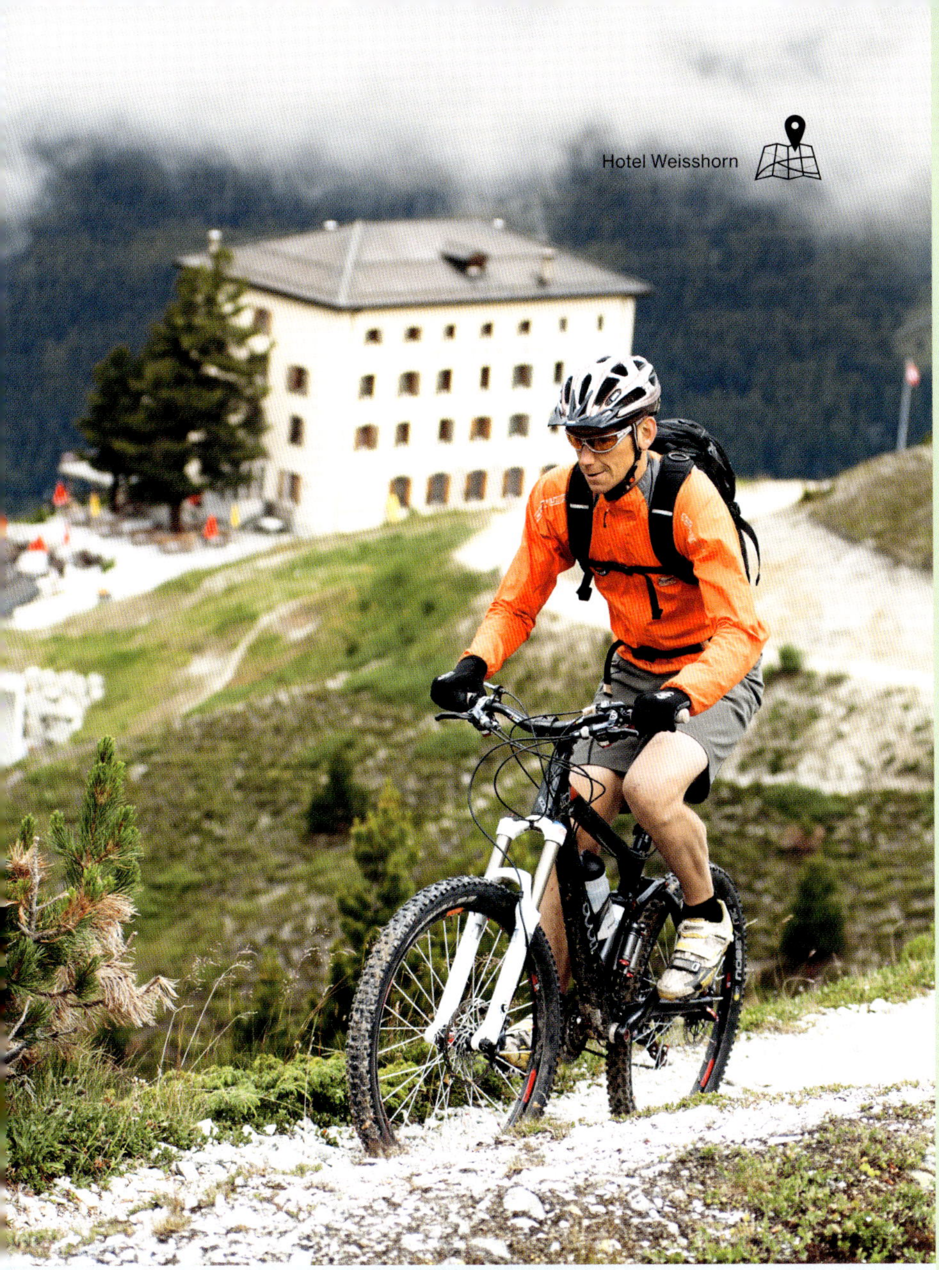

Hotel Weisshorn

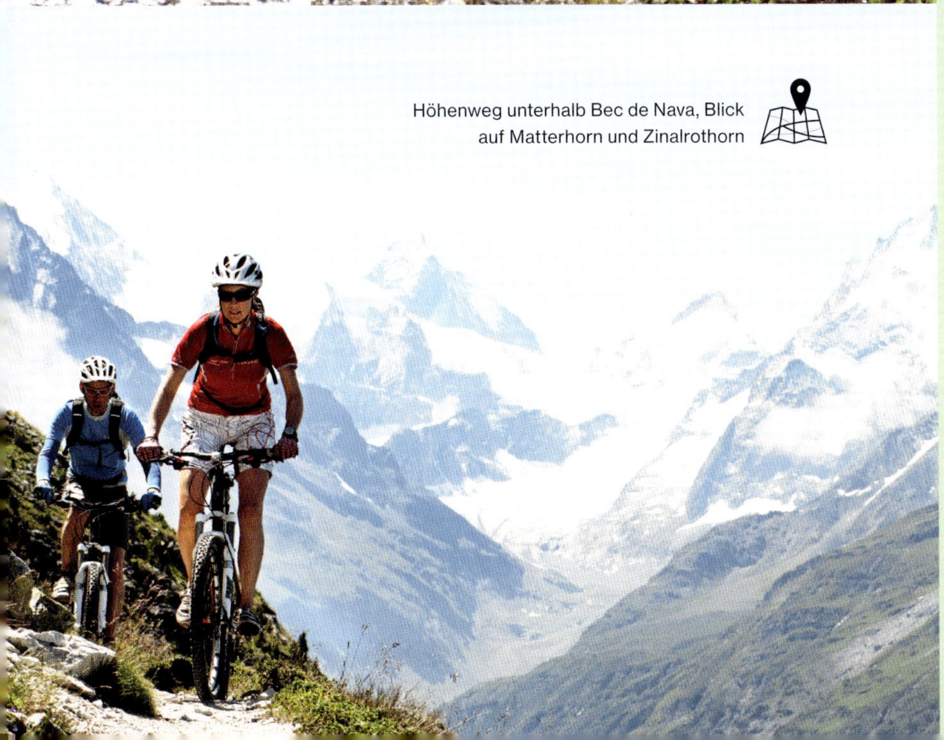

Höhenweg unterhalb Bec de Nava, Blick auf Matterhorn und Zinalrothorn

# FAKTEN

## TOUR DU VAL D'ANNIVIERS

TOUR NR. 37

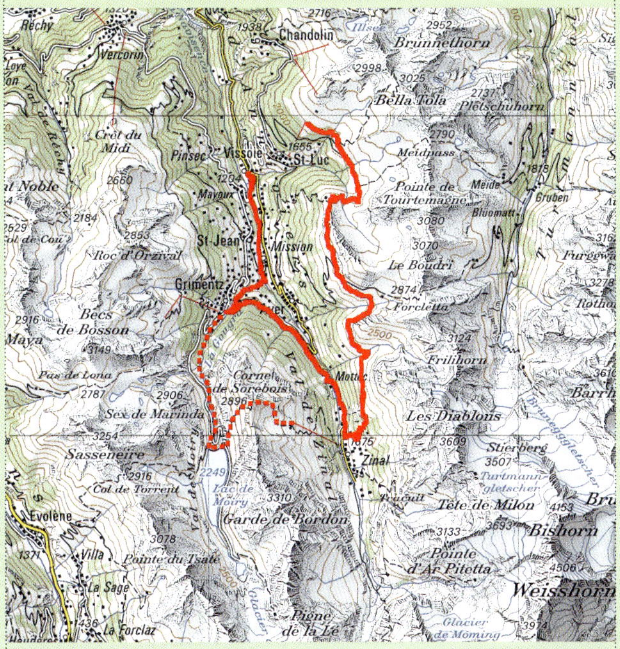


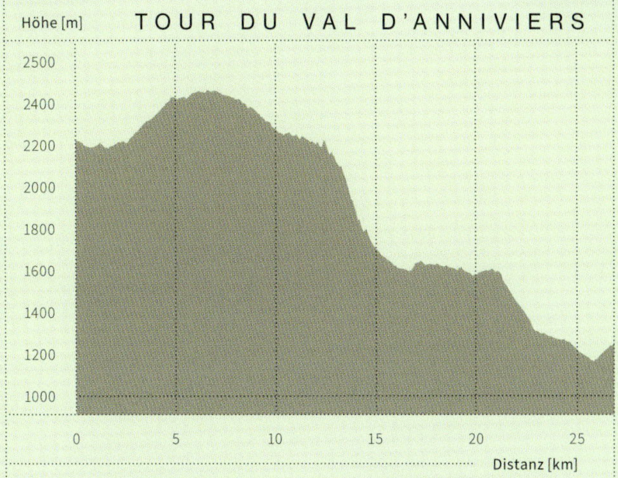


| SCHWIERIGKEIT | DISTANZ |
|---|---|
| Fahrtechnik 4 | 29,9 km |
| Ausdauer 3 | **HÖHENDIFFERENZ** |
| **FAHRZEIT** | Bergfahrt 650 m |
| 5 h | Abfahrt 1500 m |

Auf dem Col de Cou hat die Schieberei ein Ende

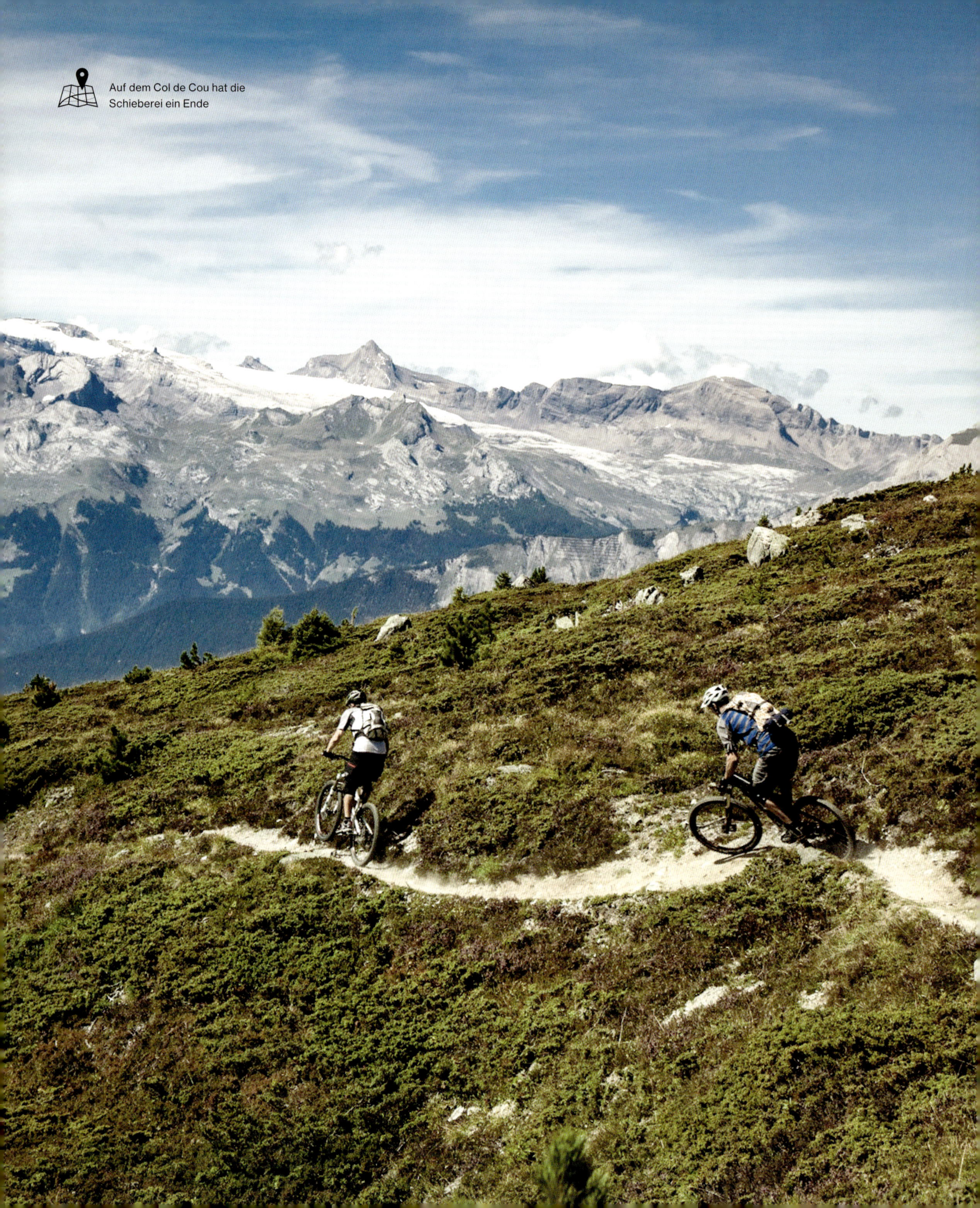

# THE BRASILIAN

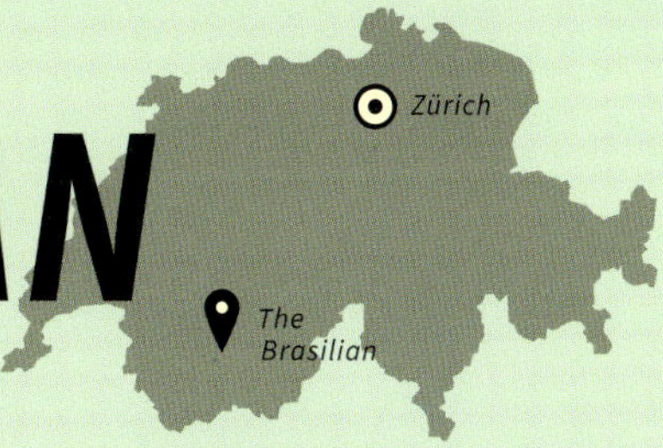


## DIE WALLISER FREERIDE-LEGENDE

WALLIS

TOUR NR. 38

520 Meter hoch, 2180 Meter runter – die Zahlen allein erübrigen die Frage, weshalb »The Brasilian« bereits jetzt ein Walliser Freeride-Klassiker ist. »One of the 10 most epic rides in the world«, summiert ein amerikanischer Gast nach der Abfahrt. Ein Highlight ist die Abfahrt auf jeden Fall. Wer aber die schier unbegrenzten Singletrail-Möglichkeiten der Schweiz und der Alpen kennt, wird zumindest bezüglich der Weltbestenliste noch ein Fragezeichen setzen. Und wieso der Name?
Fakt ist, dass es auf dem Col de Cou keine Bar gibt, die Caipirinhas ausschenkt. Ebenso ist es nur ein Gerücht, dass in der Schiebepassage zum Col die Gebeine eines brasilianischen Mountainbikers liegen, der die 500 Höhenmeter nicht geschafft hat. Mehr Gerüchte gefällig? Die Wahrheit weiß der kanadische Extrem-Freerider Wade Simmons, der für die Namensgebung verantwortlich ist (und der Autor, der sich die Mühe der Recherche gemacht hat).
Aber lassen wir das. Denn alles was zählt ist die Tatsache, dass die Trails höchsten Ansprüchen genügen. Episch? Ja, vielleicht bringt das die Sache auf den Punkt.

**AUSGANGSPUNKT:** Chalais/Vercorin, *www.valdanniviers.ch*

**ÜBERNACHTUNGSTIPP:** Hostellerie d'Orzival, Telefon +41 (0)27 456 11 19, *www.orzival-vercorin.ch*

**STRECKE:** Chalais (520 m), Seilbahn bis Vercorin • auf der Asphaltstraße durch das Dorf bis zur Talstation der Bergbahn Crêt du Midi • mit der Gondelbahn bis Crêt du Midi (2381 m, km 0) • von der Bergstation bis zur Senke abfahren • Wanderwegweiser »Le Pichioc« • km 3,52, rechts Wanderwegweiser »L'Art du Tsan« • km 5,9, Col de Cou • Wanderwegweiser »Nax« • km 13,5, bei der Kirche im Dorfzentrum von Nax dem Wanderwegweiser «Pramagnon», später »Grône« folgen • km 18,5, Wanderwegweiser »Le Nézot« • durch die Aprikosenhaine nach Grône abfahren • auf der Asphaltstraße zurück nach Chalais.

**KARTEN:** Supertrail Map, Kartenblatt Valais Central, 1:50 000, *www.supertrail-map.com*

**DIVERSES:** Einkehrmöglichkeiten in Nax. Der Singletrail zwischen Crêt du Midi und Punkt 2177 ist fahrtechnisch sehr anspruchsvoll und wird immer wieder durch Schiebepassagen unterbrochen. Wer sein Mountainbike lieber fährt als schiebt (und dafür ein paar Höhenmeter mehr in Kauf nimmt) kann von der Senke auch via Les Arzechons zu Punkt 2095 abfahren und danach auf der Schotterstraße nach Le Pichioc hochfahren. Eine weitere beliebte Aufstiegsvariante: Ab Grimentz mit der Seilbahn bis Bendolla (2129 m), von dort auf der Schotterstraße zum Col de Louché (2892 m) hochfahren und dann zum Col de Cou (2529 m) queren.

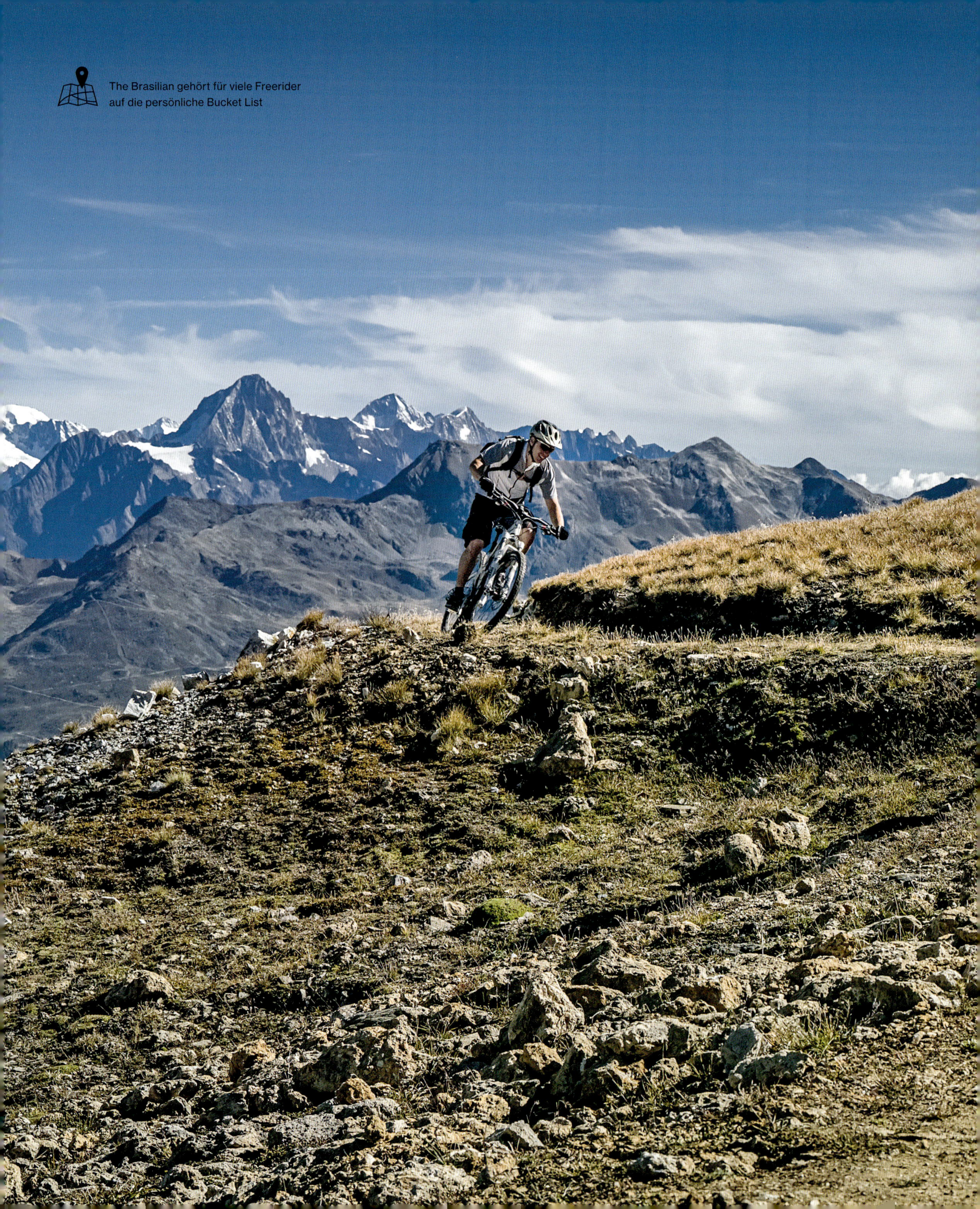

The Brasilian gehört für viele Freerider
auf die persönliche Bucket List

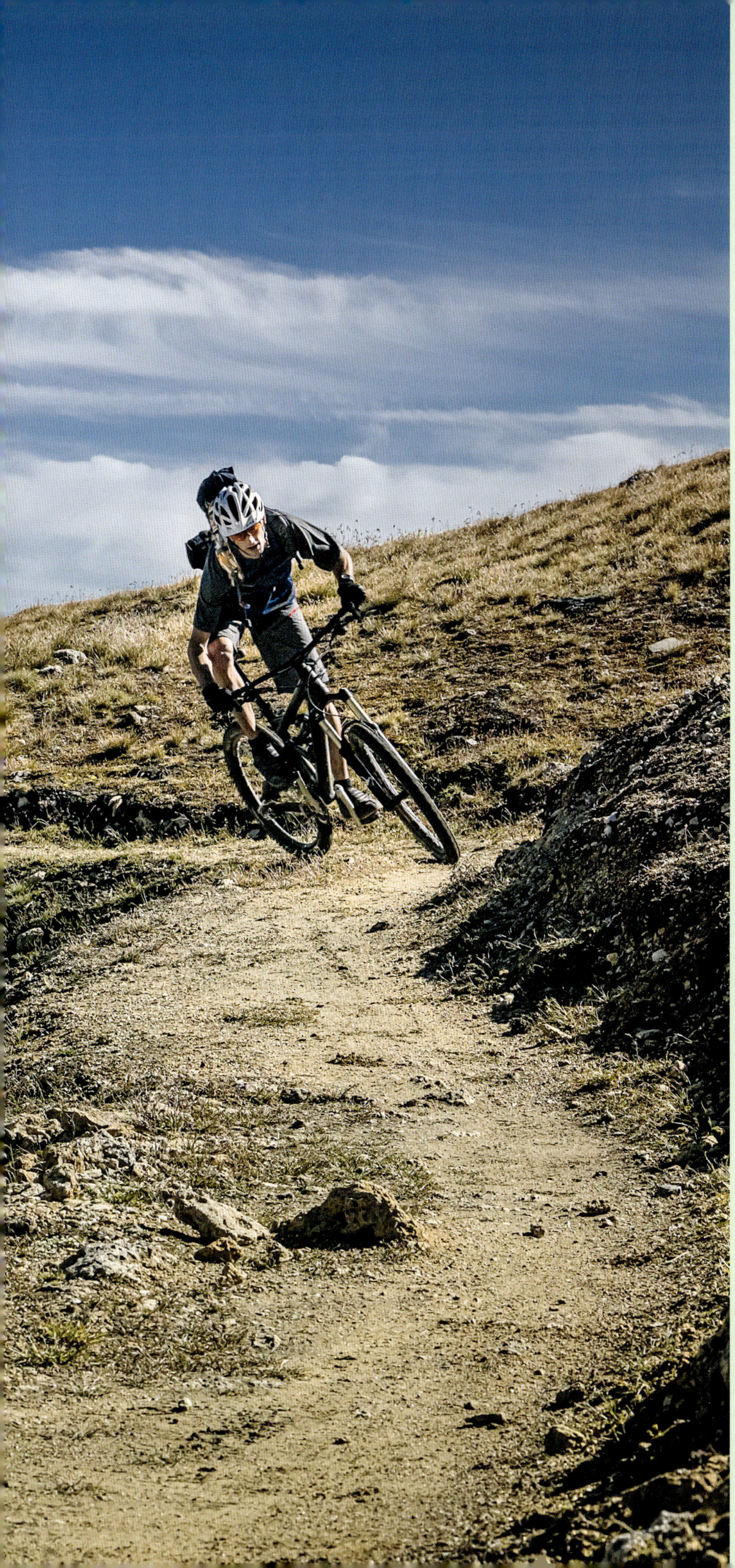

# FAKTEN

## THE BRASILIAN

TOUR NR. 38

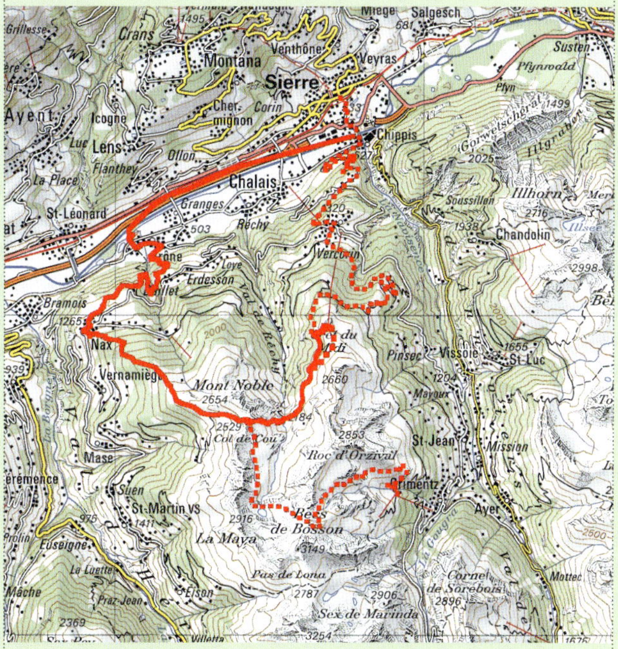


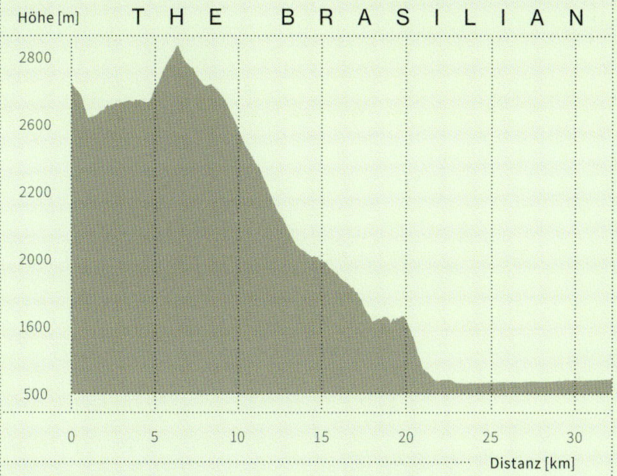


| SCHWIERIGKEIT | DISTANZ |
|---|---|
| Fahrtechnik 3 | 25,9 km |
| Ausdauer 2 | **HÖHENDIFFERENZ** |
| **FAHRZEIT** | Bergfahrt 520 m |
| 3 h | Abfahrt 2180 m |

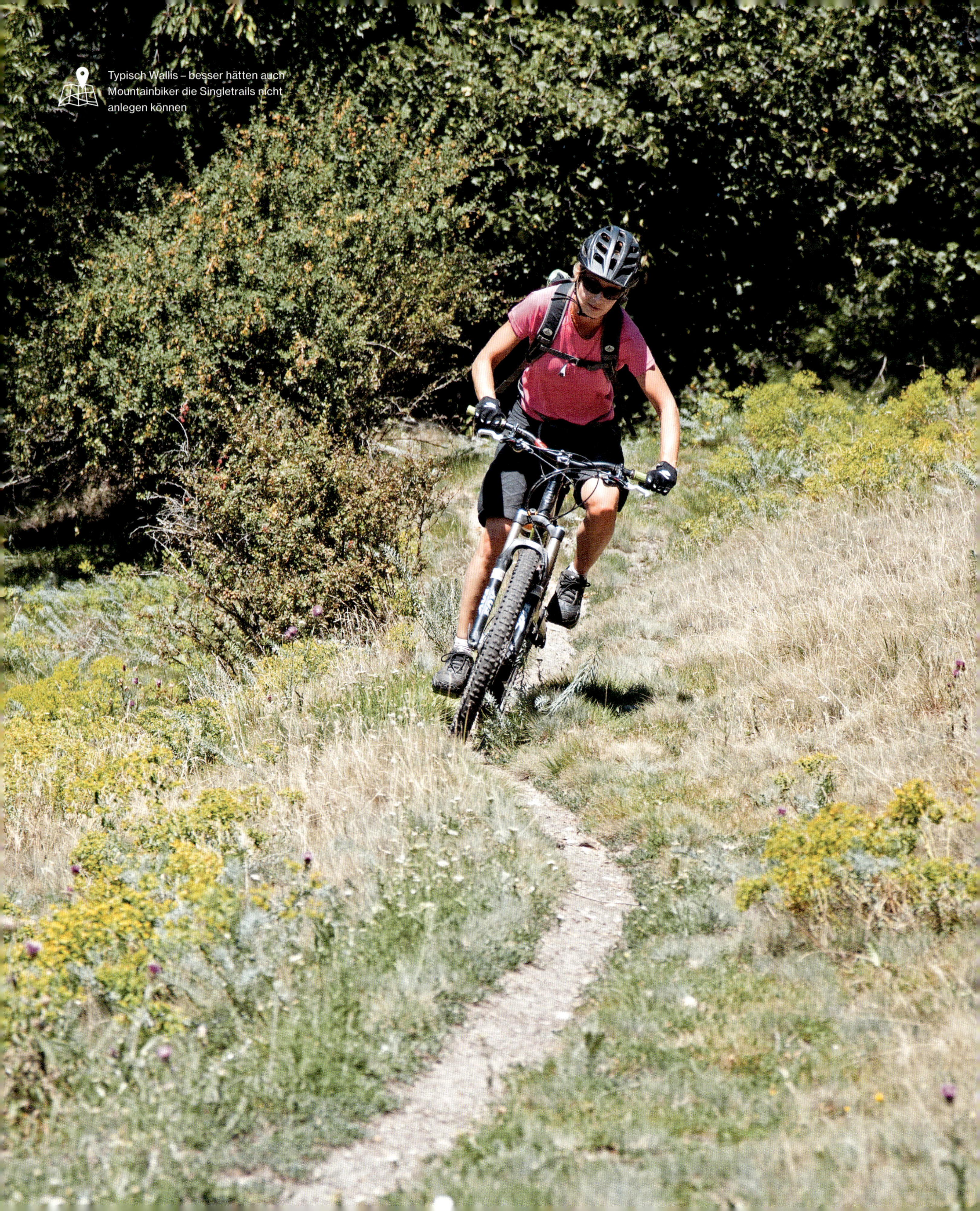

Typisch Wallis – besser hätten auch Mountainbiker die Singletrails nicht anlegen können

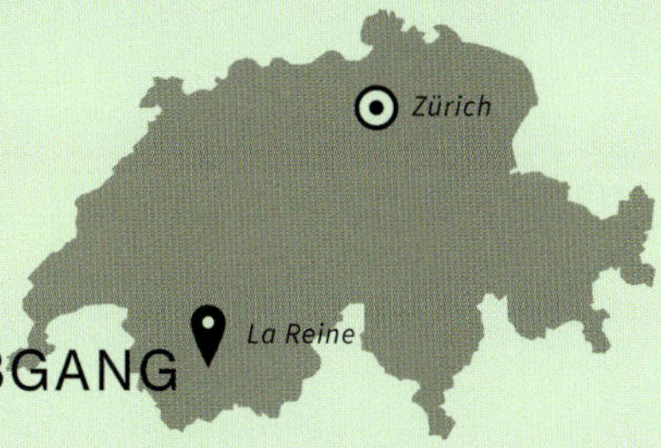


# LA REINE

## KÖNIGLICHE RUNDE MIT THERMISCHEM ABGANG

WALLIS

TOUR NR. 39

Im Val d'Hérens dreht sich alles um die Vaches d'Hérens. Die Eringer-Kühe zeichnen sich durch Kampflust aus – jedes Mal wenn sie sich zum ersten Mal treffen oder sich längere Zeit nicht gesehen haben, wird gekämpft, um die Rangordnung innerhalb der Herde festzulegen. Die Tiere werden von ihren Haltern also nicht zum Kämpfen abgerichtet, sondern folgen ihrem natürlichen Trieb und ermitteln so »La Reine«, die Königin. Trotz aller Zuneigung für die Tiere, sind sie noch nicht mit einem nach ihnen benannten Gipfel geadelt worden. Oder haben die Einheimischen etwa an ihre Kühe gedacht, als sie den 4171 Meter hohen Dent d'Hérens ebenfalls nach dem Tal benannt haben?

Wer mit dem Mountainbike von Vernamiège nach Combioula abfährt, braucht sich keine Gedanken darüber zu machen, ob Eringer-Kühe auch beim Anblick von Sportlern den Kopf senken und losrennen. Die Vaches d'Hérens sind im Sommer meist in den höheren Alplagen anzutreffen und ignorieren Mountainbiker auch dann, wenn sie im roten Trikot vorbeifahren. Und auch die Wanderer sind auf der Strecke selten in größerer Zahl anzutreffen. Und wenn doch, stellt sich kaum je die Frage, wer denn jetzt der König oder die Königin der Wege sei. So kann man die perfekten Singletrails ab Vernamiège in vollen Zügen genießen. Einzig wenn es um das Bewahren eines lokalen Geheimnisses geht, verstehen die Einheimischen eigentlich keinen Spaß. Deshalb im Vertrauen: Wer den Fluss La Borgne überquert und der Schotterstraße für rund 200 Meter folgt, gelangt an eine weitere Brücke. Wer diese überquert findet in ca. 150 Metern Distanz eine kleine Höhle, der lauwarmes Wasser entspringt. Ein Badestopp wird dringend empfohlen.

**AUSGANGSPUNKT:** Euseigne, Val d'Hérens Tourisme, Telefon +41 (0)27 283 40 00, *www.valdherens.ch*

**ÜBERNACHTUNGSTIPP:** Hôtel Les Haudères, Les Haudères, Telefon +41 (0)27 283 15 41, *www.hoteldeshauderes.ch*

**STRECKE:** Dorfplatz Euseigne (980 m), auf der Hauptstraße taleinwärts bis km 4,0 • links, Hauptstraße Richtung Mase • km 11,2 (P. 1365), rechts Asphaltstraße hochfahren bis km 14,0, Clos du Gay (1613 m) • hier auf einem parallel zur Straße folgenden Singletrail zurückfahren und dem Wanderwegweiser »Vernamiège« folgen • km 15,4, Vernamiège (1310 m) • bis an den unteren Dorfrand abfahren und auf dem Wanderweg Richtung Sion weiter • km 16,7 sowie 16,9, die Asphaltstraße kreuzen • km 17,3, links auf dem Singletrail Richtung Marguerona, Sevanne und später Ossona weiter • km 21,2, Ossona (940 m) • rechts auf dem Wanderweg bis Combioula (693 m) abfahren • km 22,7, Combioula (693 m), den Fluss überqueren und links auf der Schotter-, später Asphaltstraße via La Comba zurück zum Startpunkt fahren.

**KARTEN:** Supertrail Map, Kartenblatt Valais Central, 1:50 000, *www.supertrail-map.com*

**DIVERSES:** Wer mit öffentlichen Verkehrsmitteln reist, kann den wunderschönen Singletrail bis Le Villard wählen und kommt so nochmals auf eine Extraportion Trails. Einkehrmöglichkeiten in Mase, Vernamiège oder im idyllischen Weiler Ossona, *www.ossona.ch*.
Informationen zu den Eringerkühen: *www.raceherens.ch*

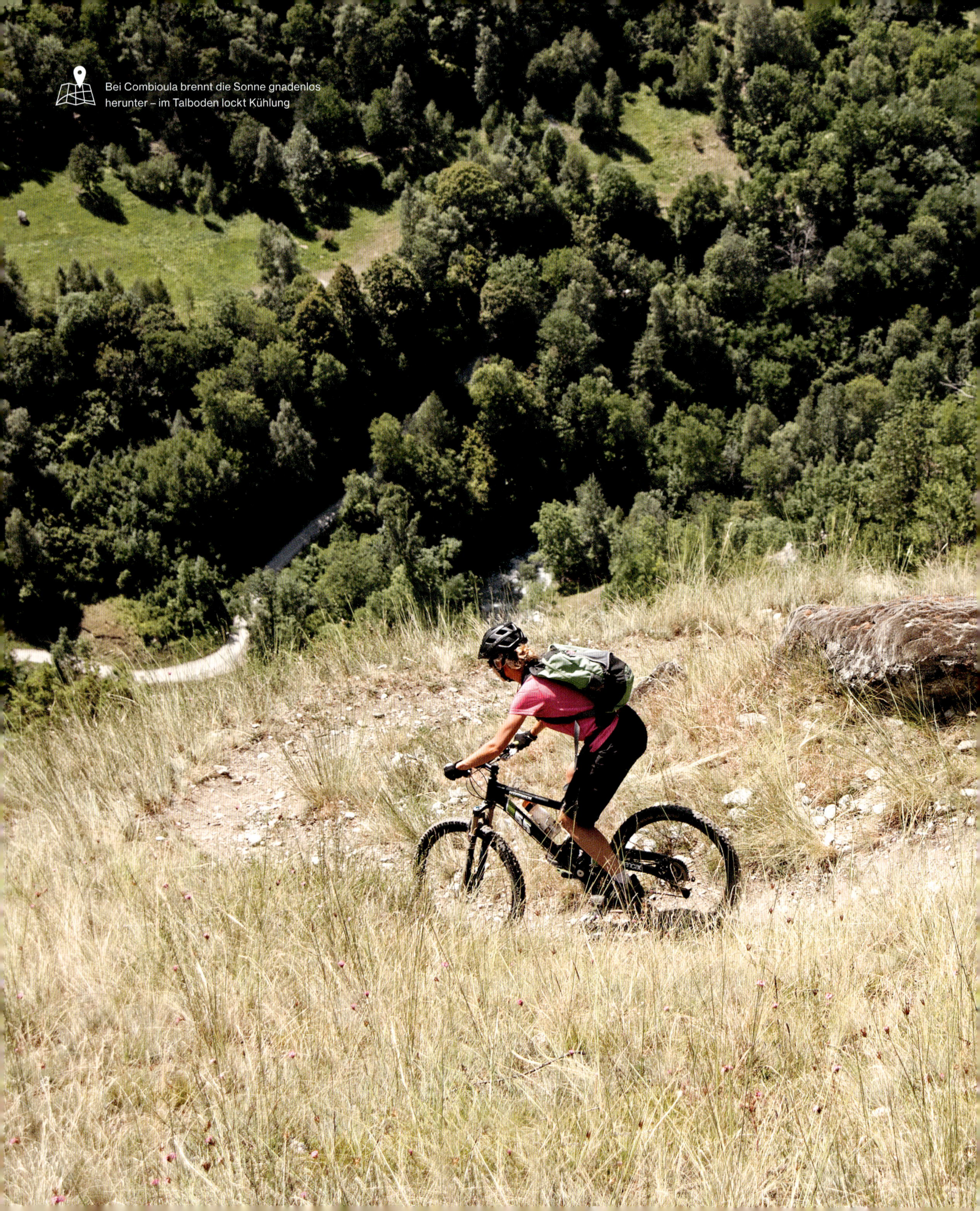

Bei Combioula brennt die Sonne gnadenlos herunter – im Talboden lockt Kühlung

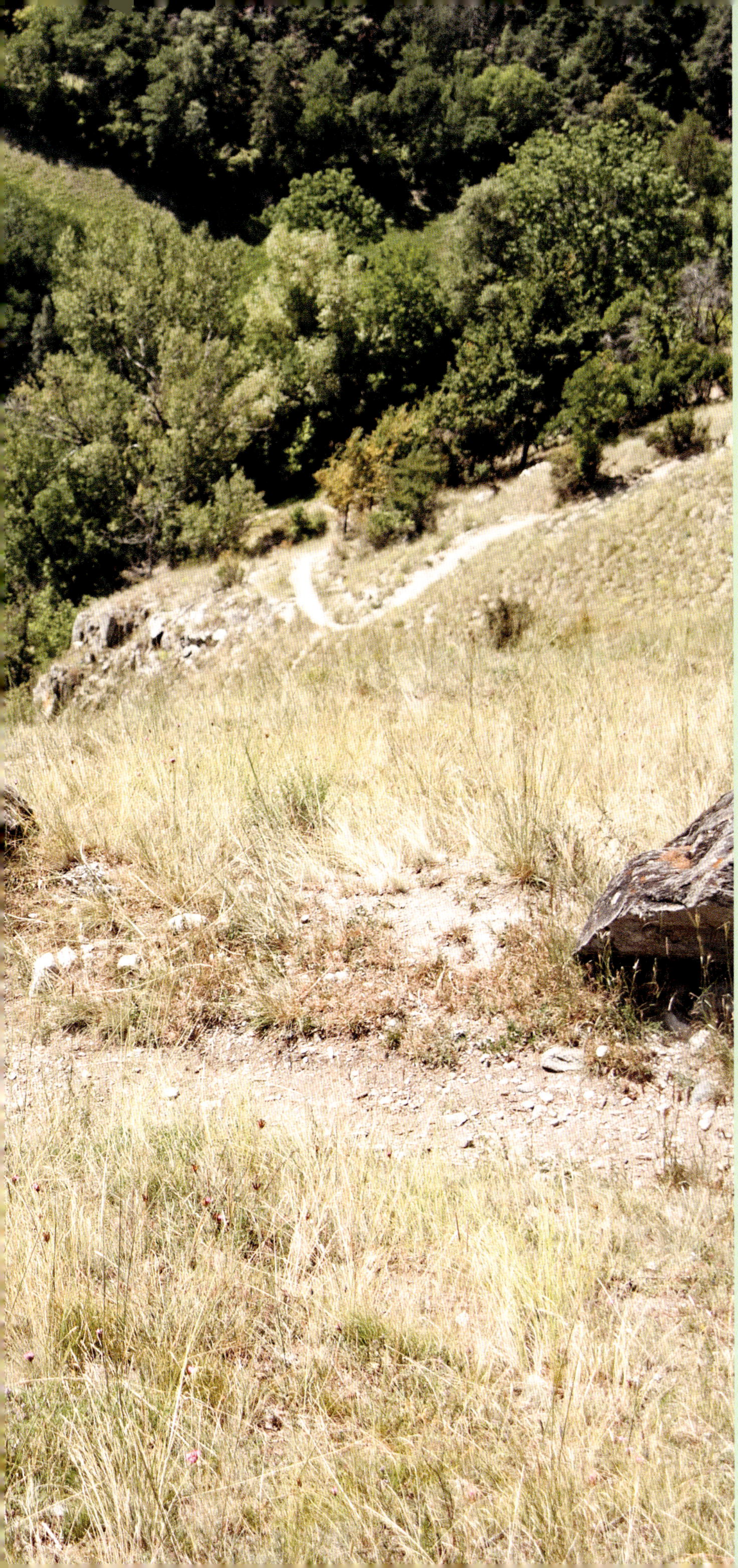

# FAKTEN

## LA REINE

TOUR NR. 39

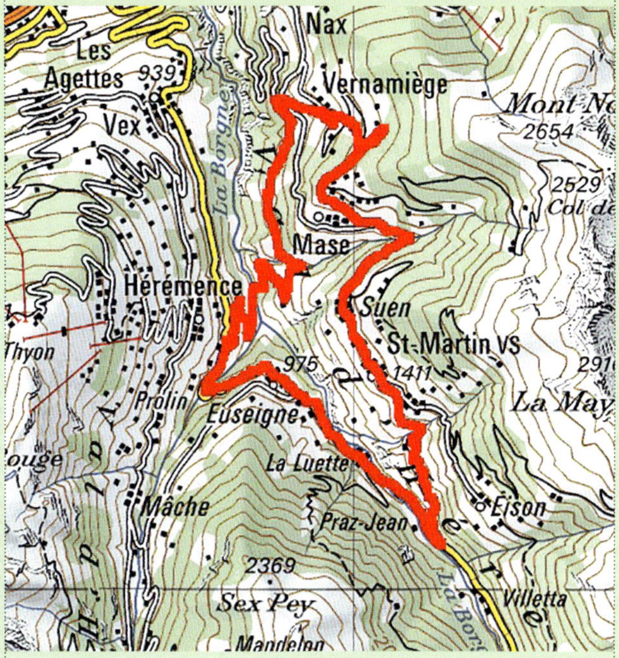


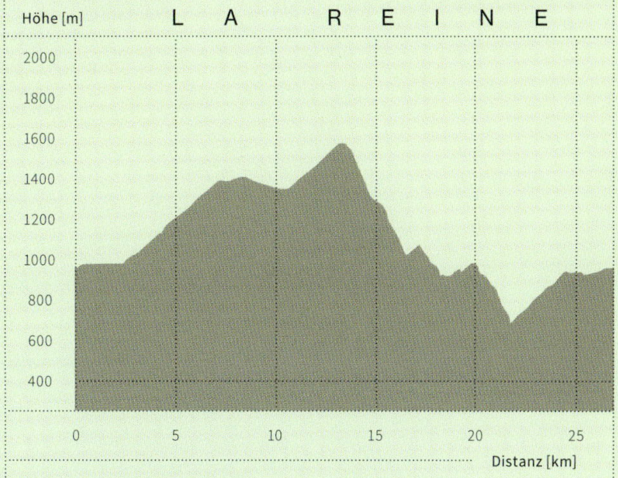


| SCHWIERIGKEIT | DISTANZ |
|---|---|
| Fahrtechnik 3 | 28,0 km |
| Ausdauer 3 | **HÖHENDIFFERENZ** |
| **FAHRZEIT** | 1200 m |
| 4 h | |

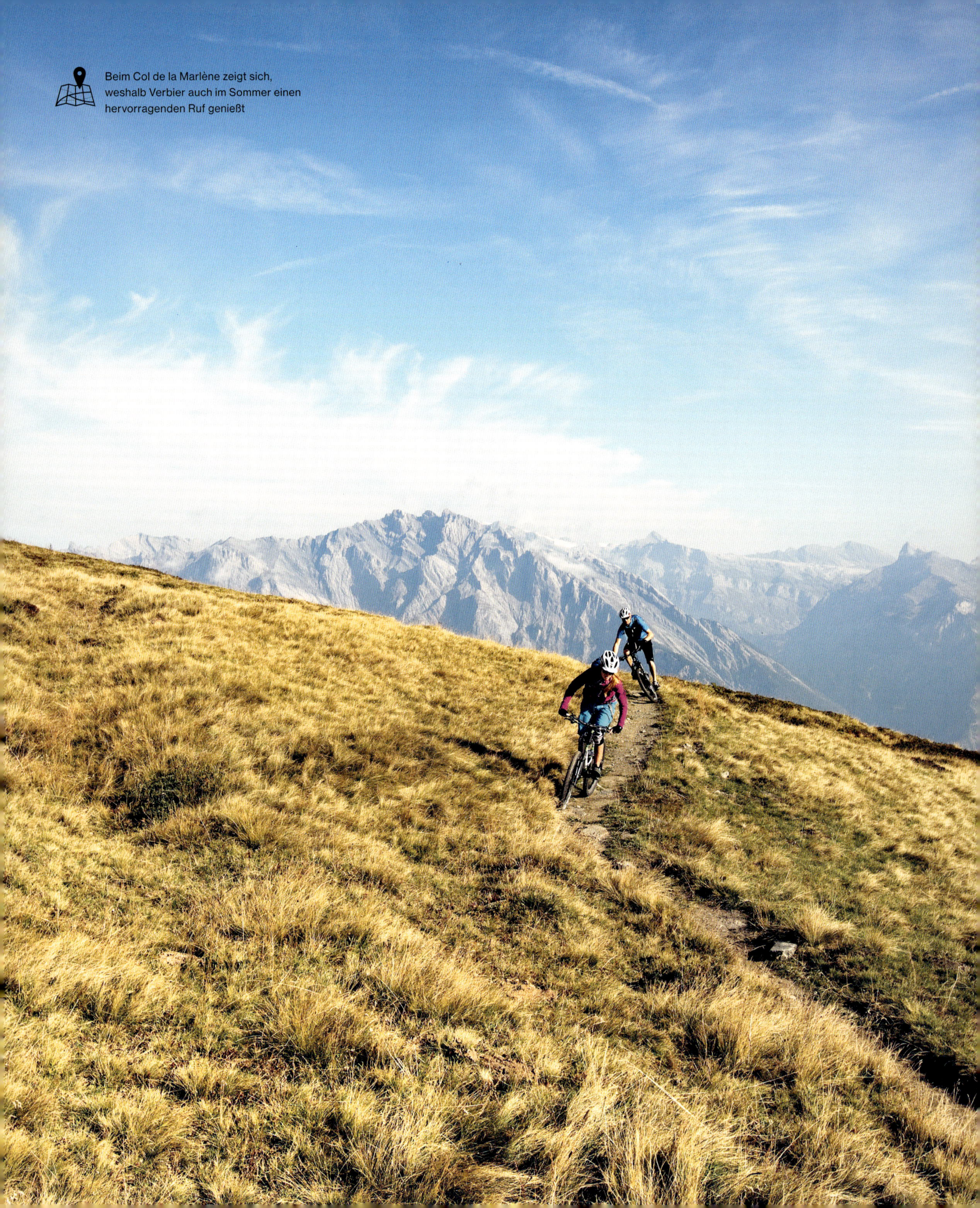

Beim Col de la Marlène zeigt sich, weshalb Verbier auch im Sommer einen hervorragenden Ruf genießt

# PIERRE AVOI

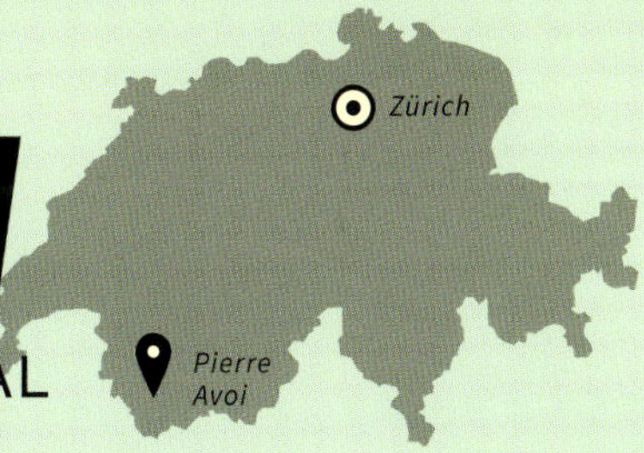


## DAS ADLERNEST ÜBER DEM RHONETAL

WALLIS

TOUR NR. 40

Die markanten Kalkzacken des Pierre Avoi überragen das Rhonetal und bilden eine genauso spektakuläre wie bekannte Spielwiese für Sportkletterer. Als Destination für Mountainbiker müssen sie sich erst noch etablieren. Das mag daran liegen, dass das Ziel nicht ganz so offensichtlich sein mag wie anderswo. Obwohl – die ersten Kilometer von der Bergstation Les Ruinettes via Croix de Coeur und Les Savoleyres sind relativ schnell und anstrengungslos zurückgelegt. Erst nach dem Col de la Marlene sorgt eine kurze Tragepassage von zehn Minuten dafür, dass sich die Spreu vom Weizen trennt. Danach ist es eigentlich schon geschafft, jedenfalls fast. Nachdem der herrliche Ausblick auf das Grand Combin und Mont-Blanc-Massiv zelebriert worden ist, geht es in fahrtechnisch sehr anspruchsvollen Kehren talwärts. Wirklich fordernd ist nur der erste Streckenabschnitt, bereits nach kurzer Zeit lösen Fahrfluss und Fahrgenuss die etwas ruppige Gangart ab. Über den bei Picknickern besonders beliebten Col du Lein führt eine Schotterstraße bis Le Tronc. Wie mit dem Lineal gezogen führt ab hier ein Weg auf direktem Weg nach Martigny. Über fünf Kilometer feinster fahrtechnisch wenig anspruchsvoller Singletrail. Die einzige Schwierigkeit besteht darin, die Geschwindigkeit soweit zu dosieren, dass man bei den wenigen marginalen Richtungsänderungen nicht über den Trail hinausschießt. Wirklich die einzige Schwierigkeit? Nun ja – nach etwas über zwei Kilometern gibt es diese eine 120-Grad-Kurve, die die meisten Mountainbiker im Geschwindigkeitsrausch verpassen.

**AUSGANGSPUNKT:** Verbier, Office de Tourisme de Verbier, Telefon +41 (0)27 775 38 88, *www.verbier.ch*

**ÜBERNACHTUNGSTIPP:** Le Baraka Mountain House, Telefon +41 (0)77 424 15 62, *www.barakabnb.com*

**STRECKE:** Mit der Seilbahn von Verbier bis zur Station Les Ruinettes hochfahren • Les Ruinettes (2195 m), Wanderwegweiser »Croix de Coeur« • km 4,72, Croix de Coeur (2173 m) • Wanderwegweiser »Savoleyres« • an der Station Savoleyres vorbei auf Trail weiterfahren • km 6,29, Wanderwegweiser »Col Marlene« • km 6,9, Col Marlene, Trail geradeaus unter den Felszacken durchfahren (kein Wanderwegweiser) • später das Mountainbike den Trail hochtragen (ca. zehn Minuten) • km 7,98, rechts den Trail abfahren • km 10,84, L'Aroley (1840 m), rechts in den Trail und dem Wanderwegweiser »Boveresse« folgen • km 11,67, links in den Trail • km 11,83, Schotterstraße links hochfahren zum Pas du Lin • km 11,05, Pas du Lin (1656 m) • Wanderwegweiser »Col du Tronc« • km 14,5, rechts • km 14,88, Wanderwegweiser »Martigny«.

**KARTEN:** Supertrail Map, Kartenblatt Martigny/Grand St-Bernhard, 1:50 000, *www.supertrail-map.com*

**DIVERSES:** Den Passübergang Croix de Coeur erreicht man einfach über eine Asphaltstraße, wenn man sich die Bahnfahrt sparen möchte.

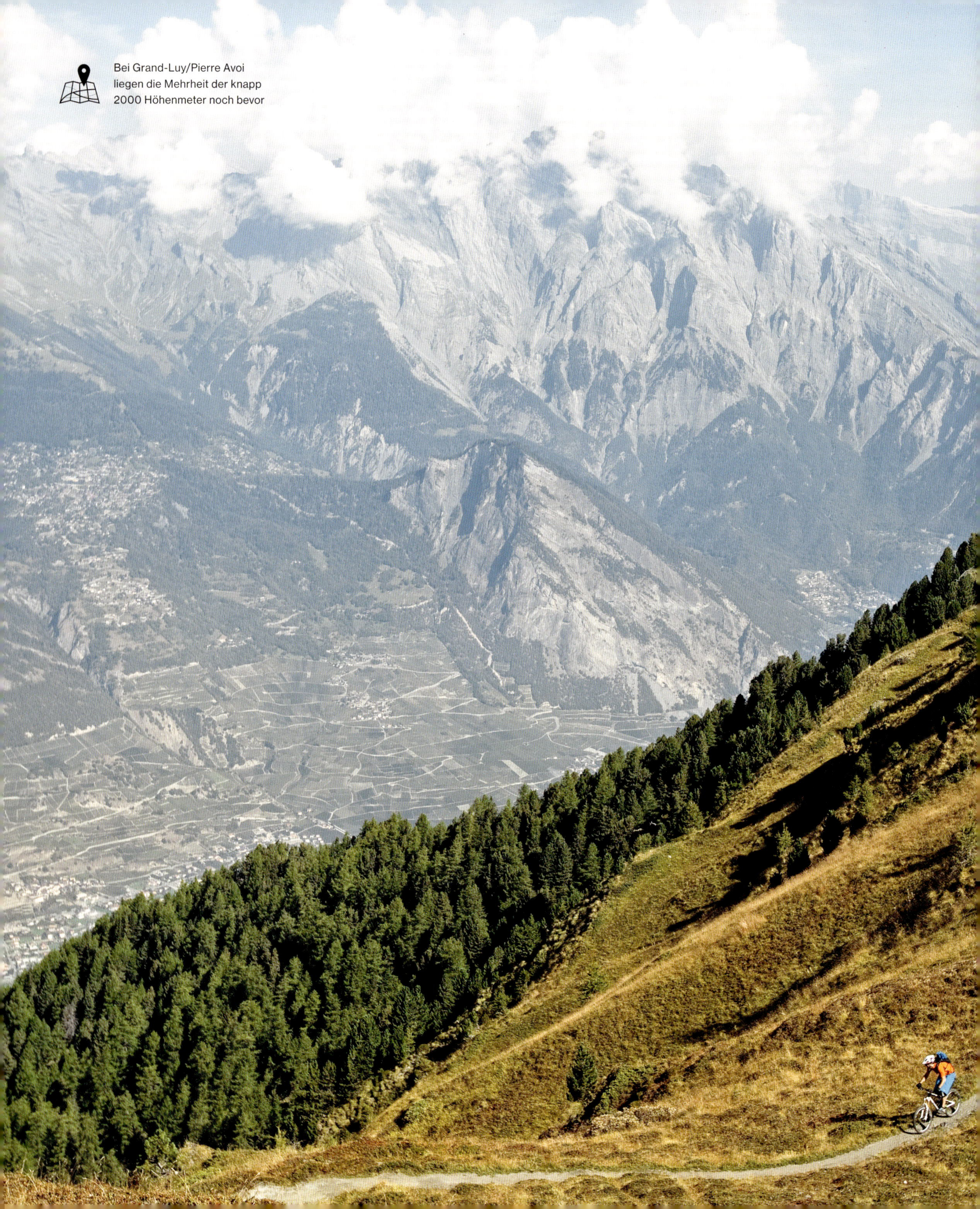

Bei Grand-Luy/Pierre Avoi liegen die Mehrheit der knapp 2000 Höhenmeter noch bevor

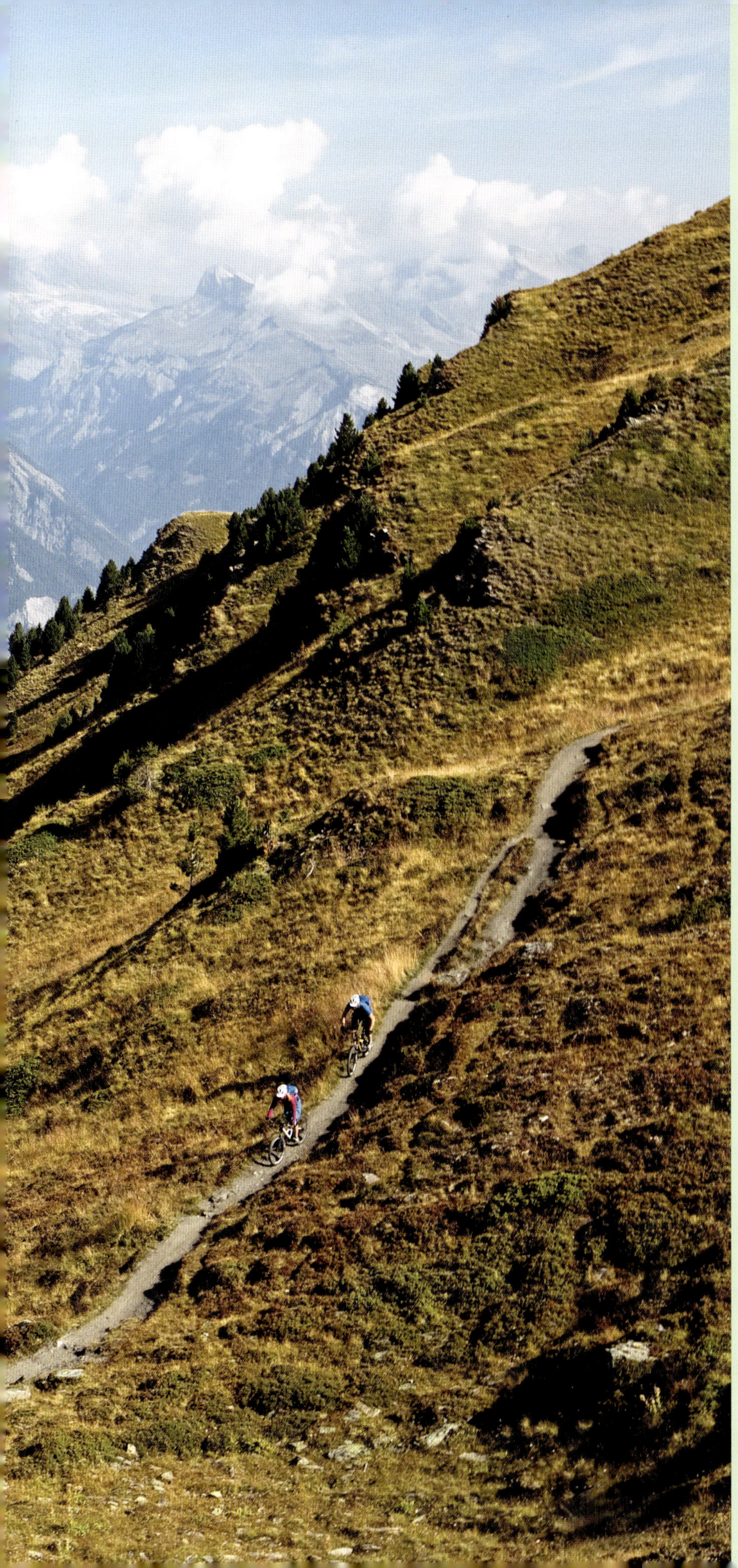

# FAKTEN

## PIERRE AVOI

TOUR NR. 40

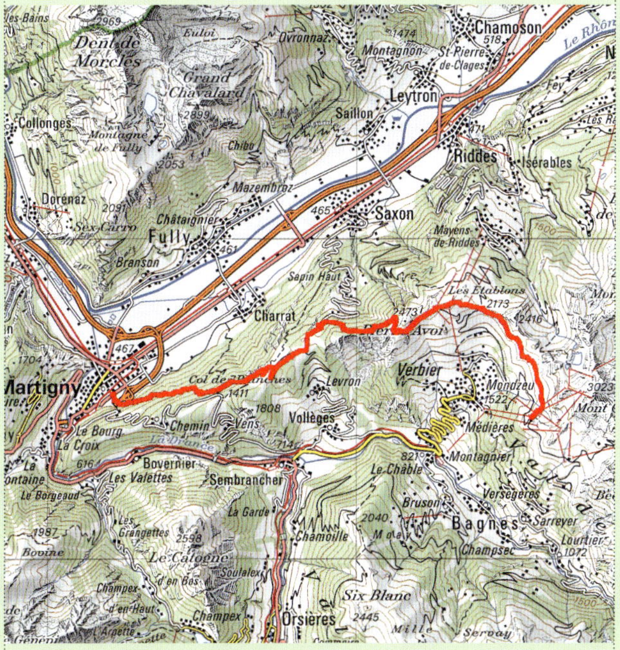


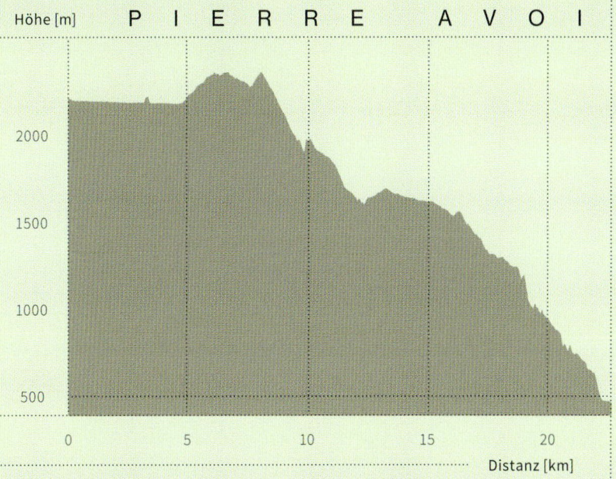


| SCHWIERIGKEIT | DISTANZ |
|---|---|
| Fahrtechnik 3 | 21,1 km |
| Ausdauer 3 | **HÖHENDIFFERENZ** |
| **FAHRZEIT** | Bergfahrt 390 m |
| 3 h | Abfahrt 1960 m |

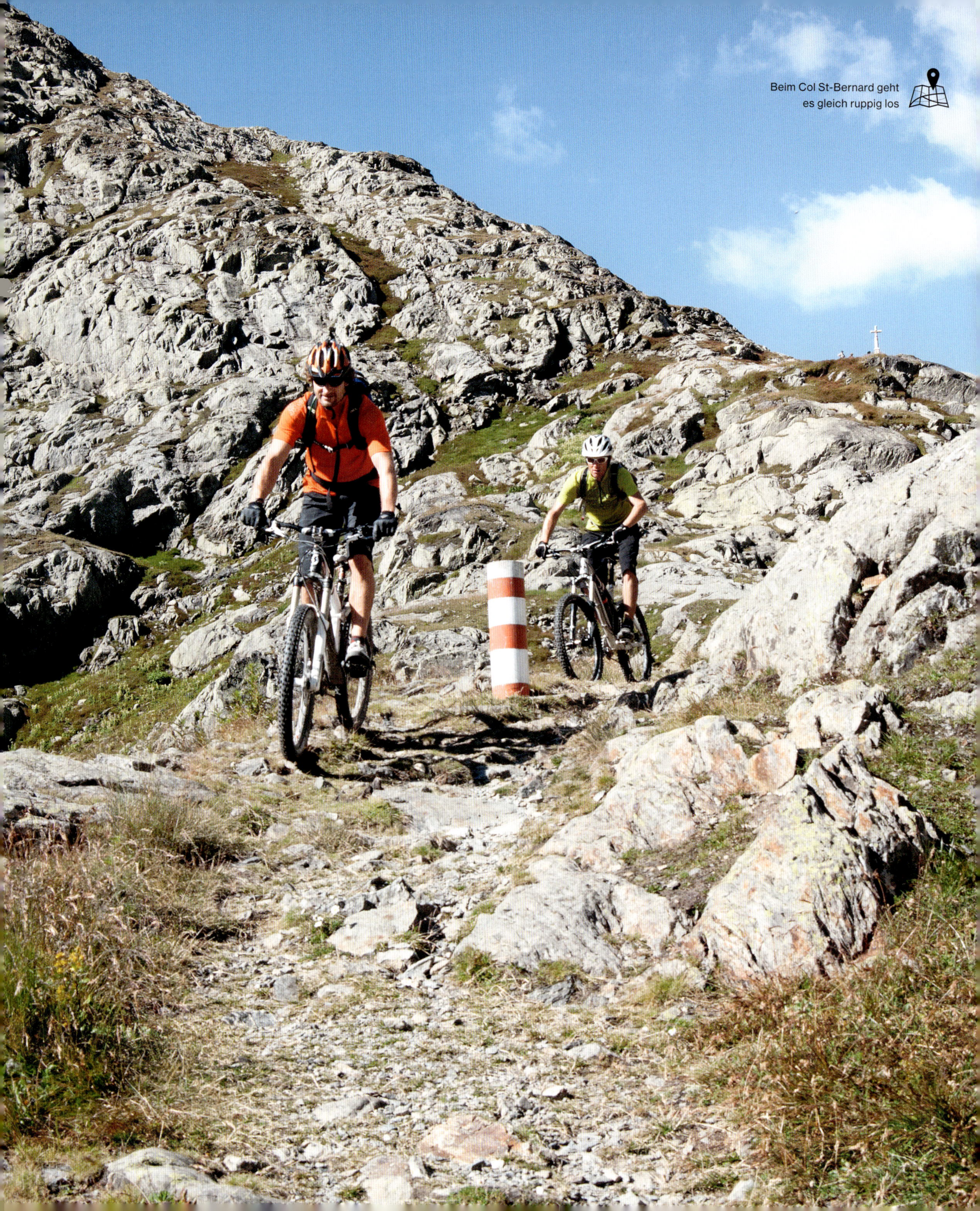

Beim Col St-Bernard geht
es gleich ruppig los

# SANKT BERNHARD

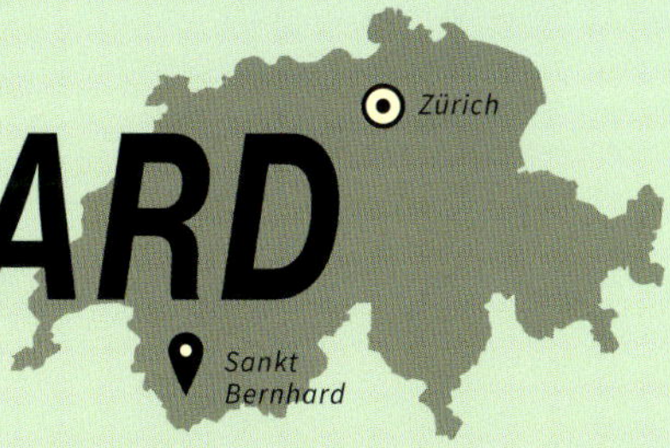


## AUF BARRYS SPUREN

WALLIS

TOUR NR. 41

Wer kennt ihn nicht – den legendären Bernhardinerhund Barry mit dem Schnapsfässchen um den Hals. Der weltberühmte Hund kam im Jahr 1800 im Hospiz auf der Passhöhe des Großen Sankt Bernard an der schweizerisch-italienischen Grenze zur Welt. Auf 2500 Metern Höhe drohten zu jeder Jahreszeit Kälte und Schnee. Deshalb suchten die Augustiner Chorherren in Begleitung ihrer Hunde regelmäßig nach in Not geratenen Reisenden. Barry soll bei seinen Einsätzen über 40 Menschen vor dem Tod bewahrt haben. Dass es für die Geretteten Hochprozentiges aus Barrys Fässchen gab, gehört allerdings ins Reich der Legenden.

Das Zeug zur Legende hat auch die Bike-Tour von der Passhöhe über den Col de Mille ins Tal. Allein die zu bewältigenden Höhenmeter – hoch wie runter – sind eine Ansage. In bleibender Erinnerung werden aber in erster Linie die Kilometer langen Singletrails und die überwältigenden Ausblicke auf die über 4000 Meter hohen Schnee- und Eisriesen des Mont-Blanc- und Grand-Combin-Massivs bleiben, zwischen denen die Strecke durchführt. Einer der höchsten Punkte – und definitiv auch ein Höhepunkt der Strecke – ist die Passhöhe des Col de Mille, von wo aus fünf perfekte Singletrails in alle Himmelsrichtungen wegführen.

**AUSGANGSPUNKT:** Le Châble (821 m), Tourisme du Val de Bagnes, Telefon +41 (0)27 775 38 70, *www.saint-bernard.ch, www.ve rbier.ch*

**ÜBERNACHTUNGSTIPP:** Le Baraka Mountain House, Telefon +41 (0)77 424 15 62, *www.barakabnb.com*

**STRECKE:** Mit dem Postauto von Sembrancher zur Passhöhe (2469 m) des Col du Grand St-Bernard hochfahren • in nördlicher Richtung dem parallel zur Passstraße verlaufenden Trail folgen, immer Richtung Bourg-St-Pierre • links am Stausee Lac des Toules vorbei • km 11,6, Bourg-St-Pierre (1632 m) • die Passstraße überqueren und auf der Asphalt-, später der Schotterstraße bis zur via Azerin zur Alm Boveire-d'en Bas hochfahren • ab km 18,8 auf Singletrails dem Wanderwegweiser »Le Coeur« folgen • km 20,5, Le Coeur (2233 m) • ab hier entweder auf anspruchsvollen Singletrails (einzelne Schiebepassagen unvermeidbar) via La Vuardette zum Col de Mille, oder aber auf der Schotterstraße, später dem Sinlgetrail über die Alm Erra-d'en Bas zum Col de Mille hochfahren • km 25,8, Col de Mille (2472 m) • ab hier via Mont Brûlé, Col de Chargerat und Mayens de Montbrun Richtung Sembrancher/Le Châble abfahren. Ab Col de Mille gibt es zahlreiche interessante Varianten, die allesamt in der Supertrail Map gekennzeichnet sind.

**KARTEN:** Supertrail Map, Kartenblatt Martigny/Grand St-Bernard, 1:50 000, *www.supertrail-map.com*

**DIVERSES:** Die Tour kann auch in zwei Tagen bewältigt werden. Auf der Cabane du col de Mille (2473 m) kann man übernachten.

Informationen: Telefon +41 (0)27 783 11 82, Telefon +41 (0)79 211 32 26, *www.cabanedemille.ch*

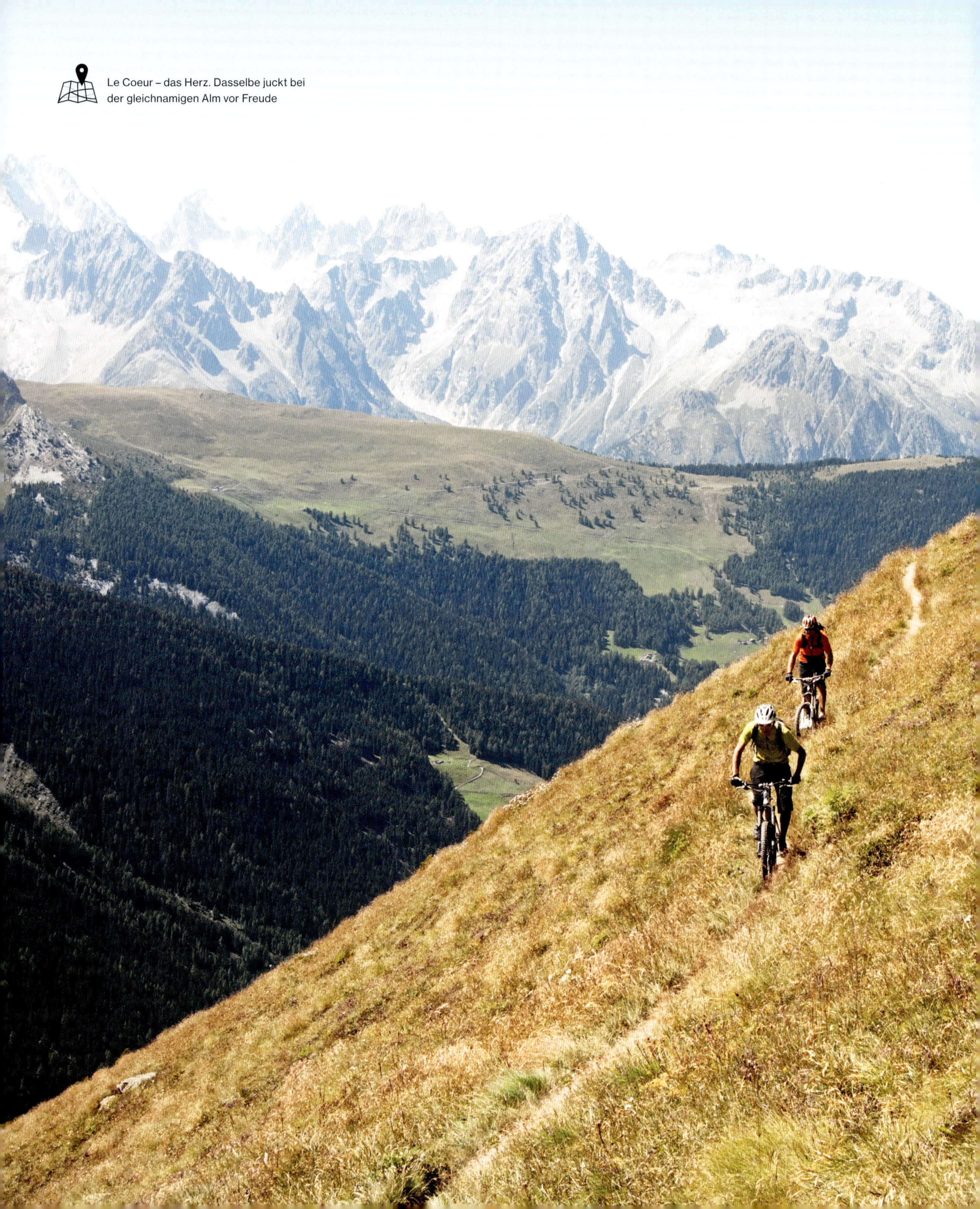

Le Coeur – das Herz. Dasselbe juckt bei der gleichnamigen Alm vor Freude

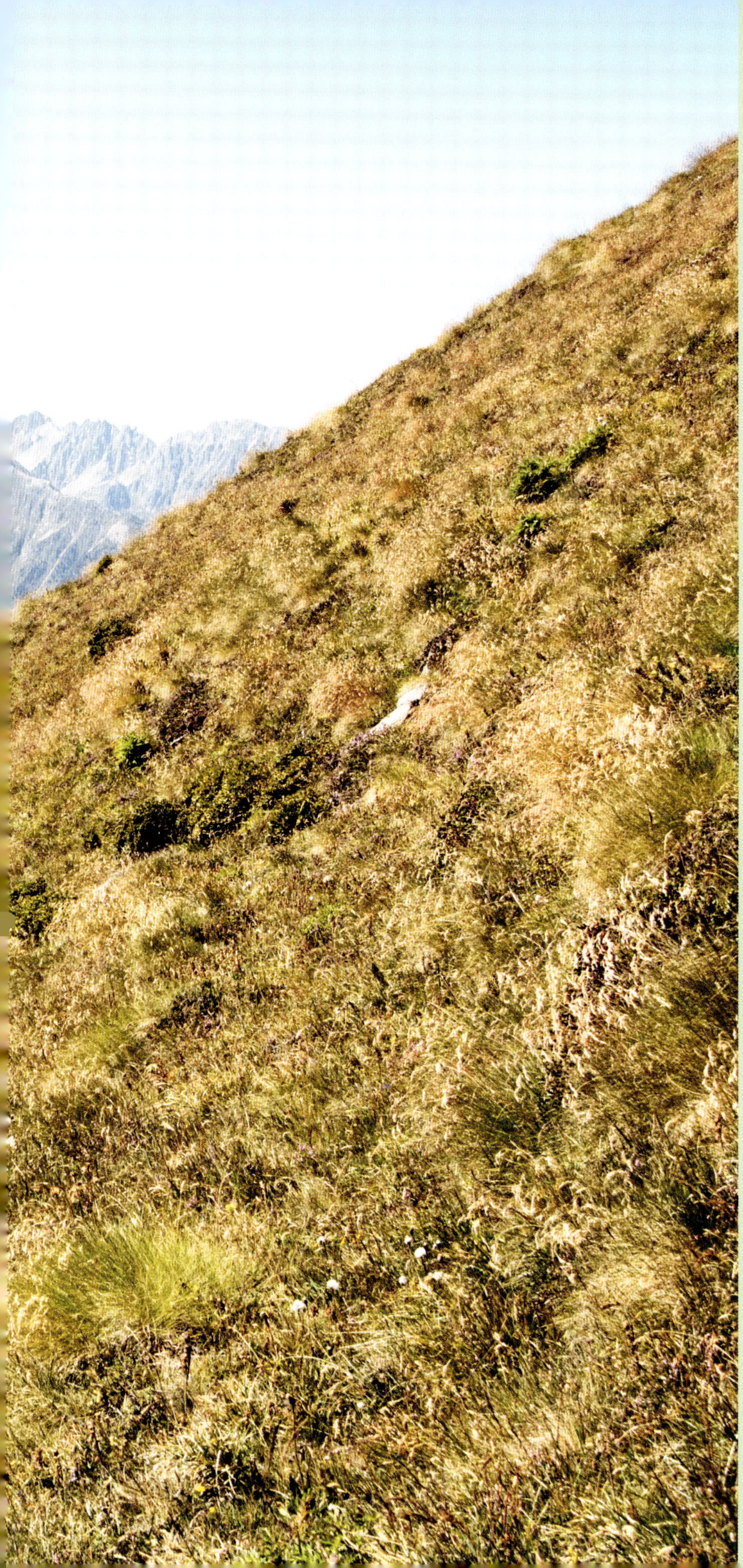

# FAKTEN

## SANKT BERNHARD

TOUR NR. 41

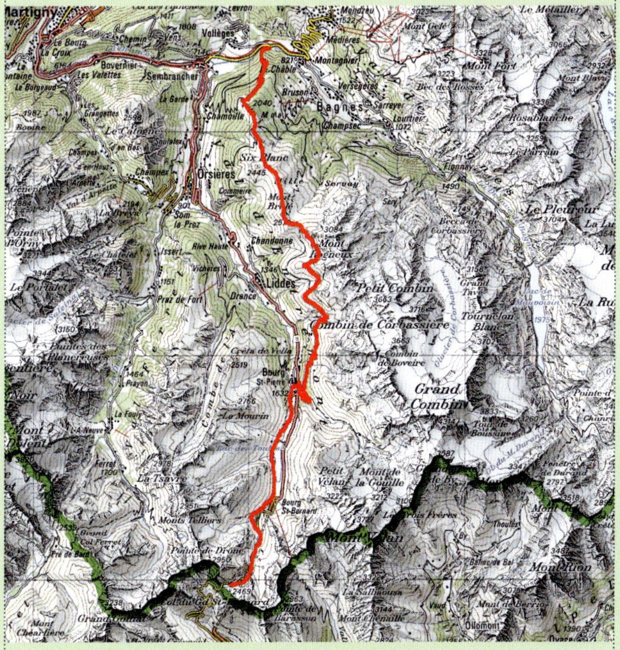


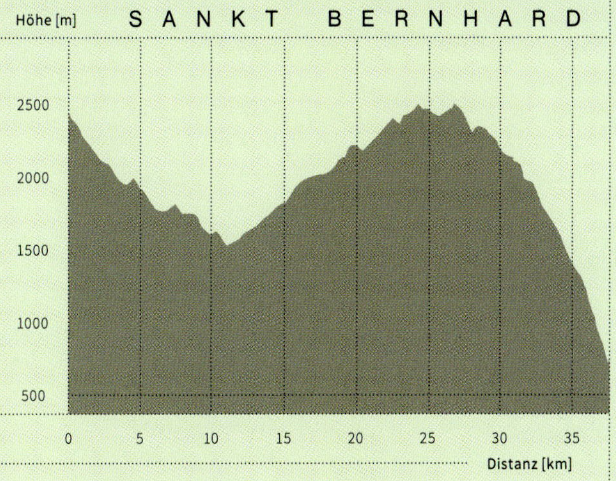


| SCHWIERIGKEIT | DISTANZ |
|---|---|
| Fahrtechnik 4 | 37,6 km |
| Ausdauer 5 | **HÖHENDIFFERENZ** |
| **FAHRZEIT** | 1800 m Bergfahrt |
| 6 h | 3500 m Abfahrt |

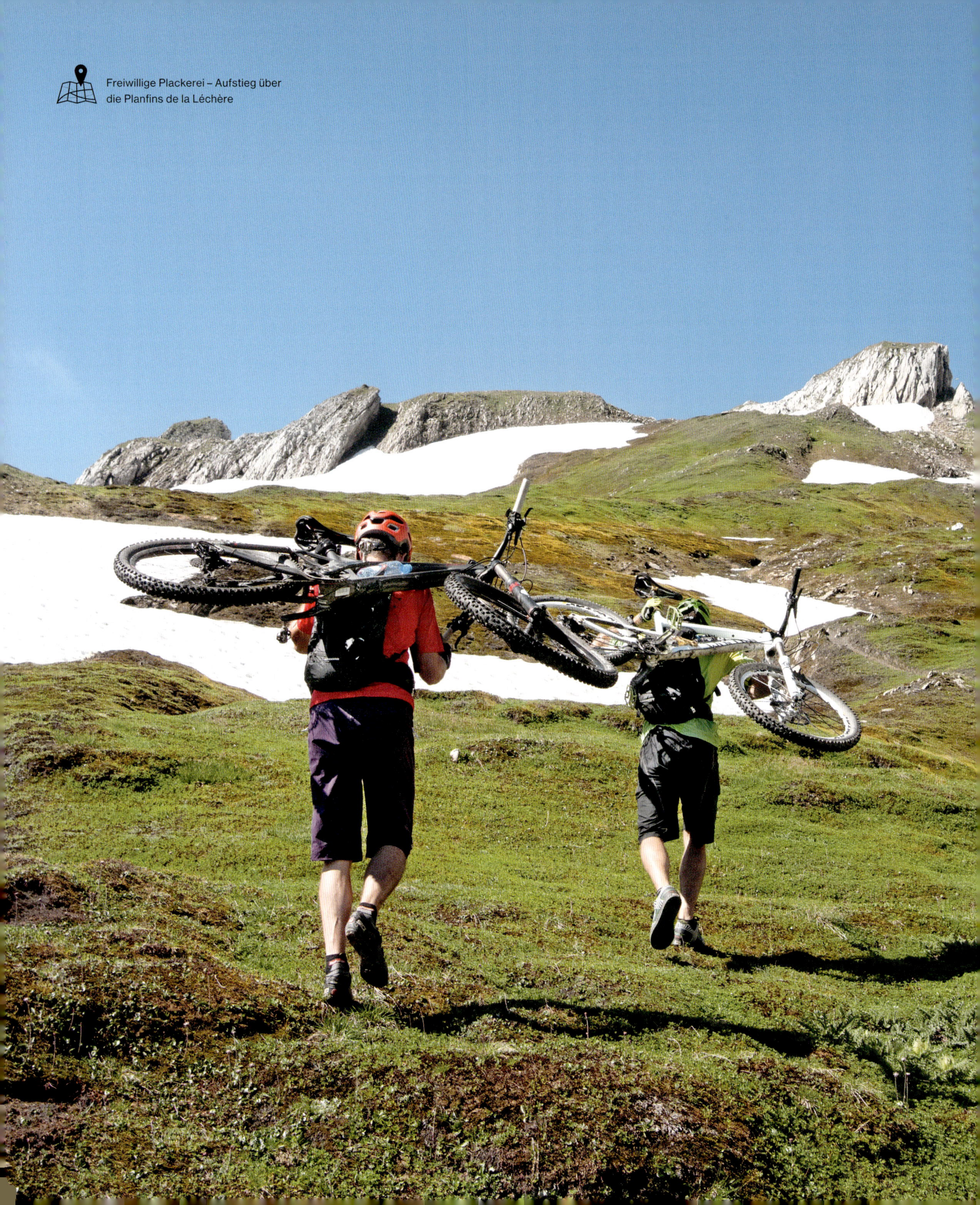
Freiwillige Plackerei – Aufstieg über die Planfins de la Léchère

# GRAND COL FERRET

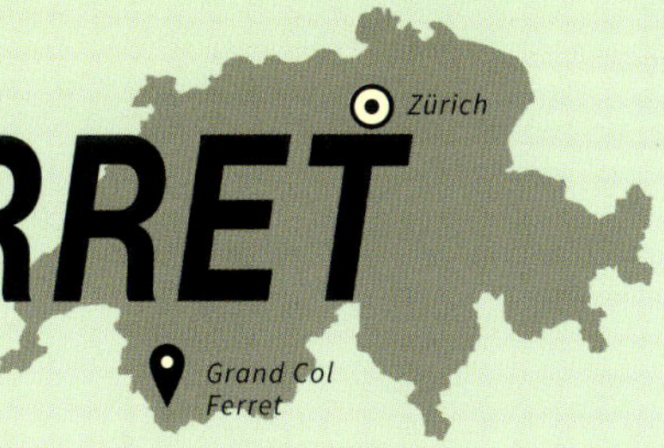


## AUF DEN SPUREN DER BESTIE

WALLIS

TOUR NR. 42

Das Val Ferret genießt selbst in der Schweiz nur wenig Aufmerksamkeit. Hand aufs Herz – wer könnte seinen Finger auf der topografischen Landeskarte auf Anhieb am richtigen Ort platzieren? Das wilde Tal in der südwest- lichen Ecke des Wallis war letztmals Mitte der 1990er-Jahre in den Schlagzeilen, als »la bête du Val Ferret« sein Unwesen trieb. Die Bestie – vermutlich ein Wolf – hatte allein zwischen Juli und Dezember 1995 108 Schafe gerissen. Es war das erste Mal in Jahrzehnten, dass ein Raubtier aus den Wolfsbeständen des französischen Mercantour und Norditaliens in die Schweiz zugewandert war. Heute herrscht wieder Ruhe. Nicht nur bei den Schafsbesitzern. Das Val Ferret ist in Sachen Tourismus nicht überlaufen. Und wenn, dann nur im wortwörtlichen Sinne – die zahlreichen Wanderer übernachten meist in La Fouly, wenn sie in mehreren Tagen zu Fuß das Mont-Blanc-Massiv umrunden. Immer öfter starten auch Mountainbiker zur großen Umrundung des Eisriesen. Wem dafür die Zeit fehlt, der gönnt sich wenigstens die »Königsetappe« zum Grand Col Ferret. Der Pass hat das Zeug, zum Alpe d'Huez der Mountainbiker zu werden. Kehren hat er zwar nur wenige zu bieten, aber wer oben ankommt, muss sich gleichwohl wie ein Sieger fühlen. Die Prachtberge Aiguille de Triolet und Mont Dolent »kratzen« an den Viertausend, die Pointe Walker der Grandes Jorasses erhebt sich gar bis 4208 Meter. Die Aussicht allein reicht allerdings nicht, um von Mountainbikern geadelt zu werden. Dafür braucht es genau die perfekt planierten Singletrails, wie man sie beidseits der Passhöhe vorfindet. Sie bieten die ideale Balance zwischen fahrtechnischen und physischen Anforderungen und dem nötigen Fahrfluss. Und das sogar im Doppelpack – sowohl vom Grand Col Ferret als auch vom Petit Col Ferret führen Singletrails auf direktem Weg zurück nach La Fouly.

**AUSGANGSPUNKT:** La Fouly (1590 m), Pays du St-Bernard, Telefon +41 (0)27 775 23 84, *www.lafouly.ch*

**ÜBERNACHTUNGSTIPP:** Gîte de La Fouly, Telefon +41 (0)79 293 37 13, *www.gitedelafouly.ch*

**STRECKE:** La Fouly (1590 m), auf der Asphaltstraße dem Bike-Wegweiser »Gd Col Ferret« folgen • km 3,87, in Les Ars Dessous auf die Schotterstraße wechseln • km 10,1, Gd Col Ferret (2537 m) • auf der Aufstiegsstrecke zurück bis zur Alp La Peule • links auf den Singletrail, via Pramplo immer dem Wanderwegweiser »Ferret« folgen • km 18,6, La Fouly.

**KARTEN:** Supertrail Map, Kartenblatt Martigny/Grand St-Bernard, 1:50 000, *www.supertrail-map.com*

**DIVERSES:** Vom Passübergang des Grand Col Ferret kann man alternativ zur beschriebenen Strecke auch zum P. 2539 oder zum Petit Col Ferret queren und durch die Combe des Fonds via Léchère-Dessus abfahren. Diese Abfahrt ist fahrtechnisch anspruchsvoller als die beschriebene Hauptvariante.

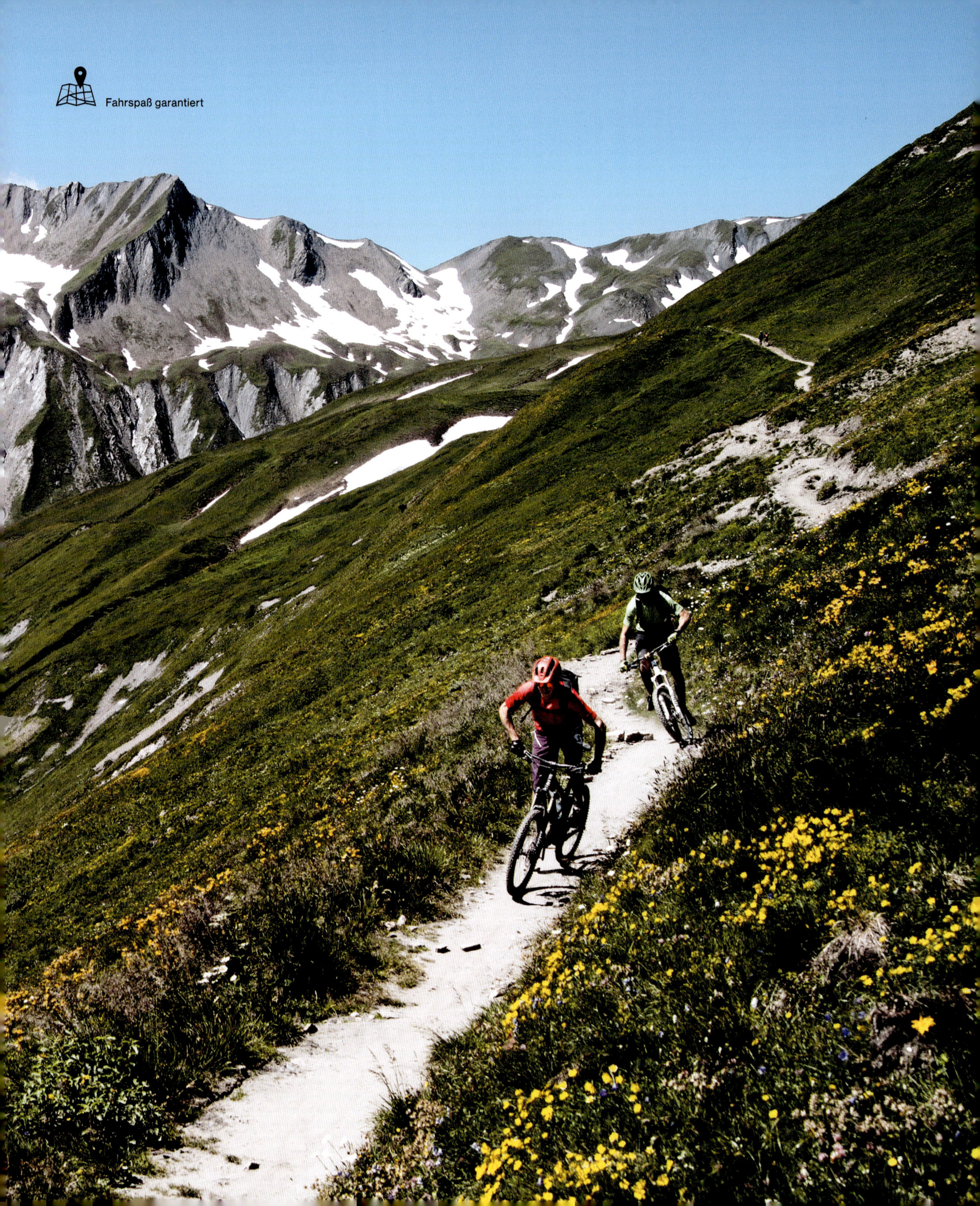

Fahrspaß garantiert

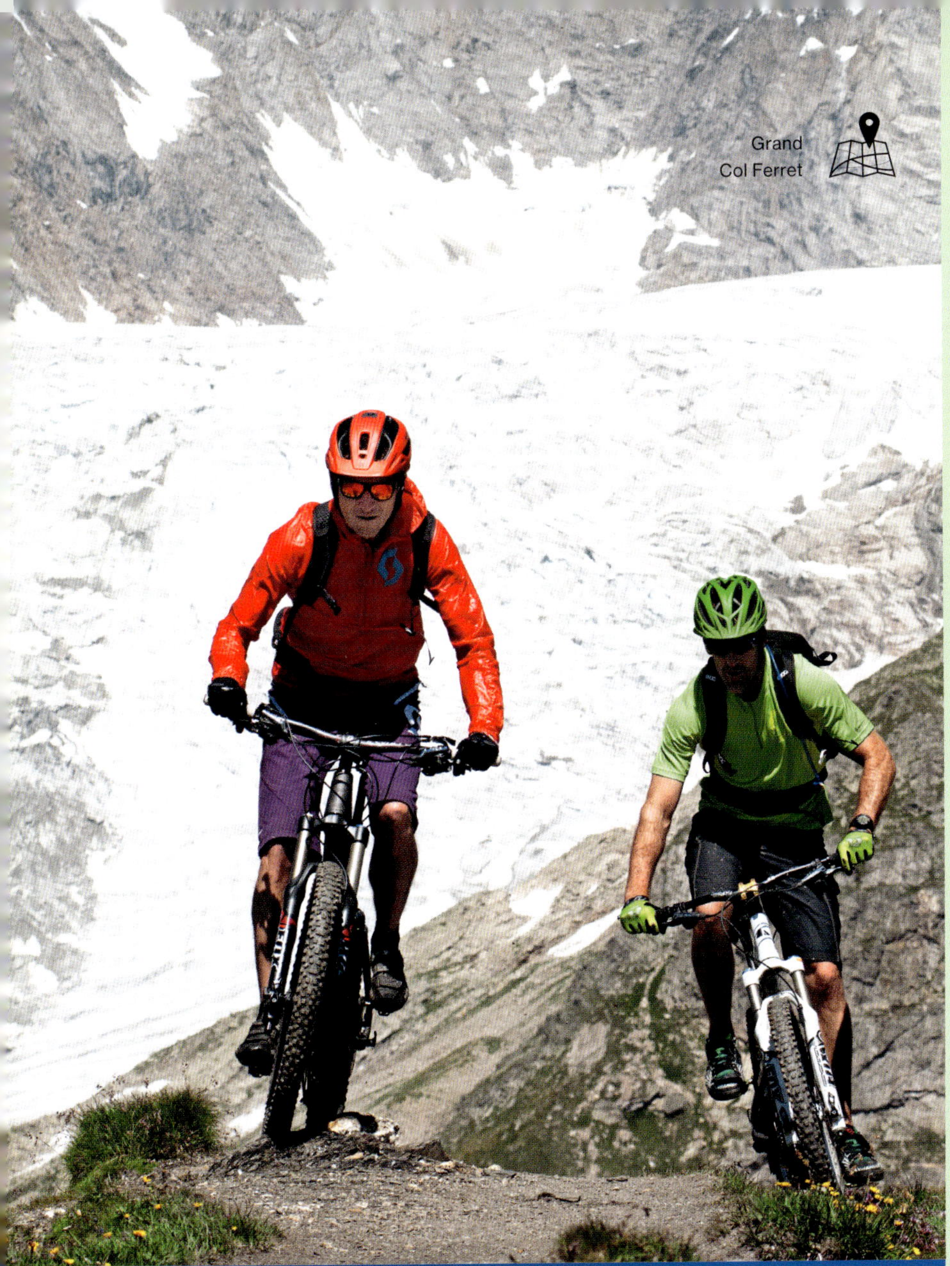


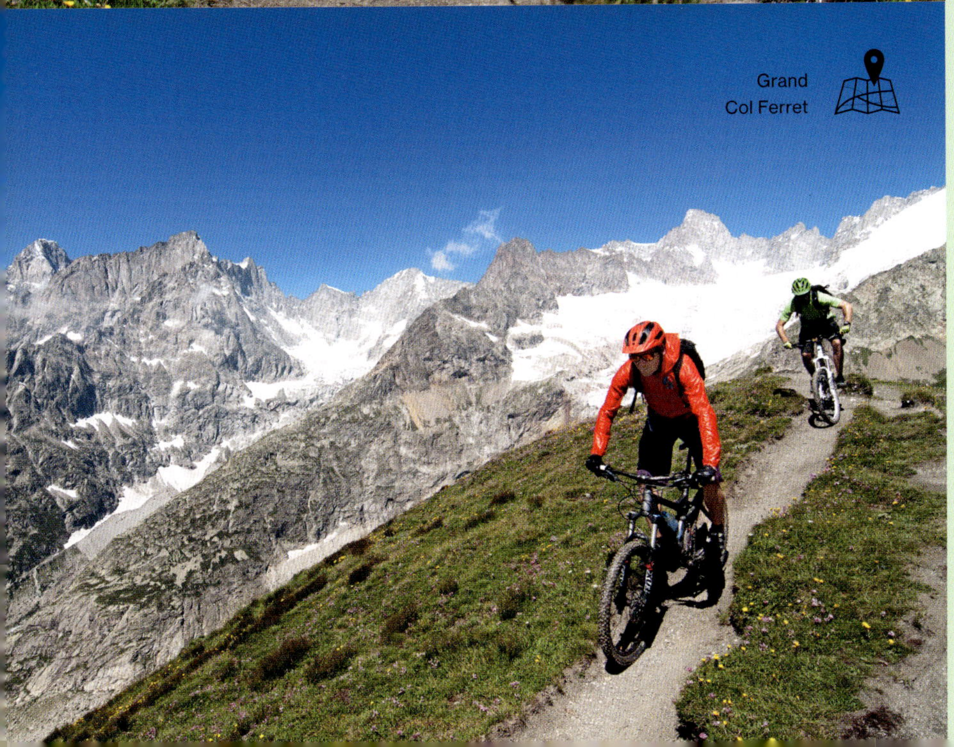


# FAKTEN

## GRAND COL FERRET

TOUR NR. 42

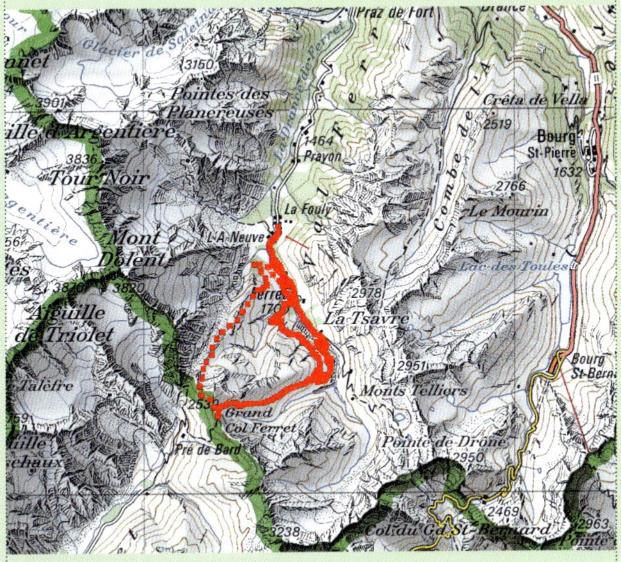


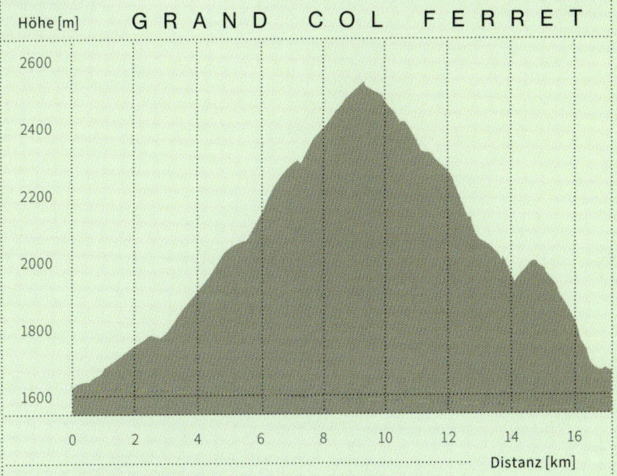


| SCHWIERIGKEIT | DISTANZ |
|---|---|
| Fahrtechnik 3 | 18,6 km |
| Ausdauer 3 | **HÖHENDIFFERENZ** |
| **FAHRZEIT** | 1050 m |
| 4 h | |

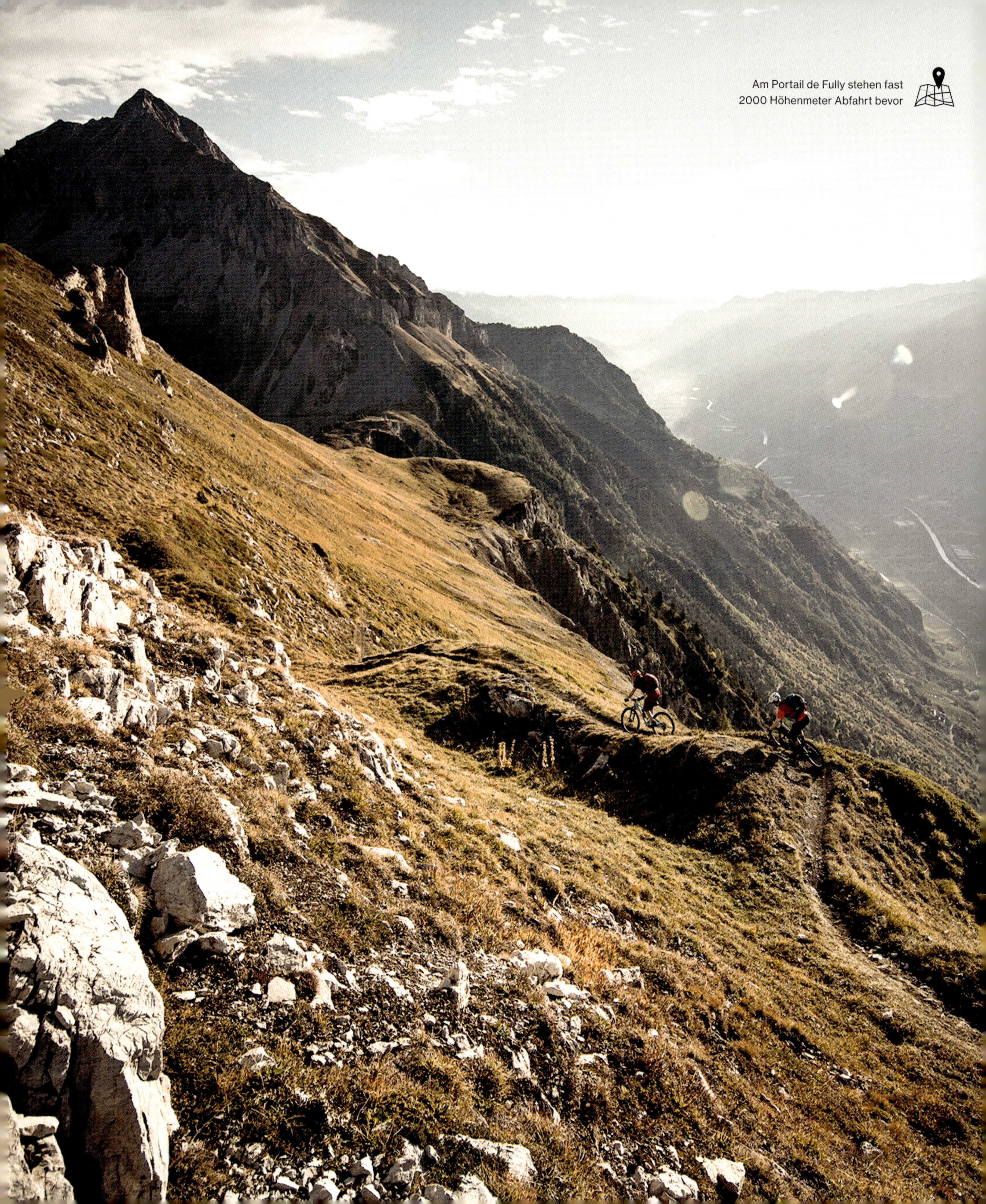

Am Portail de Fully stehen fast
2000 Höhenmeter Abfahrt bevor

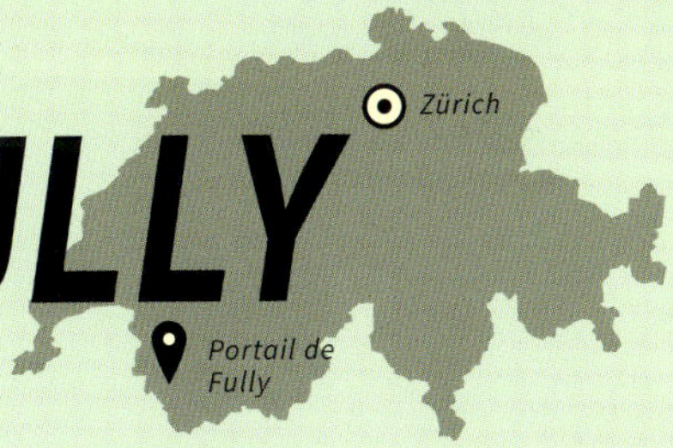


# PORTAIL DE FULLY

## 1800 METER TIEFBLICK

WALLIS

TOUR NR. 43

Eh man sich versieht, rauscht man über den Singletrail an einer geologischen Besonderheit vorbei: Dem Portail de Fully. Dieser Kalkstein-Doppelbogen mit einer Spannweite von 9,2, respektive 7,2 Metern gibt dem Übergang den Namen. So schön die Gesteinsformation auch sein mag – allein dafür wird wohl niemand 1650 (beziehungsweise 2330 Meter für all jene, die auf den Bahntransport von Dorénaz nach Champex d'Allesse verzichten) den Berg hochfahren. Gute Gründe gibt es trotzdem zuhauf. Da ist einerseits der gewaltige Ausblick auf das Mont-Blanc-Massiv sowie die Walliser Viertausender, andererseits der spektakuläre Tiefblick auf die 1800 Meter unterhalb des Trails gelegenen Walliser Rebberge. Der allerbeste Grund ist jedoch der Singletrail selber. Fahrtechnisch anspruchsvoll ist er zwar, aber in seiner Vielseitigkeit einzigartig. Auf einen knackigen Einstieg folgt eine flüssig zu fahrende Traverse bis Lousine, ein Intermezzo auf einem ultraschmalen Singletrail und schliesslich ein Schlussfurioso mit Serpentinen im Multipack. Exponiert sind viele Stellen, doch die Absturzgefahr ist nie unmittelbar. Den Lenker und die Bremsen sollte man trotzdem immer gut im Griff haben. Die Nerven sowieso. Und wenn dann eine gute Kondition, die entsprechende Fahr- (und Spitzkehren-)Technik und eine ungetrübte Weitsicht zusammenkommen, dann steht einem grandiosen Tourentag auf einem der schönsten Walliser Trails nichts mehr im Wege.

**AUSGANGSPUNKT:** Dorénaz/Martigny, Martigny Tourisme, Telefon +41 (0)27 720 49 49, *www.dorenaz.ch*, *www.martigny.com*

**ÜBERNACHTUNGSTIPP:** Hotel de Fully, Telefon +41 (0)27 746 30 60, *www.hotel-de-fully.ch*

**STRECKE:** Parkplatz der Bergbahn Dorénaz (451 m) • mit der Seilbahn bis Champex d'Allesse (1123 m) • die Asphaltstraße (Wanderwegweiser »Ancienne Mine«), später die Forststraße hochfahren bis km 8,69, l'Au d'Allesse • bei der Cabanne (1924 m) vorbei und den Singletrail hochfahren/-schieben (alternativ dazu 100 Meter vor der Hütte rechts hoch und gleich wieder links in den Trail) • km 10,1 (2210 m), Wanderwegweiser »Portail de Fully« • km 12,2, Portail de Fully • Wanderwegweiser »Sorgno« • km 14,2, über Grashügel schieben • km L'Erié (1854 m) • Wanderwegweiser »Chiboz-d'Enhaut« (in Lousine unterhalb der Alp in der Kurve den Wanderweg nicht verpassen!) • km 21,0, Chiboz-d'Enhaut (1328 m) • Wanderwegweiser »Beudon« – km 23,2, Beudon (874 m) • links an den Häusern vorbei fahren, 50 Meter später links dem Wanderwegweiser »Saillon« folgen • zahlreiche Spitzkehren abfahren • km 25,9, rechts dem Wasserkanal folgen • via Mazembroz und Fully zurück zum Ausgangspunkt.

**KARTEN:** Supertrail Map, Kartenblatt Bas Valais, 1:50 000, *www.supertrail-map.com*

**DIVERSES:** Einkehrmöglichkeit in Chiboz-d'Enhaut

Nichts für Anfänger – die Tour ist physisch und fahrtechnisch anspruchsvoll

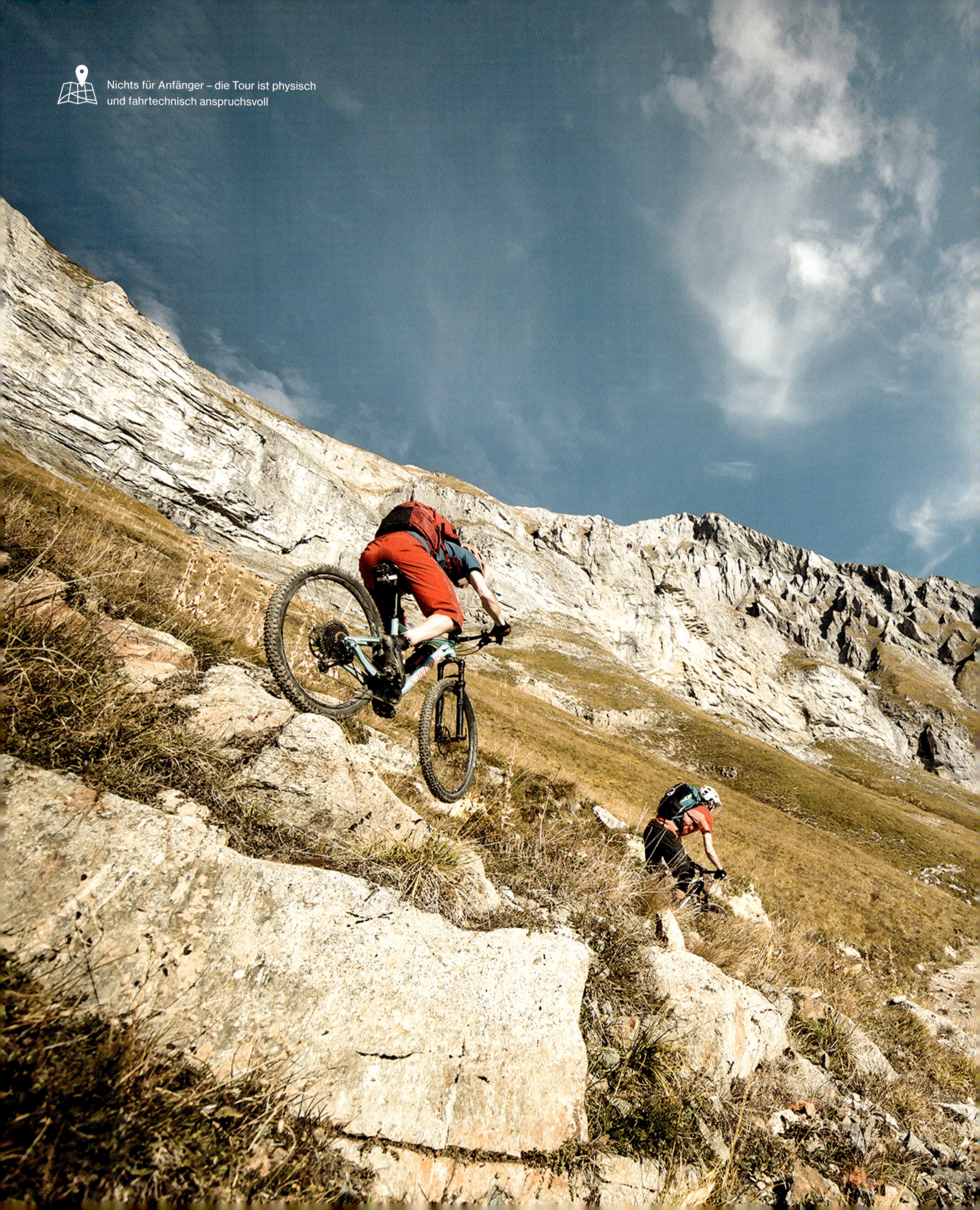

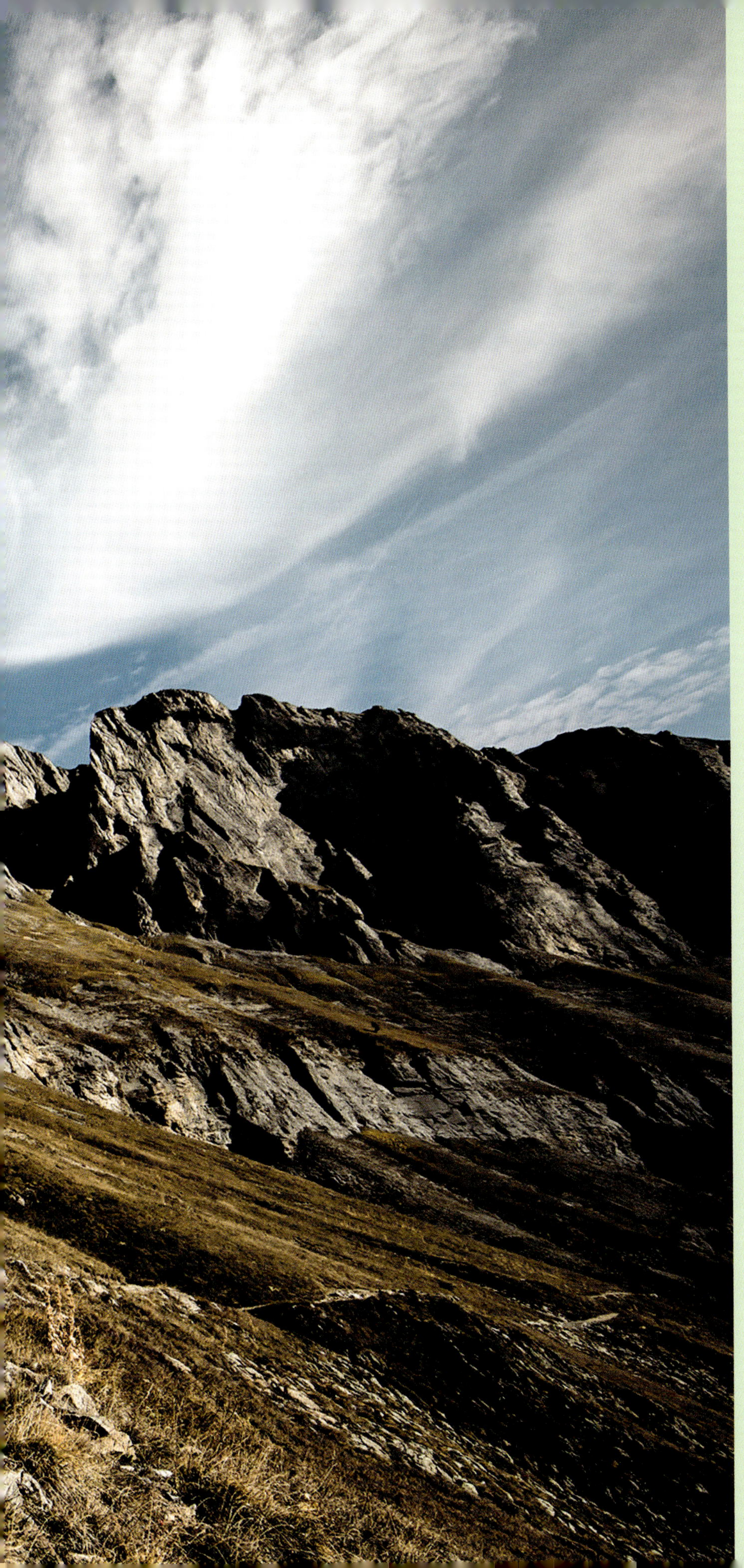

# FAKTEN

## PORTAIL DE FULLY

TOUR NR. 43

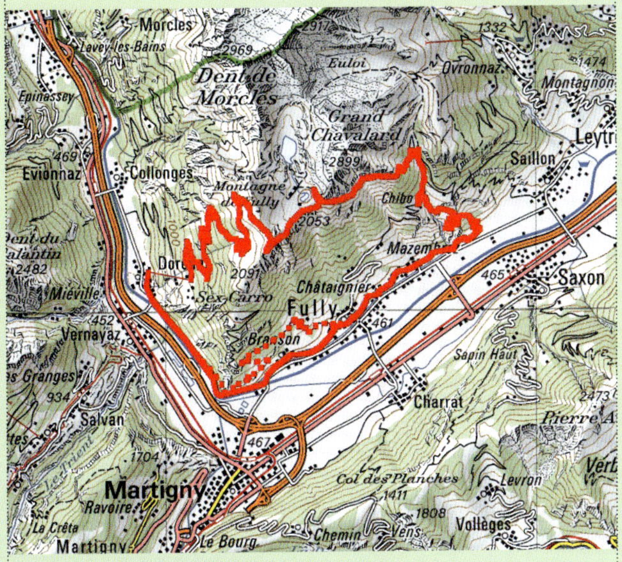


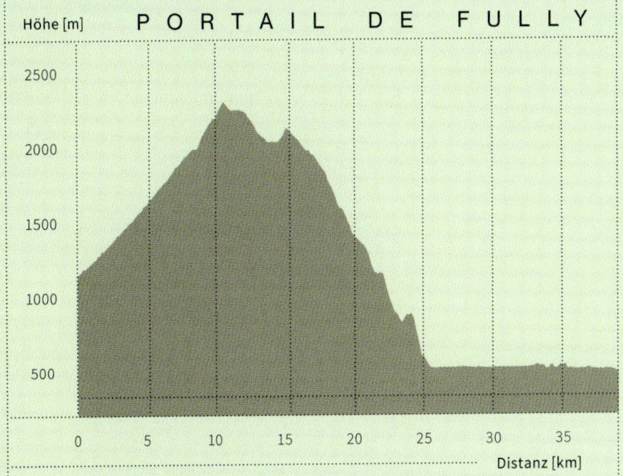


| SCHWIERIGKEIT | DISTANZ |
|---|---|
| Fahrtechnik 4 | 39,1 km |
| Ausdauer 5 | **HÖHENDIFFERENZ** |
| **FAHRZEIT** | Bergfahrt 1650 m |
| 6 h | Abfahrt 2330 m |

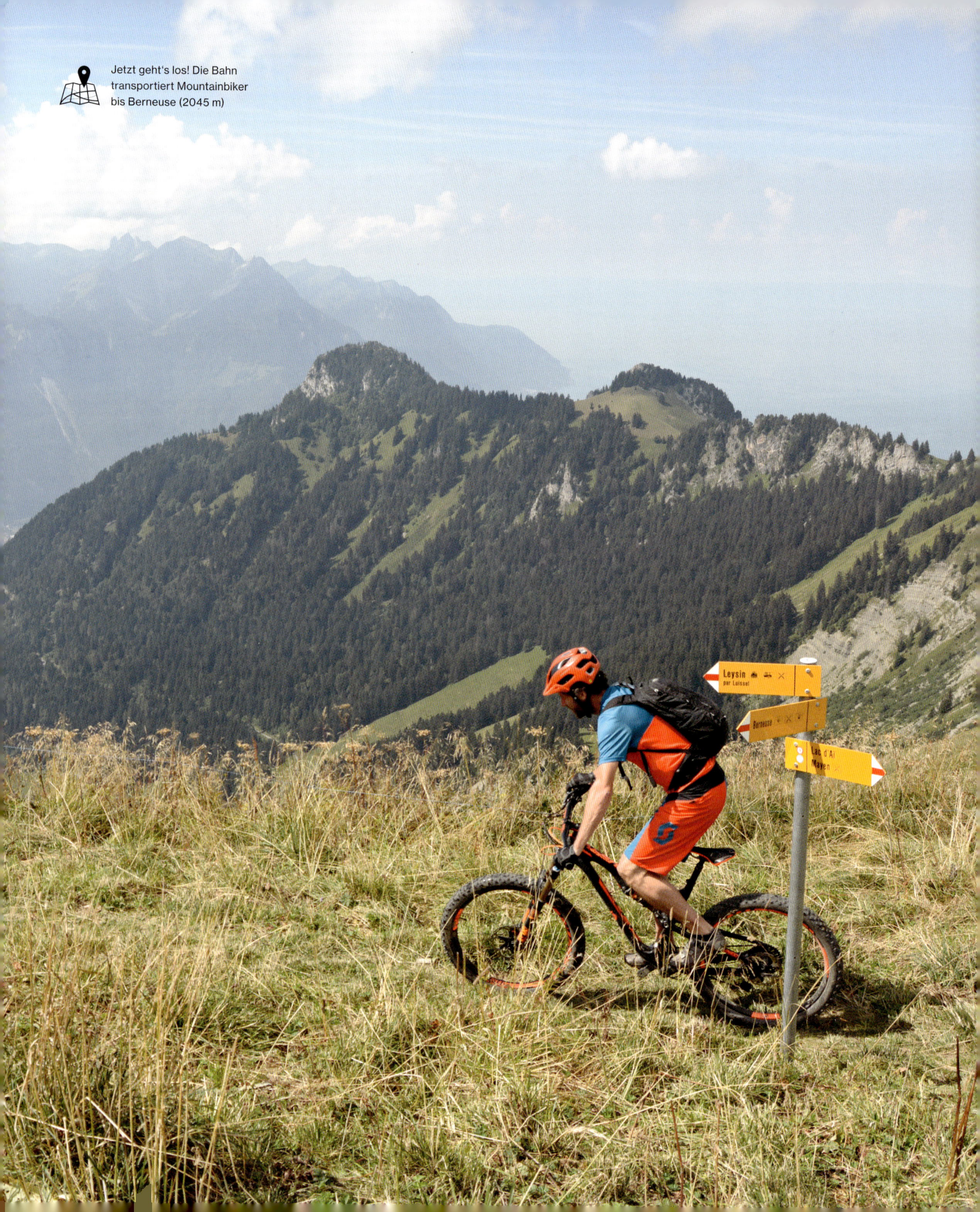


Jetzt geht's los! Die Bahn transportiert Mountainbiker bis Berneuse (2045 m)

# LEYSIN

## STUDENTISCHES TRAILWUNDER

WESTSCHWEIZ

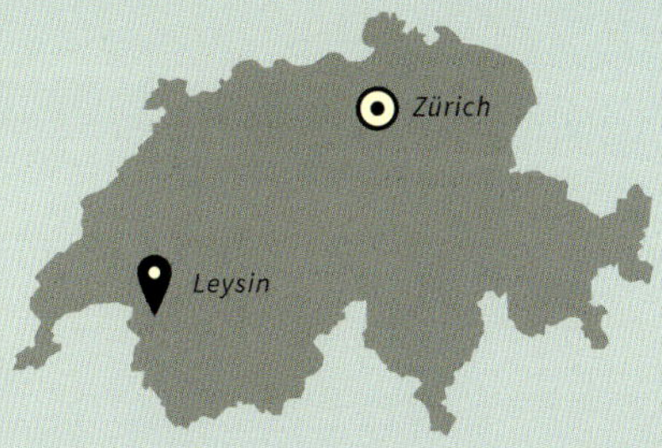


TOUR NR. 44

Nur gerade etwas mehr als 4000 Menschen leben in Leysin. Und trotzdem ist die in den Waadtländer Alpen gelegene Tourismusdestination so international geprägt wie kaum ein zweiter Ort der Schweiz. Rund 60 % der Einwohner verfügen über keinen Schweizer Pass. Der Grund hierfür sind die zahlreichen internationalen Internate und Eliteschulen, die sich hier angesiedelt haben. Die frische Bergluft tut nicht nur den Studenten gut, sondern auch den Mountainbikern. In Kombination mit einem weit verzweigten Trailnetz ist Leysin damit eine Destination, die aktuell noch stark unter Wert verkauft wird. Der beste Beweis hierfür ist die Endurotour von Berneuse nach Roche. Über 2000 Höhenmeter, auf mehrheitlich perfekten Singletrails sind eine Ansage. Der fantastische Ausblick auf den Genfersee und die Waadtländer und Walliser Alpen gibt es quasi als Supplément dazu.

**AUSGANGSPUNKT:** Aigle (405 m), Aigle Tourisme, Telefon +41 (0)24 466 30 00, *www.alpesvaudoises.ch*

**ÜBERNACHTUNGSTIPP:** Crazy Lounge hostel, Telefon +41 (0)79 345 46 92, *www.crazylounge.ch*

**STRECKE:** Von Aigle nach Leysin mit der Standseilbahn oder über die Hauptstraße aus eigener Kraft. Ab Leysin (1315 m) mit der Seilbahn bis Berneuse (2045 m) • rund 300 Meter auf der Abfahrtspiste Richtung Lac d'Ai abfahren und dann links auf Wanderweg einbiegen und dem Wanderwegweiser »Prafandaz« folgen • in Prafandaz (1544 m) rechts auf Schotterstraße, später Singletrail bis Luan (1205 m) • auf der asphaltierten Passstraße bis La Sarse hochfahren • rund 1,2 km weiterfahren und danach bei Le Grand Chalet dem Wanderwegweiser »Roche« via Plan Girard und Pré l'Ecot bis ins Tal abfahren • auf Asphaltstraße zum Startpunkt zurück.

**KARTEN:** Landeskarte swisstopo 1:25 000, 1284 Monthey

**DIVERSES:** In Leysin gibt es zahlreiche Downhill-Pisten im Skigebiet, die man zum »Einfahren« nutzen kann. Zwischen Aigle und Leysin verkehrt eine Zahnradbahn, die Mountainbikes transportiert. Die Tour lässt sich hervorragend mit öffentlichen Verkehrsmitteln kombinieren – so braucht man nicht mehr an den Startpunkt zurückzukehren.

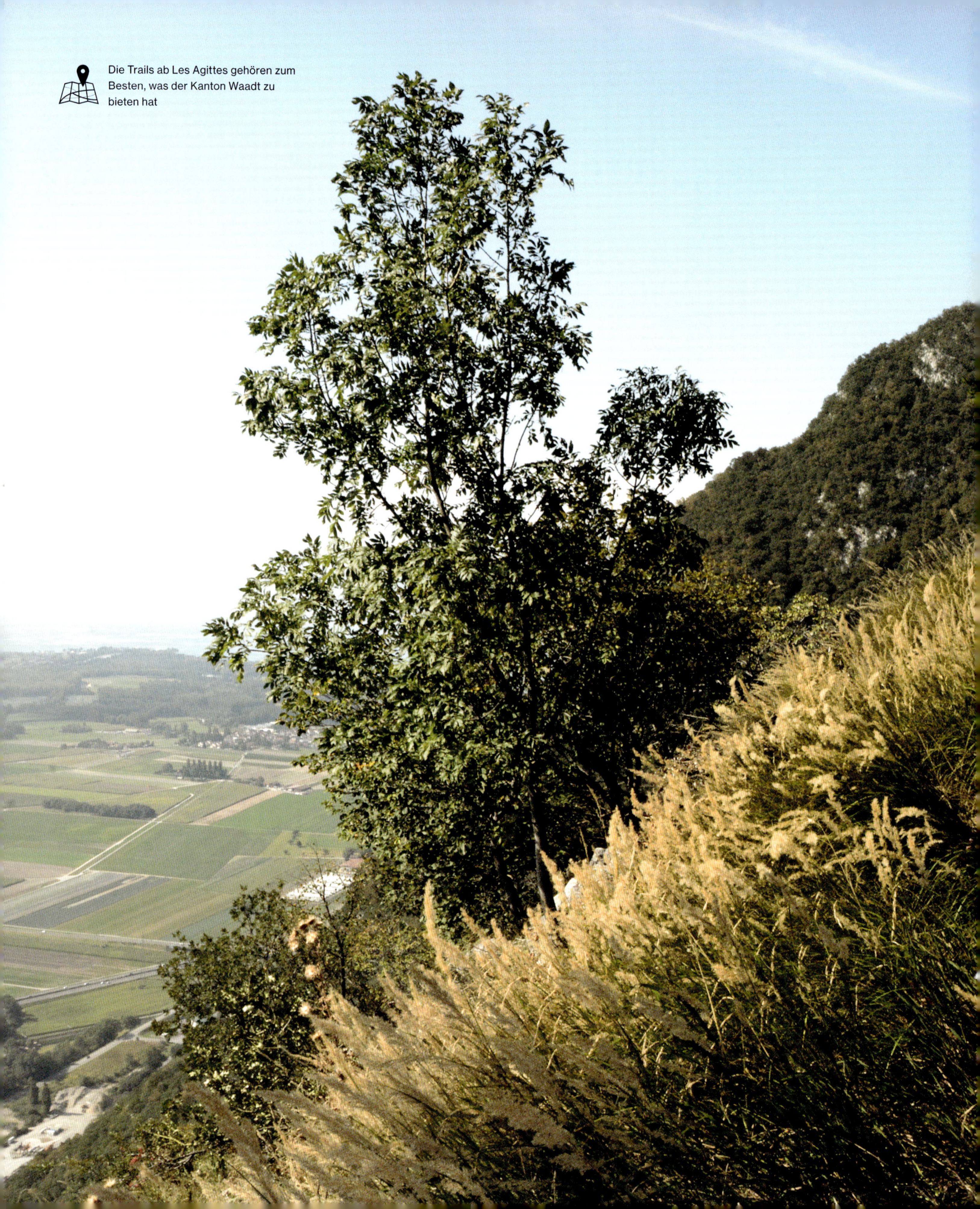

Die Trails ab Les Agittes gehören zum Besten, was der Kanton Waadt zu bieten hat

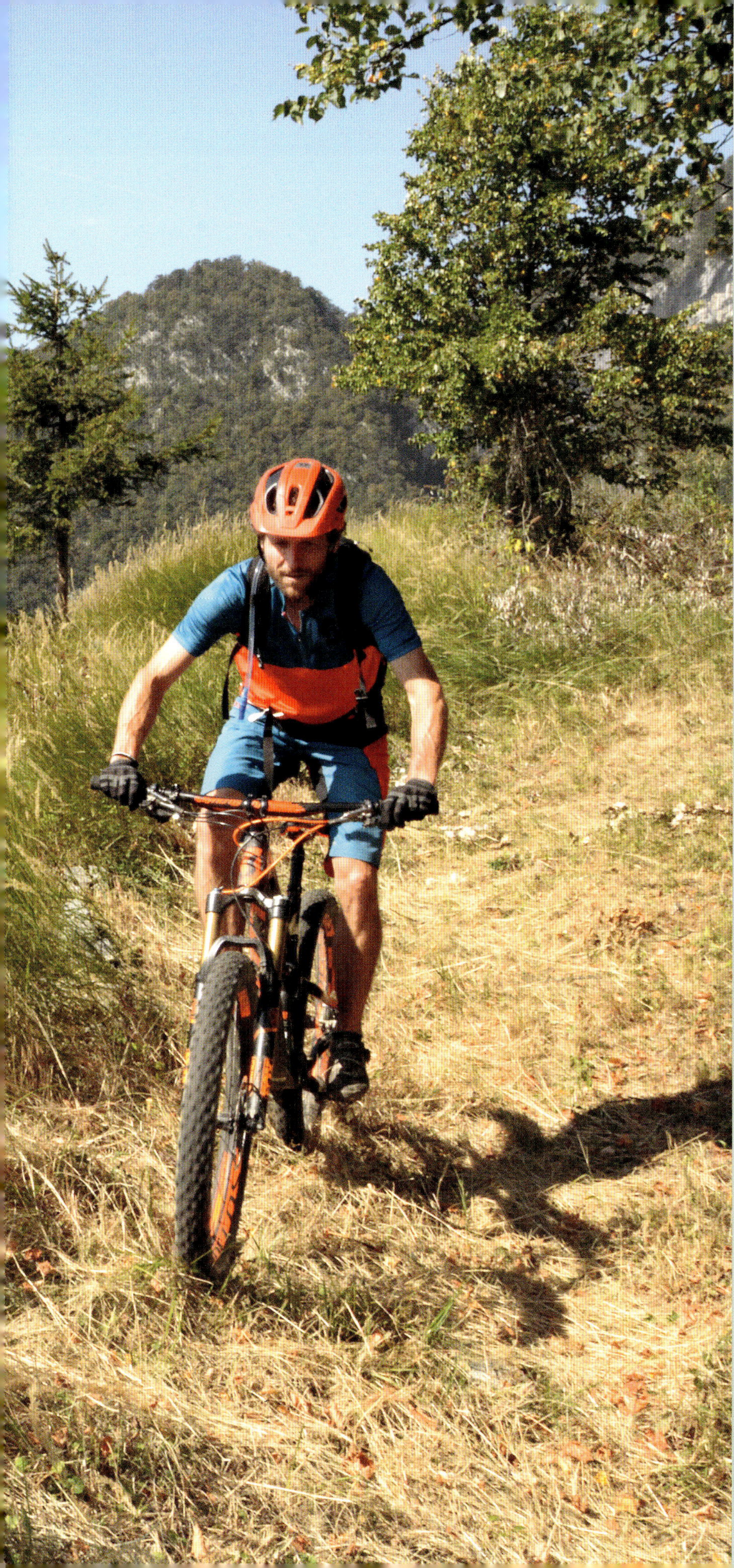

# FAKTEN

LEYSIN

TOUR NR. 44

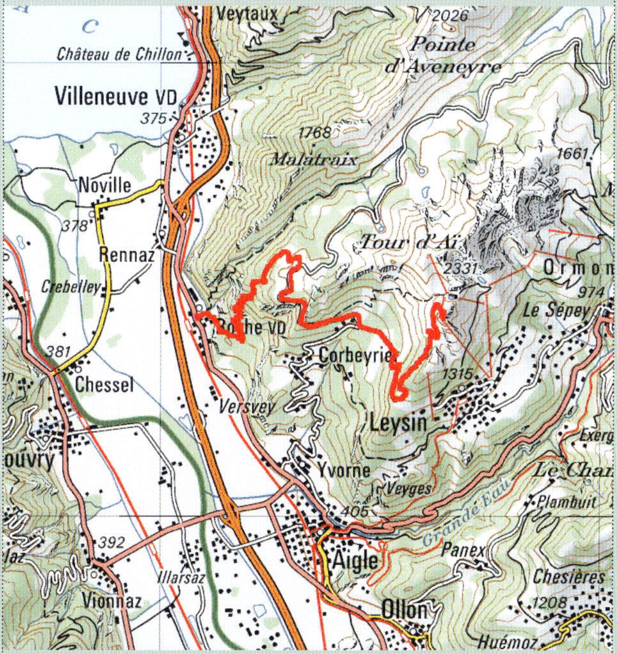


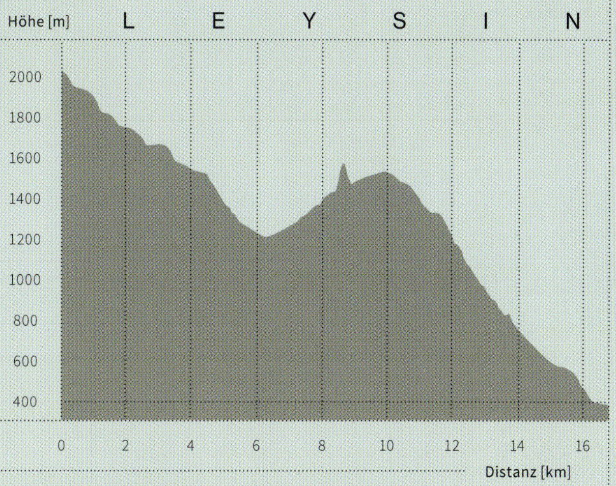


| **SCHWIERIGKEIT** | **DISTANZ** |
|---|---|
| Fahrtechnik 3 | 17,4 km |
| Ausdauer 2 | **HÖHENDIFFERENZ** |
| **FAHRZEIT** | Bergfahrt 500 m |
| 2,5 h | Abfahrt 2200 m |

Danksagung:
Das vorliegende Buch wäre nicht möglich gewesen ohne die Unterstützung von zahlreichen Menschen, die als Fotografen, Fotomodels, Ideengeber, Bildbearbeiter, Layouter, Wetterfeen, Gastgeber und Motivatoren mitgewirkt haben. Ihnen allen gilt mein besonderer Dank.

Bibliografische Information der Deutschen Nationalbibliothek
Die Deutsche Nationalbibliothek verzeichnet diese Publikation in der Deutschen Nationalbibliografie; detaillierte bibliografische Daten sind im Internet über http://dnb.dnb.de abrufbar.

3., erweiterte Auflage 2023
ISBN 978-3-667-11668-0


Lektorat: Mathias Müller, Stephanie Jaeschke
Illustrationen: Anton Escherich, basierend auf den Höhenprofilen von swisstopo
Kartenausschnitte: Landeskarte der Schweiz, Maßstab 1:200 000. Reproduziert mit Bewilligung von swisstopo (BA160009).
Fotos: Jürg Buschor,
außer S. 12-15, 20-23: Carlos Blanchard; S. 40-51: Jo Hüchelheim, krafik photography; S. 104-107: Oskar Eander;
S. 146/147: Leukerbad Tourismus/Chrissie Stegt; S. 92-95, 98/99: Tom Malecha;
S. 120-123, 126-133, 176-179: Simon Ricklin; S. 64-67, 100-107, 125, 143, 156-159: Alex Buschor/apix.ch;
S. 164-167: Dennis Stratmann; S. 16-19: WOM/Andreas Meyer
Umschlaggestaltung: Felix Kempf, www.fx68.de
Layout: Anton Escherich, Laura Klohn, Die Werkstatt Medien-Produktion/Christine Rölke
Gesamtherstellung: Die Werkstatt Medien-Produktion GmbH, Göttingen
Printed in Europe



Delius Klasing Verlag GmbH, Siekerwall 21, D-33602 Bielefeld
Tel.: 0521/559-0, Fax: 0521/559-115
E-Mail: info@delius-klasing.de • www.delius-klasing.de

MIX
Papier | Fördert gute Waldnutzung
FSC® C084698